中央专项彩票公益金支持青少年校外研学实践
教育项目的实践与思考研究成果系列丛书

教学计划与策略：启蒙教育

中国教育会计学会　组织编写
田书源　杨　昕　主　　审
郭　强　黄一鸣　侯月媛　李成平　编　　著

中国财经出版传媒集团
中国财政经济出版社
·北京·

图书在版编目（CIP）数据

教学计划与策略. 启蒙教育 / 中国教育会计学会组织编写；郭强等编著. -- 北京：中国财政经济出版社，2024.7

（中央专项彩票公益金支持青少年校外研学实践教育项目的实践与思考研究成果系列丛书）

ISBN 978-7-5223-3187-4

Ⅰ. ①教… Ⅱ. ①中… ②郭… Ⅲ. ①中小学生—素质教育—教学研究 Ⅳ. ①G631

中国国家版本馆CIP数据核字（2024）第103013号

责任编辑：彭洋洋　　　　责任印制：张　健
封面设计：卜建辰　　　　责任校对：胡永立

教学计划与策略：启蒙教育

JIAOXUE JIHUA YU CELÜE: QIMENG JIAOYU

中国财政经济出版社 出版

URL：http：//www. cfeph. cn

E-mail：cfeph@ cfeph. cn

社址：北京市海淀区阜成路甲28号　邮政编码：100142

营销中心电话：010-88191522

天猫网店：中国财政经济出版社旗舰店

网址：https：//zgczjjcbs. tmall. com

北京鑫海金澳胶印有限公司印刷　　各地新华书店经销

成品尺寸：185mm × 260mm　16开　18.75印张　365 000字

2024年7月第1版　2024年7月北京第1次印刷

定价：55.00元

ISBN 978-7-5223-3187-4

（图书出现印装问题，本社负责调换，电话：010-88190548）

本社图书质量投诉电话：010-88190744

打击盗版举报热线：010-88191661　QQ：2242791300

序

启蒙，是基础教育的主要作用之一。《教学计划与策略：启蒙教育》一书汇集了国家研学示范营地在启蒙教育目的指向方面的20个优秀案例，为在全国范围内更深、更广地开展启蒙教育提供了创新的视角与范本。

美育启蒙、劳动启蒙、科技启蒙和职业生涯启蒙，紧紧围绕全国教育大会后中央重点推进的美育、劳动教育、科普教育与学生职业生涯规划教育等工作，充分考虑了不同学段学生身心发展的特点，以及营地教育时间短、集体活动密集的特点，更具代表性与示范性，可供营地、基地、学校、其他相关从业机构作为参考与比较之用。

美，是人的主观世界对客观世界的认识与共鸣、创造与再现，也是人与人之间情感的交流与共创。青少年学生美育，在不同的学段有不同的要求，也有不同的方法。营地更适合学生集体创造美、集中展示美、集体欣赏美。本书选取的案例，注重对小学高年级学生认识美、感悟美的启蒙，注重对初中学生发现美、欣赏美、再现美的启蒙，注重对高中学生再现美、创造美的启蒙。有一定之规而无刻板之教条，充分反映了国家示范营地的努力与探索。

在劳动教育方面，本书选取的案例，注重小学高年级学生在营地集体实践中展示个人劳动能力、体验集体协作快乐；注重初中学生在集体劳动实践中学会新的劳动技能，深化劳动意识，启迪劳动创造价值的意识；注重高中学生在集体劳动实践中感悟创造性劳动的意义和重视新技术、新工具、新工艺运用的意义。不仅展现了各个国家示范营地的特色，也为各营地、基地、学校、同行从业机构提供了很好的借鉴与参考。

在科学启蒙方面，注重引导小学高年级学生通过集体参观、制作、体验，初步形成对科学与技术的认知；注重深化初中学生对科学与技术概念的理解、复制和创制的能力；注重激发高中学生技术发明与创造的兴趣，强化对科学知识的综合运用与科学方法的反复训练，启迪对科学思想、科学精神的认知与向往。

在职业生涯规划方面，注重引导小学高年级学生观察不同职业的外化差异，注重启迪初中学生理解不同职业劳动的内在特点，注重强化高中学生对不同职业的理解与对未来新生职业的畅想，并启迪规划个人职业选择与对学科学业的侧重。

所有列表案例，都经过了作者和参加此项工作的老师们为之付出的艰辛努力、思辨性思考与创造性实践。我们期望并且相信，本书会引起教育界同仁、研学旅行界同行的积极讨论，激发出更加生动、有效的启蒙教育新实践、新创造、新竞赛！

田书源　杨　昕

2024年3月30日

编写说明

本书中，劳动启蒙主要依托劳动课程，突出实践体验，帮助学生树立正确的劳动观念，培养劳动精神、劳动习惯和品质，提升劳动技能和实践能力；科学启蒙主要通过科学实践体验培养学生的科学素养，了解科学的基本知识和方法，培养他们的科学思维和创新能力；职业生涯启蒙主要帮助学生了解各种职业的特点和要求，让他们认识到自己的兴趣和优势，从而更好地规划自己的未来职业发展方向，着力培养学生的自我认知和职业规划能力。

本书呈现的启蒙教育教学计划策略与列表案例，是从全国中小学生研学实践教育营地中多次遴选、研讨、反馈、修订、完善，最终形成的20个典型案例。在这里要感谢全国研学营地的积极配合与参与，在沟通过程中，几乎所有营地都毫不犹豫地给予我们最大的支持。此外，由于时间仓促，很多营地并没有来得及将自己的优秀案例完美地展示出来，向案例未入选的营地致以深深的歉意，希望在未来的研学实践工作中，共同交流、共同进步、越做越好。

教学计划与策略列表采用项目驱动法设计，项目主题重点突出启蒙教育，主题活动由若干单元或活动组成，教学时长根据研学目的、内容、要求、受教育者等学情要素设计了1至5天。本着“营地为枢纽、基地为站点”原则，围绕项目主题指向的教育教学目的性，充分利用和调配优质校外研学资源，规划研学线路，对标《义务教育课程方案和课程标准（2022年版）》进行学情分析，按学段分别列示校内教育基础，反映研学实践教育活动与校内某学科及其教育教学内容有机衔接。针对性地研发研学课程，基于项目所属课程的“价值体认”“责任担当”“问题解决”“创意物化”教学目标，综合设计主题活动，充分彰显了校外研学实践教育活动的启蒙教育目的。

启蒙教育策略环节突出了实现项目目标、完成项目任务所采用的方法、步骤、组织形式等，体现了师生间真实的连续交流内容。教学环节主要包括：教学导入环节——主要突出教师通过多种方式激发学生学习探究的兴趣，着重列示导入方式与资源配置；教学授课环节——主要展示研学内容，帮助学生理解、掌握知识和技能，着重列示知识点；教学进级环节——主要帮助学生通过思考和讨论深入理解主题，通过反复实践熟练技能，提高学生学习能力和思维能力，着重列示进级主题与实践纲要；教学巩固环节——主要巩固所学知识和技能，提高学生的记忆力和理解力，并将所学应用于生活实际，着重列示该环节的教法、学法；教学总结环节——主要对所学内容进行总结和归纳，帮助学生对知识技能有更清晰的认识，着重列示需要学生掌握的要点；教学评价环节——主要列示对学生的学业评价和对教学质量的评价方式和实施方案。

启蒙之光，智慧的源泉。希望本书能为启蒙教育的发展与探索助一臂之力，希望这份关于“启蒙教育”的实践答卷能够引起更多人对启蒙教育的关注和思考。另需说明的是，本书所呈现的案例，学生在研学实践过程中的食宿均集中于教育部命名的研学营地。本书列表案例顺序根据营地编号进行排序。

编者

2024年3月

目录
CONTENTS

1 启蒙教育教学指向的意义

启蒙是指启迪和教育童蒙、消除蒙蔽、恢复光明。18世纪，教育界开始研究探讨启蒙的意义，如卢梭指出“启蒙的真正意义不在于理性启蒙，而在于自由理想的启蒙”；康德则定义启蒙为“敢于明智！大胆地运用你自己的悟性”。启蒙教育旨在让学生在研学实践与自我觉察、社会环境之间建立起积极的联系，促进学生具备能够适应终身发展和社会发展需要的必备品格和关键能力。

（1）启蒙教育的核心本质。启蒙教育的价值取向有个人发展层面的综合能力培育功能、社会发展层面的人才需求满足功能和国家发展层面的和谐社会构建功能。本书中，在个人发展层面，着重培养学生的创造力、探索欲、实践能力和创新精神，促进学生具备能够适应终身发展和社会发展需要的必备品格和关键能力；在社会发展层面，更加有效地培养符合社会经济发展需要的社会公民，为社会培养更多有创新能力、有担当精神、有责任感的高素质人才；在国家发展层面，更加注重以满足学生个性化、多样化的发展要求为基础，全面助力学生成为有理想、有本领、有担当的社会主义建设者和接班人，是促进教育公平、满足当代儿童青少年学生生存与发展需求、促进和谐社会构建的重要举措。

（2）启蒙教育的衔接策略。启蒙教育在校内外衔接的过程中扮演着至关重要的角色，它不仅促进了学校与研学营地的互补，更有助于学生在实践活动中全面发展。

启蒙教育校内外衔接的内涵体现了学校和研学营地在教育目的、教育基础和内容上的相互衔接。这种衔接旨在启迪学生在文化基础、自主发展和社会参与等方面形成对自我、社会、未来的清晰认识。通过结合不同地区和学校的资源特点，制订全面的教育计划，确保启蒙教育的实施有明确的指导和支持。

完善“素养化”顶层设计是启蒙教育校内外衔接的关键环节。这包括制订全面的教学计划、加强师资队伍建设以及健全监督机制与评价制度。在制订教学计划时，要注重结合不同学科的核心素养目标，深入挖掘与启蒙教育相契合的育人点；加强师资队伍建设，提高教师的专业水平和素养，是实施启蒙教育的重要保障；健全监督机制与评价制度，有助于确保启蒙教育的教学质量和育人效果。

在构筑系列化课程体系方面，要明确核心指标，建构立体式课程体系。通过明确启蒙教育的核心指标，可以准确把握启蒙教育在不同课程中的分量。同时，建构立体式课程体系，根据学生的身心特征和实际情况，搭建不同维度和内容的课程体系，有助于逐步拓宽学生的启蒙教育视野。

确立整合运行机制是推动启蒙教育校内外衔接的重要保障。通过推动各方参与，提供坚实有力的保障机制，统筹资源，建立区域共建共享机制，有助于引导启蒙教育研学实践朝着更加开放、普惠、平衡、共赢的方向发展。

（3）启蒙教育的解锁密码。启蒙教育作为教育中的重要组成部分，其实施路径与方略需要全面考虑和精心策划。其根本目标在于把握启蒙教育的独特功能，构建实施体系，建立评价机制，并明确教师角色。

构建启蒙教育实施体系是确保教育质量的关键。这涉及教育目标、实施原则、主要内容、教育模式、队伍建设等多个方面。在核心素养教育理念下，启蒙教育应赋予新的内容，确立明确的目标，注重内容的完整性和项目间的协同性。同时，启蒙教育的课程载体形态应丰富多样，以激发学生的兴趣和潜能。

建立启蒙教育评价机制是保障教育质量的重要手段。采用CIPP评价模式，通过背景评价、输入评价、过程评价和结果评价等多个维度，可以全面评估启蒙教育研学实践的实施效果。这有助于发现问题、改进方法，并推动启蒙教育研学实践的高质量发展。

明确启蒙教育教师的角色定位至关重要。在启蒙教育研学实践中，教师需要扮演多重角色，是课程的开发者、学习的引导者、实践的带领者等。因此，教师需要不断提升自己的专业素养和教育能力，以适应启蒙教育的需求。

（4）启蒙教育的多元影响。启蒙教育资源是一个重要且多元化的领域，旨在为学生提供更加全面和深入的学习体验。这些资源不仅限于学校内部，而且可以延伸到更广阔的社会环境中，包括博物馆、美术馆、科技馆、校内外劳动教育基地以及企业等社会力量。

公共文化服务机构，如博物馆、美术馆和科技馆，在启蒙教育中发挥着不可或缺的作用。这些机构收藏着丰富的历史文物、艺术品和科技展品，通过展览、讲解、互动体验等方式，为学生提供直观、生动的学习素材。学生可以在这些机构中接触到丰富多样的知识，拓宽视野，激发好奇心和求知欲。同时，这些机构还常常举办临时展览、特别活动和教育项目，为学生提供多元化的启蒙教育学习选择。

校内外劳动教育基地也是启蒙教育资源的重要组成部分。学校可以组织学生参与校内劳动实践，如校园绿化、卫生清洁等，培养学生的劳动习惯和劳动技能。同时，家庭和社会也可以提供丰富的劳动教育资源，如家庭劳动、社区服务、工厂实习等。这些实践活动可以让学生亲身体验劳动的过程，理解劳动的价值和意义，从而培养正确的劳动观念和劳动态度。

企业等社会力量也是启蒙教育校外资源不可忽视的一部分。企业可以为学生提供实践场地和实践机会，帮助他们了解职业世界和职业发展路径。通过与企业的合作，学生可以深入了解企业的运营和管理，参与实际项目和工作任务，锻炼自己的实践能力和解决问题的能力。企业也可以从中发掘优秀学生人才，为企业的未来发展注入新的活力和创新思维。

2 不同学段的教学目的设计

2.1 小学高年级段

价值体认：通过参加指尖上的手工、心灵成长课、家庭劳动课等体验类的启蒙教育主题活动，帮助学生认识社会和职业，初步具备职业感知，并树立正确的劳动观念、职业观念。

责任担当：围绕具体的职业体验、科学体验等开展相关启蒙教育实践活动，让学生初步了解职业分类，了解生活中的科技元素，初步养成自理能力、热爱生活和职业的态度，具有积极参与学校和社区生活的意愿。

问题解决：能通过职业及其他启蒙教育类的活动体验，发现自己感兴趣的职业或实践活动，并在教师的指导下，通过加深体验、查阅资料等进一步拓展相关知识，对启蒙形成自己的初步认知。

创意物化：通过实践体验非遗文创、体验种植等生产劳动，根据不同的任务选择合适的技术和方法，安全、规范、有效地开展活动，初步掌握一定的劳动技能，服务于学习和生活。

2.2 初中段

价值体认：以榜样人物、行业发展为目标进行启蒙探索，让学生在总结自身兴趣、专长、能力等综合性条件基础上对未来发展做出大胆想象，通过职业体验类活动，发展兴趣专长，形成积极的劳动观念和态度，从而具备初步的职业生涯规划意识和能力。

责任担当：通过性格与职业讲解指导、生活小镇职业体验等活动，帮助学生认识社会和职业，将职业生涯理论知识与自身的品格培养及能力塑造相结合，初步形成探究职业问题的意识，愿意参与学校及社会服务活动，参与真实的职业体验活动，初步形成对自我、学校、社区负责任的态度。

问题解决：能关注到社会、生活中的职业现象，围绕此现象深入思考并提出有价值的问题，在教师的指导下，采用科学的方法开展研究，形成自己的观点，并主动运用所学知识理解与解决问题，逐步实现学习与生活的自我管理与规划目标。

创意物化：通过典型案例示范引领、职业与科学启蒙的讲解指导、职业体验等活动，设计职业选择科学量表，理解性格与职业选择的关系，对自我未来职业发展进行初设。

2.3　高中段

价值体认：通过走访模范人物、参与职业体验等活动，深化社会规则体验、国家认同、文化自信，初步体悟个人成长与职业世界、社会进步、国家发展和人类命运共同体的关系，增强根据自身兴趣专长进行生涯规划和职业选择的能力，对职业发展目标设定、实现路径进行科学设计。

责任担当：围绕地质勘探职业体验、智慧物联、科技体验等活动，让学生深入了解职业分类及工作内容，真实地体验各行各业，对自我规划的目标进行实践验证，从而树立正确的职业观和劳动观。

问题解决：能根据职业体验的相关活动，对个人感兴趣的领域开展广泛的实践探索，提出自己的问题，并在教师的指导下，充分利用社会资源和网络资源，进行综合分析，形成对自身价值及未来规划的清晰蓝图。

创意物化：积极参与职业、科技体验类的实践活动，熟练掌握多种操作技能，在实践中培养创新精神及综合解决问题的能力，增强和改进职业发展目标及实现路径，完成设计方案。

3 不同学段的学情分析

3.1 小学高年级段

3.1.1 总体年龄特征

小学高年级段学生的认知能力和思维能力逐渐提高，能够理解更为复杂的概念和抽象的思维模式。该学段学生的兴趣逐渐多样化，对不同领域的知识和活动有一定的好奇心，渴望通过探索和体验获得新的经验和知识。此时，学生逐渐形成自我认知，对自己的兴趣、能力和价值观有一定的了解，同时开始探索自己的身份和角色，并逐渐建立起团队合作意识，能够在小组中合作完成任务，并且能够理解团队合作的重要性。

此外，学生需要在启蒙教育中树立积极向上的人生观和道德观，形成正确的价值观和世界观，培养社会责任感和公民意识；学生需要对职业的分类、要求、涵盖领域等有一定了解，形成初步的职业规划意识；学生需要培养积极乐观的情感态度，建立自信心和勇气，面对困难和挑战时能够保持乐观向上的态度，培养坚韧不拔的品质。

3.1.2 现有知识与能力

学生已掌握一定程度的基础学科知识，如在语文、数学、科学和道德与法治、劳动等学科方面，拥有阅读能力、自然科学常识、地理常识、基本劳动等能力；也具备了一定的科学实践能力，能够进行简单的观察、实验和推理，能够发现事物之间的一般规律性和关联性。在问题解决方面，能够运用已有的知识和技能解决简单的生活和学习问题，并提出合理的解决方案；具备了一定的劳动能力和生活经验，参与过家务劳动、校园卫生清理、社会公益劳动，懂得尊重各行各业的劳动者，初步形成了家庭责任感和社会责任感。

3.1.3 学习兴趣与动机

该学段学生拥有探索未知的好奇心、实践动手的热情、实现个人价值的动机。对未知世界充满好奇心，渴望通过启蒙教育研学实践课程探索新的知识和领域，更喜欢通过实践去发现自己的个人价值和潜能，发挥自己的优势和特长，实现自我成长和发展。从而意识到自己应该承担的责任和义务，培养社会责任感和公民意识，为社会的发展和进步作出贡献。

3.1.4 学习障碍与策略

由于文化认知差异等原因，学生对职业分类的了解还不全面，因此教师需注重对学生的启发和引导，通过趣味引导和体系化生涯探索，帮助学生形成正确的职业观念。学生缺乏必要的劳动能力和劳动习惯，因此教师应通过项目化的教学方式，创设与实际生活相联系的学习情境，设置多样化、可选择的活动项目，培育学生劳动素养。

3.2 初中段

3.2.1 总体年龄特征

初中段学生的自我意识开始觉醒，自我概念逐渐形成，开始深入思考关于自我身份、价值观和人生目标等方面的问题。同时，初中段学生的社交能力也在不断提升，渴望与同龄人建立深厚的友谊，并积极参与集体活动。此外，该学段学生还具有实践性和操作性强的特点，喜欢通过亲身实践来探索和解决问题。

3.2.2 现有知识与能力

职业启蒙方面，初中段学生对各种职业缺乏深入的理解和体验，应着重引导学生通过实地考察、角色扮演等方式，深入了解各种职业的特点和要求，从而培养他们的职业兴趣和职业规划能力。劳动启蒙方面，该学段学生普遍缺乏对劳动的尊重和热爱，劳动技能的培养也相对薄弱。科技启蒙方面，虽然学生已经接触了一些基础的科学知识，但对科技的理解和应用能力还有待提高。

3.2.3 学习兴趣与动机

职业启蒙方面，初中段学生开始思考自己的职业兴趣所在，以及未来可能从事的职业方向。因此，通过组织一系列与职业相关的研学实践活动，如企业参观、职业体验等，可以帮助学生更好地了解不同职业的特点和要求，从而激发他们对未来职业的兴趣和向往。劳动启蒙方面，学生正处于身心发展的关键时期，参与劳动活动不仅可以锻炼他们的身体，还可以培养他们的劳动意识和劳动技能。科技启蒙方面，学生对新鲜事物充满好奇，对科技领域的发展表现出极高的兴趣。

3.2.4 学习障碍与策略

初中段学生对职业规划往往缺乏清晰的认识，容易受到社会传统观念和家庭期望的影响，导致职业选择盲目、缺乏个性。此外，学校职业启蒙教育资源的匮乏以及教育方法的单一，也限制了学生对职业世界的全面了解。劳动启蒙方面，一些学生缺乏劳动观念，对劳动的意义和价值认识不足，通过组织如园艺种植、手工制作等活动，可以让学生亲身体验劳动的乐趣，理解劳动的价值，从而培养他们勤劳、踏实的品质。科技启蒙方面，由于学校科技教育资源的不均衡、不充裕，限制了学生科技创新能力和实践能力的提升，通过组织如科学实验、科技创新竞赛等活动，可以帮助学生了解科技知识，掌握科技技能，激发创新精神和科学素养。

在现实中，一些学生缺乏劳动观念，对劳动的意义和价值认识不足。为了改善这一状况，通过组织如园艺种植、手工制作等活动，让学生亲身体验劳动的乐趣，理解劳动的价值，从而培养他们勤劳、踏实的品质。

在科技快速发展的今天，一些学生面临科技素养不高的问题。学校科技教育资源的不均衡、不充裕以及教育方法的陈旧，限制了学生科技创新能力和实践能力的提升。为了应对这些问题，可通过组织科学实验、科技创新竞赛等活动，帮助学生了解科技知识，掌握科技技能，激发他们的创新精神，提高他们的科学素养。

3.3 高中段

3.3.1 总体年龄特征

高中生的年龄在15~18岁，处于青年初期。高中生大脑的结构和机能已和成人相等，神经细胞已发育完全，神经过程的兴奋和抑制达到平衡，心理明显比初中生更为成熟，已达到一个更高的发展水平。首先，该阶段学生认识能力进一步发展，感知觉的目的性和系统性增强，观察力有很大提高，并且趋向精确和细致；注意力更加稳定；记忆力由机械记忆为主过渡到以理解记忆为主；思维表现出更高的抽象概括水平，逻辑思维已占主导地位，思维的深刻性、独立性和批判性都有明显发展。高中生认识能力的提高为其学习复杂的科学知识、完成较重的学习任务提供了条件。

3.3.2 现有知识与能力

在启蒙的过程中，高中生独立思考能力提升，形成对世界的多元认知，不再满足于被动接受知识，而是能够主动提出问题、分析问题、解决问题。他们开始关注社会现象，对一些问题能够形成自己的看法和观点。随着知识体系的日益复杂，高中生逐渐展现出跨学科学习的能力。他们能够将不同学科的知识进行关联和整合，形成更加全面和深刻的理解。这种能力不仅有助于他们更好地应对学业挑战，而且为他们未来的职业发展奠定了基础。

3.3.3 学习兴趣与动机

高中段学生正处于职业生涯发展的尝试期向现实期过渡的阶段，需要面临选择适合自己的职业道路这一现实问题，所以，对高中生而言，职业生涯启蒙不仅是对未来职业的选择和发展的指引，也是他们个人成长和自我认知的重要一环。该阶段学生不仅有了职业兴趣，还开始注意职业角色的社会地位、社会意义，以及社会对该职业的需要，他们能更加客观地进行思考，认真探索各种可能的职业选择，其学习动机主要是满足自己的兴趣和需求，是在内在驱动力的推动下进行的。如果在这时能给学生提供一个进一步了解自己和认识自己的机会，引导其在结合自身特点和喜好的基础上去规划自己的未来，那么他们在做出选择的时候自然就会更加从容、坚定，将来他们也更有可能从学习和工作中获得更大的乐趣和满足。

3.3.4 学习障碍与策略

长期以来，校内教育的教学方法以灌输式为主，学生在知识方面的强化训练过多，思维训练（尤其是创造性的思维训练）过少。抗挫能力差，表现在心理素质上为严重的意志薄弱，难以适应启蒙教育过程中的教学策略，从而影响教学目标的实现。为帮助青少年更好实现自我成长和发展，可注重培养学生的独立思考和批判性思维能力，鼓励他们敢于质疑、勇于探索；关注学生的情感与价值观发展，引导他们形成积极健康的人生态度和价值观。

4 不同研学主题的教学计划与策略列表

4.1 教学计划与策略列表：科技赋能 智慧启蒙

<table>
<tr><td colspan="3">营地名称</td><td>北京市自动化工程学校（简称“北京营地”）</td><td>命名机构</td><td>教育部</td><td>识别码</td><td>Y145110001</td></tr>
<tr><td colspan="3">从业资质（摘要）</td><td>中专教育、大专教育、研学等综合实践教育、培训教育</td><td>单位属性</td><td>公益二类</td><td>法定代表人</td><td>胡定军</td></tr>
<tr><td colspan="3">研学主题</td><td>科技赋能 智慧启蒙</td><td colspan="2">主要目的指向</td><td colspan="2">启蒙教育</td></tr>
<tr><td rowspan="7">营地（枢纽）及周边主要优质研学资源</td><td colspan="2">基地层级</td><td colspan="5">研学站点（基地）名称</td></tr>
<tr><td rowspan="2">教育部命名基地</td><td>已列入教学计划</td><td colspan="5">一、与本主题相关的列入教学计划的基地12个
1.中国铁道科学研究院院史馆；2.中国人民革命军事博物馆；3.故宫博物院；4.中国国家博物馆；5.国家京剧院；6.中国科学院动物研究所；7.中国科学院植物研究所；8.北京生存岛文化传播有限公司；9.北京汽车博物馆；10.中国园林博物馆；11.北京陶瓷艺术馆；12.北京天文馆
二、与本主题关联不大但列入本营地教学计划的基地0个</td></tr>
<tr><td>待列入教学计划</td><td colspan="5">1.中国航空博物馆；2.天安门国旗护卫队；3.北京航空航天大学（航空航天博物馆、“月宫一号”综合实验装置）；4.中国消防博物馆；5.中国地质博物馆；6.水利部节水灌溉示范基地；7.全国农业展览馆；8.中华航天博物馆；9.中国海洋石油工业展览馆；10.中国核工业科技馆；11.中国检验检疫科学研究院；12.中关村智造大街；13.中国工程院；14.国家地震紧急救援训练基地；15.北京国家地球观象台；16.北京昌平砺志国防教育培训学校；17.中国宋庆龄青少年科技文化交流中心；18.中国人民抗日战争纪念馆；19.宋庆龄故居；20.生态环境部宣传教育中心；21.中国农业科学院农业环境与可持续发展研究所；22.中央芭蕾舞团；23.中国儿童艺术剧院；24.北京理工大学光电创新教育实验基地；25.中国警察博物馆；26.中国地图出版社；27.中国地质科学院地质研究所；28.中国化工博物馆；29.铁道兵纪念馆；30.中国气象局气象宣传与科普中心；31.中国科学技术馆；32.中国铁道博物馆；33.国家图书馆；34.北京鲁迅博物馆；35.北京花乡世界花卉大观园有限公司；36.北京市黄垡苗圃；37.北京黄花城长城旅游开发有限责任公司</td></tr>
<tr><td colspan="2">其他部委命名基地</td><td colspan="5">1.北京市天坛公园管理处；2.圆明园遗址文源研学基地；3.中国科学院国家天文台；4.中国科学院生物物理研究所；5.中国共产党历史展览馆；6.中国科学院电工研究所</td></tr>
<tr><td colspan="2">地方命名基地</td><td colspan="5">中国医学科学院药用植物研究所（北京药用植物园）</td></tr>
<tr><td colspan="2">本营地资源</td><td colspan="5">1.智能制造中心；2.信息技术中心；3.人工智能技术中心；4.虚拟现实技术中心；5.轨道交通运营中心；6.数字影像技术中心；7.无人机技术中心等</td></tr>
<tr><td colspan="2">其他资源</td><td colspan="5">北京新能源基地</td></tr>
</table>

维度或要素	小学高年级段	初中段	高中段
校内教育基础（与校内教育的衔接）	本阶段学生已具备一定的文化基础知识，逐渐形成独立思考的能力，实践能力也有所提升，他们正在逐步关注各种职业的特点和要求，并意识到相关知识在职业发展中的重要性。该阶段的职业启蒙教育需要注重学生的自我发现和自我定位，积极引导学生形成良好的职业素养和积极向上的职业观念。本研学主题必修课程与校内教育衔接内容如下：1.人教版五年级道德与法治上册第9课“古代科技　耀我中华”；2.北师大版五年级语文上册第9课“唱脸谱”；3.教科版五年级科学下册第三单元第6课“显微镜下的生命”；4.人教版六年级科学下册第三单元第8课“探究宇宙”；5.人教版六年级科学上册第四单元第3课“多种多样的植物”；6.人教版六年级科学上册第四单元第4课“种类繁多的动物”；7.人教版六年级科学上册第四单元第8课“生物多样性的意义”；8.人教版五年级美术上册第7课“古朴精美的华表”；9.人教版五年级美术上册第16课“珍爱国宝——古代的陶瓷艺术”；10.人教版六年级美术下册第3课“泥浮雕”	本阶段学生随着独立思考能力的提高，不仅满足于传统知识，更期望探索创新的途径和方法。他们对特定职业领域有浓厚兴趣，但缺乏职业意识和实践经验。故可通过形式多样的职业体验活动，帮助学生直观了解不同职业领域的工作内容和要求，帮助他们更好地为未来的社会生活和职业生活做好准备。本研学主题必修课程与校内教育衔接内容如下：1.人教版七年级历史上册第2课“原始的农耕生活”；2.北师大版七年级历史上册第17课“先进的科学技术”；3.人教版八年级生物上册第六单元“生物的多样性及其保护”；4.人教版九年级物理全一册第十三章“力和机械”；5.人教版八年级物理下册第九章“电与磁”；6.人教版八年级地理上册第二章“中国的自然环境”；7.人教版八年级语文上册第14课“故宫博物院”；8.地理七年级上册3.4.2“世界文化遗产的保护”；9.历史与社会九年级上册第二单元第4课“中国新民主主义革命的开始”	高中学生已具备较为系统的基础知识，创新思维逐渐成熟，渴望在实践中探索、挖掘和检验自己的创新观点和方法。本阶段应深度整合学科知识，形成跨学科学习平台，强化实践与反思环节，形成具有个人特色的见解和思考。通过对各种职业的深度体验，学生可以深入了解从事相关职业所需具备的能力、职业习惯和相关流程，将个人发展计划与祖国、时代发展紧密相连。本研学主题必修课程与校内教育衔接内容如下：1.人教版语文第一册第十四单元第13课“呼喊”；2.人教版语文第一册第十四单元第14课“胡同文化”；3.人教版高中思想政治必修三第三单元“中华文化与民族精神”；4.人教版高中政治第四册第7课“继承发展中华优秀传统文化”；5.人教版高中历史必修三第五单元第15课“新文化运动与马克思主义的传播”；6.人教版高中历史必修一第一单元“古代中国的政治制度”；7.人教版高中历史必修三第三单元第10课“布满魅力的书画和戏曲艺术”；8.人教版高中思想政治必修三第二单元“文化传承与创新”

维度或要素			小学高年级段	初中段	高中段
研学课程	必修课程一	名称	陶瓷初体验	陶瓷成型大揭秘	共话少年梦，细品茶香浓
		活动目的	理解陶艺的基本知识和技法，掌握传统陶瓷的制作工艺和艺术表现技巧	掌握泥条盘筑成型的基本知识和技法，掌握泥条盘筑的制作工艺	学习茶知识，熟练掌握自制茶珠工艺，茶香品鉴，感受茶文化
		活动形式	教师讲授、实地探访	实地探访、任务驱动	分享合作、实践体验相结合
	必修课程二	名称	陶瓷贴花	扎染技艺	红色主题釉上彩绘
		活动目的	理解陶瓷贴花的特点和技艺，掌握陶瓷贴花的制作方法和技巧	探索板蓝根的科学奥秘，掌握不同的扎染制作方法，并制作自己的丝绸作品	学习釉上彩绘的基本知识和技法，熟练掌握釉上彩绘技艺
		活动形式	小组讨论、实地探访	观察探究、实践体验相结合	教师讲授、感悟分享、实践操作
	必修课程三	名称	国粹鉴赏——京剧脸谱	筑梦少年，大道为伴	走进中国科学院——光伏与光热发电的奥秘
		活动目的	了解京剧脸谱的历史和文化背景，了解不同脸谱的象征意义和角色特征	了解中国铁路发展历史，理解列车驱动原理，对学生进行新中国铁路事业先驱爱国主义教育、科普教育	参与主题科普实验活动，了解光热发电的原理；了解新能源发电的基本原理
		活动形式	教师讲授、任务驱动、实践体验相结合	任务驱动、教师讲授、实地探访	任务驱动、参观体验、辩论分析
	必修课程四	名称	农耕体验	走进中国科学院——濒危植物的保护与植物组织培养	走进中国科学院——生命的进化历程
		活动目的	了解传统农耕基本流程，理解传统耕作农具的使用方法，掌握简单的农耕技能，感受劳动的艰辛，提升学生的生活技能	通过讲解和观察珍稀植物和濒危植物，认识各种各样的中国古植物，并了解它们的生存年代以及灭绝原因	认识远古生物的部分种类，认识自然选择导致的生物环境适应，加深对生物多样性和生物进化的认识
		活动形式	讨论分析、实践体验相结合	任务驱动、实地探访、研究分享	任务驱动、教师讲授、实地探访、实践体验相结合

维度或要素			小学高年级段	初中段	高中段
研学课程	必修课程五	名称	筑梦汽车　中国制造	故宫里的掐丝珐琅	盆花花境组合
		活动目的	了解中国汽车工业的发展历程，弘扬科学精神与人文精神，激发学生的爱国热情，传承工匠精神、雷锋精神、红旗精神	了解明清皇家园林建筑风格与其历史沧桑，体验探讨古今建筑形式特点，掌握掐丝珐琅的制作工艺	参观园区，观察园内景观布置，掌握花卉在不同景观中的不同配置及花卉生长物候对景观的影响，学习基础花境的设计并完成初级花境的设计和建造
		活动形式	实地探访、情境模拟、分组实践	任务问答、小组讨论、实践体验相结合	任务问答、小组合作
	必修课程六	名称	奔月之旅	国粹鉴赏——京剧人物绘制	中国5000年文明简史
		活动目的	聚焦我国月球探测计划的过去、现在和未来，激发学生对航天事业的憧憬，培育和践行社会主义核心价值观	了解京剧人物的分类，理解不同京剧人物的绘制方法	通过参观远古、夏商西周、春秋战国、秦汉、三国两晋南北朝、隋唐五代、辽宋夏金元、明清八个展厅，系统理解历史发展
		活动形式	任务驱动、实地探访、感悟分享	任务驱动、实地探访、自主探究	自主探究、教师讲授
	必修课程七	名称	珠络玲珑　罗囊玉斗	传承非遗彩绘　锦色华风少年	智慧卫蓝　E享未来
		活动目的	了解中医药文化历史，了解中药的药用价值和保健作用，了解中药香囊的制作流程和操作步骤，增强对祖国传统中医药文化的认同和理解	通过学习沥粉、贴金的技法，引导学生探究中国古老的传统工艺，激发学习热情，促进我国传统文化的发展与传承	掌握汽车、新能源相关知识，了解北汽新能源核心研发科技，培养学生运用科学思维解决问题的能力
		活动形式	展馆参观、合作分享	自主探究、实地探访	教师讲授、感悟分享

维度或要素			小学高年级段	初中段	高中段
研学课程	必修课程八	名称	古都3000年与军事强国梦	田野考古之未来考古学家	学党史　跟党走
		活动目的	通过参观，直观了解军事知识，深入了解我国军事历史的发展脉络，提高历史素养，增强国防意识，培养爱国情怀	初步了解考古钻探勘察与探方发掘的方法，进行考古工具认知，唤醒学生的好奇心和探索意识	了解中国共产党波澜壮阔的百年历程，理解党史和新中国史，知史爱党，知史爱国
		活动形式	职业体验、实践体验相结合	职业体验、任务驱动	任务驱动、分组合作
	必修课程九	名称	文创涂装大师	无线电的奥秘	艺术印章——数控加工的探索
		活动目的	了解色彩的搭配技巧，了解不同的涂装材料和工具的特点和使用方法，基本掌握涂装技巧和工艺流程	认识常用无线电元器件，掌握无线电收音机的制作流程，能够进行测量和焊接	认识现代精密数控加工设备，了解多样化加工方法，掌握基本的编程方法和加工技术，提升多向思维能力和解决问题的能力
		活动形式	教师讲授、分组讨论	辩论分析、实践体验相结合	任务驱动、辩论分享
	必修课程十	名称	无人机飞行	神奇的剪切力	动漫徽章——电加工的奥秘
		活动目的	了解无人机飞行的发展历史和基本原理，掌握无人机飞行的基本操作方法和技能	了解现代冲压工业的加工过程，初步掌握冲压的操作方法和步骤，进行冲压工种的职业技能体验	以动漫徽章为载体，了解线切割的操作方法和步骤，进行冲压工种的职业技能体验
		活动形式	实地探访、实践体验相结合	辩论分享、教师讲授	教师讲授、设计制作、职业体验
	选修课程		1. 陶瓷杯垫彩绘 2. 生存自救训练 3. 星空大会，宇宙少年	1. 古都瓷韵 2. 穿墙透壁——解析官式古建筑营造技艺 3. 京剧脸谱	1. 陶瓷成型大揭秘 2. 感受中国插花文化

维度或要素		小学高年级段	初中段	高中段
研学线路	代表性线路（时长五日）	第一天：北京营地—北京陶瓷艺术馆—国家京剧院—北京营地；第二天：北京营地—北京生存岛文化传播有限公司—北京营地；第三天：北京营地—北京汽车博物馆—北京天文馆—北京营地；第四天：北京营地—中国医学科学院药用植物研究所—中国人民革命军事博物馆—北京营地；第五天：北京营地—智能制造中心—北京营地	第一天：北京营地—北京陶瓷艺术馆—北京营地；第二天：北京营地—中国铁道科学研究院院史馆—中国科学院植物研究所—北京营地；第三天：北京营地—故宫—国家京剧院—北京营地；第四天：北京营地—中国园林博物馆—圆明园遗址文源研学基地—北京营地；第五天：北京营地—信息技术中心—智能制造中心—北京营地	第一天：北京营地—北京陶瓷艺术馆—北京营地；第二天：北京营地—中国科学院电工研究所—中国科学院动物研究所—北京营地；第三天：北京营地—中国园林博物馆—中国国家博物馆—北京营地；第四天：北京营地—北汽新能源基地—中国共产党历史展览馆—北京营地；第五天：北京营地—智能制造中心—北京营地
	可选择线路（按天设计，菜单式选择）	1.北京营地—中国航空博物馆—北京营地；2.北京营地—中央芭蕾舞团—中国儿童艺术剧院—北京营地；3.北京营地—宋庆龄故居—北京营地；4.北京营地—中国铁道博物馆—中国铁道科学研究院集团有限公司院史馆—北京营地；5.北京营地—中国宋庆龄青少年科技文化交流中心—北京营地；6.北京营地—中国科学院动物研究所—北京营地；7.北京营地—北京汽车博物馆—北京营地；8.北京营地—北京黄花城长城旅游开发有限责任公司—北京营地	1.北京营地—中国人民革命军事博物馆—北京营地；2.北京营地—中央芭蕾舞团—中国儿童艺术剧院—北京营地；3.北京营地—宋庆龄故居—北京营地；4.北京营地—中国铁道博物馆—中国航空博物馆—北京营地；5.北京营地—中国宋庆龄青少年科技文化交流中心—北京营地；6.北京营地—中国科学院动物研究所—北京营地；7.北京营地—北京汽车博物馆—北京营地；8.北京营地—北京黄花城长城旅游开发有限责任公司—北京营地	1.北京营地—中国人民革命军事博物馆—北京营地；2.北京营地—中央芭蕾舞团—中国儿童艺术剧院—北京营地；3.北京营地—宋庆龄故居—北京营地；4.北京营地—中国铁道博物馆—中国铁道科学研究院集团有限公司院史馆—北京营地；5.北京营地—中国宋庆龄青少年科技文化交流中心—北京营地；6.北京营地—中国科学院动物研究所—北京营地；7.北京营地—北京汽车博物馆—北京营地；8.北京营地—北京黄花城长城旅游开发有限责任公司—北京营地
	规划线路（按天设计）	1.北京营地—中国宋庆龄青少年科技文化交流中心—北京营地；2.北京营地—北京黄花城长城旅游开发有限责任公司—北京营地；3.北京营地—中国航空博物馆—北京营地	1.北京营地—中国宋庆龄青少年科技文化交流中心—北京营地；2.北京营地—北京黄花城长城旅游开发有限责任公司—北京营地；3.北京营地—中国人民革命军事博物馆—北京营地	1.北京营地—中国宋庆龄青少年科技文化交流中心—北京营地；2.北京营地—北京黄花城长城旅游开发有限责任公司—北京营地；3.北京营地—中国人民革命军事博物馆—北京营地

维度或要素		小学高年级段	初中段	高中段
教学重点难点（以代表性线路教学设计为例，下同）	教学重点	1.理解陶艺的基本知识及贴花的特点和技艺；理解传统耕作农具的使用方法及农耕基本流程；2.理解中国汽车工业的发展历程，弘扬传承科学精神与人文精神；3.了解我国月球探测计划的过去、现在和未来，激发学生对航天事业的憧憬；4.了解中医药文化历史，理解中药的药用价值和保健作用；5.理解色彩的搭配技巧，理解不同的涂装材料和工具的特点和使用方法	1.理解泥条盘筑成型的基本知识和技法；学习植物染料的提取和运用技术；2.认识珍稀植物、濒危植物和各种古植物，了解它们的生存年代以及灭绝原因，树立植物保护意识；3.了解京剧人物的分类，理解不同京剧人物的绘制方法，完成京剧人物绘制；4.通过参观园林博物馆引导学生了解中国传统瓷器烧制工艺，感受中华文化的传承；5.认识常用无线电元器件，掌握无线电收音机的制作流程	1.学习茶知识，熟练掌握自制茶珠工艺，茶香品鉴，感受茶文化；2.认识远古生物的部分种类，认识自然选择导致的生物环境适应；3.掌握花卉在不同景观中的不同配置及花卉生长物候对景观的影响；学习基础花境的设计并完成初级花境的设计和建造；4.掌握汽车、新能源相关知识，了解北汽新能源核心研发科技，培养学生运用科学思维解决问题的能力；5.认识现代精密数控加工设备，了解多样化的加工方法；了解线切割的操作方法和步骤，进行线切割工种的职业技能体验
	教学难点	1.掌握传统陶瓷的制作工艺和艺术表现技巧，进行陶瓷贴花的制作方法及技巧实践；2.理解不同京剧人物的绘制方法，进行典型京剧人物绘制；3.掌握简单的农耕技能，使用传统耕作农具进行耕种，提升生活技能；4.掌握中药香囊的制作流程和操作步骤，增强对祖国传统中医药文化的认同和理解；5.掌握无人机飞行的基本操作方法和技能	1.掌握泥条盘筑的制作工艺，制作泥条盘筑作品；掌握晾晒、扎染等技艺，制作创意丝绸作品；2.理解列车驱动原理，理解蒸汽机车的构造和用途，完成0号机车模型拼装；3.细细体味中国传统文化博大精深的底蕴，掌握掐丝珐琅的制作工艺，完成故宫文创制作；4.通过考古发掘、文物修复、实验探究等深度发掘圆明园自身内涵，理解考古挖掘的方法和流程，完成模拟考古和探究；5.掌握现代冲压工艺的加工过程和操作步骤	1.学习釉上彩绘的基本知识和技法，熟练掌握釉上彩绘技艺；2.参与主题科普实验活动，理解光热发电的原理，掌握新能源发电的基本原理；3.通过参观远古、夏商西周、春秋战国、秦汉、三国两晋南北朝、隋唐五代、辽宋夏金元、明清八个展厅，系统理解古代中国的历史发展；4.了解中国共产党波澜壮阔的百年历程，理解党史和新中国史，知史爱党，知史爱国；5.掌握基本的编程方法和加工技术，提升多向思维能力和解决问题的能力

维度或要素	小学高年级段	初中段	高中段
教学策略	本阶段学生已具备一定的文化基础知识，逐渐形成独立思考的能力，实践能力也有所提升，他们正在逐步关注各种职业的特点和要求，并意识到相关知识在职业发展中的重要性。该阶段的启蒙教育需要注重学生的自我发现和自我定位，积极引导学生形成良好的职业素养和积极向上的职业观念。基于多元智力理论，选取劳动启蒙、文化启蒙、科学启蒙等内容，运用讲授、演示、练习等教法和自主学习、探究学习、合作学习等学法，依托研学课程教材、研学手册、设备、配套耗材，使用游戏、情境教学、跨学科教学、合作学习等策略进行总体设计，注重让学生在职业体验中获得全面成长，培养创新精神与实践能力，深刻感悟劳动创造未来的真谛；通过职业体验活动，让他们能够在未来的职业生涯和社会生活中，充分发挥自己的潜力，逐步成为德智体美劳全面发展的社会主义建设者和接班人，为社会的进步做出贡献	本阶段学生随着独立思考能力的提高，不仅满足于传统知识，更期望探索创新的途径和方法。他们对特定职业领域有浓厚兴趣，但缺乏职业意识和实践经验。基于实用主义、发现学习理论思想，以培养学生的科学素质和民族自豪感，形成正确的职业观念，意识到不同角色的责任与权利，运用讲授、演示、练习、实验等教法和自主学习、探究学习、体验学习、合作学习等学法，依托研学课程教材、研学手册、设备、配套耗材，使用情境教学、跨学科教学、合作学习、项目学习等策略进行总体设计，以学生为中心，关注学生的个性化和全面素质发展，引导学生通过深入的职业体验来获取实际经验，着重培育学生的沟通协作、问题解决以及创新探索等综合能力。通过形式多样的职业体验活动，帮助学生直观了解不同职业领域的工作内容和要求，帮助他们更好地为未来的社会生活和职业生涯做好准备。激励他们根据自身特长与兴趣进行职业生涯规划，打造坚实的职业基础，自信地迎接未来职场的挑战，从而绘制出属于自己的蓝图	高中学生已具备较为系统的基础知识，创新思维逐渐成熟，渴望在实践中探索、挖掘和检验自己的创新观点和方法。本阶段应深度整合学科知识，形成跨学科学习平台，强化实践与反思环节，形成具有个人特色的见解和思考。基于实用主义、建构主义、发现学习理论思想，以学生持续成长为中心，关注个性化发展和全面素质培养，引导学生正确认识自我与社会，掌握职业知识与技能，实现个人创新的目标。运用讲授、演示、练习、实验等教法和自主学习、探究学习、体验学习、合作学习等学法，依托研学课程教材、研学手册、设备、配套耗材，使用情境教学、跨学科教学、合作学习、项目学习等策略进行总体设计，通过对各种职业的深度体验，学生可以深入了解从事相关职业所需具备的能力、职业习惯和相关流程，将个人发展计划与祖国、时代发展紧密相连。培养学生敬业乐业、艰苦奋斗的精神，践行社会主义核心价值观

维度或要素				小学高年级段	初中段	高中段
实施方案	入营教育	安全	引导	学习《研学安全手册》，对吃、住、行、学等环节进行安全须知及纪律规定宣讲	学习《研学安全手册》，深入了解安全应急知识，熟练掌握应急救护技能	熟练辨识安全标志，深入学习自我管理知识，提升防护警觉
			实训	开展安全知识竞赛，进行设施设备实践操作训练	研究营地疏散地图，进行疏散演练，培养有序撤离能力	对吃、住、行、学各环节进行疏散和安全应急演练
		应急	引导	学习急救知识，通过视频教程学习，掌握应急处置技能	研究紧急情况疏散线路图、紧急情况应急处理办法，掌握应对策略	学习应急事件处理办法，培养突发事件随机应变能力，掌握应急处置技能
			实训	熟练掌握灭火器使用技巧，具备报警能力，了解火灾和地震应急处理方法	开展安全救护技能实践操作，提升应急救护能力	组织学生开展地震、消防等安全应急演练，强化安全避险意识
		救助	引导	播放应急救助相关视频，学会正确求助方式	老师进行救护方法示范，学生掌握基本应急救护方法	模拟触电、晕倒、磕伤等真实场景，开展救助培训，提高应变能力
			实训	观看视频，掌握方法	开展止血包扎等应急技能培训，帮助学生熟练掌握求助方法和技巧	开展心肺复苏、包扎等应急技能培训，帮助学生熟练掌握求助方法和技巧
		自我管理	引导	进行自我管理方法植入，初步形成管理意识	通过团建课程，帮助学生减轻恐惧感，提高主动适应环境和他人的能力	通过自主管理问题引导，让学生掌握科学的方法，并能够进行合理的自我管理
			实训	开展自我管理培训，掌握自我管理知识	通过团建活动，帮助学生在合作、分享和感悟的过程中，进行心理管理建设	通过技能测试、互动交流等方式，熟练掌握自我管理技能
		团队协作	引导	分析团队合作任务，分配角色，引导学生分享团队协作体会	引导学生组织团队，在活动中倾听及表达个人观点，鼓励团队成员分享和表达	引导学生提升沟通技巧，从而更有效地应对团队内的冲突和分歧
			实训	团队合作完成任务，形成团队合作成果	通过团建等活动，提升团队间配合度和信任度	通过案例研讨、团建等活动，鼓励团队成员分享和表达在团队协作方面的观点

维度或要素		小学高年级段	初中段	高中段
实施方案	导入教学环节	1.故事导入：教师引导学生漫步北京陶瓷艺术馆，通过讲述馆藏一百位陶瓷艺术家、一百件技艺多样的红色主题陶瓷艺术品，使学生了解展品背后的感人故事；2.情境导入：观看专业京剧演出，追寻国粹底蕴，传承中式艺术审美；3.问题导入："你们知道世界上最早的汽车是什么样子吗？"通过设置问题的形式，激发学生的好奇心；4.历史情境导入：参观军事博物馆，让学生亲身体验军事历史文化的氛围，感受展品的真实性和历史价值，加深他们对军事历史文化的理解和认识；5.问题导入："你们知道涂装设计的基本要素有哪些吗？"激发学生的思考	1.情境导入：学生化身陶瓷艺人，通过观看陶瓷制作的宣传片，充分了解中国博大精深的陶瓷文化及古老工艺；2.情境导入：参观铁科院院史馆，感受铁科院的历史和文化，见证茅以升精神，播撒"爱国、创新、求实、奉献"的科学家精神的种子；3.任务驱动：故宫三大主殿太和殿、中和殿、保和殿有怎样的使用价值？乾清宫正大光明牌匾与立储之间有怎样的故事？故宫都有哪些大怪兽呢？体味传统文化博大精深的底蕴；4.情境导入：实地参观圆明园，让学生亲身感受圆明园的历史氛围和建筑之美，深入了解圆明园的历史和文化内涵；5.实验演示：进行简单的冲压操作，让学生亲身体验冲压工艺的神奇，并引导他们思考背后的原理	1.视频导入：观看红色影像材料，年轻一辈人不可忘记革命年代的烽火岁月，革命的记忆应铭刻在历史的痕迹上；2.情境导入：跟着能量足迹探访科技满满的光电之地，感受新能源产业发展；3.任务导入：秦朝兵马俑是怎样被发现的？汉朝的金缕玉衣是怎样的稀世珍宝？汉朝时期丝绸之路怎样与外部沟通？跟随2026件文物，展开一次古代中国历史发现之旅；4.问题导入："未来新能源汽车的发展趋势是什么？"帮助学生深入了解北汽新能源的优势和发展潜力，引导学生思考并探究答案；5.案例导入：教师介绍电加工技术的应用案例，比如在航空、汽车、模具等领域的应用，让学生了解电加工技术的实际价值和意义
	授课教学环节	第一天：必修课程一"陶瓷初体验"、必修课程二"陶瓷贴花"、选修课程1"陶瓷杯垫彩绘"；第二天：必修课程三"国粹鉴赏——京剧脸谱"、必修课程四"农耕体验"；第三天：必修课程五"筑梦汽车 中国制造"、必修课程六"奔月之旅"、选修课程3"星空大会，宇宙少年"；第四天：必修课程七"珠络玲珑 罗囊玉斗"、必修课程八"古都3000年与军事强国梦"、选修课程2"生存自救训练"；第五天：必修课程九"文创涂装大师"、必修课程十"无人机飞行"	第一天：必修课程一"陶瓷成型大揭秘"、必修课程二"扎染技艺"、选修课程1"古都瓷韵"；第二天：必修课程三"筑梦少年，大道为伴"、必修课程四"走进中国科学院——濒危植物的保护与植物组织培养"；第三天：必修课程五"故宫里的掐丝珐琅"、必修课程六"国粹鉴赏——京剧人物绘制"、选修课程3"京剧脸谱"；第四天：必修课程七"传承非遗彩绘 锦色华风少年"、必修课程八"田野考古之未来考古学家"、选修课程2"穿墙透壁——解析官式古建筑营造技艺"；第五天：必修课程九"无线电的奥秘"、必修课程十"神奇的剪切力"	第一天：必修课程一"共话少年梦，细品茶香浓"、必修课程二"红色主题釉上彩绘"、选修课程1"陶瓷成型大揭秘"；第二天：必修课程三"走进中国科学院——光伏与光热发电的奥秘"、必修课程四"走进中国科学院——生命的进化历程"；第三天：必修课程五"盆花花境组合"、必修课程六"中国5000年文明简史"；第四天：必修课程七"智慧卫蓝E享未来"、必修课程八"学党史 跟党走"、选修课程2"感受中国插花文化"；第五天：必修课程九"艺术印章——数控加工的探索"、必修课程十"动漫徽章——电加工的奥秘"

维度或要素		小学高年级段	初中段	高中段
实施方案	进级教学环节	1.实地探访：北京陶瓷艺术馆，实践体验，完成拉坯和陶瓷贴花，绘制京剧人物脸谱；2.体验感悟：学生使用农耕工具，进行传统农耕操作，感悟劳动的艰辛；3.动手体验：绘制内燃机运动简图，完成学习单上相关题目；记录观测时间地点，绘制月相，撰写月相观测日志；4.观察实践：观察中医药香囊的制作过程；亲自动手制作一个中医药香囊，感受中国中医药的博大精深；5.竞赛：进行无人机模拟试飞，并完成小组之间的无人机定点飞行比赛，感受科技带来的成功喜悦	1.实践体验：分析四种基础的陶瓷成型方法有什么异同，讲一讲你还知道哪些陶瓷成型方法。完成泥条盘筑成型；完成扎染丝巾制作；2.动手实践：完成0号机车的纸模拼插；3.传承与体认：沿着故宫中轴线参观，细细体味中国传统文化博大精深的底蕴。完成非遗故宫掐丝珐琅作品的制作；4.演讲：以“瓷韵漂漂乐”的形式展开主题演讲；5.实际操作：利用无线电元器件，拼装一台收音机；利用现代冲压工艺，制作一个多功能的户外工具	1.实践体验：讨论你所了解的茶文化都有哪些；自制茶珠，品茶；红色主题釉上彩绘；2.归纳讲述：完成光伏车的拼装，并进行性能测试。以工程师的身份造访一线，碰撞新能源职场；3.设计创作：学习基础花境的设计并完成初级花镜的设计建造。深刻感受中国古代文化的丰富多样和博大精深；4.归纳讲述：完成新能源汽车模型的拼装，并进行性能测试；5.实际操作：编制加工程序，设计个性化印章，并利用现代精密数控加工设备，完成加工制作
	巩固教学环节	1.交流分享：学生小组合作完成红色主题海报，进行研学期间所观所学的分享；2.成果展示：展示以红船等历史原型为内容制作的贴花作品；展示亲笔绘制的京剧人物脸谱；3.巩固提升：翻阅《汽车博物馆奇妙之旅》丛书，找寻关于汽车知识的更多答案；4.归纳总结：展示自己亲手制作的中药香囊，谈感想与收获。以填写问卷调查和研学手册的形式，引导学生回顾研学期间的所见所闻所感；5.成果展示：展示自己完成的文创涂装作品，以填写问卷调查和研学手册的形式，引导学生回顾研学期间的所见所闻所感	1.成果展示：展示扎染丝巾、泥条盘筑作品，分享创造的喜悦；2.回顾反思：回顾研学过程中的收获与感悟，学生反思自己的不足，并探讨改进的方法；3.拓展与互动体验：与古建筑专家互动，就故宫古建筑的相关问题进行讨论；戏曲老师为学生勾画脸谱，传承中式艺术审美；4.成果展示与巩固：展示沥粉贴金建筑彩画作品；以小组为单位，绘制一条海上丝绸之路的路线图，深刻理解东西方文化的融合与碰撞；5.归纳总结：以填写问卷调查和研学手册的形式，引导学生回顾研学期间的所见所闻所感；展示自己完成的多功能户外工具作品	1.拓展：与陶瓷艺术大师或非遗传承人面对面沟通，加深学习印象，并进行知识问答；2.拓展：以时空拜访的形式，对话动物科学家，回顾动物研究所的科研成果；3.成果展示：展示自己完成的初级花境作品，并阐述自己的设计理念。作为国家博物馆的一位志愿者，你将以什么样的方式参与投入到文物的保护和传承工作中；4.巩固提升：通过知识问答、拼图游戏和场景模拟体验，再次身临其境，感受历史，牢记历史；展示组装完成的新能源小车；5.归纳总结：以填写问卷调查和研学手册的形式，引导学生回顾研学期间的所见所闻所感，展示自己完成的艺术印章和动漫徽章作品

维度或要素			小学高年级段	初中段	高中段
实施方案	总结教学环节	教学创新	根据学生年龄特点，充分利用技术工具辅助教学，发挥学生的主动性。根据学生情况，创新调整课程结构，综合运用多学科知识，开展跨学科学习，初步培养学生的综合素养和创新能力；引导学生自主探究和合作学习，鼓励他们积极尝试和探索新的方法和思路	引导学生主动探究问题、发现规律、解决问题，激发学生的学习兴趣和探究欲望，培养他们的创新能力和批判性思维；建立合作学习共同体，建立多元化的评价体系，关注学生的学习过程、学习态度、合作能力等多方面表现；培养学生对传统文化的认同，培养基于传统的创新意识和能力，增强社会责任感和担当意识	通过课题研究、实验设计、社会调查等研究性学习活动，鼓励学生通过亲身实践来探索问题、发现知识和解决问题，培养他们的创新精神和实践能力，培养学生多维度思考，提升思维想象力、创造力和审美能力，进而提升学生的综合素质和未来发展潜力；让学生在文化自信中厚植家国情怀，在家国情怀中彰显文化自信
		教学总结	全面收集学生的即时反馈与评价，进行深入分析后，做出有针对性的调整，持续优化实施方案；建立研学档案，妥善保存教学过程性资料	对研学过程进行回顾，收集不同层面参与人员的反馈意见，及时了解研学环节中存在的问题，建立研学档案	关注学生在研学实践过程中情感态度价值观的变化，及时收集学生与家长的建议及反馈，对不足之处进行改进，并持续优化实施方案，建立研学档案
		教学反思	根据学生的自我评价和总结以及他人评价结果，反思教学方法的选择和教学环节设计中出现的问题，及时总结，并做出优化调整	将实际教学实施情况与预设的教学计划进行详细的对比分析；对于教学环节中的差异与不足，及时进行调整优化，确保教学质量与效果	根据研学反馈结果，对研学环节进行优化，对研学资源进行二次挖掘，进一步梳理与学校课程的衔接点，总结经验教训，为下一次研学活动提供参考和借鉴

维度或要素				小学高年级段	初中段	高中段
实施方案	评价教学环节	教学水平评价	自我评价	教师需要认真对比预设教学目标的达成情况、教学方法的使用及教学内容的设定，精确客观填写自我评价表；逐步构建个人教学水平档案，持续完善并优化教学实践，不断提升教学质量	教师应围绕业务水平、师德师风、教学质量、教学过程，进行自我评估，形成教学反思材料，按阶段形成工作总结，并不断进行相应的改进	教师需要关注研学内容的合理性、目标设置的明确性、实施过程的流畅性、学生参与的积极性以及研学效果的实际影响等进行评价与反思，形成自我评价报告，运用评价结果改进教学
			学生评价	以学生的任务完成情况、活动参与情况、研学手册完成情况等作为评价维度，通过学生访谈的形式，征集他们对教师的评价意见，对教师的教学质量给予综合评价	学生匿名完成满意度调查表填写，就教学内容、教学效果、教师态度、活动满意度等对教师进行评价，帮助教师及时发现问题，改进教学，提升教学质量	问卷调查和座谈相结合，学生对教师调动学习主动性、科学安排教学内容、引导学生深度思考和积极参与动手实践、鼓励表达交流和引导正确价值观等方面进行评价
			同行评价	营地教师、学校带队教师通过问卷调查等方式，对教师的教师素质、教育教学理念、教学设计、教学过程内容安排、实施策略、实施效果等方面进行评价	营地教师、学校带队教师通过随队观摩的方式，对研学指导教师的教师素质、教育教学理念、教学设计、教学过程内容安排、实施策略、实施效果等方面进行评价	营地教师、学校带队教师通过随队观摩、教学文件审阅等方式，对教师的教师素质、教育教学理念、教学设计、教学过程内容安排、实施策略、实施效果等方面进行评价
			培训和考核	定期对学生、家长进行满意度调查测评；定期对营地（基地）教师的专业理论、线路课程开发与组织实施等方面进行专业培训并进行相应考核	对学生、家长、社会公众进行满意度调查测评；定期对营地（基地）教师进行专业能力提升培训并进行相应考核	定期对营地（基地）教师的教学成果进行展示，定期请校外研学实践教育专家进行督导提升
			教学成果展示	用美篇、微信公众号等图文影像资料记录学生研学开展情况	鼓励教师用教学成果、论文及课程案例等展示研学成果	用创意作品主题展览、研究报告等展示研学成果

维度或要素				小学高年级段	初中段	高中段
实施方案	评价教学环节	学业评价	形成性评价	在研学实践中，对学生的参与度、兴趣表现等方面进行及时记录与反思，进而结合学段特点，及时进行调整	在研学实践中，对学生的参与度、提问质量、独立思考能力、合作能力以及表达清晰度等方面进行及时评估。通过评估，可以及时了解学生的学习状态和进步情况，为后续研学指导提供参考	在研学实践中，对学生的探究能力、价值观培养、团队协作等方面进行及时评估。通过这些评估，我们可以及时进行相应调整，为后续研学指导提供参考
			总结性评价	研学实践结束后，根据预先设定的学习目标，通过测验、展示等形式，对学生知识点的掌握情况、参与程度等方面进行评价；根据结果，及时进行调整	研学实践结束后，根据预先设定的学习目标，通过测验、报告和展示等形式，对学生知识点的掌握情况、技能运用能力、思维能力和综合素质等方面进行评价；根据结果，及时进行调整	研学实践结束后，根据预先设定的学习目标，通过测验、报告和展示等形式，对学生探究能力、责任意识、技能运用能力、思维能力和综合素质等方面进行评价；根据结果，及时进行调整
			教师评价	由研学导师、带队教师对学生的行前准备，研学过程中的学习态度、知识生成等多个方面进行综合评价	由研学导师、带队教师对学生的知识生成、技能掌握、团队协作、创新思维、实践能力等多个方面进行综合评价	由研学导师、带队教师对学生的知识生成、实践能力、团队协作、创新思维、价值体认、责任担当等多个方面进行综合评价
		项目评价		教育主管部门、学生家长、社会各界对研学线路规划、教育教学目标设定、教学设计与实施等方面进行评价	教育主管部门、学生家长、社会各界对研学线路规划、教育教学目标设定、教学设计与实施等方面进行评价	教育主管部门、学生家长、社会各界对研学线路规划、教育教学目标设定、教学设计与实施等方面进行评价

4.2 教学计划与策略列表：启蒙职业理想 筑梦美好未来

<table>
<tr><td colspan="3">营地名称</td><td>石家庄市青少年社会综合实践学校（简称“石家庄营地”）</td><td>命名机构</td><td>教育部</td><td>识别码</td><td>Y145130001</td></tr>
<tr><td colspan="3">从业资质（摘要）</td><td>综合实践教育、研学实践教育、劳动教育</td><td>单位属性</td><td>公益一类</td><td>法定代表人</td><td>吕宗海</td></tr>
<tr><td colspan="3">研学主题</td><td>启蒙职业理想 筑梦美好未来</td><td colspan="2">主要目的指向</td><td colspan="2">启蒙教育</td></tr>
<tr><td rowspan="7">营地（枢纽）及周边主要优质研学资源</td><td colspan="2">基地层级</td><td colspan="5">研学站点（基地）名称</td></tr>
<tr><td rowspan="2">教育部命名基地</td><td>已列入教学计划</td><td colspan="5">一、与本主题相关的列入教学计划的基地12个
1.河北塔元庄同福农业科技有限责任公司（简称“塔元庄同福研学基地”）；2.西柏坡纪念馆；3.河北西柏坡中央社会部旧址暨国家安全教育馆；4.中国农业科学院（万庄）国际农业高新技术产业园（简称“高新技术产业园”）；5.唐山地震遗址纪念公园；6.晋察冀边区革命纪念馆；7.晋察冀军区司令部旧址；8.丰宁满族自治县青少年活动中心；9.石家庄市规划馆；10.中航通飞华北飞机工业有限公司；11.河北张家口市青少年冰雪运动综合实践基地；12.开滦国家矿山公园
二、与本主题关联不大但列入本营地教学计划的基地9个
1.全国青少年北戴河活动营地；2.漕河渡槽工程；3.河北省涿州市气象局；4.蔚县青少年校外活动中心；5.涉县青少年活动中心；6.河北柳江盆地地质遗迹国家级自然保护区（管理处）；7.吴桥杂技大世界旅游有限公司；8.保定市清苑区冉庄地道战纪念馆；9.启行营地</td></tr>
<tr><td>待列入教学计划</td><td colspan="5">1.河北楷彤影视传媒有限公司；2.八路军一二九师纪念馆；3.中国人民抗日军政大学陈列馆</td></tr>
<tr><td colspan="2">其他部委命名基地</td><td colspan="5">1.北京交通大学；2.清华大学；3.中国科学院国家天文台；4.河北省博物馆</td></tr>
<tr><td colspan="2">地方命名基地</td><td colspan="5">1.三苏土布研学基地；2.河北工院3D打印体验馆（简称“3D打印体验馆”）；3.河北熟泥地研学实践教育基地（简称“熟泥地基地”）；4.中国宫灯博物馆；5.赞皇原村土布研学实践基地（简称“赞皇原村土布基地”）；6.中车石家庄车辆研学实践教育基地（简称“中车石家庄车辆基地”）；7.庄稼主生态农业科技示范园（简称“庄稼主基地”）；8.萱草文化研学实践教育基地（简称“萱草基地”）；9.东方巨龟苑研学实践教育基地（简称“东方巨龟苑基地”）；10.正定县荣国府研学教育基地（简称“荣国府”）；11.航天科技馆研学实践教育基地（简称“航天科技馆”）</td></tr>
<tr><td colspan="2">本营地资源</td><td colspan="5">1.科学艺术体验馆；2.生命教育馆；3.法治教育馆；4.农业体验园</td></tr>
<tr><td colspan="2">其他资源</td><td colspan="5">1.青竹官面非物质文化遗产传承基地（简称“青竹官面基地”）；2.石家庄长安区消防大队；3.京东物流智慧园；4.雁翎队纪念馆</td></tr>
</table>

维度或要素	小学高年级段	初中段	高中段
校内教育基础（与校内教育的衔接）	对照课标，小学高年级阶段运用体验式学习基本理念，引导学生在真实的情境中通过合作探究、角色扮演等形式，来培养兴趣，提高技能，并形成良好的品德和习惯，培养积极探索、追求创新的精神，进而提升学生的社会责任感，使其形成正确的人生观、价值观和世界观。本研学主题必修课程与校内教育的衔接内容如下：1.人教版六年级科学上册第五单元第16课“走进植物工厂”；2.人教版四年级语文上册第二单元第5课“一个豆荚里的五粒豆”；3.人教版四年级道德与法治下册第四单元“感受家乡文化　关心家乡发展”；4.人教版六年级道德与法治上册第四单元“法律保护我们健康成长”；5.人教版六年级道德与法治下册第三单元第6课“探访古代文明”；6.人教版六年级道德与法治下册第四单元第8课“科技发展　造福人类”；7.人教版五年级美术上册第12课“元宵节里挂彩灯”；8.人教版五年级美术上册第20课“珍爱国宝——古代陶瓷艺术”；9.冀教版四年级科学下册第六单元“我家的小菜园”	对照课标，初中阶段通过考察探究、设计制作、职业体验等方式，体验、体悟、体认，运用学科知识，实践内化，实现传承中华优秀传统文化、革命文化，形成正确的劳动观、职业观及社会价值观，增进对传统技艺、户外生存、人工智能等相关领域的了解，体会不同职业对社会发展所做的贡献，从而发现自己的职业兴趣，进而树立职业理想。本研学主题必修课程与校内教育的衔接内容如下（以人教版为例）：1.人教版九年级道德与法治下册第三单元第6课“多彩的职业”；2.人教版七年级生物上册第三单元第二章第2节“植物的生长——无土栽培”；3.人教版八年级上册语文第六单元综合性学习“身边的文化遗产”；4.人教版九年级数学下册第二十九章第3节“课题学习——制作立体模型”；5.人教版八年级物理下册第七章第一节“力”	对照课标，高中阶段通过体会职业角色，树立人生志向，提升生涯规划能力。通过参观体悟，升华认知，感叹中国速度、中国智能化、中国科技的飞速发展，增强国家认同和民族自豪感；通过关注社会、城市发展，增强爱国、爱家乡的情感；通过参观名校，体认职业角色，认识自我，树立志向，实现自主发展过程。学生经历参观、探究、体验等过程，以已有知识、经验为基础，发现新问题，学会运用科学的研究方法分析解决问题，最终形成研究成果。本研学主题必修课程与校内教育的衔接内容如下（以人教版为例）：1.人教版高中信息技术选择性必修四第三章第5节“智能机器人”；2.人教版高中生物必修一第五章第4节“光合作用与能量转化”；3.人教版高中生物必修一第五章第4节“探究·实践——绿叶中色素的提取和分离”；4.人教版高中生物选择性必修三第二章第1节“植物细胞工程”；5.人教版高中思想政治必修四第三单元第7课“继承发展中华优秀传统文化”；6.人教版高中思想政治必修四第三单元第9课“文化强国与文化自信”；7.人教版高中历史选择性必修三第一单元第1课“中华优秀传统文化的内涵与特点”；8.人教版高中历史选择性必修三第一单元第1课“中华优秀传统文化的内涵与特点”

维度或要素			小学高年级段	初中段	高中段
研学课程	必修课程一	名称	小小烘焙师	蔬菜种植	藁城宫灯制作
		活动目的	通过了解烘焙知识和相关工具的使用方法，完成烘焙食物的制作	通过亲身体验实践，学会正确使用传统农具；掌握种植蔬菜的技巧和要点	通过了解宫灯文化，研习宫灯技艺，调研宫灯产业发展，激发学生爱家乡的情感
		活动形式	探究、体验、实践	自主探究、小组合作、实践制作	实地探访、教师讲授、实践体验相结合
	必修课程二	名称	长长久久手工面	藁城宫面制作	赞皇原村土布纺织技艺
		活动目的	通过学习体验手工面的制作过程，掌握手工面的制作流程和技巧	通过实践制作宫面，掌握宫面制作流程、技法技巧，传承非遗文化	通过了解土布技艺，探究土布染色过程，设计方案，掌握实践土布染色过程
		活动形式	观察、探究、体验、实践	自主探究、小组合作、实践制作	实地探访、教师讲授、实践体验相结合
	必修课程三	名称	农耕小能手	藁城宫灯制作	零距离探访中车
		活动目的	通过亲身实践翻地、平地、起垄、种植等过程，初步学会简单的农耕技能	通过传统技艺启蒙，学会运用所学研究走马灯的原理和构造，完成走马灯的制作	通过不同视角看中车，了解其历史及成就，激发学生的学习热情
		活动形式	观察、探究、体验、实践	讲授、参观、调研、制作	实地探访、教师讲授、实践体验相结合
	必修课程四	名称	无土栽培	DIY 仿明方凳	馆中见城市发展
		活动目的	通过无土栽培芽菜，初步了解和掌握无土栽培的相关知识和技术，激发对现代农业的兴趣	通过实践制作，掌握简单的木工操作技能，加深对非遗技艺的认知	通过参观、互动体验等形式全面地了解、认识家乡石家庄，激发热爱家乡城市之情
		活动形式	观察、探究、实践	讲授、自主探究、小组合作、实践制作	教师讲授、实地探访、实践体验相结合

维度或要素			小学高年级段	初中段	高中段
研学课程	必修课程五	名称	初识人工智能	LOGO设计	“新乐西瓜”直播带货我最行
		活动目的	通过利用相应软件体验设计智能识别小程序，初步了解现代信息技术	通过为“新乐西瓜”设计具有创意的LOGO，体验设计师这一职业的专业性与趣味性	通过互联网平台销售新乐西瓜，体验直播带货形式，激发学生为家乡做贡献的热情
		活动形式	探究、实操	自主探究、小组合作、实践制作	教师讲授、实地探访、实践体验相结合
	必修课程六	名称	3D打印设计师	参观白洋淀雁翎队纪念馆	我为紫金楝代言
		活动目的	通过参观3D打印体验馆，了解3D打印技术，初步学会使用3D打印学习软件	通过参观雁翎队纪念馆，了解革命历史和文化，激发爱国主义情感	通过实地考察，了解紫金楝的“美、香、强、广”，认识紫金楝的药用价值
		活动形式	参观、探究、体验、实操	参观、讲解、调研、体验	实地探访、教师讲授、实践体验
	必修课程七	名称	我是小法官	户外生存体验	探宇宙，学天文
		活动目的	通过角色扮演模拟体验法庭庭审现场，了解法庭审判程序、案件类型及涉及的相关法律条款，增强学生对法院相关职业的认知	通过户外生存技能启蒙，掌握打绳结的5种系法及垂钓的基本技能	通过参观科学院天象厅，体验天文观测项目，认识天文科学对生活产生的重大影响
		活动形式	小组合作、探究、角色扮演、法庭辩论	参观、讲解、调研、体验	教师讲授、实地探访、实践体验
	必修课程八	名称	我是小侦探	消防员职业体验	探秘黑科技之京东物流智慧园
		活动目的	通过对指纹的提取、对比、识别，熟悉基本的刑侦技能，培养敏锐观察的能力	通过体验消防员职业，掌握消防安全知识，学会常用消防器材的使用方法	通过参观自动化物流设备工作流程，激发学生热爱学习、重视科学的人生态度
		活动形式	观察、探究、实践、体验	参观、讲授、体验	教师讲授、实地探访、实践体验相结合

维度或要素			小学高年级段	初中段	高中段
研学课程	必修课程九	名称	小小解说员	不神秘的建模	走进北京交通大学
		活动目的	通过到河北省博物院参观学习，体验解说员讲解文物背后的故事，增强对解说员职业的认知	通过设计一款“游戏”，运用编程思维发现、分析、解决实际问题	通过参观交大校园，感受高等学府的人文历史底蕴；认识领悟学业规划的重要性
		活动形式	参观、探究、知识梳理、模拟讲解	讲授、小组合作、实践体验	参观讲解、互动体验、访谈交流
	必修课程十	名称	现场报道零距离	正定荣国府游学	探访清华大学
		活动目的	通过模拟体验小记者到藁城宫灯博物馆进行现场报道，学会简单的新闻现场报道的方法和技巧	通过参观荣国府，角色扮演，演绎《红楼梦》经典片段，了解人物形象和性格特点	通过了解清华校园文化，体会顶尖学府学术氛围和压力，激发学生的学习热情
		活动形式	小组合作，模拟体验、写作、交流、报道	参观、讲解、体验	参观讲解、互动体验、访谈交流
	选修课程		1. 争做清洁小达人 2. 变废为宝之寻“宝”记 3. 石磨豆腐	1. 室内设计师 2. 包罗万象 3. 水果里的调味佳酿	1. 生涯规划启蒙讲座 2. “新乐西瓜”标识设计 3. 聆听名校教授讲座

维度或要素		小学高年级段	初中段	高中段
研学线路	代表性线路（时长五日）	第一天：石家庄营地—石家庄营地科学艺术体验馆—石家庄营地；第二天：石家庄营地—石家庄营地农业体验园—塔元庄同福研学基地—石家庄营地；第三天：石家庄营地—石家庄营地科学艺术体验馆—3D打印体验馆—石家庄营地；第四天：石家庄营地—石家庄法治教育馆—石家庄营地；第五天：石家庄营地—河北省博物馆—中国宫灯博物馆—石家庄营地	第一天：石家庄营地—塔元庄同福研学基地—青竹官面基地—石家庄营地；第二天：石家庄营地—中国宫灯博物馆—萱草基地—石家庄营地；第三天：石家庄营地—庄稼主基地—雁翎队纪念馆—石家庄营地；第四天：石家庄营地—东方巨龟苑基地—石家庄长安区消防大队—石家庄营地；第五天：石家庄营地—石家庄营地科学艺术体验馆—荣国府—石家庄营地	第一天：石家庄营地—中国宫灯博物馆—赞皇原村土布研学实践基地—石家庄营地；第二天：石家庄营地—中车石家庄车辆研学实践教育基地—石家庄市规划馆—石家庄营地；第三天：石家庄营地—庄稼主基地—熟泥地基地—石家庄营地；第四天：石家庄营地—中国科学院国家天文台—京东物流智慧园—北京营地；第五天：北京营地—北京交通大学—清华大学—石家庄营地
	可选择线路（按天设计，菜单式选择）	1. 石家庄营地—西柏坡纪念馆—河北西柏坡中央社会部旧址暨国家安全教育馆—石家庄营地；2. 石家庄营地—涉县青少年活动中心—石家庄营地；3. 石家庄营地—高新技术产业园—石家庄营地；4. 石家庄营地—河北省涿州市气象局—石家庄营地；5. 石家庄营地—唐山地震遗址纪念公园—开滦国家矿山公园—石家庄营地；6. 石家庄营地—蔚县青少年校外活动中心—石家庄营地；7. 石家庄营地—晋察冀边区革命纪念馆—晋察冀军区司令部旧址—石家庄营地；8. 石家庄营地—丰宁满族自治县青少年活动中心—石家庄营地	1. 石家庄营地—中航通飞华北飞机工业有限公司—石家庄营地；2. 石家庄营地—河北张家口市青少年冰雪运动综合实践基地—石家庄营地；3. 石家庄营地—全国青少年北戴河活动营地—石家庄营地；4. 石家庄营地—晋察冀边区革命纪念馆—晋察冀军区司令部旧址—石家庄营地；5. 石家庄营地—漕河渡槽工程—石家庄营地；6. 石家庄营地—保定市清苑区冉庄地道战纪念馆—高新技术产业园—石家庄营地；7. 石家庄营地—丰宁满族自治县青少年活动中心—石家庄营地；8. 石家庄营地—蔚县青少年校外活动中心—石家庄营地	1. 石家庄营地—中航通飞华北飞机工业有限公司—石家庄营地；2. 石家庄营地—张家口市青少年冰雪运动综合实践基地—石家庄营地；3. 石家庄营地—全国青少年北戴河活动营地—石家庄营地；4. 石家庄营地—晋察冀边区革命纪念馆—晋察冀军区司令部旧址—石家庄营地；5. 石家庄营地—漕河渡槽工程—石家庄营地；6. 石家庄营地—高新技术产业园—石家庄营地；7. 石家庄营地—丰宁满族自治县青少年活动中心—石家庄营地；8. 石家庄营地—蔚县青少年校外活动中心—石家庄营地
	规划线路（按天设计）	1. 石家庄营地—中国人民抗日军政大学陈列馆—石家庄营地；2. 石家庄营地—吴桥杂技大世界旅游有限公司—石家庄营地；3. 石家庄营地—八路军一二九师纪念馆—石家庄营地	1. 石家庄营地—中国人民抗日军政大学陈列馆—石家庄营地；2. 石家庄营地—河北楷彤影视传媒有限公司—石家庄营地；3. 石家庄营地—八路军一二九师纪念馆—石家庄营地	1. 石家庄营地—八路军一二九师纪念馆—石家庄营地；2. 石家庄营地—河北楷彤影视传媒有限公司—石家庄营地；3. 石家庄营地—中国人民抗日军政大学陈列馆—石家庄营地

维度或要素		小学高年级段	初中段	高中段
教学重点难点（以代表性线路教学设计为例，下同）	教学重点	1. 学会烘焙制作工具的使用，初步学习简单的烘焙技能；2. 掌握农具的使用，辨别蔬菜种子，学习种植技巧，学习无土栽培芽菜；3. 体验、设计智能小程序，了解3D打印的过程和技术；4. 了解法庭审判程序，体验法官、律师等职业，感受法律的威严；学习体验指纹的提取、对比、识别，了解破案的基本流程；5. 了解和认识文物，积累相关展厅的历史文化知识；了解和体验简单的新闻报道，学会一些简单的技巧和方法	1. 掌握官面制作的技术，技法，愿意成为传统技艺的传承人，掌握蔬菜种植技巧与重要步骤；2. 掌握官灯制作的技术，实践制作完成仿明方凳；3. 设计制作新乐西瓜LOGO，参观纪念馆，了解雁翎队生活和作战技巧；4. 掌握户外生存的部分技能，体验消防员的日常，掌握相关知识与技能；5. 学会“建模”，小组合作完成游戏的制作，加深对人工智能的认知，演绎《红楼梦》经典片段	1. 了解官灯文化，探究走马灯的构造及科学原理，制作走马灯，掌握土布染色技艺；2. 理解火车对石家庄发展的重要意义，了解石家庄历史发展路程及布局规划；3. 探究新乐西瓜优势，制订直播带货新乐西瓜的方案和脚本，学会多媒体制作技能；4. 了解天文科学对生活产生的重大影响，了解自动化物流设备工作流程，感受智慧物流科技带来的便利；5. 了解交大校史，加深对电磁学发展和应用的认知；了解清华大学历史文化底蕴，与清华学生面对面交流，增加学术氛围体验
	教学难点	1. 掌握纸杯蛋糕的科学配方比例，掌握好水和面粉的比例，和出合适的面；2. 学会基本的传统农耕技巧，如翻地、平地等，了解无土栽培在生活中的应用；3. 学会编简单的小程序；动手体验3D打印制作个性化成品；增强对3D打印设计师的职业认知；4. 学会用法律维护自己的权利；学会指纹识别等简单的刑侦技术，养成留心观察生活、缜密思考的习惯；5. 学会用新闻宣传的视角捕捉有价值的信息；在真实的情境中体验解说员职业，透过文物讲故事，传承和弘扬优秀传统文化	1. 掌握制作技艺关键环节和技巧，规范使用制作工具；2. 制订推广官灯文化方案，掌握简单的木工操作技能，加深对非遗技艺的认知；3. 运用发散思维进行创新LOGO设计，感悟白洋淀人民战争年代生活的艰辛，体会不畏艰难、无私奉献的精神；4. 掌握绳结的不同系法及应用场所，精确调漂法的运用；5. 学会个人防护器材的使用方法并能根据不同情境进行使用	1. 调研官灯产业发展现状，设计策划灯展，制作土布技艺宣传视频，弘扬非遗文化；2. 探究现代化火车生产技术工艺，了解石家庄地铁车辆生产线，制订石家庄城市未来十年规划方案；3. 体验直播带货行业，助力新乐农副产品销售，拍摄制作紫金楝宣传片，体验多媒体职业；4. 进行科技小制作，激发探索宇宙奥秘兴趣，体验京东物流全自动化运行，增强使命感；5. 体验电磁学实验和模拟驾驶动车，探究清华大学不同学科的教学与研究成果

维度或要素	小学高年级段	初中段	高中段
教学策略	针对小学高年级段学生具备一定的生活自理能力和劳动经历，参与过家务劳动、校园卫生清洁、社会公益劳动，具有一定的社会责任感和家庭责任感，基于合作教学理论，选取劳动启蒙、科学启蒙、语言表达启蒙、职业启蒙等内容，依托相关研学基地与启蒙教育相关的教师资源、课程资源等，以学生具备基本的生活技能，具备初步的决策意识，认识到自己的成长与国家发展的密切关系为目标，采取讲授法、演示法、实践法等教法和自主学习、合作学习法，使用游戏化、体验式等策略来进行总体设计，重在真实的情境中实践体验，激发兴趣，在观察、体验、制作、创作中启蒙，引导学生习得知识和技能，启迪思想和智慧，养成良好习惯、树立正确劳动观念，形成良好劳动品质，形成规范意识，增强社会责任感	针对初中段学生已储备了一定的基本道德规范、意志品质，且已具备了一定的学习能力，可以简单地运用所学知识去分析、解决一些实际问题，但不能用全面的、发展的观点看问题，对职业的认知处于模糊阶段的实际情况，基于建构主义理论、合作教学理论、青少年心理发展理论等现代化教学理念，以培养学生深化认知、弘扬传承中华优秀传统文化，形成正确的劳动观及社会价值观，培养学生爱国主义情感，人文素养、社会责任感，加强生命教育，提升学生的职业规划意识和能力为目标，采取合作探究教学、问题驱动教学、情境教学等方式，通过实地考察、观察感悟、实践体验、探究生成等活动方式进行启蒙教育，使学生亲身参与获取实际经验，增强文化自信、民族自信和社会责任感，树立正确的社会价值观	针对高中段是认识自我的重要时期，学生了解自己的兴趣所在，但对于兴趣与自身职业倾向之间关系比较模糊，对于职业世界和社会需求缺乏充分认知和理解的实际情况，基于项目式学习理念，将启蒙教育与职业体验融入研学实践活动中，选取多行业、多领域素材内容，依托研学基地和高等学府中的教育资源，采取问题导向教学、任务驱动教学、实践探究教学、合作探究教学等方式，通过实地参观、合作探究、职业体验，引导学生在活动中感受行业发展，培养主动服务他人和社会的意识，强调社会责任和国家认同，获得健全的人格修养，同时，树立起职业生涯发展的自觉意识，形成积极正确职业态度和就业观念，把个人发展和国家需要、社会发展相结合，愿意为实现个人的生涯发展和社会发展主动做出贡献

维度或要素				小学高年级段	初中段	高中段
实施方案	入营教育	安全	引导	组织召开安全教育会，通过播放安全管理视频进行安全教育，强调各方安全管理责任	通过安全管理视频进行入营安全教育，签订研学安全责任协议	召开研学安全主题班会，学习安全知识，签订研学安全责任协议
			实训	通过互动式教学设备，在安全教育场馆开展实景式、体验式安全教育教育	播放安全教育视频，开展实景式、体验式安全专题教育	根据研学实际，学生以团队为单位制定研学安全手册，增强安全意识
		应急	引导	讲解应急知识，演示逃生技巧以及应急处理方法	通过视频讲解、案例观摩，了解相关应急知识及处理方法	通过视频播放、讲解示范等形式，掌握应急知识和处理技巧，提升应对能力
			实训	实施应急救护，进行疏散演练	邀请专业人士指导实操演练，掌握应急事件处理方法和技巧	开展消防、地震、疏散逃生等应急演练活动、提升应急处置能力
		救助	引导	进行救助主题如触电、晕倒、溺水等培训，提高求助及应对能力	进行案例警示教育，讲解应急救护的重要性	通过创设情境、案例分享等形式引导学生了解救助知识，学习救助技能
			实训	模拟真实情境，在教师指导下，学习实操心肺复苏、包扎等技能	组织开展实操训练，学习心肺复苏、包扎、人工呼吸等技能	模拟演练，掌握心肺复苏、包扎、人工呼吸等技能以及AED工具的使用
		自我管理	引导	加强生活教育，引导学生学会自我管理，提高学生自理能力	加强生活教育，开展专题培训，提高自我管理能力	从生活、时间、情绪、学习等方面引导学生做好自我管理
			实训	结合自我管理评价标准，在教师指导下，开展整理内务等训练，力争达到标准	开展实操训练，以小组为单位对学生管理过程进行监督和评价	学生自主设计自我管理计划并参与一系列心理团建活动，提升自我管理能力
		团队协作	引导	通过团队拓展活动，增强学生互相帮助、团结协作的意识	开展系列团建活动，过程中引导积极参与、自我表达、相互合作	在有趣的团建游戏、素质拓展活动中，引导学生树立团队合作意识
			实训	采取小组合作的方式，开展团建活动，在活动中学会合作、公平竞争	通过团队合作形式，集思广益，出谋划策完成任务	学生发挥团队协作能力，自主制订计划、分工合作完成具体任务

维度或要素		小学高年级段	初中段	高中段
实施方案	导入教学环节	1.问题导入：大家都喜欢吃什么甜品？知道它们是怎么做出来的吗？2.问题导入：语音识别需要哪些步骤？语音识别后的反馈如何控制？语音识别技术能与其他技术结合碰撞出什么样的火花？3.问题导入：播放一段法庭审判的影像视频，让学生了解什么样的情况可以通过法院来解决？法庭的功能是什么？我们应该如何用法律来保护自己的权益？4.视频导入：播放视频《法证先锋》部分片段，香港法证人员从玩具熊上找到缺少的部分指纹，并从指纹库中比对，最终查找到凶手，由此引入主题，激发学生兴趣；5.问题导入：如何进行现场报道	1.任务导入：描述一下吃过的藁城宫面的口感特点，思考探究藁城宫面与众不同的原因。2.问题导入：中国传统家具是中国文化艺术的重要元素，那么中国传统家具具有哪些特色？传统家具是如何制作的？3.任务导入：画出五个你见过的LOGO，思考探究一个好的LOGO需要具备哪些特点？4.情境导入：走进消防大队、走近消防员，认识他们的“武器”，去了解他们的工作和生活；5.任务导入：建模就是“游戏”，实际上，每一款游戏就是一个建模和使用建模的过程，引导自己设计制作一款“桌游”	1.任务导入：设想自己是一名家乡宫灯宣传大使，需要做哪些工作呢？2.视频导入：以视频方式向学生展示我国乡村振兴取得的成果，引导学生思考助力乡村振兴有哪些途径？3.问题导入：如何挑选一个成熟口感好的西瓜？西瓜的甜度如何测量？4.问题导入：京东物流利用人工智能、大数据、云计算等技术构建了一套全面的智能物流系统，你知道这些搬运、分拣和运输的机器人是如何工作的吗？5.情境导入：请学生分享自己的理想大学，播放多个名校视频片段，进而引入活动主题——探访百年名校，汲取奋进力量
	授课教学环节	第一天：入营教育、必修课程一“小小烘焙师”、必修课程二“长长久久手工面”；第二天：必修课程三“农耕小能手”、必修课程四“无土栽培”；第三天：必修课程五“初识人工智能”、必修课程六“3D打印设计师”、选修课程1“争做清洁小达人”；第四天：必修课程七“我是小法官”、必修课程八“我是小侦探”、选修课程2“变废为宝之寻‘宝’记”；第五天：必修课程九“小小解说员”、必修课程十“现场报道零距离”、选修课程3“石磨豆腐”	第一天：入营教育、必修课程一“蔬菜种植”、必修课程二“藁城宫面制作”、选修课程1“室内设计师”；第二天：必修课程三“藁城宫灯制作”、必修课程四“DIY仿明方凳”；第三天：必修课程五“LOGO设计”、必修课程六“参观白洋淀雁翎队纪念馆”；第四天：必修课程七“户外生存体验”、必修课程八“消防员职业体验”、选修课程2“包罗万象”；第五天：必修课程九“不神秘的建模”、必修课程十“正定荣国府游学”、选修课程3“水果里的调味佳酿”	第一天：入营教育、必修课程一“藁城宫灯制作”、必修课程二“赞皇原村土布纺织技艺”；第二天：必修课程三“零距离探访中车”、必修课程四“馆中见城市发展”、选修课程1“生涯规划启蒙讲座”；第三天：必修课程五“‘新乐西瓜’直播带货我最行”、必修课程六“我为紫金棟代言”、选修课程2“‘新乐西瓜’标识设计”讲座；第四天：必修课程七“探宇宙，学天文”、必修课程八“探秘黑科技之京东物流智慧园”；第五天：必修课程九“走进北京交通大学”、必修课程十“探访清华大学”、选修课程3“聆听名校教授”

维度或要素		小学高年级段	初中段	高中段
实施方案	进级教学环节	1.实践：学会识别各种食材，了解烘焙工具的正确使用方法，体验纸杯蛋糕制作全过程，体验手工面制作关键步骤；2.体验：认识并会使用传统耕作农具，掌握种植蔬菜的技巧和要点，体验无土栽培芽菜过程；3.制作：体验编程任务，设计制作小游戏，掌握信息时代新的劳动技能，尝试运用显示菜单的操作技术设计简单3D模型；4.感受：制订活动方案，模拟法庭庭审，感受法律的威严，通过对指纹的提取、对比、识别，感受刑警的艰辛与奉献，培养对刑侦的兴趣爱好；5.体验：模仿解说员的解说方式，学习解说礼仪，探究现场报道的技巧对藁城宫灯博物馆进行报道	1.认知实践：认识非物质文化遗产，了解宫灯、宫面的历史文化，制作流程并体验实践。2.探究实践：了解传统家具的制作步骤以及相关知识，开展劳动实践。3.探究体验：了解LOGO设计的一般原则，体验LOGO设计的过程。4.参观认知：参观消防大队，了解消防员的一天，了解消防知识和消防技巧。5.探究绘制：初步认识逻辑建模，各小组讨论确定需要制作的桌游主题与名称，分工绘制桌游设计图。参观感悟：参观荣国府，感受红学文化，体会中华文化博大精深	1.探究：实践制作宫灯，策划灯展，推广宫灯文化。实践：选择喜欢的植物染料并用于土布染色创意制作不同风格的作品。2.体悟：走进中车，了解中国从蒸汽时代到高铁时代机车发展历程。实践：以城市规划师的身份设计未来十年规划方案。3.探究：直播带货体验找寻农产品销售新途径。分享：体验多媒体职业，介绍小组宣传片的创意理念。4.体悟：了解人造天体动力学、空间天文观测等，体悟科学精神。思考：京东作为物流行业巨头背后的文化与科技底蕴。5.感悟：探访交大感受象牙塔的氛围及人文、科技力量。交流：和学霸面对面交流，收获学习方法和经验
	巩固教学环节	1.分享：小组展示制作成果并进行品鉴，交流做法和感受；2.思考：对比传统农业和现代农业种植，思考各自的优缺点以及对农业发展的影响；3.巩固：利用学到的语音识别技术设计一款小游戏，并介绍游戏的设计思路和大体规则，分享交流3D打印技术在生活各领域中的应用；4.巩固：讨论自己对所体验角色的认识，增强对职业的认知，以“理想的职业”为话题，结合今天的实践，完成一篇小作文；5.结合展厅资源，写一篇解说词，深入挖掘弘扬藁城宫灯非遗文化的其他宣传形式，增强新闻捕捉力，感受记者宣传报道的价值和作用	1.巩固：运用学到宫面制作技能在家给父母制作一份爱心面，感恩父母。2.应用：利用学到的木工技能为班级成员服务，修缮他们的受损桌椅。3.反思：在设计LOGO实践过程中感受到干一行爱一行，如何传承并发扬脚踏实地、精雕细琢、勇于创新、精益求精的劳动习惯和劳动精神？4.感悟：通过走近不同的职业，感知体验参与不同的职业活动，树立职业规划意识，培养适应社会和规划未来生活与职业的能力。5.巩固：开展桌游比赛，将自己学到的桌游相关知识和技能运用到实践中，检验效果	1.巩固：访谈宫灯非遗传承人，在交流中加深对宫灯非遗文化的理解。表达：开展土布染色创意作品展示活动，分享感动瞬间。2.拓展：作为省会石家庄一份子，请学生发挥主人翁意识，为城市建设发展建言献策。3.表达：围绕“多媒体助力乡村振兴”“我从事多媒体职业的一天”主题谈谈感悟和想法，以小论文形式呈现。4.拓展：了解更多京东企业文化、京东物流相关内容，对比其他物流公司，思考做好物流服务的核心要素。5.应用：参加名校学子励志报告会，相信榜样的力量，助力学业成功

维度或要素			小学高年级段	初中段	高中段
实施方案	总结教学环节	教学创新	课程设计注重跨学科知识的运用，根据小学高年级学段学生特点，将研学旅行与劳动教育相结合，对照相关学科的课标、衔接课本相关知识，创新了学习的新方式，开辟了学习的新途径，在真实情境中，引导学生知行合一，增强学生的知识运用能力，启发学生树立正确的价值观、职业观，帮助其养成良好的劳动习惯和劳动品质	培养学生的综合素质为导向，注重培养学生爱国主义情感，人文素养、社会责任感，加强生命教育，提升学生的职业规划意识和能力，引导学生通过实地考察和亲身参与来获取实际经验，增强文化自信、民族自信	引领学生从多角度深入高校骨髓与之思想碰撞，引导学生学习动力和方向，培养学生追求自身更高人生价值和生活品质的激情
		教学总结	根据教学目标、学生学情，通过学生分享、成果展示等方式，对课程设计、线路设计、教学策略、教学理念、实施方式等进行总结，通过召开总结班会等方式，交流讨论，全面了解学生的收获和心得感悟，对优秀学生研学成果及作品进行展示，巩固学生研学所得，增强学生的研学实践兴趣	收集学生、家长及其他相关人员的反馈，复盘研学中的优点和不足，指导学生完成研学手册，建立研学档案	运用线上线下方式搜集、整理研学过程中的所有资料，并收集学生、家长及其他相关人员的反馈，组织开展研学成果展主题班会，复盘研学中的收获和问题，最终建立研学档案
		教学反思	收集学生、家长及其他相关人员的反馈，复盘研学组织实施过程中的优点和不足，结合组织教学目标、实施过程和评价结果，进行教学反思，对过程中的不足进一步优化、调整研学环节，不断提高课程质量及效果	结合教学目标和评价结果，进一步优化、调整研学内容和教学环节，为下一次研学活动做准备	依据本阶段学情，以教学总结得出的反馈为基础，深入分析整体研学过程，梳理资源与课程的匹配度、教学环节的设计、实施和效果，学生的主体性、参与度等，整合优化本研学环节，总结经验，为下次研学活动做好准备

维度或要素				小学高年级段	初中段	高中段
实施方案	评价教学环节	教学水平评价	自我评价	教师对研学内容设计、教学方法及策略、课程实施流畅度、目标达成情况、学生参与度、研学效果等进行评价，总结反思研学过程中存在的问题，明确改进方向	教师对研学内容设计、课程实施流畅度、目标达成情况、学生参与度、研学效果等进行评价与反思	教师针对线路设计、课程设计、课程实施、研学效果等方面进行交流讨论、迭代反思，优化研学线路和课程
			学生评价	学生对教师是否擅长调动学生的主动性、内容安排是否科学合理、引导启发学生深度思考、鼓励学生表达交流、指导学生动手实践、正确价值观融入等方面进行评价	学生对教师线路设计的科学性、教学环节的严谨性、内容安排的合理性、学生的参与主动性等方面进行评价	学生针对线路设计、课程实施、教师授课、自我参与、自我收获等方面进行交流讨论、迭代反思，从而为优化研学线路和课程提供借鉴
			同行评价	营地教师、学校带队教师对基地的课程设计、内容安排、组织实施、实施效果等方面进行评价	营地教师、学校带队教师对基地研学指导教师的教学设计、内容安排、教学理念、实施策略、实施效果等方面进行评价	营地教师、带队教师、专家教师针对基地研学指导教师的教学理念、线路设计、教学设计、实施策略、研学效果等方面进行交流讨论，为优化研学线路和课程提供改进建议
			培训和考核	定期对营地（基地）教师进行专业理论、线路开发、课程研发设计与组织实施等方面进行专业培训，并采取多种形式进行相应的考核	定期对营地（基地）教师进行专业理论、线路开发、课程研发设计与组织实施等方面进行专业培训和系统考核	定期针对营地教师从理论研究、应急救护、线路设计开发、课程研发设计、组织实施等方面进行专业培训和系统考核
			教学成果展示	用图文、影像等资料记录学生的研学表现及成果；用创意作品推介会、主题班会、主题展览等方式展示研学成果；总结撰写研学实践课程案例	用图文、影像等资料记录学生的研学表现及成果；用创意作品推介会、主题班会、主题展览等方式展示研学成果	用研学报告、图文影像等形式记录学生的研学表现及成果；通过开展演讲比赛、创意作品推介会、主题班会、主题展览等方式呈现研学成果

维度或要素				小学高年级段	初中段	高中段
实施方案	评价教学环节	学业评价	形成性评价	在活动过程中，教师及时关注学生的参与度、活动表现和完成任务效果，并进行实时记录，适时小结，运用引导、指导、点评激励等方式进行评价。评价过程遵循科学性、导向性、可行性等原则，实现学生探究能力、创新及实践能力的提升	研学实践中，教师对学生的参与程度、知识探究、交流表达、动手实践、互助合作等具体表现进行记录并及时评价	针对学生在研学过程中形成的方案设计、过程记录、阶段成果及学生的参与程度、交流表达、动手实践、具体表现等进行详实记录并评价，以图文影像、文字报告等形式建立学生研学档案袋
			总结性评价	研学实践后，依据预设的活动目标，结合学生在活动中的表现以及形成的考察报告、心得感悟、物化成果等成果，通过交流展示的形式，对学生达成目标的程度以及研学效果作出综合性评价	研学实践后，依据预设的活动目标，结合学生形成的考察报告、心得感悟、物化成果等，通过交流展示的形式，对学生达成目标的程度以及研学效果作出评价	依据建立的学生研学档案袋以及学生形成的研学报告、物化成果等进行整体性评价，并对学生达成目标的程度以及研学效果作出评价
			教师评价	教师对学生的知识探究、方案设计、动手实践、问题解决、知识生成、能力提升、情感认同、创新创造等方面进行综合评价，引导学生发现不足、改进提升	教师对学生的问题解决、知识生成、能力提升、情感认同、创新创造等方面进行综合评价	教师从价值体认、问题解决、责任担当、创意物化四个维度对学生研学过程进行综合评价
		项目评价		教育行政主管部门、参与学校、学生家长、社会各界采取问卷调查、访谈等方式，对研学项目设计及组织实施进行整体评价，并给出项目实施建议，助力项目目标更好完成	教育行政主管部门、参与学校、学生家长、社会各界对研学项目设计及组织实施进行整体评价	教育行政主管部门、参与学校、学生、家长、社会各界采用线上线下相结合的方式对线路设计、课程设计、课程实施、研学效果等方面进行调研，做出整体评价

4.3　教学计划与策略列表：强国有我立大志　启蒙赋能促成长

<table>
<tr><td colspan="3">营地名称</td><td>晋中市中小学生综合实践学校（简称“晋中营地”）</td><td>命名机构</td><td>教育部</td><td>识别码</td><td>Y145140001</td></tr>
<tr><td colspan="3">从业资质（摘要）</td><td>综合实践教育（劳动技术教育、国防教育、安全教育、信息技术教育）；研学实践教育；研究性学习；社区服务；职业培训</td><td>单位属性</td><td>公益一类</td><td>法定代表人</td><td>武浩</td></tr>
<tr><td colspan="3">研学主题</td><td>强国有我立大志　启蒙赋能促成长</td><td colspan="2">主要目的指向</td><td colspan="2">启蒙教育</td></tr>
<tr><td rowspan="7">营地（枢纽）及周边主要优质研学资源</td><td colspan="2">基地层级</td><td colspan="5">研学站点（基地）名称</td></tr>
<tr><td rowspan="2">教育部命名基地</td><td>已列入教学计划</td><td colspan="5">一、与本主题相关的列入教学计划的基地8个
1.平遥古城；2.山西祁县乔家大院民俗博物馆（简称“乔家大院”）；3.中国煤炭博物馆；4.山西晋韵砖雕艺术博物馆；5.平遥唐都推光漆艺博物馆（简称“唐都漆器”）；6.山西博物院；7.昔阳大寨；8.汾阳市贾家庄腾飞文化传播有限公司（简称“贾家庄”）
二、与本主题关联不大但列入本营地教学计划的基地12个
1.临汾市黄河壶口瀑布风景名胜区（简称“壶口瀑布”）；2.平型关大捷纪念馆；3.八路军太行纪念馆；4山西省长治市气象局；5.淮海工业集团有限公司；6.山西皇城相府文化旅游有限公司相府景区（管理处）；7.黎城太行山黄崖洞旅游发展有限公司（简称“黄崖洞”）；8.洪洞大槐树寻根祭祖园有限公司（简称“洪洞大槐树”）；9.八路军文化园（山西红星杨旅游发展有限公司）；10.山西凤凰山生态植物园有限公司；11.云冈研究院；12.吕梁市晋绥边区革命纪念馆</td></tr>
<tr><td>待列入教学计划</td><td colspan="5">无</td></tr>
<tr><td colspan="2">其他部委命名基地</td><td colspan="5">1.太原理工大学；2.山西杏花村汾酒集团有限责任公司（简称“汾酒集团”）</td></tr>
<tr><td colspan="2">地方命名基地</td><td colspan="5">1.中国铁路太原局集团有限公司（简称“中国铁路太原局”）；2.山西中医药大学；3.太原师范学院；4.晋中国家农业高新技术产业示范区（简称“晋中国家农高区”）；5.东湖醋园；6.鑫炳记非遗文化产业园（简称“鑫炳记”）；7.山西农业大学果树研究所；8.晋中市科技馆；9.张壁古堡；10.后沟古村；11.山西巨鑫伟业农业科技开发有限公司（简称“巨鑫伟业”）；12.山西东辉现代农业有限公司（简称“东辉农业”）；13.山西穗华物流园有限公司（简称“穗华物流园）</td></tr>
<tr><td colspan="2">本营地资源</td><td colspan="5">1.晋商财商馆；2.陶艺馆；3.葫芦工坊；4.茶艺馆；5.华服馆；6.探秘空间馆；7.综合馆；8.生命救护馆；9.数字音乐馆</td></tr>
<tr><td colspan="2">其他资源</td><td colspan="5">太谷玛钢工业园区</td></tr>
</table>

维度或要素	小学高年级段	初中段	高中段
校内教育基础（与校内教育的衔接）	对照《劳动课标》，小学高年级段在启蒙教育方面提出要初步形成爱岗敬业、乐于奉献的精神，形成诚实劳动、合法劳动的意识，初步形成不怕辛苦、积极探索、追求创新的精神。对照《道德与法治课标》，小学高年级段在启蒙教育方面提出要初步了解国情，具有维护国家利益和祖国尊严的意识与行动，形成中国人的身份认同感；理解社会主义核心价值观的内涵，在日常生活和社会活动中积极践行；尊重各行各业的劳动者。对照《艺术课标》，小学高年级段在启蒙教育方面提出要能利用不同的工具、材料和技能，制作传统工艺品，学习工艺师敬业、专注和精益求精的工匠精神。本研学主题必修课程与校内教育的衔接内容如下：1.劳动教育日常生活劳动中的烹饪与营养任务群，生产劳动中的农业生产劳动任务群、传统工艺制作任务群；2.人教版道德与法治四年级下册第五节“合理消费”；3.人美版美术四年级上册第11课“泥玩具”；4.人美版美术四年级下册第21课“砖雕艺术”；5.人美版美术六年级上册第1课“建筑艺术的美”；6.人教版道德与法治五年级下册第十节“传统美德 源远流长”	对照《劳动课标》，初中段在启蒙教育方面提出要获得初步的职业体验，形成初步的职业意识和生涯规划意识，初步具有为社会发展和国家建设付出辛勤劳动的意愿。对照《道德与法治课标》，初中段在启蒙教育方面提出要理解中国梦的内涵，树立为中华民族伟大复兴而奋斗的理想，初步了解职业道德规范，立志做未来的好建设者。对照《艺术课标》，初中段在启蒙教育方面提出要能认识继承和发展文化遗产是我们的责任。对照《科学课标》，初中段在启蒙教育方面提出要初步形成热爱自然、珍爱生命、节约资源和保护环境的责任感。本研学主题必修课程与校内教育的衔接内容如下：1.劳动教育生产劳动中的农业生产劳动任务群、工业生产劳动任务群；2.人教版化学九年级上册第七单元“燃烧的条件”、第三单元课题1“分子和原子”；3.人教版化学九年级下册第十单元“酸、碱的化学性质”；4.人教版生物七年级上册第三单元第一章第二节“种子植物”；5.人教版道德与法治八年级上册第10课“建设美好祖国”；6.人教版生物七年级上册第一单元第二章第二节“与生物学有关的职业”，第三单元第二章第一节“种子的萌发”“植株的生长”“开花和结果”	对照《课程方案》，高中段在启蒙教育方面提出要初步形成正确的世界观、人生观和价值观。热爱祖国，拥护中国共产党。培育和践行社会主义核心价值观，增强文化自信，树立为中国特色社会主义、人民幸福、民族振兴和社会进步作贡献的远大志向。自尊自信自爱，坚韧乐观，奋发向上，具有积极的心理品质。具有发现、鉴赏和创造美的能力，具有健康的审美情趣。正确认识自我，具有一定的生涯规划能力。本研学主题必修课程与校内教育的衔接内容如下：1.人教版物理必修第一册第一章“运动的描述”；2.人教版美术必修美术鉴赏第一单元鉴赏基础、第2课“如何鉴赏美术作品”；3.人教版美术选择性必修一 绘画第五单元“构图”；4.人教版思想政治必修二经济与社会第二单元“经济发展与社会进步”；5.人教版生物选择性必修三生物技术与工程第一章第一节“传统发酵技术的应用”；6.人教版高一语文必修上册第二单元“以工匠精神雕琢时代品质”、第四单元“家乡文化生活”

维度或要素			小学高年级段	初中段	高中段
研学课程	必修课程一	名称	现代农业设施设备	畅游科技，筑梦未来	百廿文脉，砥砺奋进
		活动目的	通过讲解现代科技农业的知识，认识现代农业设施设备，激发对农业的兴趣	通过参观实践晋中市科技馆的仪器设备，了解科学原理，感悟生活处处是科学	通过参观学习校史馆，进一步感受一代代太原理工人自强不息、艰苦奋斗的历程
		活动形式	教师讲授、学生讨论	参观科技馆，带着任务活动，有奖问答	小组探究、分享感悟
	必修课程二	名称	小小饼子，百年智慧	精酿技艺，醇雅匠心	岐黄文化，少年传承
		活动目的	通过参观太谷饼现代化的生产车间，探究其制作工艺，感悟良好的劳动习惯	通过参观东湖醋园，感受山西陈醋的悠久历史，体验醋文化，坚定家乡自信	通过参观学习及近距离观摩中草药植株和标本，领略中医药文化的无穷魅力
		活动形式	分小组合作探究	分小组参观合作探究	教师讲授、分小组合作感悟
	必修课程三	名称	初识晋商	煤海探秘，照亮未来	走进教育家陶行知
		活动目的	通过观看影片和参观票号认识晋商诚实守信、以义获利的商道精神	通过参观学习中国煤炭博物馆，了解山西名片——煤炭，丰富煤炭知识	通过参观陶行知研究馆，感受伟大教育精神，培养良好的职业态度
		活动形式	参观、分小组讨论	模拟下矿情境实践，任务卡问答	小组合作探究
	必修课程四	名称	平遥的清明上河图	汾酒香飘九万里	企业家的创业时代
		活动目的	通过完成科技馆不同展室的任务卡，强化对科技的热爱情愫	通过深入了解汾酒历史、文化和工艺，增强对其文化的理解和认同，弘扬工匠精神	通过成立小组公司，设计商业计划书，帮助学生掌握创业知识，激发创业精神
		活动形式	分小组合作探究	参观汾酒工业生产流水线，小组合作探究	小组合作从吃穿住行各方面交流分享“公司”或“企业”为生活带来的便利和服务

维度或要素			小学高年级段	初中段	高中段
研学课程	必修课程五	名称	认识酿醋技艺	智慧番茄，美味生活	漆艺人生，精彩无限
		活动目的	通过小组合作完成酿醋技艺绘制任务，了解乡土乡情，发展与同学交往的基本技能	通过参观学习不同品种的番茄，深入了解乡村现代产业业态，感悟科技的巨大力量	通过小组合作参观，完成漆器技法探究任务，初步形成正确的职业观
		活动形式	在教师的引导下，完成学习单任务	任务卡驱动，分组合作探究	与推光漆手艺人对话
	必修课程六	名称	学做古法灯笼	探究玛钢智造	穿越明清“识”古建
		活动目的	通过制作手工灯笼，一方面体悟中式传统审美，另一方面培养安全劳动意识	通过参观学习，体会传统制造到现代智造的新型转变，增强对科技的兴趣	通过搭建木构框架，掌握古建知识，培养传承优秀传统文化的责任感
		活动形式	教师讲授、学生观察	参观玛钢工业园区，任务卡驱动，分组合作探究	根据任务卡内容，完成小组合作探究
	必修课程七	名称	呆萌非你莫“塑”	种子革命，农机跨越	煤与生活，科技能源
		活动目的	通过制作独一无二的鹁鸪陶塑作品，培养学生创意思维	通过参观晋中国家农高区，了解种子在农业中的巨大作用，感受数字农业的魅力	通过实验活动、任务参观，激发学生对环境的思考，加深对新能源的认识
		活动形式	教师讲授、自主探究	教师讲授、自主探究、合作探究	设计实验内容引出主题，学生根据任务卡进行探究
	必修课程八	名称	三雕艺术，刻岁雕痕	穗选其华，物竟其流	借问酒家何处有
		活动目的	通过三雕艺术制作让学生感知中国传统古建艺术之美	通过参观穗华物流园，体会运输业对农业发展的巨大作用，加深对科技发展的认识	通过体验汾酒制曲、发酵、蒸馏等酿造工艺，深化对非遗文化的认识
		活动形式	自主实践，分小组合作感悟	任务卡驱动，分组合作探究	小组合作分步骤体验

维度或要素			小学高年级段	初中段	高中段
研学课程	必修课程九	名称	寻迹窑洞	植物工厂，精准决策	走进高铁梦工厂
		活动目的	通过设置古排水系统、窑中窑、古马厩三个闯关任务，了解古人建筑智慧	通过参观山西农业大学果树研究所，了解最新前沿科技成果，感悟科技力量	通过近距离触摸高铁，使学生形成正确的生活态度、工作态度
		活动形式	小组合作完成探究任务，并进行绘图设计	分小组参观，小组合作探究学习	教师讲授、小组合作探究、劳模大讲堂
	必修课程十	名称	寻梦大寨	仰望星空	探寻贾家庄文化
		活动目的	通过真实还原大寨劳动人民自力更生、战天斗地的场景，学生感悟劳动精神	通过参加航空科普，掌握航空知识，了解航空技术，丰富职业认识	通过讲解艰苦奋斗振兴乡村的奋斗史，坚定学生奋发图强、报效祖国的理想信念
		活动形式	教师讲解、学生体验	任务卡驱动，小组合作探究	任务探究、教师讲授、感悟分享
	选修课程		1. 番茄种植体验 2. 遨游科技世界，点亮科技梦想 3. 醋之味 4. 寻迹农耕文化 5. 数字音乐	1. 转型升级，浴火重生 2. 人工智能，精准农业 3. 编织梦想，成就未来 4. 探秘科学，智慧生活 5. 智引未来，融合创新	1. 秉承匠人之心 2. 煤炭之光，构想未来 3. 清香汾酒，全球共享 4. 科技创新大讲堂 5. 梦想音乐家

维度或要素		小学高年级段	初中段	高中段
研学线路	代表性线路（时长五日）	第一天：晋中营地—晋中国家农高区—鑫炳记—晋中营地；第二天：晋中营地—平遥古城—晋中营地；第三天：晋中营地—东湖醋园—乔家大院—晋中营地；第四天：晋中营地—山西博物院—山西晋韵砖雕艺术博物馆—晋中营地；第五天：晋中营地—后沟古村—昔阳大寨—晋中营地	第一天：晋中营地—晋中市科技馆—东湖醋园—晋中营地；第二天：晋中营地—中国煤炭博物馆—汾酒集团—晋中营地；第三天：晋中营地—巨鑫伟业—太谷玛钢工业园区—东辉农业—晋中营地；第四天：晋中营地—晋中国家农高区—穗华物流园—晋中营地；第五天：晋中营地—山西农业大学果树研究所—探秘空间馆—晋中营地	第一天：晋中营地—太原理工大学—山西中医药大学—晋中营地；第二天：晋中营地—太原师范学院—晋商财商馆—晋中营地；第三天：晋中营地—唐都漆器—平遥古城—晋中营地；第四天：晋中营地—中国煤炭博物馆—汾酒集团—晋中营地；第五天：晋中营地—中国铁路太原局—贾家庄—晋中营地
	可选择线路（按天设计，菜单式选择）	1.晋中营地—陶艺馆—晋中营地；2.晋中营地—葫芦工坊—晋中营地；3.晋中营地—平遥古城—晋中营地；4.晋中营地—汾酒集团—晋中营地；5.晋中营地—中国煤炭博物馆—晋中营地；6.晋中营地—山西博物院—晋中营地；7.晋中营地—山西晋韵砖雕艺术博物馆—晋中营地；8.晋中营地—昔阳大寨—晋中营地；9.晋中营地—后沟古村—晋中营地；10.晋中营地—唐都漆器—晋中营地	1.晋中营地—机器人馆—晋中营地；2.晋中营地—晋中市科技馆—晋中营地；3.晋中营地—汾酒集团—晋中营地；4.晋中营地—中国煤炭博物馆—晋中营地；5.晋中营地—山西博物院—晋中营地；6.晋中营地—东辉农业—晋中营地；7.晋中营地—穗华物流园—晋中营地；8.晋中营地—平遥古城—晋中营地；9.晋中营地—晋中国家农高区—晋中营地；10.晋中营地—乔家大院—晋中营地	1.晋中营地—茶艺馆—晋中营地；2.晋中营地—华服馆—晋中营地；3.晋中营地—晋商财商馆—晋中营地；4.晋中营地—平遥古城—晋中营地；5.晋中营地—唐都漆器—晋中营地；6.晋中营地—中国煤炭博物馆—晋中营地；7.晋中营地—汾酒集团—晋中营地；8.晋中营地—贾家庄—晋中营地；9.晋中营地—太原理工大学—晋中营地；10.晋中营地—山西中医药大学—晋中营地
	规划线路（按天设计）	1.晋中营地—八路军太行纪念馆—八路军文化园—晋中营地；2.晋中营地—晋中市博物馆—山西博物院—晋中营地；3.晋中营地—吕梁市晋绥边区革命纪念馆—贾家庄—晋中营地	1.晋中营地—淮海工业集团有限公司—黄崖洞—晋中营地；2.晋中营地—凤凰山生态植物园—晋中营地；3.晋中营地—乔家大院—洪洞大槐树—晋中营地	1.晋中营地—壶口瀑布—晋中营地；2.晋中营地—王家大院—洪洞大槐树—晋中营地；3.晋中营地—汾酒集团—淮海工业集团有限公司—晋中营地

维度或要素		小学高年级段	初中段	高中段
教学重点难点（以代表性线路教学设计为例，下同）	教学重点	1.对传统农业器具、现代农业设施设备形成初步认识；2.感悟晋商的诚信经商之道；3.掌握传统酿造制醋工艺、学习制作红纸灯笼，提升动手能力，加强团队凝聚力；4.发现古建的美学价值，提升审美能力；5.以研学手册为载体引导学生学会理财，激发学生对父母的感恩之情，勉励学生念党恩、感党情	1.沉浸式体验酿醋工艺、酿酒技艺，感悟工匠精神；2.体验矿下作业，培养学生辛勤劳动意识；3.了解现代工农业设施设备，掌握最新果树种植科学前沿成果，感悟科技的发展，加深对科技与生活的体验；4.亲身体验航空飞行，加深对不同职业的认识；5.以研学手册为载体培养学生经济思维，激发学生对父母的感恩之情，勉励学生念党恩、感党情	1.通过聆听高校建校史、深入高校体验，加深学生对不同学科专业的认知，激励学生砥砺奋进；2.通过学习推光漆工艺、登临平遥古城墙对话文物工作者、体验酿酒技艺、参观生产包装车间，感悟爱岗敬业、追求卓越、精益求精的工匠精神；3.掌握煤炭与生活的联系，对资源的利用与开发形成新思考；4.活动中坚定学生理想信念及培养学生积极工作态度；5.以研学手册为载体，学生掌握基础理财知识，勉励学生念党恩、感党情，树立为民族振兴和社会进步作贡献的远大志向
	教学难点	1.体验传统农业与现代农业的区别；2.简单掌握票号防伪密押、体悟大院的建筑美学；3.在实践创新中掌握醋的功能，能结合生活实际运用醋；4.独立动手实操制作灯笼，能将传统文化进行现代化创作，在实践中养成安全规范的劳动意识；5.通过大寨学习感悟国家的快速发展	1.掌握科普类仪器设备的科学原理，运用化学、物理等知识解释现象；2.在酿醋、酿酒、下矿井等活动中培养家乡自豪感；3.掌握无土栽培技术的原理以及传统农业到现代农业的转型之路；4.强化对现代农业高新技术的了解认识，培养科学精神；5.学习太谷玛钢生产车间的基础技艺，能用所学知识理解现代工业的发展	1.结合实际感悟严谨踏实的治学风貌和精益求精的科研精神；2.学习与日常生活相关的财商知识，构建财商知识架构；3.体悟“择一事终一生”的工匠精神；4.感知科技对能源行业、酒行业的重要性；5.结合所学知识探索家国情怀与高铁技术发展、乡村振兴的关系

维度或要素	小学高年级段	初中段	高中段
教学策略	针对小学高年级段学生已经具备了一定的劳动能力和生活经验，参与过家务劳动、校园卫生保洁、社会公益劳动，懂得尊重各行各业的劳动者，初步形成了家庭责任感和社会责任感的意识；对与生活密切相关的领域有较强的好奇心，充满了探索的欲望；由于文化认知差异等原因，学生对职业的了解还不全面的情况。基于合作教学、多元智力理论，选取劳动启蒙、审美启蒙、科学启蒙等内容，以学生具备基本的生活自理能力、掌握基本技能，具备初步的决策意识，认识到自己的成长与国家发展的密切关系为目标，采取讲授法、谈话法、演示法、练习法等教法和自主学习、合作学习学法，借助相关研学基地与启蒙教育相关的教学资源和数字化技术，做好物料准备（研学物资、准备有关常规对接资料、安全预案、安全责任书、必备药品），使用游戏化、体验式、跨学科等策略来进行总体设计，并在实际教学过程中根据学生反馈进行动态调整	针对初中阶段学生在身心上正处于发育期，生理和心理都在发生快速变化，在知识储备方面已经具备了一定的学科基础，认知能力、情感态度、自我意识等心理指标也在不断发展和变化；这一时期的学生具有较高的可塑性，容易接受新事物、新观念，但也容易受到外界干扰，需要给予正确的引导和帮助；初中生的兴趣爱好广泛，对新鲜事物充满好奇的情况。基于建构主义、多元智力等理论思想，以培养学生的科学素质和民族自豪感，形成正确的职业观念，意识到不同角色有相应的责任与权利为目标，采取讲授法、讨论法、演示法、实验法、练习法等教法和自主学习、探究学习、合作学习学法，借助相关研学基地与启蒙教育相关的教学资源和数字化技术，做好物料准备（研学物资、准备有关常规对接资料、安全预案、安全责任书、必备药品），使用体验式、跨学科、基于探究的学习、情境教学等策略将研学实践活动内容与学生的兴趣爱好相结合，培养学生的正确价值观和人生观，引导学生将个人兴趣和职业规划与社会的需要相结合，在实际教学过程中根据学生反馈进行动态调整，确保学生围绕研学主题有效完成研学课程，实现本学段研学目标	针对高中阶段学生面临着升学压力和高考压力，正处于人格塑造的关键时期，他们对自己的认同感和自我价值感逐渐清晰的情况。根据研学主题探究性任务需要，分析高中阶段学生的知识储备、生活经验、学习差异。基于建构主义、多元智力等理论思想，以学生能了解自己的优势、性格、价值观与生涯发展需求，促使学生将个人兴趣与社会环境相结合，具有促进社会发展的规则意识为目标，采取讲授法、谈话法、讨论法、演示法、练习法等教法和自主学习、探究学习、合作学习学法，借助相关研学基地与启蒙教育相关的教学资源和数字化技术，做好物料准备（研学物资、准备有关常规对接资料、安全预案、安全责任书、必备药品），使用体验式、跨学科、基于探究的学习、情境教学、服务学习等策略，通过开展不同层次、形式多样、操作性强、符合学生特点的启蒙教育，帮助学生逐步了解社会需求，增强升学与就业选择的主动意识和科学态度，从而主动进行生涯规划，积极投入当下的学习生活，激发学生对不同职业的深度了解，培养学生职业能力，增强未来生涯竞争力

维度或要素				小学高年级段	初中段	高中段
实施方案	入营教育	安全	引导	强调安全在研学实践中的重要性，引导学生关注安全，了解本学段安全常识	强调安全对于研学实践教育活动顺利开展的重要意义，树立安全活动意识	强调安全对于研学实践教育活动顺利开展的重要意义，培养安全意识
			实训	通过图片、视频等多媒体资源，使学生了解工具使用安全、食品安全等知识	通过安全公共课讲解掌握逃生安全、食品安全知识，强化“习惯安全”意识	通过学生讲解体验，教师补充示范的方式，掌握食品安全、防磕碰摔伤等知识
		应急	引导	学习应急事件处理方法和技巧，培养冷静思考和随机应变的能力	掌握气道异物梗阻急救处理方法和技巧	强化应急能力培养，掌握应急事件分类、处理方法和技巧
			实训	邀请专家为学生进行崴脚、碰头、拨打急救电话等应急救助方法讲解	观看视频，实操演练，学习海姆立克急救法	通过模拟现场演练、理论与实践相结合的方式，学习扭伤、中暑、崴脚等技能
		救助	引导	引导学生在遇到危险时保持冷静，并向老师求助，减少伤害	引导学生主动寻找利用各种资源开展自救，增强救助能力	强调救助对于现实生活的重要意义，引导学生关注救助知识和技能的学习
			实训	通过打快板、念口诀等形式，配合教师指导，学生学习体验包扎技能	通过角色扮演、团队合作等方式使学生掌握胸外按压手法、人工呼吸操作要领	邀请专业人士讲解，学生模拟演练，掌握心肺复苏技能、AED实用技能
		自我管理	引导	引导学生逐步培养良好的生活习惯	引导学生自我规范、自我约束、自我提高	引导学生做好时间管理、情绪管理、学习管理、健康管理
			实训	通过教官讲解，学生养成每天洗漱、远离垃圾食品的良好生活习惯	学生进行自我管理，扮演班长、安全员、纪律委员等管理者角色	学生自主设计研学活动管理目标和计划，培养自我管理综合素养
		团队协作	引导	引导学生认识团队协作重要性	引导学生认识团队协作发挥的作用，提升团队协作能力，激发团队荣誉感	引导学生发挥团队力量，培养创新意识、合作能力
			实训	通过游戏、健康运动会的方式学习有效沟通与协作的技巧	开展团建拓展活动，寻找潜能，帮助学生建立自信，体会团队合作的重要性	设定团队研学任务，小组协作，合力完成任务目标

维度或要素		小学高年级段	初中段	高中段
实施方案	导入教学环节	1.情境导入：通过品鉴水果、太谷饼等引出生产劳动教育——农业生产劳动任务，激发学生对劳动的热爱情愫；2.视频导入：观看晋商视频，增强对晋商文化的了解，激发学生兴趣；3.谈话导入与直观导入：提问学生山西非遗文化包括哪些传统的项目等，让学生带着问题观看视频；4.悬问设置导入：提问学生印象最深的文物，激发学生的探究兴趣；5.成语导入：教师组织关于农业的成语诗歌比赛，既巩固学生知识，又引出劳动启蒙教育主题	1.主题导入：在研学活动前，召开《仰望星空向未来 科幻筑梦新时代》主题班会；2.谈话导入：谈一谈知道哪些山西代表性名片，引出煤炭、汾酒课程内容；3.谈话导入：学生结合所学学科知识谈一谈农业和工业的发展；4.探究导入：根据任务卡学生寻找相对应的现代农业设施设备；5.直观导入：展示传统农业和现代农业生产的水果，学生从外观、口味等方面描述有哪些不同	1.悬问设置导入：对不同高校校风校史的了解，激发学生对高校的兴趣；2.问题导入：提问学生你心中的好老师标准，引出教育家陶行知；3.情境导入：中医、公司经营者、手工业者、文物工作者的一天，激发学生对不同职业的兴趣；4.问题导入与实验导入：提问学生山西的名片，教师进行煤块点燃实验，链接学生所学化学知识等；5.谈话导入：教师回答学生关于高铁的疑问，引发学生对高铁的探究
	授课教学环节	第一天：入营教育、必修课程一“探究现代农业设施设备”、选修课程1“番茄种植体验”、必修课程二“小小饼子，百年智慧”；第二天：必修课程三“初识晋商”、必修课程四“平遥的清明上河图”、选修课程2“遨游科技世界，点亮科技梦想”；第三天：必修课程五“认识酿醋技艺”、选修课程3“醋之味”、必修课程六“学做古法灯笼”；第四天：必修课程七“呆萌非你莫‘塑’”、必修课程八“三雕艺术，刻岁雕痕”；第五天：必修课程九“寻迹窑洞”、必修课程十“寻梦大寨”	第一天：入营教育、必修课程一“畅游科技，筑梦未来”、必修课程二“精酿技艺，醇雅匠心”；第二天：必修课程三“煤海探秘，照亮未来”、必修课程四“汾酒香飘九万里”；第三天：必修课程五“智慧番茄，美味生活”、必修课程六“探究智造玛钢”、选修课程2“人工智能，精准农业”；第四天：必修课程七“种子革命，农机跨越”、必修课程八“三雕艺术，刻岁雕痕”；第五天：必修课程九“植物工厂，精准决策”、必修课程十“仰望星空”、选修课程4“探秘科学，智慧生活”	第一天：入营教育、必修课程一“百廿文脉，砥砺奋进”、必修课程二“岐黄文化，少年传承”；第二天：必修课程三“走近教育家陶行知”、必修课程四“企业家的创业时代”；第三天：必修课程五“漆艺人生，精彩无限”、必修课程六“穿越明清‘识’古建”；第四天：必修课程七“煤与生活，科技能源”、必修课程八“借问酒家何处有”、选修课程3“清香汾酒，全球共享”；第五天：必修课程九“走进高铁梦工厂”、必修课程十“探寻贾家庄文化”

维度或要素		小学高年级段	初中段	高中段
实施方案	进级教学环节	1. 小组合作：根据提供的材料包，完成未来温室大棚搭建；2. 自主探究：根据个人喜好以及所了解的太谷饼文化，设计制作太谷饼；3. 自主实践：了解醋的功效，并为家人制作爱心果醋；4. 实践探究：灯笼等传统手工艺的运用领域；5. 小组讨论：如何弘扬劳动精神	1. 实地探究：现代农业可持续发展模式；2. 知识竞赛：介绍山西名片——煤炭、陈醋、汾酒等；3. 实地探究：感受各行各业工作的困难与乐趣、思考传统农业与现代农业如何碰撞新“火花”；4. 集体观影：观看袁隆平等工作者的影片，感悟其精神力量；5. 小组合作：直播带货，为农产品代言，培养综合能力	1. 小组讨论：高等教育的重要意义；2. 自主实践：制作中药特制饮品和山楂丸；3. 合作演绎：编排教师工作的一天；4. 实地探究：如何为古建筑注入新的生命力；5. 小组探究：以销售酒产品、醋产品为例探寻商业过程的逻辑和流程；6. 小组探究：准备一次对高铁工作人员或者大寨村民的模拟采访；7. 小组讨论：社会发展对个人发展的影响
	巩固教学环节	1. 学生运用合作探究法进行农产品设计，通过深入了解山西特色农产品，如在了解太谷饼、醋、山西药茶等的适宜人群、功能等知识的基础上，为产品设计宣传口号和LOGO，并对其定价，初步培养美学思维、经济思维；2. 通过谈话法巩固对劳动精神的认识	1. 学生利用合作学习法、自主学习法，开展科技小项目研究实践，培养逻辑能力和科学素养，提升学术能力；2. 运用情境教学法、启发法，引导学生通过合作探究为产业设计产品，巩固研学成果，体会科技在现代产业中的巨大力量，培养艰苦奋斗、勇于创新的科学家品格	1. 运用小组合作学习，学生分享研学高校过程中的收获和感悟，放飞理想，畅想未来；2. 学生在平遥古城内开展“研学晋商之旅”演绎，通过角色体验，加深对不同职业的认识；3. 引导学生未来运用科学技术开发新能源的志向，激发学生爱国情怀；4. 学生通过情境演绎增加对古今销售的认识，并谈谈创新、诚信的重要性；5. 学生通过农村实地考察，将个人的职业偏好与国家社会的现实需求结合起来，初步培养职业能力

维度或要素			小学高年级段	初中段	高中段
实施方案	总结教学环节	教学创新	创新课程设计，突破时间、空间的限制，围绕主题设计课程，采取进阶式、巩固式教学策略，在真实情境中探究、体验、实践，围绕课标形成校内外教育衔接，对学生进行劳动启蒙、审美启蒙、科技启蒙、习惯启蒙、规矩启蒙教育等	突出主题引领、任务驱动、项目学习、学科融合的特点，采取沉浸式、场馆场所场景一体化设计课程，与校内课程进行有机衔接，形成校内课程的拓展延伸，实现校内外教育的协同，对学生进行科技启蒙、职业启蒙、习惯启蒙、规矩启蒙教育等	创新教学形式，实现在真实情境中基于任务完成下的深度体验，围绕课标设计研学课程，形成校内外协同育人路径，突出课程协同、线路协同、管理协同、评价协同，在亲身实践中激发学生兴趣，对学生进行职业启蒙、习惯启蒙、规矩启蒙等
		教学总结	根据教学目标、学生学情，通过学生分享、成果展示等方式，对课程设计、线路设计、教学策略等进行总结，采取提问式、趣味性等方式，以培养学生创新思维、爱国情怀、精益求精的工匠精神和爱岗敬业的劳动态度为主要指向，全面了解学生在研学活动中的启蒙知识和技能	根据教学目标、学生学情，通过学生作品展示、研学报告、分享感悟、团队协作等方式，采用归纳式、交流反馈、悬念总结等形式，全面了解学生在科技、劳动、行为习惯等方面的情况，激励学生争做新时代的好少年，立志报效祖国	在本阶段尝试围绕课程设计、团队协作、职业认同等内容，采用交流反馈、延伸拓展等形式，帮助学生掌握主题要义，顺利构建认知体系，引导学生形成正确的价值观，在自我觉察、社会现状、工作要求之间建立起积极的联系，增强学生的社会适应能力
		教学反思	针对小学高年级段学生学情，对教学目标、课程设计、线路设计、组织实施、教学评价等内容进行反思，梳理实施过程中出现的问题，思考解决问题路径与策略，形成解决方案，调整和优化教学设计，为下一次研学活动提供参考	针对初中段学生学情，对教学目标、课程设计、线路设计、组织实施、教学评价等内容进行反思，梳理实施过程中出现的问题，思考解决问题路径与策略，形成解决方案，调整和优化教学设计，拓宽教学思路，提高教学水平	针对高中段学生学情，对教学目标、课程设计、线路设计、组织实施、教学评价、是否尊重学生的个性差异等内容进行反思，梳理实施过程中出现的问题，思考解决问题路径与策略，在此基础上不断地改进、完善、推陈出新，形成自己独特的教学风格

维度或要素				小学高年级段	初中段	高中段
实施方案	评价教学环节	教学水平评价	自我评价	教师对研学活动目标达成度、实施过程中的亮点和不足进行复盘，总结反思活动实施过程中存在的问题，明确改进方向与策略	教师基于教学目标、教学设计、安全管理、活动组织等方面进行总结，反思活动实施过程中存在的问题，明确改进方向与策略	教师基于教学目标、教学设计、教学策略等方面进行深入反思，发现问题与不足，找到改进措施与路径，做好改进计划，明确下一步实施策略
			学生评价	学生针对教师和学生之间的互动是否充分，研学课程师生对话参与度，学生能否积极参与到课堂教学中，课堂气氛活跃度方面进行评价	学生针对教师的课堂气氛活跃度、教学设计能力、心理健康教育能力等方面进行评价	学生针对教师的认知文字语言表达能力、教学设计能力、心理健康教育能力等方面进行评价
			同行评价	由营地其他教师和随队教师、教学管理人员等对教师的教学进行评价，评价突出小学高年级段特点，基于证据、数据，采取交流、问卷等形式开展，取长补短相互借鉴，实现共同进步	由营地教师、随队教师和教学管理人员对教师的教学设计、教学实施、教学管理、信息技术与教学融合等方面进行评价，突出初中段学情特点，采取访谈、交流、问卷等形式开展	充分利用信息技术，邀请知名专家、对教师的教学设计、教学实施、教学评价、教学管理、信息技术与教学融合等方面进行评价，突出高中段学生学情特点，采取交流、互评方式进行
			培训和考核	基于教师师德师风、劳动教育、审美教育、学生管理等进行线上线下结合的专项培训和考核，通过考核结果来评价教师的教学水平	定期对营地教师进行师德师风、科学教育、劳动教育、生涯规划、学生管理等方面的教学培训和考核，通过考核结果来评价教师的教学水平	定期对营地教师进行师德师风、劳动教育、生涯规划、心理学、学生管理等方面的教学培训和考核，通过考核结果来评价教师的教学水平
			教学成果展示	根据本学段课程特点，采用饮食产品品尝、文创作品展示方式，进一步激发学生兴趣	根据本学段课程特点，采取设计作品展示、研学分享、研学报告等方式，丰富学生对不同职业的了解，提升动手能力，培养良好价值观	根据本学段课程特点，采取设计作品展示、调查报告、研学报告、推介会等方式，不断深化学生的职业能力

维度或要素				小学高年级段	初中段	高中段
实施方案	评价教学环节	学业评价	形成性评价	在活动过程中，及时关注学生活动表现和完成任务效果，适时小结，运用点评激励、优秀展示等方式进行评价。评价过程遵循科学性、导向性、可行性等原则，实现学生思维力、想象力、审美情感和表达力的提升	在活动过程中，及时关注学生活动表现和完成任务效果，适时小结，运用个人自评、小组互评等方式进行评价。评价过程遵循多元化、激励性、情感性等原则，实现学生对自我价值的肯定，培养学生启蒙意识	根据活动设定的任务，关注学生个性和共性的表现，在活动过程中，及时给予指导帮助，适时小结，运用讨论探究、个性展示等方式进行评价。评价过程遵循导向性、可行性、科学性等原则，实现学生自我认知、价值观认同的职业能力提升
			总结性评价	研学活动结束后根据学生活动完成整体情况给出综合评价，运用日常观察、集中展示方式，给学生以正向评价，遵循综合性评价原则，指出学生努力和改进方向，提出合理化建议，使学生提升综合素养	研学活动结束后根据学生活动完成整体情况给出综合评价，运用自评、互评、他评方式，以正向评价为主，遵循导向性评价原则，提出合理化建议，使学生进一步提升认知能力、思维力、想象力	研学活动结束后根据学生活动完成整体情况给出综合评价，运用问卷调查、访谈、结果测试等方式，遵循个性评价与整体评价相结合原则，探索形成合理化改进目标，使学生进一步提升职业能力、创新能力和生涯规划能力
			教师评价	教师根据学生在研学活动中的表现和成果，对学生的参与度、完成情况对学生进行评价，运用集中展示、教师点评方式，使学生发现存在问题，明确改进方向	教师根据学生在研学活动中的表现和成果，对学生的任务完成情况、团队协作情况进行评价，运用检测、观察等方式得出结论，给学生以正向引导，明确不足，进一步提升综合素养	教师根据活动目标，综合考查学生目标达成情况、任务实现情况，运用问卷调查、访谈、检测等方式给学生以正向引导，指导学生集体讨论，明确不足，得出改进建议
		项目评价		由教育行政主管部门、校内教育工作者、学生家长、社会各界采用现场评价、问卷调查等方式，对项目目标实现度、教学环节衔接度、教学策略有效性等进行综合评价，并给出项目实施建议，助力项目目标有效完成	由教育行政主管部门、校内教育工作者、学生家长、社会各界采用问卷调查、交流研讨等方式，对项目目标实现度、教学环节衔接度、教学策略有效性等进行综合评价和建议，从而完成相关任务并形成一定的成果	由教育行政主管部门、校内教育工作者、学生家长、社会各界采用问卷调查、观测等方式，对项目目标实现度、教学环节衔接度、教学策略有效性进行综合评价和建议，不断改进完善项目

4.4 教学计划与策略列表：启蒙教育　点亮未来

<table>
<tr><td colspan="3">营地名称</td><td>大同市示范性综合实践基地（简称“大同营地”）</td><td>命名机构</td><td>教育部</td><td>识别码</td><td>Y145140002</td></tr>
<tr><td colspan="3">从业资质（摘要）</td><td>特殊基础教育；大中专、中小学生综合素质教育</td><td>单位属性</td><td>公益一类</td><td>法定代表人</td><td>于海军</td></tr>
<tr><td colspan="3">研学主题</td><td>启蒙教育　点亮未来</td><td colspan="2">主要目的指向</td><td colspan="2">启蒙教育</td></tr>
<tr><td rowspan="7">营地（枢纽）及周边主要优质研学资源</td><td colspan="2">基地层级</td><td colspan="5">研学站点（基地）名称</td></tr>
<tr><td rowspan="2">教育部命名基地</td><td>已列入教学计划</td><td colspan="5">一、与本主题相关的列入教学计划的基地13个
1.云冈研究院；2.通用航空产业园北岳机场（简称“通航”）；3.弘毅国防教育基地（简称“弘毅”）；4.云海曲艺社；5.广盛原中医药有限公司（简称“广盛原”）；6.大同市大亿诚茶业有限公司（简称“大亿诚”）；7.大同市佳峪文化旅游有限责任公司（简称“神泉古域”）；8.平遥古城；9.平遥唐都推光漆艺博物馆（简称“唐都漆器”）；10.中国煤炭博物馆；11.北京陶瓷艺术馆；12.北京黄花城水长城旅游开发有限责任公司（简称“水长城”）；13.晋华宫国家矿山地质公园（简称“晋华宫”）
二、与本主题关联不大但列入本营地教学计划的基地11个
1.山西晋韵砖雕艺术博物馆；2.山西祁县乔家大院民俗博物馆（简称“乔家大院”）；3.洪洞大槐树寻根祭祖园有限公司（简称“洪洞大槐树”）；4.山西博物院；5.昔阳大寨；6.山西皇城相府文化旅游有限公司相府景区（简称“皇城相府”）；7.八路军太行纪念馆；8.吕梁市晋绥边区革命纪念馆；9.汾阳市贾家庄腾飞文化传播有限公司（简称“贾家庄”）；10.山西凤凰山生态植物园有限公司（简称“凤凰山”）；11.黎城太行山黄崖洞旅游发展有限公司（简称“黄崖洞”）</td></tr>
<tr><td>待列入教学计划</td><td colspan="5">1.蔚县博物馆；2.蔚县青少年校外活动中心；3.延安革命纪念馆；4.梁家河；5.西安博物院；6.杀虎口长城；7.大同大学；8.山西通航职业技术学院；9.天镇李二口长城</td></tr>
<tr><td colspan="2">其他部委命名基地</td><td colspan="5">晋华宫国家矿山地质公园</td></tr>
<tr><td colspan="2">地方命名基地</td><td colspan="5">1.北魏明堂遗址博物馆；2.古代铜造艺术博物馆；3.中国雕塑博物馆；4.魁星文化艺术博物馆；5.梁思成纪念馆；6.平城记忆馆；7.辽金元民族融合博物馆</td></tr>
<tr><td colspan="2">本营地资源</td><td colspan="5">1.食品安全教育馆；2.消防教育展馆；3.交通安全教育馆；4.禁毒教育展馆；5.心理健康教育馆；6.模拟法庭；7.民俗馆；8.地震教育馆；9.农科园</td></tr>
<tr><td colspan="2">其他资源</td><td colspan="5">1.唐家堡黄花基地；2.非遗蛋雕；3.云冈娟人；4.盘扣结艺</td></tr>
</table>

维度或要素	小学高年级段	初中段	高中段
校内教育基础（与校内教育的衔接）	对照《中小学社会实践活动课程指导纲要》、教育部关于印发义务教育课程方案和相关学科课程标准（2022年版）课程的基础知识和动手做基本技能，设计具有挑战性和实际应用价值的任务，运用体验式、探究式和混合式学习基本理念，引导学生在真实的情境中感知体验，培养兴趣，提高技能，规划学业，形成良好的品德和习惯，增强社会责任感，树立正确的人生观、价值观和世界观。本社会实践与研学主题必修课程与校内教育的衔接内容如下：1.人教版：三年级上册道德与法治第三单元第8课“安全记心上”、二年级下册语文第六单元第22课“我想”、二年级下册语文第六单元第18课“称赞”、二年级下册语文第五单元第5课“蓝色的树叶”；2.人教版：四年级下册数学第四单元第二部分“平行四边形和梯形”、六年级上册美术第一课“建筑的艺术”；3.统编版：四年级下册道德与法治第四单元第10课“我们当地的风俗”、四年级下册道德与法治第四单元第11课“多姿多彩的民间艺术”	对照《中小学社会实践活动课程指导纲要》、教育部关于印发义务教育课程方案和相关学科课程标准（2022年版）主要链接道德与法治、语文、生物、数学、美术等学科，运用学科知识，内化实践，通过各种社会实践、职业体验等方式来拓展学生的知识和能力，帮助学生学习职业规划的相关知识，了解自己的兴趣、能力，引导他们树立正确的职业观念，为将来的职业选择做好准备。社会实践与研学主题必修课程与校内教育的衔接内容如下：1.人教版：八年级下册生物第3课“了解自己，增进健康”、八年级下册美术第3课“民间艺术”、八年级上册道德与法治第10课“建设美好的祖国”、七年级上册生物“与生物学有关的职业”；2.湘美版：八年级上册美术第6课“变废为宝”、八年级下册美术第1课“文明之光”、九年级上册美术第6课“魅力永恒的建筑”、九年级下册美术第2课“用雕塑记录时光”	对照《中小学社会实践活动课程指导纲要》、普通高中课程方案与相关学科课程标准，主要链接道德与法治、语文、历史、艺术与文化、物理等学科素养，培养学生提高核心素养，加深祖国认同感、政治认同感等，厚植家国情怀，树立人生志向和正确的职业观念，为实现中华民族伟大复兴中国梦而奋斗。社会实践与研学主题必修课程与校内教育的衔接内容如下：1.人教版：高二政治必修三“文化与生活”、高一语文必修上册第四单元“家乡文化生活”、美术必修美术鉴赏第一单元“鉴赏基础”、高二物理选修第一节“无线电波的发射”；2.统编版：必修二艺术与文化上册第四单元第1课“民族风格”、必修二艺术与文化下册第七单元第1课“梨园芳踪”、语文必修上册第二单元第5课“以工匠精神雕琢时代品质”

维度或要素			小学高年级段	初中段	高中段
研学课程	必修课程一	名称	消防安全课堂——化险为夷	敬畏生命　解读消防	消防那些事儿——解锁消防知识
		活动目的	通过参观消防展厅和做实验，了解基本的消防知识，掌握火灾预防和自救技能	通过观看视频和实践模拟，掌握火灾危害、灭火器使用方法，弘扬消防员精神	通过辩论和探究消防历史，掌握火灾逃生技能，增强学生责任感和自我保护能力
		活动形式	展馆参观、实验探究、交流感悟	展馆参观、实践体验、情境模拟	展馆参观、实践探究、辩论分享
	必修课程二	名称	隐形的翅膀	放飞梦想，扬帆起航	驻足理想，梦想远航
		活动目的	通过团体辅导训练了解职业分类，激发追求梦想的潜力，树立尊重劳动成果的意识	通过团辅训练体验学业规划的意义，增强自我规划意识，树立敬业乐业的劳动意识	通过团辅训练提升自我职业规划能力，树立个人理想融入祖国和时代的发展的意识
		活动形式	放松训练、团辅训练、游戏训练	团辅训练、调查、心理训练	团辅训练、心理游戏测试、问题辨析
	必修课程三	名称	打造木工家具	用竹简书写文化	品茗论道
		活动目的	通过实践了解木工家具的基本类型和制作工艺，完成木工家具，体验创造美的过程，养成精益求精的劳动品质	通过亲笔在竹简上书写《诗经》作品，感受中国史上最美的文字，提高内在文化修养	通过了解并体验中药茶道文化，加深对我国传统文化的认识，提升礼仪素养
		活动形式	设计制作、职业体验、实践探究	展馆参观、设计制作、职业体验	考察探究、职业体验
	必修课程四	名称	小花农	桑干河畔药茶香	餐桌上的文明
		活动目的	通过体验黄花采摘，提高动手动脑能力，学会合作，形成持之以恒的劳动品质	通过体验学习中药茶道文化，加深对茶文化认识，培养静心专注的生活习惯	完成餐桌摆台，了解中西文化餐桌的不同礼仪，培养文明就餐意识和生活习惯
		活动形式	设计制作、职业体验	设计制作、职业体验	职业体验、实践探究

维度或要素			小学高年级段	初中段	高中段
研学课程	必修课程五	名称	南山井下小矿工	井下探秘	徒步水长城
		活动目的	通过参观煤矿工业遗址，加深工业文化的了解，认同煤炭工人规范安全工作意识	通过体验矿井工人工作流程，形成不怕苦、追求创新的精神，关注煤炭行业技术创新助力家乡发展	通过攀登长城，感受历史遗迹的魅力，认识长城文化，体会劳动人民的智慧和勇气，养成文明旅游的公民意识
		活动形式	考察探究、博物馆参观、职业体验	考察探究、博物馆参观、职业体验	考察探究、博物馆参观、职业体验
	必修课程六	名称	参观塔台	少年机长	地勤服务初体验
		活动目的	通过参观了解通用航空的相关知识，体验塔台调度工作，认真履行职责的品质	通过体验机长的工作，培养吃苦耐劳、认真负责的职业态度和职业意识	通过体验地勤服务人员的工作，形成敬业乐业服务奉献的劳动意识
		活动形式	参观、考察探究、职业体验	参观、考察探究、职业体验	参观、考察探究、职业体验
	必修课程七	名称	璀璨非遗——数来宝	走近山西博物院，触摸历史记忆	我是光荣的共青团员
		活动目的	通过体验大同传统曲艺“数来宝”，增强美学鉴赏能力，感知传统曲艺的魅力	通过参观山西博物院，寻找山西的历史印记，探索中学生的历史责任	通过黄花城水长城党建园地的共青团活动，明确为国家繁荣富强而奋斗的责任
		活动形式	考察探究、职业体验	参观、考察探究、职业体验	考察探究、职业体验
	必修课程八	名称	走近中医药博物馆	与唐都漆器“对话”	在陶瓷上描绘美好
		活动目的	通过了解并体验中药文化的起源和发展，激发学生对中医药的兴趣	通过了解国家级非遗推光漆器的历史和制作流程，完成一件推光漆器作品，增强审美意识，养成珍惜劳动的美好品质	通过了解中国古代陶艺彩绘历史，掌握彩陶和彩绘瓷的区别，完成陶瓷彩绘作品，体会发现美、创造美和表达美的生活习惯
		活动形式	博物馆参观、考察探究、职业体验	考察探究、职业体验、设计制作	考察探究、职业体验、设计制作

维度或要素			小学高年级段	初中段	高中段
研学课程	必修课程九	名称	一片瓦当	一幅壁画	土与火的结晶——瓷器
		活动目的	通过学习北魏传统瓦当文化，体验翻制工艺技术；激发对文物修复的兴趣，养成积极探索的好习惯	通过了解北魏壁画文化，体验壁画修复的工艺，提升壁画欣赏能力和文物保护意识	通过参观交流，了解陶瓷的知识，体验陶瓷文化，体会能工巧匠锐意进取，不断追求美、创造美的生活习惯
		活动形式	博物馆参观、考察探究、职业体验	博物馆参观、考察探究、职业体验	博物馆参观、考察探究、设计制作
	必修课程十	名称	我是小军人	解读晋商文化密码	保卫我方军旗
		活动目的	通过体验军训培养注意力，激发学生对军队的兴趣；增强学生热爱集体、热爱社会、热爱党、热爱国家的意识	通过了解晋商文化和晋商精神的孕育、发展等情况，激发学生感受晋商文化，传承晋商精神	通过团队活动，培养学生的团队合作精神。加强学生的爱国情感，培养社会主义核心价值观
		活动形式	考察探究、职业体验	考察探究、职业体验	考察探究、职业体验
	选修课程		1. 大乐同和，中西汇响 2. 法律与我同行 3. 了解中华面食文化（莜面）	1. 做理财小达人 2. 做农业科技宣传员 3. 我的梦中汽车	1. 营养美味的包子 2. 交通安全协管员 3. 灵丘“罗罗腔”

维度或要素		小学高年级段	初中段	高中段
研学线路	代表性线路（时长五日）	第一天：大同营地—心理健康教育馆—消防教育展馆—大同营地；第二天：大同营地—云海曲艺社—广盛原—大同营地；第三天：大同营地—弘毅—通航—大同营地；第四天：大同营地—民俗馆—晋华宫—大同营地；第五天：大同营地—农科园—云冈研究院—大同营地	第一天：大同营地—心理健康教育馆—消防教育展馆—大同营地；第二天：大同营地—云冈研究院—晋华宫—大同营地；第三天：大同营地—大亿诚—通航产业园北岳机场—大同营地；第四天：大同营地—山西博物院—大同营地；第五天：太原营地—唐都漆器—平遥古城—大同营地	第一天：大同营地—心理健康教育馆—消防教育展馆—大同营地；第二天：大同营地—水长城—北京营地；第三天：北京营地—北京陶瓷艺术馆—大同营地；第四天：大同营地—神泉古域—弘毅—大同营地；第五天：大同营地—大亿诚—通航—大同营地
	可选择线路（按天设计，菜单式选择）	1.大同营地—食品安全教育馆—大同营地；2.大同营地—交通安全教育馆—大同营地；3.大同营地一盘扣结艺—大同营地；4.大同营地—中国雕塑博物馆—大同营地；5.大同营地—古代铜造艺术博物馆—大同营地；6.大同营地—魁星文化艺术博物馆—大同营地；7.大同营地—辽金元民族融合博物馆—大同营地；8.大同营地—北魏明堂遗址博物馆—大同营地；9.大同营地—平城记忆馆—大同营地；10.大同营地—梁思成纪念馆—大同营地	1.大同营地—禁毒教育展馆—大同营地；2.大同营地—民俗馆—大同营地；3.大同营地—模拟法庭—大同营地；4.大同营地—唐家堡黄花基地—大同营地；5.大同营地—广盛原—大同营地；6.大同营地—弘毅—大同营地；7.太原营地—八路军太行纪念馆—太原营地；8.太原营地—乔家大院—太原营地；9.太原营地—山西晋韵砖雕艺术博物馆—太原营地；10.太原营地—凤凰山—大同营地	1.大同营地—地震教育馆—大同营地；2.大同营地—云冈娟人—大同营地；3.大同营地—民俗馆—大同营地；4.太原营地—黄崖洞—太原营地；5.太原营地—贾家庄—大同营地；6.太原营地—吕梁市晋绥边区革命纪念馆—太原营地；7.太原营地—洪洞大槐树—太原营地；8.大同营地—中国煤炭博物馆—太原营地；9.大同营地—皇城相府—大同营地；10.太原营地—昔阳大寨—大同营地
	规划线路（按天设计）	1.大同营地—天镇李二口长城—大同营地；2.大同营地—大同大学—大同营地；3.大同营地—通航—大同营地	1.大同营地—蔚县青少年校外活动中心—大同营地；2.大同营地—杀虎口长城—大同营地；3.大同营地—蔚县博物馆—大同营地	1.大同营地—延安革命纪念馆—延安基地；2.延安基地—梁家河—西安营地；3.西安营地—西安博物院—大同营地

维度或要素		小学高年级段	初中段	高中段
教学重点难点（以代表性线路教学设计为例，下同）	教学重点	1.树立集体意识，增强消防安全意识；2.了解大同传统曲艺“数来宝”，学习了解中药文化的起源和发展；3.感受军营氛围，培养良好的生活习惯，了解通用航空的相关知识和产业发展；4.了解煤炭的历史文化及企业发展，体会煤炭行业重要作用，实践黄花采摘的方法和技巧；5.了解木工家具的知识、制作工艺和云冈石窟北魏传统瓦当起源和文化，体验传统瓦当翻制工艺技术	1.认识灭火器，学会使用灭火器，体验学业规划的重要性；2.了解并体验壁画修复的工艺技术，体验井下开采的工作流程，思考工业技术发展对煤炭开采的影响；3.体验中药草的制作工艺，机长的工作流程，完成简单的金工汽车模型制作，懂得掌握工作技能的重要性，学会合作，增强服务意识；4.参观山西博物院，感受山西时代印记，完成竹筒上的《诗经》，探索当代中学生的历史责任；5.感悟山西晋商的悠久历史与丰富内涵；完成唐都漆器作品，体验劳动创造美好生活	1.掌握使用灭火器和火灾逃生技能并制作家庭火灾逃生图。做职业生涯规划的方法；2.参观北京黄花城水长城，培养文明旅游的公民意识和传承共青团员的优良品质；3.北京瓷器艺术馆，体会水火的结晶展示的能工巧匠和思维创新；4.掌握学习文明餐桌礼仪；学会包营养美味的包子；5.了解中药茶文化的起源、种类和发展；体验地勤服务人员的工作流程，学会分工合作，增强对服务业文化的认同感
	教学难点	1.树立规则意识，增强学生美学鉴赏和实践能力；2.增强学生对传统文化的兴趣及其对文化传承的使命感，激发学生对中医药的兴趣；3.培养青少年的爱国情怀，激发其想象力和学习兴趣；4.增强对工业文化的认同感和文化自信，提高审美水平，理解工匠精神的价值；5.提高专注力，激发想象力和学习兴趣，提升学生文物保护的意识	1.培养学生责任感和互助精神，树立敬业乐业的劳动意识；2.提升学生文物保护意识，增强对优秀传统文化的认同感和文化自信；3.增强学生美学鉴赏和实践能力；感受传统艺术的魅力；提高学生动手能力，鼓励学生合理创新；4.初步探索社会责任，进一步增强职业生涯规划意识；5.培养学生吃苦耐劳的品质和认真负责的职业态度，树立不畏艰辛的职业意识	1.掌握火灾逃生技能并能制作家庭火灾逃生图；会制作“我的梦想单”，提升自我职业规划能力；2.理解劳动创造价值，培养创新思维，传承共青团红色基因；3.体验团队射击作战，学会有策略地合作；4.体验识茶、泡茶、礼茶，体会制茶人的辛劳与快乐，提升学生礼仪素养；5.养成吃苦耐劳的品质和敬业奉献的职业意识

维度或要素	小学高年级段	初中段	高中段
教学策略	针对小学高年级学段学生文化知识积累较少，动手能力不够强，正确的人生观、价值观和世界观尚未形成，但活泼好动，好奇心强，接受能力强，敢于尝试，善于发现，对各种新奇体验有浓厚兴趣的学情，基于自然主义教育、生活教育理论，选取适应学生身心发展，需运动、探索、手脑并用，合作完成任务的内容，依托校内、校外场馆资源，采取讲授、直观演示、参观的教法，自主学习、探究学习和合作学习法，开展职业体验、美学鉴赏、技能学习活动，达到形成良好的品德和习惯、养成规则责任意识，促进相互协助，团队协作；增强动手能力和社会责任感，树立正确的人生观、价值观和世界观；培养观察力、思考力和创造力，完成语言启蒙、认知能力启蒙、情感启蒙的目的；在多种职业的岗位中体验探究，感知学习的兴趣，劳动的光荣	针对初中学段学生面临适应初中生活、学习任务重、升学等现实情况，处于身心发展关键期，思维活跃，自我意识增强，人际冲突增加，情绪管理不足，自我规划、自我管理能力有待提高，渴望长大、被重视的学情，基于自然主义教育、生活教育、现代课程、后现代课程理论，选取有益于学生身心发展的，适应个性化、差异化、多元化发展的内容，依托基地内课程资源和市内外教育资源，采取讲授、讨论、直观演示、参观、自主学习的教法，学生自主学习、探究学习、合作学习、目标学习、问题学习法，开展体验参观、考察探究、职业体验与手工制作等活动，达到培养学生的集体主义精神、提高观察力、思考力和创造力，提升社会生存能力和生涯规划能力，形成正确的劳动观和价值观，完成认知能力启蒙、情感启蒙的目的	针对高中学段学生面对如何适应高中生活、学习任务加重、高考升学现实情况，身心处于个体全面发展关键期，自我意识、认知、人际、情绪、社会适应呈动态变化，进入发展高峰期；自我意识第二次飞跃，更重视自我认识、发展和实现；抽象逻辑思维更强，具有批判性，能辩证地思考问题，情绪两极化，在生涯探索中更能积极主动适应变化的学情，基于自然主义教育、生活教育、现代课程、后现代课程理论，选取有助于学生个性化发展、持续生长、能力提高的内容，依托更多校外资源，采取讲授、讨论、直观演示、练习、参观、自主学习的教法，学生自主学习、探究学习、合作学习、目标学习、问题学习法，开展实地参观或模拟情境、职业体验、手工制作等活动，达到增强学生兴趣专长，强化理想信念，传承优秀传统文化，又具有国际视野，增强敬业乐业、艰苦奋斗，把个人成长与职业世界、社会进步、国家发展和人类命运紧密联系的意识，完成规矩启蒙、职业启蒙的目的

维度或要素				小学高年级段	初中段	高中段
实施方案	入营教育	安全	引导	通过营地安全通道、安全标识学习进行入营安全教育，树立安全意识	培养责任意识，学会急救知识，了解实践活动中的安全防范措施	进一步掌握应急救护知识与技能，强化社会安全意识
			实训	组织学生观看安全教育视频，讲解宿舍和食堂安全注意事项	组织学生参加安全讲座，预防校园安全事故	组织学生观看安全教育视频、安全讲座
		应急	引导	培养学生应对火灾、地震、踩踏等各类灾害的安全意识	培养学生应对各类灾害的应变能力，培养冷静思考和随机应变的能力	进行主题安全教育，加强学习应急自救与互救方法与技能
			实训	在营地的消防馆、地震馆，进行应急安全教育	在营地的消防馆、地震馆，进行实操演练	在营地开展应急安全实操演练
		救助	引导	掌握自我保护、求助、避险与逃生的基本技能，初步掌握急救知识	培养安全责任意识，学会急救知识，提高预防和应对突发事故的能力	强调学生的生命责任感意识，强调发现问题和解决问题的能力
			实训	学生在生命安全馆进行生命安全课程	组织学生开展各类急救模拟演练	组织学生开展各类实操演练
		自我管理	引导	引导学生加强自我管理	学会自我管理和互相监督	引导学生加强自我管理，情绪疏导，帮助学生掌握应对压力和困难的方法
			实训	营地组织开展学生军训，加强学生的自我管理能力	制订详细的计划表，合理安排时间规范学生的管理	通过心理疏导课程，学会自我情绪疏导
		团队协作	引导	通过讲解、角色扮演说明团队协作的重要性	通过模拟场景及实际案例分析，学会处理团队中的各种问题	通过案例分析、小组讨论等方式，学习妥善处理团队中的矛盾与冲突
			实训	设置安全员、组长、舍长等，配合班长，学习小组分工合作的基本技能	拓展课程加强团队协作能力，体会团队合作的重要性	提供相关的培训指导，帮助他们成为既有领导才能又能协同合作的优秀团队

维度或要素		小学高年级段	初中段	高中段
实施方案	导入教学环节	1.视频导入：观看近期着火案例视频，提高学生警觉性和关注度；2.游戏导入：“你拍我逃”，体会专注力在活动中的重要作用；3.情境导入：快板选段，激发学生学习兴趣；4.实地参观：体验射击；亲身采摘黄花；了解塔台的作用；了解煤炭的形成、开采、利用，煤炭文化及煤炭企业发展；感受中医药博物馆的魅力；5.实物展示：观察木工家具的基本类型和制作工艺；欣赏瓦当的翻制工艺	1.视频导入：观看近期着火案例视频，提高学生警觉性和关注度；2.游戏导入：“鼓掌定目标”体验学业规划的重要性，树立敬业乐业的劳动意识；3.实地参观：体验矿井工人在井下开采的工作流程；参与机长的工作流程；参观山西博物院；游览平遥古城；4.故事导入：晋商故事，山西历史名人故事，神农尝百草故事，激发学生学习兴趣；5.实物导入：展示唐都漆器工艺品；观察金工汽车的基本结构和制造过程；欣赏壁画的修复工艺	1.视频导入：观看近期着火案例视频，提高学生警觉性和关注度；2.游戏导入：“抓逃梦想”体会追逐梦想的快乐，树立个人理想融入祖国理想和时代的发展的意识；3.实地参观：游览北京黄花城水长城、参观北京陶瓷艺术馆；4.问题导入：日常生活中的餐桌礼仪有哪些？地勤工作人员需要做哪些工作；5.故事导入：战斗英雄的故事，体会国防的力量；包子的起源故事，激发学生的兴趣
	授课教学环节	第一天：入营教育、必修课程一“消防安全课堂——化险为夷”、必修课程二“隐形的翅膀”；第二天：必修课程七“璀璨非遗——数来宝”、必修课程八“走进中医药博物馆”；第三天：必修课程十“我是小军人”、必修课程六“参观塔台”；第四天：必修课程三“打造木工家具”、必修课程九“一片瓦当”；第五天：必修课程四“小花农”、必修课程五“南山井下小矿工”	第一天：入营教育、必修课程一“敬畏生命　解读消防”、必修课程二“放飞梦想，扬帆起航”；第二天：必修课程九“一幅壁画”、必修课程五“井下探秘”、选修课程三“我的梦中汽车”；第三天：必修课程四“桑干河畔药茶香”、必修课程六“少年机长”；第四天：必修课程七“走进山西博物院，触摸历史记忆”、必修课程三“用竹简书写文化”；第五天：必修课程八“与唐都漆器对话”、必修课程十“解读晋商文化密码”	第一天：入营教育、必修课程一“消防那些事儿——解锁消防知识”、必修课程二“驻足理想，梦想远航”；第二天：必修课程七“我是光荣的共青团员”、必修课程五“徒步水长城”；第三天：必修课程九“土与火的结晶——陶瓷”、必修课程八“在陶瓷上描绘美好”；第四天：必修课程四“餐桌上的文明”、必修课程十“保卫我方军旗”选修课程1“营养美味的包子”；第五天：必修课程三“品茗论道”、必修课程六“地勤服务初体验”

维度或要素		小学高年级段	初中段	高中段
实施方案	进级教学环节	1. 小组讨论：认识火及火灾的形成，了解职业分类，树立尊重别人劳动成果的意识；学习木工家具的种类和特点、历史和发展；了解瓦当文化的起源和发展；了解煤炭文化及煤炭企业发展；2. 实践探究：演练火灾预防和自救基本技能；了解大同传统曲艺并表演“数来宝”选段，感受传统曲艺魅力；3. 考察探究：了解中医药的起源与发展；列队形训练，增强手眼协调、团体合作能力；参观塔台，了解无线电技术；参观南山井下工业遗址，了解煤炭开采技术	1. 自主探究：了解火灾危害和消防员精神；学习云冈石窟北魏壁画文化；分析汽车的基本结构、制作流程及金属加工技巧；2. 任务探究：解读晋商文化密码；书写竹简上的《诗经》；分析煤炭行业在大同发展中的影响；触摸历史记忆，探讨中学生的历史责任；描绘我的职业梦想；3. 实践探究：完成金属加工切割、拼接、打磨等步骤；练习灭火器使用方法、结绳；体验凝神聚气的茶道文化；实践唐都漆器的制作	1. 自主探究：了解消防历史；学习中药茶文化的起源、种类和发展；通过心理测试小游戏“兴趣岛”了解自己的兴趣偏好；完成陶瓷彩绘；餐桌文明礼仪；2. 小组合作：探究陶瓷的前世今生；体验地勤服务人员的工作流程；体验团队狙击；讨论中西餐桌礼仪并完成餐桌摆台；3. 项目探究：探究“水长城遗址的底蕴”；探讨“光荣的共青团员的精神风貌和肩负的责任”；讨论“陶瓷的魅力”
	巩固教学环节	1. 情境模拟：火场报警和逃生；2. 团体辅导：活动“突破重围”“鸡蛋变凤凰”激发潜力，主动承担学习责任；3. 职业体验：体验塔台调度工作、小工匠、小花农、小工人、小军人，感知不同职业对社会的贡献；4. 作品展示：制作木工家具、漂流瓶、翻制瓦当	1. 团体辅导：通过“传递梦想”体会梦想成真的喜悦，埋下梦想的种子；通过“梦想小调查”进一步了解自己的努力方向；2. 职业体验：亲身体验少年机长、少年匠人，探寻各行各业对社会的贡献；3. 作品展示：设计“我的梦想地图”、制作汽车模型、修复壁画、竹简《诗经》、一杯药茶、唐都漆器	1. 情境模拟：火场逃生；“招聘会”了解和交流职业生涯规划的性格、兴趣、能力和价值观等主要因素，整体规划自己的职业生涯；2. 职业体验：体验地勤服务员、军人、茶艺师的工作内容，寻找自己在社会中的职业角色；3. 成果展示：制作“家庭火灾逃生图”“我的梦想单”、陶瓷彩绘

维度或要素			小学高年级段	初中段	高中段
实施方案	总结教学环节	教学创新	为完成规矩的启蒙教育，所以设计了大同传统曲艺“数来宝”、修复北魏瓦当翻制工艺等课程突出趣味性和互动性，在真实或模拟情境中，潜移默化地进行职业、习惯和规矩的启蒙	课程设计创新，围绕研学主题，结合生活实际，合理设计线路和课程，通过案例讨论、实践操作和职业体验，关注学生的情感需求和价值观培养，采用开放性问题、任务驱动和实践体验等教学方法，引导学生自主学习和创新思考	为完成职业的启蒙教育，注重情感教育和人文关怀，培养学生的创新性思维和批判性思维，通过鼓励学生设计制作“我的梦想单”，采用项目式教学法探究勤服务员、矿工、工匠、军人等工作岗位，引导学生认真独立思考，立足社会、国家、时代的发展，探索适合自己的社会角色，初步形成正确的职业观
		教学总结	围绕启蒙主题研学课程，针对小学高年级段学生具体学情，通过学生参观体验、合作探究、自主考察、成果展示等方式，激发学生学习兴趣，培养学生自主学习、合作学习和探究学习的能力，引发学生对传统工艺、曲艺和技艺的热爱，理解工匠精神的价值，能领会诚实劳动创造美好未来	围绕启蒙主题研学课程，针对初中段学生具体学情，通过学生职业体验、团队合作、自主探究、分享感悟等方式，激发学生学习兴趣，提高学生思维力、观察力和创造力，初步了解基本的省情，培养学生关注未来，结合自身初步进行职业生涯规划。树立吃苦耐劳、认真负责、敬业乐业的劳动态度	围绕启蒙主题研学课程，针对高中段学生具体学情，通过学生深入体验、自主探究、团队协作、研学报告等方式，激发学生学习兴趣，初步了解基本的国情，引导学生感恩党和国家，践行社会主义核心价值观，在传承的基础上实现个人创新，引导学生立志服务社会和国家
		教学反思	紧密结合小学高年级段学生的实际需求和认知发展，进一步明确教学目标，提高学生的学习积极性和参与度	密切关注学科前沿和时代发展，及时优化教学内容，与校内教育相结合，培养学生的综合素质和能力	积极引导学生自主思考和课堂讨论，加强课堂内师生互动、生生互动，营造良好的学习氛围

维度或要素				小学高年级段	初中段	高中段
实施方案	评价教学环节	教学水平评价	自我评价	教师对研学活动的设计，活动所需要的材料和资源，安全和纪律，活动实施过程中出现的问题进行总结，明确改进方向和策略	教师对自己的教学过程、内容、突发事件等进行总结，反思活动中存在的问题，明确改进方向和策略	教师对教学过程中对学生的引导和指导，组织活动和管理流程等方面进行深刻反思，发现问题与不足，做好改进计划，明确下一步实施策略
			学生评价	学生针对教师和学生之间的互动是否充分，研学课程师生对话参与度，学生能否积极参与到课堂教学中，课堂气氛活跃度方面进行评价	学生对教师丰富的专业知识，对课堂气氛活跃度，教学设计能力进行评价	学生对教师的教学设计能力、指导解决问题能力、文字语言表达能力进行评价
			同行评价	由营地其他教师、教学管理人员和跟班教师对教师的教学进行评价。对能否灵活运用多种教学方法激发学生的学习兴趣，研学过程中是否能够有效管理学生，确保活动安全有序进行，是否能够建立和谐的师生关系，营造积极的学习氛围进行评价	由营地其他教师、教学管理人员和跟班教师对教师的教学进行评价。对是否具备扎实的学科基础知识和广泛的相关领域知识，研学活动的计划是否周密，目标是否明确，是否能够激发学生的主动性和创造性，鼓励他们积极参与研学活动进行评价	由营地其他教师、教学管理人员和跟班教师对教师的教学进行评价。对是否能针对学生的不同需求和能力水平设计差异化的教学方案，是否能有效整合和利用研学资源，提供丰富的实践体验，是否能够给予学生充分的指导和支持，帮助他们解决实际问题进行评价
			培训和考核	定期对教师师德师风、专业素养、劳动教育、学生管理等进行教学培训和考核，通过考核结果来评价教师的教学水平	定期对教师师德师风、专业知识、教学技能、学生管理等进行教学培训和考核，通过考核结果来评价教师的教学水平	定期对教师师德师风、专业知识、专业素养、职业规划、学生管理等进行教学培训和考核，通过考核结果来评价教师的教学水平
			教学成果展示	根据学段特点，采取作品展示方式，激发学生荣誉感和参与热情	根据学段特点，采取作品展示、研学报告会、研学教学视频等方式，锻炼学生逻辑思维能力，帮助学习回顾总结研学经历	根据学段特点，采取作品展示、研学报告会、推介会等方式，培养良好价值观

维度或要素				小学高年级段	初中段	高中段
实施方案	评价教学环节	学业评价	形成性评价	在实践活动过程中，观察学生在活动中的表现和完成任务情况，记录学生的参与情况和合作行为，通过访谈和问卷调查的方式，收集学生对活动的反馈和建议	在实践活动过程中，观察学生在活动中的表现和完成任务情况，通过现场观察，记录学生在活动中的参与情况和表现，引导学生对自己和同伴在活动中的表现进行自我评价和同伴评价	在实践活动过程中，观察学生的综合能力表现，通过学生的实践操作，评估其动手能力和解决问题的能力，观察学生在团队中的表现，评估其协作能力和领导潜能，引导学生对自己的研学活动进行反思，并邀请同伴进行评价
			总结性评价	研学活动结束后，根据学生参与活动的整体效果给出综合评价，通过观察记录、作品展示方式和学生反馈，形成综合性评价，对学生的综合素质提升起到了积极的促进作用	研学活动结束后，根据学生参与活动的整体效果给出综合评价，运用自评、互评等评价方式，识别存在的问题与不足，并提出相应的改进建议，以促进初中研学活动的持续优化和学生综合素质的全面发展	研学活动结束后，根据学生参与活动的整体效果给出综合评价，运用自评、互评等评价方式，运用实际操作和项目展示、调查问卷和访谈等方法，遵循个性评价与整体评价相结合原则，进一步提高学生们的科学素养和创新精神
			教师评价	教师根据学生在研学活动中的表现和成果，对学生的参与度、完成情况进行评价，运用集中展示、教师点评方式，帮助学生发现存在的问题，明确改进方向	教师根据学生在研学活动中的表现和成果，对学生的创新能力、团队协作情况进行评价，运用分析，观察等方式得出结论，给学生以正向引导，明确不足，进一步提升综合素养	教师根据活动目标，综合考查学生目标达成情况，通过观察记录和考核等方式给学生以正向引导，指导学生集体讨论，明确不足，得出改进建议
		项目评价		由教育行政主管部门、校内教育工作者、学生家长、社会各界采用现场评价、问卷调查等方式，对项目目标实现度、教学环节衔接度、教学策略有效性等进行综合评价，并给出项目实施建议，助力项目目标有效完成	由教育行政主管部门、校内教育工作者、学生家长，社会各界采用问卷调查、交流研讨等方式，对项目目标实现度、教学环节衔接度、教学策略有效性等进行综合评价和建议，从而达到完成相关任务并形成一定的成果	由教育行政主管部门、校内教育工作者、学生家长，社会各界采用问卷调查、观测等方式，对项目目标实现度、教学环节衔接度、教学策略有效性进行综合评价和建议，不断改进完善项目

4.5 教学计划与策略列表：启航职业人生 知行创造未来

<table>
<tr><td colspan="3">营地名称</td><td>包头市中小学综合实践教育中心（简称“包头营地”）</td><td>命名机构</td><td>教育部</td><td>识别码</td><td>Y145150002</td></tr>
<tr><td colspan="3">从业资质（摘要）</td><td>承担综合实践、通用技术教学、研学实践、劳动教育等工作</td><td>单位属性</td><td>公益二类</td><td>法定代表人</td><td>辛志刚</td></tr>
<tr><td colspan="3">研学主题</td><td>启航职业人生　知行创造未来</td><td colspan="2">主要目的指向</td><td colspan="2">启蒙教育</td></tr>
<tr><td rowspan="7">营地（枢纽）及周边主要优质研学资源</td><td colspan="2">基地层级</td><td colspan="5">研学站点（基地）名称</td></tr>
<tr><td rowspan="2">教育部命名基地</td><td>已列入教学计划</td><td colspan="5">一、与本主题相关的列入教学计划的基地5个
1.包头市中小学综合实践教育中心（简称“包头营地”）；2.达茂旗中小学综合实践教育中心（简称“达茂基地”）；3.王若飞纪念馆；4.呼和浩特市赛罕区青少年素质教育活动基地（简称“赛罕基地”）；5.黄河水利文化博物馆
二、与本主题关联不大但列入本营地教学计划的基地1个
巴彦淖尔市示范性综合实践基地（简称“巴彦淖尔基地”）</td></tr>
<tr><td>待列入教学计划</td><td colspan="5">鄂托克前旗青少年学生校外教学服务中心（简称“鄂前旗营地”）</td></tr>
<tr><td colspan="2">其他部委命名基地</td><td colspan="5">1.内蒙古博物院；2.内蒙古自然博物馆；3.恩格贝沙漠生态旅游区（简称“恩格贝”）；4.包钢工业旅游园区（简称“包钢”）；5.内蒙古科技馆；6.延安民族学院城川纪念馆；7.滴哨沟战场纪念园；8.阳早寒春三边牧场纪念馆；9.河套农耕文化博览园；10.三盛公水利枢纽</td></tr>
<tr><td colspan="2">地方命名基地</td><td colspan="5">1.田禾农业研学实践基地（简称“田禾”）；2.戎王研学基地（简称“戎王”）；3.土右旗美岱召研学实践基地（简称“美岱召”）；4.敕勒川博物馆；5.莫尼山小镇；6.包头博物馆；7.乌兰夫早期革命活动旧址；8.王老太太故居；9.敕勒川农博园；10.青少年中心；11.包头科技馆；12.一机集团；13.北方兵器城；14.乌梁素海湿地与野生动物保护区；15.包头美术馆</td></tr>
<tr><td colspan="2">本营地资源</td><td colspan="5">1.手作工坊；2.雕版艺术室；3.建模工坊；4.服装设计室；5.智慧大棚；6.机器人教室；7.非遗面食坊；8.科技小屋；9.航模工作室；10.3D打印室；11.无人机飞行室；12.微电影工作室；13.创意木工坊；14.智能家居工作室；15.思政影视教育馆；16.金工；17.农业教育基地；18.沙画剧场；19.包装工艺坊</td></tr>
<tr><td colspan="2">其他资源</td><td colspan="5">1.草原英雄小姐妹纪念馆；2.包头气象局；3.赛罕塔拉城中草原；4.包头职教园区；5.白云矿坑；6.满都拉口岸；7.知行路派出所；8.草原英雄小姐妹旧居；9.丝路梦郡研学基地；10.野生动物救助站；11.包头城市规划馆；12.蒙亮；13.百灵庙抗日武装纪念碑；14.达茂旗博物馆；15.苏泊罕草原；16.稀土博物馆；17.包头党群服务中心；18.法制教育馆</td></tr>
</table>

维度或要素	小学高年级段	初中段	高中段
校内教育基础（与校内教育的衔接）	对照道德与法治课标，要求学生具有基本的规则意识和安全意识，理解宪法的意义，知道与学生生活密切相关的法律，对照科学课标，能认识到太空探索拓宽了人类的视野；知道利用技术与工程能提高生产效率和工作效率；对照艺术课标，学生应感知、发现、体验和欣赏艺术美、自然美、生活美、社会美，提升审美感知能力，本主题研学课程与校内基础教育衔接如下：1.统编版四年级道德与法治上册“我的家庭贡献与责任”；2.统编版五年级道德与法治上册“自主选择课余生活”；3.统编版六年级道德与法治上册“感受生活中的法律”；4.统编版六年级道德与法治下册“科技发展 造福人类”；5.人教版三年级美术上册第19课“美术小记者”；三年级下册第16课“家乡的桥与塔”；6.人教版六年级美术上册第14课“电脑美术——版画效果的图画”；六年级下册第8课“我设计的服装”；7.科教版四年级科学上册第三单元“运动和力”；8.科教版六年级科学下册第三章“宇宙”	对照劳动课标要求初中生适当体验金工、木工、电子、布艺等项目的劳动过程，体会其中蕴含的独特智慧和人类创造力。对照物理课标形成物理学视角的关于物质、运动和相互作用、能量等内容的总体认识，从物理学视角解释自然现象和解决实际问题。对照道德与法治课标，要求初步了解职业道德规范，立志做未来的好建设者，本主题研学课程与校内基础教育衔接如下：1.义务教育阶段劳动课程标准7~9年级：任务群3“家用器具使用与维护”、任务群4“农业生产劳动”、任务群5“传统工艺制作”、任务群6“工业生产劳动”、任务群7“新技术体验与应用”；2.人教版九年级物理全一册第十四章“内能的利用”、第十九章“生活用电”；3.人教版九年级道德与法治下册第三单元第6课“多彩的职业”	对照通用技术课标，普通高中的培养目标是通过体现时代特征和社会发展需要的技术基础知识、基本技能、基本思想、基本态度的学习和基本经验的积累，形成对技术的亲近感、敏感性、理性精神、责任意识，以及对技术的文化感悟，本主题研学课程与校内基础教育衔接如下：1.地质社版通用技术选择性必修四“现代家政技术”；2.地质社版通用技术选择性必修五“服装及其设计”；3.地质社版通用技术选择性必修六“智能家居应用设计”；4.地质社版通用技术选择性必修八“技术与职业探索”；5.地质社版通用技术选择性必修十一“产品三维设计与制造”；6.统编版思想政治必修二第二单元“经济发展与社会进步”

维度或要素			小学高年级段	初中段	高中段
研学课程	必修课程一	名称	新闻小先锋	知“食”两不误	无人机
		活动目的	通过完成新闻采访的工作，培养学生的团队协作精神，提高学生的沟通能力	通过参与食堂服务，协助食堂清洁整理，养成良好的劳动习惯	通过无人机竞技，能够初步掌握无人机的操控技巧
		活动形式	教师讲授、分组合作、动手操作	教师讲授、实地探访、实践体验	教师讲授、动手实践
	必修课程二	名称	模拟法庭——小小法官	智慧大棚	3D打印——创意钥匙扣
		活动目的	通过模拟法庭现场，让学生感受法庭的威严、法律的严肃	通过无土栽培种植，学习智慧新农业知识	通过学习3Done软件，掌握软件的基本使用方法，学会使用3D打印机
		活动形式	教师讲授、实地探访、动手实践	教师讲授、实地探访、实际体验	教师讲授、动手实践
	必修课程三	名称	田间管理	初探内燃机	探秘“工业黄金”
		活动目的	通过使用农事工具完成农田平整任务，为农作物生长创造良好条件	通过了解内燃机工作原理及发展历史，深刻认识科技改变生活的道理	通过实地参观与探索，了解稀土在工业建设中的重要作用
		活动形式	教师讲授、考察探究	设计制作、实地探访、实践体验	教师讲授、实地探访、分组交流
	必修课程四	名称	开心厨房	小小天平机器人	钢铁之城　工匠之魂
		活动目的	通过齐心协力共做一顿饭，理解劳动的艰辛，培养热爱劳动、参与劳动的品质	通过制作小小天平机器人，掌握编程设计的一般方法	通过参观包钢轨梁生产线，对本土工业发展有初步的认识
		活动形式	分组合作、实地探访、任务问答	教师讲授、动手实践	实地探访、观看历史资料、职业体验

维度或要素			小学高年级段	初中段	高中段
研学课程	必修课程五	名称	塑编	面塑	微电影制作
		活动目的	通过欣赏并制作塑编作品，提高学生的艺术欣赏能力，了解艺术魅力	通过学习面塑的制作技法，提高学生的生活技能技巧，培养学生的想象力和创造力	通过制作微电影，提高学生分工协作的能力
		活动形式	教师讲授、分组合作	任务驱动、动手实践、参观考察	设计制作、职业体验、实地探究
	必修课程六	名称	综合版画	束口包编织	服装设计
		活动目的	通过吹塑板拓印过程，培养学生的动手操作能力，养成良好的劳动习惯	通过学习锁针和长针的基本编织技巧，培养耐心专注、克服困难的劳动意志	通过自行设计制作一款礼服，提高动手能力，培养积极思考解决方案的习惯和能力
		活动形式	小组讨论、互动交流	教师讲解、动手实践	动手实践、合作探究、参观体验
	必修课程七	名称	建筑拼搭	设计与安装家庭照明电路	台灯制作
		活动目的	通过学习桥梁的结构与种类，学会桥梁模型的简单设计与制作	通过合作完成家庭照明电路的设计及安装，锻炼学生动手实操、合作探究能力	通过动手实践操作加工木材，感受工业生产劳动对人类生产、生活的重要作用
		活动形式	自主学习、分享交流	合作探究、设计制作、职业体验	实践探究、分析辩论
	必修课程八	名称	小小设计师	制作模型火箭	智能家居我搭建
		活动目的	通过动手设计和制作一款礼服，掌握基本的知识和技能，磨炼耐心、专注的品质	通过课程学习了解我国航天的发展现状，鼓励学生投身航天、国防等事业	通过动手搭建智能小屋，提升对工程搭建和新兴技术的兴趣
		活动形式	实地考察、小组合作	教师讲授、动手实践	教师讲授、实验操作、设计制作

维度或要素			小学高年级段	初中段	高中段
研学课程	必修课程九	名称	星空小课堂	职业体验——机械职业	酒店之旅——客房服务
		活动目的	通过球幕电影了解八大行星的特征及宇宙知识，开启对星空的探索	通过感受机械的神奇魅力，了解大国工匠精神，树立正确的劳动价值观	通过学习酒店客房整理收纳方法，树立“一分耕耘一分收获”的价值观
		活动形式	教师讲授、动手实践	教师讲授、实地探访、自主探究	教师讲授、分析辩论、职业体验
	必修课程十	名称	最速降线	金工	职业体验——铁路职业
		活动目的	通过小球实验，探索最速降线	通过正确操作金工工具制作作品，培养耐心细致、精益求精的品质	通过了解铁路运输的工作流程，深化学生对铁路工作的职业体验
		活动形式	教师教授、小组交流	教师讲授、设计制作	动手实践、实践体验
	选修课程		1. 泥塑人偶 2. 莜面制作 3. 点亮科技梦	1. 茄子的采摘 2. 皮雕挂饰制作 3. 名章篆刻创作	1. 智能交通灯的设计与制作 2. 数控车床——切削加工 3. 手冲咖啡入门秘籍

维度或要素		小学高年级段	初中段	高中段
研学线路	代表性线路（时长五日）	第一天：包头营地—青少年中心—包头营地；第二天：包头营地—田禾—包头营地；第三天：包头营地—手作工坊—雕版艺术室—包头营地；第四天：包头营地—建模工坊—服装设计室—包头营地；第五天：包头营地—包头科技馆—包头营地	第一天：包头营地—农业教育基地—包头营地；第二天：包头营地—机器人教室—包头科技馆—包头营地；第三天：包头营地—非遗面食坊—手作工坊—包头营地；第四天：包头营地—科技小屋—航模工作室—包头营地；第五天：包头营地—包头机械学校—金工—包头营地	第一天：包头营地—无人机飞行室—3D打印室—包头营地；第二天：包头营地—稀土博物馆—包钢—包头科技馆—包头营地；第三天：包头营地—微电影工作室—服装设计室—包头营地；第四天：包头营地—创意木工坊—智能家居工作室—包头营地；第五天：包头营地—包头服务职业学校—包头铁工校—包头营地
	可选择线路（按天设计，菜单式选择）	1.包头营地—戎王—包头营地；2.包头营地—美岱召—乌兰夫早期革命活动旧址—王老太太故居—包头营地；3.包头营地—敕勒川博物馆—敕勒川农博园—包头营地；4.包头营地—王若飞纪念馆—法制教育馆—包头营地；5.包头营地—草原英雄小姐妹旧居—草原英雄小姐妹纪念馆—达茂基地；6.达茂基地—丝路梦郡研学基地—包头营地；7.包头营地—野生动物救助站—包头气象局—包头营地；8.包头营地—包头城市规划馆—赛罕塔拉城中草原—包头营地	1.包头营地—服务管理学校航空服务室—包头营地；2.包头营地—铁道职业技术学院—丁道衡广场—包头营地；3.包头营地—包头职业技术学院—包头营地；4.包头营地—恩格贝—沙画剧场—包头营地；5.包头营地—戎王羊绒研学馆—包装工艺坊—包头营地；6.包头营地—航模工作室—思政影视教育馆—包头营地；7.包头营地—白云矿坑—满都拉口岸—达茂基地；8.达茂基地—百灵庙抗日武装纪念碑—达茂旗博物馆—包头营地	1.包头营地—一机集团—北方兵器城—包头营地；2.包头营地—包头城市规划馆—包头党群服务中心—包头营地；3.包头营地—法制教育馆—知行路派出所—包头营地；4.包头营地—包头气象局—包头科技馆—包头营地；5.包头营地—白云矿坑—满都拉口岸—达茂基地；6.达茂基地—草原英雄小姐妹纪念馆—思政影视教育馆—包头营地；7.包头营地—乌兰夫早期革命活动旧址—王老太太故居—包头营地；8.包头营地—包头博物馆—包头美术馆—包头营地
	规划线路（按天设计）	1.包头营地—内蒙古科技馆—内蒙古博物院—赛罕基地；2.赛罕基地—内蒙古自然博物馆—蒙亮—赛罕基地；3.赛罕基地—莫尼山小镇—包头营地	1.包头营地—苏泊罕草原—鄂前旗营地；2.鄂前旗营地—延安民族学院城川纪念馆—滴哨沟战场纪念园—鄂前旗营地；3.鄂前旗营地—阳早寒春三边牧场纪念馆—包头营地	1.包头营地—乌梁素海湿地与野生动物保护区—巴彦淖尔基地；2.巴彦淖尔基地—黄河文化水利博物馆—河套农耕文化博览园—巴彦淖尔基地；3.巴彦淖尔基地—三盛公水利枢纽—包头营地

维度或要素		小学高年级段	初中段	高中段
教学重点难点（以代表性线路教学设计为例，下同）	教学重点	1.学习新闻五要素，了解新闻的写作方法及采访技巧；模拟法庭审讯等过程，还原案件基本庭审流程，从中得出法庭结论；2.会使用犁、锄头等农事工具；小组合作完成午餐制作；3.了解塑编的编织方法，掌握各种工具的正确使用方法；学习刻刀刻制和纸张粘接以及乳胶的制作机理；4.掌握建筑桥梁模型的制作以及纸模娃娃的制作流程；5.掌握八颗行星等宇宙知识，完成最速降线的实验	1.了解智慧大棚的智能控制设备；掌握食堂清洁的技巧方法；2.采用点线面的方式剖析零件用法，初步了解机器人课程中的机械结构知识；3.学习掌握和面技巧、掌握醒面的时长、食用色素的使用；4.学会使用工程制图软件，并使用激光切割机辅助加工；学会日常电工工具的规范使用方法；5.运用车工、钳工组合完成风铃制作	1.初步掌握无人机的操控技巧；掌握3Done软件的基本使用方法；2.探讨包钢选址的区位优势；3.掌握摄像机及三脚架的使用，场景的拍摄手法；4.了解木艺加工技能，制作简易台灯；5.酒店床铺的整理，了解酒店客房服务的细则；了解中国铁路发展的历程，认知铁路职业工作的相关内容，了解职业发展趋向
	教学难点	1.通过新闻视角，了解社会现象和社会问题；认知案件涉及的法律规范要求，认识到法治的重要意义；2.通过田间整地及开心厨房的活动，培养共同合作、高效率工作的劳动品质；3.发挥创造性思维制作塑编及版画作品，提升工艺鉴赏素养；4.学会桥梁模型三视图的观察和绘制方法，养成节约材料、合理利用材料的好习惯；5.理解地球自转引起的日夜交替、季节变化等现象	1.提高对现代农业新科技的认识，培养在劳动中主动克服困难，爱岗敬业，乐于奉献的精神；2.通过动手搭建天平，帮助学生了解杠杆原理、学习杠杆五要素等知识；3.掌握擀面杖、梳子、竹签等工具的使用，掌握面团的团、搓、压、划、切、扎、刮、擀、捏等加工手法；4.学会布局重心位置，设计稳定结构；能维修或更换开关、灯泡、插座；5.在机械制造加工中能够做到精益求精，传承工匠精神	1.能够使用无人机完成创意航拍视频的拍摄；学会使用3D打印机；2.领悟工匠精神的内涵，树立自豪感，激发责任意识；3.使用拍摄技法制作一个微电影，作品中融入技术、艺术等学科知识；4.分析结构受力特点、材料受力特性，提高作品完成度；5.了解酒店客房服务业的相关礼仪，认知酒店客房服务人员的工作职业责任；熟知铁路职业工作中的基本常识内容，能够基本操作相关技能，对自身制定初步人生规划

维度或要素	小学高年级段	初中段	高中段
教学策略	针对小学高年级段学生的认知水平处于初级阶段，动手能力正处于从模仿到自主的过渡，可以独立完成一些较为复杂的制作和实验，并且乐于尝试自己设计和制作一些小物品，开始意识到集体行为的重要性，学会尊重他人、关心集体，并积极参与集体活动等学情特征，基于构建主义理论等现代化教学理念，本条线路选取认知社会工作、艺术启蒙、劳动素养培养、工程启蒙、科学启蒙等方面内容，依托青少年发展中心、田禾农业基地、科技馆、手作工坊、雕版艺术室、建模工坊等研学资源，结合本营地优势课程资源，采取教师讲授法、问答法、启发式教学，学生观察、实践、合作、探究等多种学习方式，开展新闻报道、模拟法庭、塑编、版画制作、田间管理、开心厨房、建筑拼搭、小小设计师等研学活动，帮助学生发现自己的潜力和优势，提高自我认知水平，养成良好的行为习惯，提高社交能力和人际交往能力，培养责任感和团队合作精神	针对初中段学生正处于个性形成和职业认知的萌芽阶段，他们开始对未来的职业规划产生兴趣，对各种职业的了解和探索欲望逐渐增强，同时，他们也开始意识到自己的兴趣和特长，并开始思考自己未来的职业方向的学情特征，基于建构主义、多元智力等理论思想，本条线路选取劳动启蒙、艺术启蒙、工程启蒙、科学启蒙、职业启蒙等方面内容，依托包头营地多个实践体验工作室资源、包头科技馆、包头机械学校等研学资源，采取教师讲授法、问答法、启发式教学，学生观察、实践、合作、探究等多种学习方式，开展食堂管理、农业智慧大棚、制作小小天平机器人、模型火箭、家庭照明电路、初探内燃机等研学活动，学生能了解各种职业的特点和要求，了解自己的兴趣、能力和潜力，从而初步确定自己的职业方向和目标，树立为中华民族伟大复兴而奋斗的理想	针对高中段学生的身体和心理发展逐渐成熟，他们更加关注自己的内在世界和自我探索，开始深入思考自己的兴趣、能力和价值观，试图找到与之匹配的职业方向，且高中段学生开始主动通过多种途径了解各种职业的特点、要求和发展前景，开始形成对不同行业的初步认知的学情特征，基于建构主义、多元智力等理论思想，本条线路选取科技启蒙、工业启蒙、艺术启蒙、技术启蒙、职业启蒙等方面内容，依托包头营地多个实践体验工作室资源、包钢集团、稀土博物馆、包头铁道技术学院等研学资源，采取教师讲授法、问答法、启发式教学，学生观察、实践、合作、探究等多种学习方式，开展无人机飞行、3D打印、探讨包钢选址区位优势、实地参观稀土博物馆、微电影拍摄、服装设计、智能家居设计等研学活动，了解不同工种的职场环境和工作内容，使学生意识到自己在未来社会中的角色和责任，开始思考如何为社会做出贡献，培养社会责任感

维度或要素				小学高年级段	初中段	高中段
实施方案	入营教育	安全	引导	自觉遵守社会生活中公共场所的安全规范	了解和积极预防在校园活动中可能发生的公共安全事故	自觉抵制影响和危害社会公共安全的活动，提高社会责任感和国家意识
			实训	以游戏和模拟为主，学会躲避安全事故引发危险的基本方法	以活动和体验为主，进行消防、地震的安全疏散演练	通过体验辨析的方式开展安全事件分析等安全课程，树立正确的安全道德观念
		应急	引导	通过视频、体验等，学习基础应急自救技能	学会冷静应对突发事件，提高自我保护、求助及逃生的基本技能	基本掌握和运用应对突发事件的相关技能
			实训	学习预防处理溺水、烫烧伤、咬伤、异物进气管等意外伤害的基本常识和方法	学习“公共场所安全”“火灾预防与逃生”板块内容，进行应急疏散演练	学习各种复杂环境中应急处置的知识，进行应急逃生演练
		救助	引导	形成在遇到危及自身安全时及时向教师、家长、警察求助的意识	提高自我保护、求助及逃生的基本技能	基本掌握在自然灾害中自救的各种技能，学习紧急救护他人的基本技能
			实训	观看视频，增强自救互救意识	利用心肺复苏救护场地进行实践，掌握救助知识基本内容	掌握救助技能，在模拟场景下，做出最佳救助选择
		自我管理	引导	做好时间管理与自我生活管理；增强自我保护意识	增强自律意识，逐步养成自觉遵守秩序，逐步学会调节和控制情绪	做好时间、事务规划、情绪控制、总体协调等管理
			实训	通过故事性学习，内务评比等实践体验活动，形成自我管理意识	通过情境式体验，形成自我管理意识	按照自己的规划完成任务，分析规划的合理性，加强自我管理能力
		团队协作	引导	以游戏形式组织学生开展团队活动	组织学生体验团队建设课程，强化团队协作能力	组织学生体验破冰等团队建设课程，强化团队协作，树立团队责任意识
			实训	参与小组活动项目，培养团队意识	学会团结协作、共同完成任务	学会合理分工、团结协作、共同完成任务

维度或要素		小学高年级段	初中段	高中段
实施方案	导入教学环节	1.视频导入：观看一套完整的法庭审理视频，了解法庭审理的基本流程；2.情境导入：观察各式厨房用具，提高烹饪兴趣；3.情境导入：展示版画艺术作品，通过对吹塑版的欣赏，导入课程；4.问题导入："远看像张弓，立在河当中。上面车马过，底下轮船游。"猜出谜底，绘制谜面描绘景象，导入课程；5.问题导入：将两个小球置于不同的轨道，猜一猜哪条轨道的小球最先到达底部？	1.情境导入：实地观看食堂日常工作，导入课程；2.情境导入：欣赏不同类型的机器人，激发学习兴趣；3.视频导入：观看面塑视频，了解面塑相关知识、发展历史，以及主要制作技法；4.视频导入：播放神舟火箭发射视频，激发学生爱国情怀；5.情境导入：走进包头机械职业学校，观摩学校课程	1.情境导入：观看无人机拍摄视频，导入课程；2.课本知识导入：回顾地理课本知识，分析影响工业选址的因素有哪些？3.视频导入：让学生带着问题观看微电影视频，初步品读视频中的镜头语言；4.图片导入：讲解常见的木艺表现形式，分析古代木艺与现代木艺的区别；5.结合生活经验，让学生分享乘坐火车的经历，谈一谈对于铁路工作的认知内容有哪些？
	授课教学环节	第一天：入营教育，必修课程一"新闻小先锋"，必修课程二"模拟法庭——小小法官"，选修课程1"泥塑人偶"；第二天：必修课程三"田间管理"，必修课程四"开心厨房"，选修课程2"莜面制作"；第三天：必修课程五"塑编"，必修课程六"综合版画"；第四天：必修课程七"建筑拼搭"、必修课程八"小小设计师"；第五天：必修课程九"星空小课堂"；必修课程十"最速降线"，选修课程3"点亮科技梦"	第一天：入营教育，必修课程一"知'食'两不误"，必修课程二"智慧大棚"，选修课程1"茄子的采摘"；第二天：必修课程三"初探内燃机"，必修课程四"小小天平机器人"；第三天：必修课程五"面塑"，必修课程六"束口包编织"，选修课程2"皮雕挂饰制作"；第四天：必修课程七"设计与安装家庭照明电路"，必修课程八"制作模型火箭"；第五天：必修课程九"职业体验——机械职业"；必修课程十"金工"，选修课程3"名章篆刻创作"	第一天：入营教育，必修课程一"无人机"，必修课程二"3D打印——创意钥匙扣"，选修课程1"智能交通灯的设计与制作"；第二天：必修课程三"探秘'工业黄金'"，必修课程四"钢铁之城工匠之魂"；第三天：必修课程五"微电影制作"，必修课程六"服装设计"，选修课程2"数控车床——切削加工"；第四天：必修课程七"台灯制作"，必修课程八"智能家居我搭建"；第五天：必修课程九"酒店之旅——客房服务"，必修课程十"职业体验——铁路职业"，选修课程3"手冲咖啡入门秘籍"

维度或要素		小学高年级段	初中段	高中段
实施方案	进级教学环节	1.教师讲授，法庭审理基本流程，介绍模拟案件的基本案情，组织学生进行分工并模拟法庭；2.小组分工，头脑风暴设计美食菜谱及做菜流程；3.设计画稿，设计描图画稿，将画拓印于吹塑版上，教师示范拓印步骤和方法；4.分析服装结构，选取制作材料，确定设计程序；5.分析曲线轨道小球最先到达底部的原因	1.教师带领学生了解食堂不同工作岗位的工作内容，学生选择自己喜欢的工作岗位，穿戴工作服，进行上岗前的培训准备工作；2.通过点线面三维方式认识零件、分析种类；3.了解烘焙课程整个制作流程及加工要点；束口包编织步骤讲解及学生实践，完成束口包的制作；4.根据图纸，结合教具设计一枚能够稳定升空并满足25g载重要求的运载体；5.参观车辆实训基地、电梯实训基地、焊接实训基地；学习钳工工作内容以及各种工具设备的原理和使用方法	1.学习多旋翼飞行原理，掌握多旋翼无人机操作技巧；2.联系实际：走进“齐心协力建包钢”展陈馆，寻找选址原因，分析区位优势；3.掌握拍摄、镜头选择、处理素材的基础知识；4.根据所学知识，进行排料、切割零部件、打磨零部件以及将零部件进行连接的实操；5.学习酒店客房床铺整理技能；参观列车运行指挥实训中心，了解火车调度流程，学生模拟铁路调车、接发列车
	巩固教学环节	1.小组分享：所扮角色心得体会，谈谈法治社会的好处有哪些；2.评一评：讲述人体所需的营养成分和“膳食金字塔”，回顾菜单，给自己的菜谱打营养分；3.作品展示：义卖作品，为自己的作品做推荐；4.利用所学知识和技能，仿照“钱塘江大桥”设计制作一个模型；5.制作自己设计的最速降线装置，并得出实验结果	1.评选食堂服务标兵，进行表彰；总结各项工作的难易，让学生明白劳动成果的来之不易；2.学生互评环节，根据作品引出一个知识点，教师带领学生学习杠杆原理、五要素等；3.小组讨论，了解米塑、糖塑等民间小吃制作方法，感知食材的来之不易和生产过程的辛勤；4.飞行测试，比比完成度最高的小组；5.观看《大国工匠》纪录片，了解每一位深耕在职业一线的“工匠”，让学生传承工匠精神，同时树立职业理想，规划未来人生	1.创意航拍：小组合作完成创意航拍作品；2.学以致用：根据区位因素，假设要建药厂，分析你的区位选择；3.学生分工合作，制定项目开始实践，完成素材拍摄、素材处理等工序；4.作品评比：根据外形美观性、作品精致度、作品创造性等进行作品评比；5.进行床铺整理比赛，评选出劳动小能手；实地走进包头火车站，观察铁路工作人员的工作内容，深化职业体验感受

维度或要素			小学高年级段	初中段	高中段
实施方案	总结教学环节	教学创新	创新教学设计与教学方法：教师在研学活动中依据小学生学情特点，结合小学生的兴趣爱好，突破场地限制，在真实情境中运用问答法、实践操作法、启发法等教学方法，激发学生好奇心与求知欲，对学生进行启蒙教育	创新课程设计：针对初中生学情特点，研学教师在活动中运用新的教学方法与教学技术，创新课程设计，将责任与担当意识体现在课程实施的细节中，在实践参观、操作中帮助学生启迪智慧、萌发创新想法	创新学习形式：依据高中学生的学情特点，研学教师创造情境，进行项目式学习，充分利用实景教学的优势，在合作学习和实践操作中进行职业启蒙教育
		教学总结	1.通过班会，以小组分享的方式，回顾青少年发展中心、手作工坊等场所进行的活动，通过实践操作学习到的内容进行巩固与总结，物化实践作品；2.教师总结：通过学生反馈，结合教学目标，分析学生的收获，建立学生实践档案，形成教学成果	1.学生总结：学生利用所学知识，举行小型汇报演出，对五天主题活动中利用包头营地多个实践体验工作室动手制作的作品，以朗诵、诗歌等多种形式展现；2.教师总结：教师及时分析教学目标的达成情况，收集各方反馈意见，总结主题活动对初中生起到的启蒙教育作用，形成教学成果	1.学生总结：学生将已有知识与实地参观、动手制作等学习内容结合，撰写研学总结与汇报，以多种形式总结收获；2.教师总结：基于教学目的，教师及时分析研学活动中教学目标的达成情况，整理研学活动的教学资料，总结与学科知识的衔接情况，建立教学档案，形成教学成果
		教学反思	教师梳理课程设计，通过学生以及家长、教师的反馈，复盘整体活动过程，从课程实施环节、研学点衔接情况、安全保障等多方面进行反思，及时纠正不足之处，为下一次研学活动提供参考	复盘研学活动全过程，与同行教师、学生探讨活动安排的合理性，同时总结教学目标达成情况、与校内课程衔接情况进行反思，查缺补漏，及时改进	与教师、服务人员共同组织反馈会议，从教学目标达成、教学方法选择、重难点突破、学生自主管理、研学任务完成等方面反思，共同查缺补漏，及时改进

维度或要素				小学高年级段	初中段	高中段
实施方案	评价教学环节	教学水平评价	自我评价	研学教师对自己的教学过程进行回顾，反思在针对小学高年级段学生的课程设计和互动环节中，是否充分调动学生积极性，对教学环节进行修改与补充	研学教师对自己的教学过程进行回顾，反思在针对初中段学生的教学环节中，是否符合学生学情，对教案进行补充和完善	研学教师对自己的教学过程进行反思和评价，是否达到启蒙的教学目的，修改教案，优化教学环节等
			学生评价	学生针对教师和学生之间的互动是否充分、学生能否积极参与到课堂教学中、课堂气氛活跃度方面进行评价	学生针对教学过程中，师生互动程度、学习内容难易程度、实践操作的可操作性等方面进行评价	学生针对教师和学生之间的互动是否充分、教学设计的合理性、重难点是否贴合实际等方面进行评价
			同行评价	营地其他研学教师及随队教师，从学生反馈、课程实施过程、教学水平等方面，采取交流方式进行评价	营地其他研学教师及随队教师，从学生反馈、教学水平、实现教学目标、与校内教育衔接等多方面，采取问卷、交流等方式进行评价	营地其他研学教师及随队教师，从学生反馈、教研水平、课程开发能力、教学水平等方面，采取问卷、交流、互评等方式进行评价
			培训和考核	随行带队领导，对教师的管理行为、教学过程进行抽查式考核，每学年对研学教师进行业务与能力的考核；定期对研学教师进行专业培训，与小学教师积极互动，更加准确地了解小学生学习特点	制定考核制度，抽查考核与年终考核相结合，对研学教师业务与能力进行评定；定期对研学教师进行专业培训，邀请专家对教师进行专业培训，加强“请进来”的培训效果	日常考核与年终考核相结合，对研学教师的业务水平、管理能力进行考核评价，定期对研学教师进行专业培训，外派教师参加全国性专业培训，加强“走出去”的培训效果
			教学成果展示	通过研学作品，例如绘画、手工作品等形式展示研学成果，评价教学水平	通过学生的创新作品、实验等，评价教师的教学水平	通过学生撰写的总结、汇报、研究成果等，评价教师的教学水平

维度或要素				小学高年级段	初中段	高中段
实施方案	评价教学环节	学业评价	形成性评价	在活动过程中，对学生提问环节、小组讨论环节等表现进行观察、记录，分别以小组、个人为单位进行评价	对学生的活动参与度、文明行为、互动等环节进行观察、记录和反馈，分别以小组、个人为单位进行评价	对学生的研学手册填写、研学总结、研学分享等环节等进行观察、记录和反馈，分别以小组、个人为单位进行评价
			总结性评价	在研学活动结束后，通过学生作品展示、故事描述等多种方式，给予学生正向评价，提出合理化建议，促进学生综合素养的提高	在研学活动结束后，通过学生汇报展演、作品展示等方式，结合个人、小组评价，给予学生正向的评价，促进学生身心发展	在研学活动结束后，通过学生的考察报告、作品展示等形式，全面了解学生在研学活动中的学习成果和进步情况，并给出正向评价与建议
			教师评价	教师根据学生在研学活动中团队意识、小组分工情况、任务完成度等的表现和成果，对学生的研学活动进行评价	教师根据学生在研学活动中的参与度、小组分工明确、任务完成度等，对学生的研学活动进行评价	教师根据学生在研学活动中表现出的创新意识、责任与担当意识、报告完成度等，对学生的研学活动进行评价
		项目评价		积极邀请校内教育工作者、学生家长、社会各界参与评价过程，通过教研活动及针对评价结果的反思，及时发现问题并加以改进	积极邀请校内教育工作者、学生家长、社会各界人士采取问卷调查等方式积极参与评价过程，结合教研活动及针对评价结果的反思，及时发现问题并加以改进	积极邀请校内教育工作者、学生家长、社会各界人士参与评价过程，结合教研活动及针对评价结果的反思，及时发现问题并加以改进完善，形成教学成果

4.6 教学计划与策略列表：点亮启蒙梦想 遇见未来自己

<table>
<tr><td colspan="3">营地名称</td><td>盘锦市示范性综合实践基地（简称“盘锦营地”）</td><td>命名机构</td><td>教育部</td><td>识别码</td><td>Y145210001</td></tr>
<tr><td colspan="3">从业资质（摘要）</td><td>综合实践教育、国防教育、拓展训练、研学实践教育</td><td>单位属性</td><td>公益一类</td><td>法定代表人</td><td>朱立军</td></tr>
<tr><td colspan="3">研学主题</td><td>点亮启蒙梦想 遇见未来自己</td><td colspan="2">主要目的指向</td><td colspan="2">启蒙教育</td></tr>
<tr><td rowspan="8">营地（枢纽）及周边主要优质研学资源</td><td colspan="2">基地层级</td><td colspan="5">研学站点（基地）名称</td></tr>
<tr><td rowspan="2">教育部命名基地</td><td>已列入教学计划</td><td colspan="5">一、与本主题相关的列入教学计划的基地14个
1.沈飞航空博览园；2.“九·一八”历史博物馆；3.大连海事大学；4.国家医学媒介生物监测检测重点实验室（辽宁）（简称“大连海关”）；5.国家海洋环境监测中心（简称“海洋监测中心”）；6.大连金普新区素质教育活动中心（简称“大连营地”）；7.鞍山市职教城管理委员会（简称“鞍山职教城”）；8.中国铁路沈阳局集团有限公司沈阳铁路陈列馆（简称“沈阳铁路馆”）；9.沈阳铁路局大安北蒸汽机车陈列馆（简称“沈阳机车馆”）；10.鞍钢集团博物馆（简称“鞍钢博物馆”）；11.抚顺市雷锋纪念馆；12.抗美援朝纪念馆；13.辽沈战役纪念馆；14.格物（大连）文化发展有限公司（简称“格物基地”）
二、与本主题关联不大但列入本营地教学计划的基地8个
1.阜新市中小学生示范性综合实践学校（基地）（简称“阜新营地”）；2.辽宁省博物馆；3.朝阳市鸟化石国家地质公园（简称“朝阳鸟化石公园”）；4.锦州东方华地城中小学生研学实践教育基地（简称“锦州东方华地城”）；5.辽阳市宏伟区中小学生社会实践基地（简称“辽阳基地”）；6.朝阳庙子沟滑雪有限公司（简称“朝阳庙子沟”）；7.营口市鲅鱼圈区望儿山风景名胜区（简称“营口望儿山”）；8.红海滩国家风景廊道景区“两山”生态研学基地（盘锦红海滩旅游发展有限公司）（简称“红海滩基地”）</td></tr>
<tr><td>待列入教学计划</td><td colspan="5">无</td></tr>
<tr><td colspan="2">其他部委命名基地</td><td colspan="5">1.辽宁省科技馆；2.北方华锦化学工业集团有限公司（简称“华锦集团”）；3.大连理工大学（盘锦校区）（简称“大工盘锦校区”）</td></tr>
<tr><td colspan="2">地方命名基地</td><td colspan="5">1.蓝天城职业体验中心（简称“蓝天城”）；2.中国工业博物馆；3.辽河油田石油精神教育基地（简称“辽河石油基地”）；4.关向应纪念馆</td></tr>
<tr><td colspan="2">本营地资源</td><td colspan="5">1.陶艺工坊；2.木艺工坊；3.消防急救馆；4.VR/AR体验馆；5.机器人体验室；6.民间工艺馆；7.飞行模拟馆；8.茶艺馆；9.面点室</td></tr>
<tr><td colspan="2">其他资源</td><td colspan="5">1.辽河油田金海采油厂；2.大连船舶重工集团；3.辽宁中蓝电子科技有限公司（简称“中蓝电子”）；4.盘锦千鹤米业有限公司（简称“千鹤米业”）；5.大连旅顺潜艇博物馆；6.辽河民俗博物馆；7.鼎信百草园；8.金球农场；9.辽宁吴大嫂食品有限公司（简称“吴大嫂食品公司”）；10.盘锦港集团有限公司（简称“盘锦港”）；11.辽宁宝来石油化工集团有限公司（简称“盘锦宝来”）；12.中储粮油脂工业盘锦有限公司（简称“盘锦中储粮”）</td></tr>
</table>

维度或要素	小学高年级段	初中段	高中段
校内教育基础（与校内教育的衔接）	对照课标，启蒙教育方面，劳动教育提出小学高年级段学生要懂得劳动创造财富，体会普通劳动者的光荣与伟大，形成诚实劳动、合法劳动的意识；道德与法治教育提出小学高年级段学生要初步了解国情，具有维护国家利益和祖国尊严的意识与行动，形成中国人的身份认同感；理解社会主义核心价值观的内涵，在日常生活和社会活动中积极践行；尊重各行各业的劳动；本研学主题必修课程与校内教育的衔接内容如下：1.辽教版四年级劳动教育下册主题一“尊重劳动者”；2.辽教版五年级劳动教育下册主题一“劳动有榜样”；3.教科版五年级科学下册“合理利用能源”；4.人教版五年级道德与法治上册第2节“学会沟通与交流”；5.鄂教版四年级科学下册第三单元“不同环境中的植物”；6.教科版六年级科学下册“形形色色的植物”；7.教科版六年级科学上册“能量”；8.人教版六年级道德与法治下册第8节“科技发展　造福人类”；9.人教版五年级道德与法治上册第6节“我们神圣的国土”；10.鄂教版六年级科学下册第四单元“飞向太空”	对照课标，劳动教育提出初中段学生要认识到劳动是推动人类社会进步的根本力量，领会劳动是一切幸福的源泉，形成初步的职业意愿和生涯规划意识；道德与法治教育提出要引导初中段学生正确认识自己，以及个人与家庭、他人、社会、国家和人类文明的关系，了解国家发展和世界发展大势、增强社会责任感和担当意识，立志做社会主义建设者和接班人；本研学主题必修课程与校内教育的衔接内容如下：1.辽教版八年级劳动教育下册主题四“家乡特产我代言”；2.辽教版七年级劳动教育上册主题四“食堂帮厨乐服务”；3.辽教版八年级上劳动教育册主题一“吃苦耐劳要传承”；4.浙教版七年级科学下册第1章第4节“植物的一生”；5.辽教版八年级劳动教育上册主题四“校园岗位我体验”；6.辽教版九年级劳动教育下册主题五“职业岗位我体验”；7.人教版八年级道德与法治上册第9课“树立总体国家安全观”；8.人教版八年级道德与法治上册第7课“积极奉献社会”；9.人教版七年级地理上册第二章“陆地和海洋”；10.人教版九年级道德与法治下册第5课“少年的担当”	对照课标，思想政治提出高中段学生要有政治认同，坚定中国特色社会主义道路自信、理论自信、制度自信、文化自信；拥护党的领导，自觉践行社会主义核心价值观，树立共产主义远大理想和中国特色社会主义共同理想；具有科学素养，以锐意进取的态度和负责任的行动促进社会和谐；具有公共参与素养，具备善于对话协商、沟通合作、表达诉求和解决问题的能力，勇于担当社会责任；艺术课程要求学生在艺术与生活、艺术与文化、艺术与科学相关联的情境中，参与各艺术门类实践活动，获得艺术感知、创意表达、审美情趣和文化理解；本研学主题必修课程与校内教育的衔接内容如下：1.岳麓版高中历史必修二第二单元“工业文明的崛起和中国的冲击”；2.人教版高中历史选择性必修二第五单元“交通与社会的变迁”；3.鲁科版高中物理必修二第5章“科学进步无止境”；4.人教版高中语文必修上册5“以工匠精神雕琢时代品质”；5.人教版高中思想政治必修三第1课“历史和人民的选择”；6.人教版高中思想政治必修四第6课“实现人生的价值”；7.人教版高中化学选择性必修一第三章“水溶液中的离子反应与平衡”；8.人教版高中历史必修中外历史纲要（上）第29课“改革开放以来的巨大成就”；9.人教版高中历史必修中外历史纲要（下）第6课“全球航路的开辟”；10.人教版高中思想政治必修一第4课“实现中华民族伟大复兴的中国梦”

维度或要素			小学高年级段	初中段	高中段
研学课程	必修课程一	名称	小小银行家	“蟹”近非遗	走进最美铁路
		活动目的	通过了解大堂经理、柜员、客户经理等不同岗位职责，体验银行人的日常工作	通过了解蟹壳画的历史背景，掌握手绘蟹壳的方法，感受非遗民俗文化魅力	通过感受中国铁路的百年变迁史，感悟国家的振兴与发展
		活动形式	教师讲授、小组合作	实践体验、交流分享	教师讲授、参观考察、情境模拟
	必修课程二	名称	警察初体验	舌尖上的五彩饺子	探秘蒸汽机车
		活动目的	通过零距离体验警务工作，对警察职业有全面的认识和了解	通过五色饺子皮了解五色盘锦，掌握和面、擀皮、包饺子的方法	通过探寻蒸汽机车文化的历史，掌握蒸汽机车相关知识
		活动形式	教师讲授、实践体验	教师讲授、小组讨论、实践体验相结合	教师讲授、参观考察
	必修课程三	名称	感知石油精神	体验农耕文化	神奇的VR之旅
		活动目的	通过增进对石油石化的了解，引导学生树立正确的劳动观念、劳动态度	通过跟着农民伯伯一起进行农耕实践，体验农业劳动的乐趣	通过VR互动体验，解密VR虚拟现实技术及其特点
		活动形式	教师讲授、参观考察	教师讲授、实践体验、交流分享相结合	教师讲授、实践体验
	必修课程四	名称	感受石化力量	探秘盘锦稻香	职业体验展风采
		活动目的	通过感受现代企业发展，与劳模面对面交流，领悟劳动的意义与价值	通过学习科技进步给农耕带来的便利，懂得粮食来之不易	通过非遗文化、工业科技、智能科技等主题体验，学会新技能
		活动形式	教师讲授、参观考察、互动交流相结合	教师讲授、设计制作、分工合作	教师讲授、实践体验、职业体验

维度或要素			小学高年级段	初中段	高中段
研学课程	必修课程五	名称	体验中医药拓染	学做小小急救员	重温红色记忆
		活动目的	通过走进百草园，辨别中草药，初识拓染技艺	通过学习急救知识，对医护职业有清晰的认知	通过走进辽沈战役纪念馆，使同学们深刻感受幸福生活的来之不易，弘扬烈士精神
		活动形式	教师讲授、参观考察、实践体验相结合	教师讲授、实践体验、交流分享相结合	教师讲授、参观考察
	必修课程六	名称	研习中医药传承	空乘职业体验	学习雷锋精神
		活动目的	通过了解中药、名医，感受中医历史的源远流长，领略传统中医药的魅力	通过亲自感受空姐空少的工作状态，体验他们的工作环境，接受空乘职业文化熏陶	通过了解雷锋同志的事迹，传承雷锋精神
		活动形式	参观考察、教师讲授、互动问答相结合	教师讲授、实践体验、交流分享相结合	教师讲授、参观考察、交流分享相结合
	必修课程七	名称	感受科技力量	铭记光辉历史	守护海洋生态
		活动目的	通过讲解教师的带领，参观辽宁省科技馆各展厅，感受科技的力量	通过参观研学，深入了解抗美援朝战争历史意义以及志愿军战士的英勇事迹	通过走进海洋监测中心，学习海洋环境监测、海洋污染防治科技知识
		活动形式	教师讲授、参观体验、合作探究相结合	教师讲授、参观考察、合作探究相结合	教师讲授、参观考察、实践体验相结合
	必修课程八	名称	童心探科学	传承红色基因	解密潜水艇
		活动目的	通过参与科学实验秀，体会科技与生活的关系	通过寻访红色先进个人，了解光荣革命事迹	通过近距离解密神秘的潜水艇，向潜艇官兵致敬
		活动形式	教师讲授、实践体验、合作探究相结合	教师讲授、参观考察、合作探究相结合	教师讲授、参观考察、实践体验相结合

维度或要素			小学高年级段	初中段	高中段
研学课程	必修课程九	名称	感受红色文化	走进大连海事	深耕蓝色文化
		活动目的	通过参观九·一八历史博物馆中照片、史料、遗物等，铭记历史，勿忘国耻	通过参观大学，进一步增强学生航海、海洋安全意识，体会加强海防的重要性	通过深入了解中国船舶的发展历史，领悟祖国海军走向“深蓝”做出的贡献
		活动形式	教师讲授、实践体验相结合	教师讲授、参观体验	教师讲授、参观考察、实践体验相结合
	必修课程十	名称	感受航空魅力	与海大学子面对面	未来航海家
		活动目的	通过了解航空知识，聆听我国航空工业的发展故事，感受航空科技的魅力	通过初步了解大学生活，助力学生更好地了解专业学习与未来就业规划	通过沉浸体验航海人的生活，树立筑梦远航的理想
		活动形式	教师讲授、参观考察、实践体验相结合	参观考察、互动交流	教师讲授、参观考察、实践体验相结合
	选修课程		1. 跟着节气，体验农耕 2. 我是非遗传承人 3. 制作中药香包 4. 走进大学校园	1. 学做渔家菜 2. 行李箱巧整理 3. 父母职业我体验 4. 制作航海模型	1. 机器人创意编程与设计 2. 铸就钢铁脊梁 3. 实访大国重器 4. 桨板初体验

维度或要素		小学高年级段	初中段	高中段
研学线路	代表性线路（时长五日）	第一天：盘锦营地—蓝天城—盘锦营地；第二天：盘锦营地—辽河石油基地—华锦集团—盘锦营地；第三天：盘锦营地—鼎信百草园—盘锦营地；第四天：盘锦营地—辽宁省科技馆—盘锦营地；第五天：盘锦营地—“九·一八”历史博物馆—沈飞航空博览园—盘锦营地	第一天：盘锦营地—辽河民俗博物馆—盘锦营地；第二天：盘锦营地—金球农场—千鹤米业—盘锦营地；第三天：盘锦营地—格物基地—大连营地；第四天：大连营地—抗美援朝纪念馆—关向应纪念馆—大连营地；第五天：大连营地—大连海事大学—盘锦营地	第一天：盘锦营地—沈阳铁路馆—沈阳机车馆—盘锦营地；第二天：盘锦营地—鞍山职教城—盘锦营地；第三天：盘锦营地—辽沈战役纪念馆—抚顺市雷锋纪念馆—盘锦营地；第四天：盘锦营地—海洋监测中心—大连旅顺潜艇博物馆—大连营地；第五天：大连营地—大连船舶重工集团—盘锦营地
	可选择线路（按天设计，菜单式选择）	1.盘锦营地—金球农场—盘锦营地；2.盘锦营地—VR/AR体验馆—机器人体验室—盘锦营地；3.盘锦营地—大工盘锦校区—盘锦港—盘锦营地；4.盘锦营地—红海滩基地—盘锦湿地科学馆业—盘锦营地；5.盘锦营地—石油精神基地—辽河油田金海采油厂—盘锦营地；6.盘锦营地—沙岭战役纪念馆—盘锦营地；7.盘锦营地—鞍钢博物馆—盘锦营地；8.盘锦营地—辽沈战役纪念馆—盘锦营地	1.盘锦营地—大工盘锦校区—盘锦营地；2.盘锦营地—陶艺工坊—民间工艺室—盘锦营地；3.盘锦营地—朝阳鸟化石公园—盘锦营地；4.盘锦营地—朝阳庙子沟—盘锦营地；5.盘锦营地—辽河油田金海采油厂—盘锦营地；6.盘锦营地—鞍山地震局—鞍钢博物馆—盘锦营地；7.盘锦营地—消防急救馆—机器人体验室—盘锦营地；8.盘锦营地—面点室—茶艺馆—盘锦营地	1.盘锦营地—机器人体验室—飞行模拟体验室—盘锦营地；2.盘锦营地—盘锦宝来—盘锦营地；3.盘锦营地—中蓝电子—盘锦营地；4.盘锦营地—华锦集团—盘锦营地；5.盘锦营地—大工盘锦校区—盘锦营地；6.盘锦营地—鞍山地震局—鞍钢博物馆—盘锦营地；7.盘锦营地—大连海关—盘锦营地；8.盘锦营地—中国工业博物馆—盘锦营地
	规划线路（按天设计）	1.盘锦营地—阜新营地—盘锦营地；2.盘锦营地—营口望儿山—盘锦营地；3.盘锦营地—锦州东方华地城—盘锦营地	1.盘锦营地—四平营地—盘锦营地；2.盘锦营地—盘锦宝来—盘锦营地；3.盘锦营地—盘锦中储粮—盘锦营地	1.盘锦营地—盘锦千鹤米业—吴大嫂食品公司—盘锦营地；2.盘锦营地—沈飞航空博览园—辽阳基地—盘锦营地；3.盘锦营地—辽宁省博物馆—盘锦营地

维度或要素		小学高年级段	初中段	高中段
教学重点难点（以代表性线路教学设计为例，下同）	教学重点	1.在职业体验中获得相关经验与知识；2.了解石油石化行业工作人员的工作内容、职业规范以及行业所需人才标准；3.了解学习中医药文化，认识望、闻、问、切四诊；4.体验各种科技项目，发现科技的魅力；5.铭记历史，感受航天科技的发展成就	1.知道辽河口民俗文化的发展对本地社会经济带来的重要影响；2.了解水稻的生产、加工过程，体验农业劳动的艰辛和不易；3.通过职业体验，了解现实社会各类职业的基本内容；4.真切感受红色力量和滋养出的革命精神；5.了解高校的教科研方向与成果，感受学术氛围	1.探究展品背后的故事，探索和发现中国铁路的发展进程；2.激发内在兴趣，找寻自身价值，培养学生社会适应能力和创新精神；3.熟悉和掌握中国革命历史和英雄人物事迹；4.延伸课内知识，在研学实践中走近海洋、感受海洋、了解海洋；5.感受大国重器的力量感，深化民族自豪感
	教学难点	1.感受不同职业的工作，培养职业理想；2.感悟石油人劳动的艰辛及为祖国献石油的奉献精神；3.熟悉常用的中医药材，初识其功能与特性；4.引导学生建立科学意识，培养探究精神；5.培养科技强国的自豪感，立志为祖国的发展贡献一份力量	1.领悟辽河口民俗文化的多彩魅力；2.懂得珍惜劳动成果，形成热爱自然、热爱土地的情感态度；3.培养职业理想，规划自己的未来，进而培养其独立、自信的品格，责任意识及团队协作等综合能力；4.浸润红色文化，培养自律、坚强、勇敢、团结、互助的红色品格；5.通过研学，了解学科知识和实践技能的应用，增强实践能力和创新能力	1.感悟铁路人的自强不息、精益求精、守正创新的精神；2.加深对劳动和创造的理解，树立正确的劳动观、职业观；3.汲取奋斗力量，使学生胸怀梦想，顽强拼搏；4.认识潜水艇的各种仪器设备，全面提升科学素养；5.体会科技强国建设给我国海防事业带来的深远影响

维度或要素	小学高年级段	初中段	高中段
教学策略	针对小学高年段学生处于形象思维阶段，兴趣更为广泛，已经具备了一定的日常生活劳动经验，部分学生已有自己收集资料和进行课堂记录的习惯，大部分学生具备了初步的探究能力，小组内的合作交流也有了一定基础等特点；基于兴趣理念、多元理念、发展理念，通过讲授法、演示法、谈话法等教学方法让学生在研学中带着问题参观、体验、实践，有意识地了解不同职业，认识不同职业的工作内容，借助研学活动任务卡和挑战卡、研学手册等资源，相关研学基地师资资源和教学资源，从而进行劳动启蒙、职业启蒙、科技启蒙、思政启蒙教育，并在实际教学过程中根据学生反馈进行动态调整	针对初中段学生正处于青春期，独立思考能力和判断能力都显著增强，可塑性强，学生以形象思维能力与逻辑思维能力、抽象思维能力并存的思维模式进行思考与解决问题，学生能够很好地进行合作交流，具有较强的合作意识，创新水平也得到很大提高，但对职业选择等各种知识比较迷茫等特点；基于发展理念、主体理念、多元理念，注意培养学生的正确价值观和劳动观，引导学生将个人兴趣和职业规划与社会的需要相结合；采取讲授法、讨论法、演示法、练习法和自主学习法、合作学习法，依托相关研学基地师资资源和教学资源、数字化技术，使用情境教学、体验式学习、合作学习教学策略进行总体设计，以达到通过亲身实践，引导学生尊重劳动人民，珍惜劳动成果，增强社会责任感和使命感的目的	针对高中段学生已具备良好的分析问题与解决问题的能力，认知发展水平及学习能力达到较高水平，创新意识较强，同时具备自主学习、合作探究的能力等特点；基于多元理念、差异理念、发展理念思想，注重培养学生动手实践能力、思维探究能力、实操应用能力，助推学生核心素养的完善；运用讲授法、谈话法、演示法、实验法、练习法等教学方法，自主学习法、探究学习法和合作学习法等学法，借助相关研学基地与启蒙教育相关的教学资源和数字化技术，使用基于项目的学习、基于探究的学习、基于问题的学习、情境教学、体验式教学、合作学习等教学策略，传递正确的职业价值观，尊重高中生的独立人格和自由意志，在自我认知和职业认知的基础上挖掘兴趣和能力，合理地做好学业规划，朝着目标坚定地迈进

维度或要素				小学高年级段	初中段	高中段
实施方案	入营教育	安全	引导	开展安全教育，强调安全的重要性，了解安全常识	开展安全教育，了解安全应急知识，强化安全意识	开展警示教育活动，提高安全意识
			实训	学习安全手册，通过演练学习重要环节的行为管理	学习安全教育讲座，在营地安全教育体验馆进行实操训练	观看案例警示视频，进行案例谈论，开展安全教育问答
		应急	引导	根据应急疏散路线图学会正确疏散，能够正确报警	通过了解地震、火灾等案例，掌握应急事件处理方法和技巧	掌握应急事件、次生灾害的处理方法和技巧，强化应急能力
			实训	通过模拟火灾、地震等突发情况开展应急疏散演练	进行地震、火灾逃生演练，开展使用灭火器、系绳结等实操训练	邀请专业人士开展应急主题教育，进行海姆立克急救法实训
		救助	引导	在遇到危险时保持冷静和安全，减少伤害	在遇到紧急情况时可以进行必要的救护措施	引导学生关注学习救护的知识、方法和技巧
			实训	通过视频学习，了解基本的救助方法和技巧	在营地安全教育体验馆进行包扎止血、骨折固定等实操训练	邀请专业人士开展自救、救护专题教育，进行心肺复苏、AED实操
		自我管理	引导	引导学生初步形成对自我的管理	引导学生自我规范、自我约束、自我提高	引导学生做好时间管理、学习管理、人际关系管理
			实训	通过营地行为规范的学习，强化吃、住、行的自我管理	开展主题教育，签订自我管理承诺书	通过主题教育，学生自主设计自我管理目标和计划并实施
		团队协作	引导	引导学生认识团队协作的重要作用	提升团队协作能力，激发团队荣誉感	引导学生发挥团队力量，打造互助高效团队
			实训	学生组建团队，起队名、画队旗、选组长，培养学生集体意识	以小组为单位进行信任背摔、梅花桩等活动挑战，体会协作的重要性	布置不倒森林、驿站传书等团队任务，通过分工合作，发扬团队精神

维度或要素		小学高年级段	初中段	高中段
实施方案	导入教学环节	第一天：谈话导入，你对父母的职业有哪些了解，是否想体验下父母的工作，激发学生研学的兴趣；第二天：视频导入，播放盘锦因油而建、因油而兴的宣传片，增强学生对石油、石化行业的了解；第三天：情境导入，某位同学出现头疼的情况，需要帮助，导入研学内容，激发学生对中医药探究的兴趣；第四天：任务导入，发布科技馆挑战任务卡，调动学生的研学积极性；第五天：视频导入，播放《九·一八事变》视频，让学生带着思考进行研学	第一天：谈话导入，说一说哪些颜色可以代表盘锦，引出五色盘锦；第二天：视频导入，播放一粒米的故事，让学生对水稻的种植、加工有初步的认识；第三天：任务导入，根据任务卡，解锁职业体验；第四天：主题导入，新时代好少年要传承哪些红色基因；第五天：视频导入，播放海事大学学生邀请参观的视频，激发学生的研学热情	第一天：探究导入，对中国铁路的发展历史了解多少，布置相应问题，让学生带着问题去研学；第二天：视频导入，播放鞍山职教城宣传片，激发学生的研学兴趣；第三天：任务导入，向学生发布讲好辽宁红色故事的真实任务；第四天：视频导入，播放海洋污染的视频，让学生带着环保的意识研学；第五天：问题导入，你对航母有哪些了解，跟着老师走进大连重工集团，看一看航母的研发过程
	授课教学环节	第一天：入营教育、必修课程一“小小银行家”、必修课程二“警察初体验”；第二天：必修课程三“感知石油精神”、必修课程四“感受石化力量”、选修课程1“跟着节气，体验农耕”；第三天：必修课程五“体验中医药拓染”、必修课程六“研习中医药传承”、选修课程2“我是非遗传承人”；第四天：必修课程七“感受科技力量”、必修课程八“童心探科学”、选修课程3“制作中药香包”；第五天：必修课程九“感受红色文化”、必修课程十“感受科技魅力”、选修课程4“走进大学校园”	第一天：入营教育、必修课程一“‘蟹’逅非遗”、必修课程二“舌尖上的五彩饺子”；第二天：必修课程三“体验农耕文化”、必修课程四“探秘盘锦稻香”、选修课程1“学做渔家菜”；第三天：必修课程五“学做小小急救员”、必修课程六“空乘职业体验”、选修课程2“行李箱巧整理”；第四天：必修课程七“铭记光辉历史”、必修课程八“传承红色基因”、选修课程3“父母职业我体验”；第五天：必修课程九“走进大连海事”、必修课程十“与海大学子面对面”、选修课程4“制作航海模型”	第一天：入营教育、必修课程一“走进最美铁路”、必修课程二“探秘蒸汽机车”；第二天：必修课程三“神奇的VR之旅”、必修课程四“职业体验展风采”、选修课程1“机器人创意编程与设计”；第三天：必修课程五“重温红色记忆”、必修课程六“学习雷锋精神”、选修课程2“铸就钢铁脊梁”；第四天：必修课程七“守护海洋生态”、必修课程八“解密潜水艇”、选修课程3“实访大国重器”；第五天：必修课程九“深耕蓝色文化”、必修课程十“未来航海家”、选修课程4“桨板初体验”

维度或要素		小学高年级段	初中段	高中段
实施方案	进级教学环节	1.完成场馆体验类、创意制作类、安全教育类的三大职业体验各一种；2.布置任务，用自己的话讲述“黄五井”故事；3.体验中药采摘、晾晒、研磨过程；4.用思维导图绘画参观路线图；5.进行航空模型制作	1.撰写盘锦名片推介稿，画出你心中的盘锦；2.学习做大米美食——东北饭包；3.打卡不同种类的职业初体验；4.学唱红歌，向英雄寄托哀思；5.聆听优秀大学生分享学习和生活经验	1.小组讨论中国铁路发展历史的感悟；2.参观考察国防主题广场、工匠广场；3.组织学生自己讲述雷锋的故事；4.进行模拟潜艇巡航体验；5.合作拼装航母模型
	巩固教学环节	1.通过职业初体验交流会，让学生对职业体验活动进行回顾，分享交流感受；2.邀请石油石化劳模进行专题讲座，使学生感悟劳动的价值与意义；3.为家人设计药膳菜谱，帮助学生对中医药研学内容进行巩固；4.介绍印象最深的5项体验项目名称、现象和科学原理，加深记忆；5.开展抗战故事情境演绎，培养爱国情怀	1.开展关于盘锦特色、特产的知识竞赛，促进知识迁移；2.农耕劳作分享交流会，深刻感悟农业劳作的乐趣；3.给未来的自己写一封信，谈一谈职业规划；4.英雄故事演绎会，厚植爱党爱国情怀；5.为自己制订一份学习规划	1.为博物馆设计徽章，感悟百年沧桑，坚定理想信念；2.撰写研学心得，推荐你最喜欢的一节课；3.在营地内设置公益服务岗位，让学生践行雷锋精神；4.知识问答，加强学生对海洋生态保护知识的学习；5.小组探究、实践体验、参观考察、总结分享相结合，加深对中国船舶文化的理解

维度或要素			小学高年级段	初中段	高中段
实施方案	总结教学环节	教学创新	围绕启蒙教育主题，精心设计研学课程，发布真实的学习任务，让学生在研学中带着问题参观、体验、实践，有意识地了解不同职业，认识不同职业的工作内容，从而进行劳动启蒙、职业启蒙、科技启蒙、思政启蒙教育	在研学活动开展中，研学教师针对初中学段学生的特点，创新设计活动方案，采用新颖的教学策略，转换教学方式、方法，通过微课堂等方式，提高学生的参与度，不断提高学生的创新精神、科学素养和实践能力	关注学生在研学活动中的个性化表现，对课程开展的场景、活动形式及内容进行创新，通过多元的实践方式开展研究性学习，提升学生发现问题、分析问题、解决问题的能力，培养学生正确的职业观和劳动观
		教学总结	根据学生研学手册的填写及实践体验中的表现情况，总结回顾教学环节设计、课程目标设置、教学策略的运用，教学重难点的突出与体现，要让学生在研学活动中充分发挥主观能动性	复盘研学活动实施过程、整理研学资料、收集反馈意见，建立研学档案，提炼经验教训，及时收集学生、学校带队教师和其他相关人员的反馈，了解教学环节的优点和不足，整理研学活动的教学资料	通过调查问卷等方式，及时收集学生、带队教师和相关活动人员的反馈，掌握教学环节的优点和不足，教学课程和环节与学生年龄和学习能力的适配度，整理归纳研学活动的教学资料，建立教学档案
		教学反思	针对小学高年级段学生的特点，聚焦学生核心素养的提升，对课程设计、组织实施、达到预设目标程度等进行反思，梳理研学过程中出现的突发问题，与研学基地做好工作反馈，对研学活动进行调整和优化	结合初中段学生的特点，对活动情境创设的新颖度、教学重难点在活动中得到解决的程度，运用项目式学习的合理程度，发挥学生个人及在团体中主动性、能动性的充分程度，活动过程中的分层设计，以及对不同层次学生的适应程度等多方面进行反思，根据反思结果，调整和优化教学设计，为下一次活动做好准备	针对高中段学生的特点，活动开展要做到以学生为中心，尊重学生的个性差异表现，对课程开设的难度、广度、深度是否符合高中段学生深层发展的需要进行反思，根据反思结果，不断改进、完善、优化，为下一次研学活动提供参考

维度或要素				小学高年级段	初中段	高中段
实施方案	评价教学环节	教学水平评价	自我评价	教师通过填写自我评价单，对自身师德师风的表现、教学形式的展现、教学目标的完成度等方面进行自我反思和评价，认清工作方向	教师从课堂管理、教学方法的选择、教学工具的应用、研学资源的开发和应用程度等几大方面对自身和课程与活动的预设目标差异进行即时评价，明确下一次的方向与策略	教师在教学活动结束后，对整体活动开展情况、课程实施情况、目标完成情况进行自我评价，及时发现问题与不足，找到改进措施与方法
			学生评价	利用“ABCD”四个等级，学生对教学态度、课程难度设计合理度、课堂有趣度等方面进行多维度评价，将学生直观感受反馈于教师	通过满意度调查表，学生对教师和学生之间的互动充分度、能否积极参与到教学中、气氛活跃度等方面进行评价，营地收集后反馈于教师	通过问卷星等电子问卷，让学生对教师是否发挥学生的主观能动性，是否引导学生进行思考、鼓励交流表达、研学整体效果等进行综合性评价并反馈于教师
			同行评价	营地其他教师和学校带队教师通过听课、观摩等方式，从课前准备，活动课程的开展情况、开展方式、活动课程总结等方面对活动实施教师进行评价	营地教学管理人员和学校带队教师通过听课、问卷等形式对教师在活动实施中教学策略、教学重难点把握等方面进行多维评价，促进教师间互相交流学习，借鉴提升	邀请省内专家对活动实施教师从教学实施方案、教学效果、教学管理，对学生可持续发展的引导性等方面进行评价，营地教师互相听课、交流、评价，促进教师学习提高
			培训和考核	通过线上教育平台、线下专题培训等方式，建立营地教师专业发展培训制度，着眼教师发展需要，并定期对教师学习成果进行考评考核	通过“请进来，走出去”等方式，对研学教师的师德师风、专业能力、团队建设等方面开展专项培训，定期对营地教师进行考评考核	通过线上线下双循环、校内校外双驱动对教师进行专业引领，提升专业素养和能力，通过学期成果展示进行考核
			教学成果展示	运用图文、影像资料记录学生的表现，通过学生的作品、过程性资料、撰写心得体会等展示教学成果	以图文影像资料记录学生的表现，通过学生的专业技能竞赛、研学分享、研学报告等形式，引导学生通过作品创新、开设互动工坊等方式进行教学成果展示	以图文影像资料记录学生的表现，用学生过程性资料展示研学实践成果，用创意作品推介会、主题活动、研学报告等方式进行教学成果展示

维度或要素				小学高年级段	初中段	高中段
实施方案	评价教学环节	学业评价	形成性评价	关注学生在活动中的表现和任务完成情况，通过鼓励性评价，激发学生的学习兴趣，对学生小组讨论环节、研学手册填写环节等进行观察、记录，进行科学、正向评价	在活动过程中，及时观察、记录和反馈学生学习情况，以及他们在活动中以小组为单位的活动表现，对学生的参与度、交流表达、动手实践、互助合作等具体表现进行记录和评价	基于对学生在学习过程的持续观察，记录表现情况、所取得的成绩以及所反映出的情感、态度、策略等方面的发展，做出及时评价，评价遵循科学性、导向性等原则
			总结性评价	通过学生的研学手册、汇报演出、作品展示等形式，全面了解学生在不同课程活动中的整体掌握程度，对学生进行综合评价，提出合理化建议	研学活动结束后，根据学生的研究报告、个人学习成果展示、小组合作展示等形式，进行自评、互评，全面展示学生在研学活动中综合素养的表现，使学生明确发展方向	根据学生在研学活动中的整体表现，在知识积累、问题解决、能力提升、情感认同、创造创新、实践能力等方面进行综合评估，使学生进一步明确职业规划
			教师评价	教师根据学生在研学活动中的表现和实践成果，运用科学的评价方法进行多维度评价，使学生发现自身存在的问题，并给予指导	教师根据学生在研学活动中的参与度、成果质量、能力提升程度等多方面，尊重学生个体差异，以发展性眼光对学生进行科学评价	结合预设的活动目标，根据学生的研学表现、物化成果、交流展示，对学生达到目标的程度以及研学效果做出科学、多维、正向评价
		项目评价		教育行政主管部门、学校带队教师、参与学生及家长、社会各界对研学课程、线路选择的合理性和课程难度设计的阶梯性等方面进行综合性评价，营地及教师针对评价的结果进行反思，及时发现问题并加以改进	教育行政主管部门、学校带队教师、参与学生及家长、社会各界对研学方案设计、组织实施、教学策略、教学环节、对学生核心素养的培养情况等方面进行综合性评价，根据评价结果及时反思，发现问题并加以优化	教育行政主管部门、学校带队教师、参与学生及家长、社会各界对研学活动的课程目标实现程度，整体实施的有效性、规范性、科学性等进行综合性评价，根据评价结果进行反思完善

4.7 教学计划与策略列表：开锄迎春，不负春光不负时

<table>
<tr><td colspan="3">营地名称</td><td>上海市青少年校外活动营地——东方绿舟
（简称“东方绿舟”）</td><td>命名机构</td><td>教育部</td><td>识别码</td><td>Y145310001</td></tr>
<tr><td colspan="3">从业资质（摘要）</td><td>探索适合青少年个性特长发展的活动内容和方法</td><td>单位属性</td><td>公益二类</td><td>法定代表人</td><td>杨昕</td></tr>
<tr><td colspan="3">研学主题</td><td>开锄迎春，不负春光不负时</td><td>主要目的指向</td><td colspan="3">启蒙教育</td></tr>
<tr><td rowspan="7">营地（枢纽）及周边主要优质研学资源</td><td colspan="2">基地层级</td><td colspan="5">研学站点（基地）名称</td></tr>
<tr><td rowspan="2">教育部命名基地</td><td>已列入教学计划</td><td colspan="5">一、与本主题相关的列入教学计划的基地2个
1. 上海中国航海博物馆；2. 上海四行仓库抗战纪念馆
二、与本主题关联不大但列入本营地教学计划的基地5个
1. 中国共产党第一次全国代表大会会址纪念馆；2. 上海电影博物馆；3. 上海交通大学钱学森图书馆；4. 江南造船展示馆；5. 上海博物馆</td></tr>
<tr><td>待列入教学计划</td><td colspan="5">1. 国歌展示馆；2. 上海科技馆；3. 上海鲁迅纪念馆；4. 嘉兴南湖革命纪念馆</td></tr>
<tr><td colspan="2">其他部委命名基地</td><td colspan="5">1. 上海辰山植物园；2. 龙华烈士纪念馆</td></tr>
<tr><td colspan="2">地方命名基地</td><td colspan="5">1. 上海植物园；2. 上海自然博物馆</td></tr>
<tr><td colspan="2">本营地资源</td><td colspan="5">1. 国防教育园；2. 上海市公共安全教育实训基地；3. 淀山湖湿地；4. 竹林；5. 野外生存区；6. 龙舟码头；7. 智慧大道；8. 绿梦园；9. 拓展园</td></tr>
<tr><td colspan="2">其他资源</td><td colspan="5">1. 上海国际赛车场；2. 上海大众汽车厂；3. 上海市青浦区张马村；4. 朱家角古镇；5. 青西郊野公园；6. 东方明珠广播电视塔；7. 洋山深水港</td></tr>
</table>

维度或要素	小学高年级段	初中段	高中段
校内教育基础（与校内教育的衔接）	对照课标，小学高年级段在启蒙教育方面突出激发学生的兴趣和探求欲望，帮助学生了解科学知识，掌握科学方法，培养学生的实践能力和科学素养，激发学生对特定职业的兴趣。此外，也注重培养学生的学习习惯以及独立生活能力，培养学生尊重他人，学会分享和合作，培养良好的社交礼仪。本研学主题与校内教育必修课程的衔接如下：1.三年级道德与法治；2.四年级自然；3.五年级道德与法治等。本研学主题结合自然、道德与法治课程的核心素养，注重培养学生的道德素养、法治观念、社会责任感、科学探究能力、创新思维和环保意识，如在与校内自然课程的衔接中，注重环境科学知识的培养，组织学生参与植物识别、田地劳作、环境保护等实践活动，为学生提供一个更加丰富和立体的学习空间，帮助学生了解自己的兴趣、特长，引导学生形成职业平等的意识，培养学生的自主性和责任感	对照课标，初中段在启蒙教育方面引导帮助学生发展初步的跨学科观察、思考、提问和综合运用所学知识解决问题的能力，进一步激发主观能动性，提升自主水平及实践能力，教育学生尊重他人、关爱环境、遵纪守法，培养他们的社会责任感和公民意识。本研学主题与校内教育必修课程的衔接如下：1.六年级劳动技术；2.六年级音乐；3.八年级劳动技术；4.初中信息科技等。以劳动技术和信息科技课程为例，本研学主题活动中，在与校内劳动技术课程的衔接中，注重实际劳动场景，如绿化保洁、田地劳作、手工制作等，让学生在真实的劳动环境中学习和应用技术知识，培养他们的社会责任感和服务意识；在融入信息科技课程的研学活动中，设计一系列富有创新性和实践性的项目，如直播与媒体技术、数字化资料库、虚拟现实项目等，旨在提升学生的信息素养、科学技能和创新能力，启发他们的独立思考和批判性思维能力，为他们在未来社会的竞争中取得成功打下坚实的基础	对照课标，高中段在启蒙教育方面通过让学生主动思考、实践探索，逐渐领悟到知识与实际生活的联系，通过研学实践活动，帮助个体了解不同职业的特点、要求和发展前景，以便他们能够根据自己的兴趣、能力和市场需求做出合理的职业选择和规划。培养个体良好的生活和学习习惯，以促进他们的个人发展和社会适应能力。本研学主题与校内教育必修课程的衔接如下：1.高中语文；2.高中数学等。以语文课程为例，结合高中生语文学科审美鉴赏与创造能力、思维发展与提升、语言建构和运用、文化传承与理解四个方面的核心素养，本研学主题活动中采用多样化的教学方法，如历史遗址实地考察、案例分析等，让学生深入了解相关历史，并探讨历史事件中的英雄主义、爱国情感等主题，增强学生的爱国意识、历史责任感和批判性思维能力；通过记录总结研学心得和体会，提高学生的自主学习和自我监控能力；通过小组合作等形式，培养学生的团队合作和沟通能力

维度或要素			小学高年级段	初中段	高中段
研学课程	必修课程一	名称	欢乐学农	田间课堂	风吹麦浪
		活动目的	启发学生了解农作工具，并利用工具完成种植、浇水等劳作任务	体验使用铁锹、耙子、推车等工具完成除草、翻地、种植等劳作任务	掌握铁锹、耙子、剪刀等工具的使用方法，合作完成翻地、收割、剪枝、开垄、种植等劳作活动
		活动形式	小组合作、教师讲解、自主实践	教师示范、小组合作、实践体验	教师演示、实践体验、小组合作
	必修课程二	名称	田间除草	炊灶搭建	竹殿堂
		活动目的	学习拓荒和除草的基本方法，了解农田管理，培养学生对农业劳动的尊重	了解炊灶搭建的基本步骤和要点，感受劳动人民的伟大智慧	学会竹子的工艺，制作竹子相关工艺品，探究不同品种竹子的特征和习性
		活动形式	小组合作、教师讲解、实践体验	教师示范、小组合作、实践体验	小组合作、动手实践、成果展示
	必修课程三	名称	炙道	赛道探秘	开启汽车之门　探秘科技之旅
		活动目的	参观上海国际赛车场，感受赛道热情，体验卡丁车的乐趣	在上海国际赛车场，感受F1赛场上的风驰电掣，感受赛车运动的魅力	重温汽车制造行业的发展历程、现状及未来趋势，感受现代汽车科技的日新月异
		活动形式	讲解员讲解、小组合作、体验分享	实地探访、讲解员讲解、自主体验	实地探访、讲解员讲解、小组合作
	必修课程四	名称	船舶奥秘	甲虫王国	速度与激情
		活动目的	走进航海博物馆，了解船舶的知识，感受航海的魅力	体验多彩的甲虫活体和标本，手绘甲虫涂色卡，动手制作甲虫模型	探究上海国际赛车场，了解赛车运动的历史与赛车的基本构造，扩展科技知识面
		活动形式	实地探访、教师讲解、小组合作	教师讲解、自主合作、实践体验	实地探访、讲解员讲解、自主体验

维度或要素			小学高年级段	初中段	高中段
研学课程	必修课程五	名称	植物王国	绿舟光影	花影匠心
		活动目的	观赏各类植物，了解其多样性；完成种植任务，启发观察力、动手力、想象力	利用手电筒对光和影进行观察和辨别，发现并感受自然界中的美	在园艺师的指导下，加强师生互动，体验栽种盆栽花卉
		活动形式	教师示范、小组合作	教师讲解、小组探究、合作体验	教师讲解、小组探究、合作体验
	必修课程六	名称	绿野追踪记	淞沪烽火	蔬果采摘
		活动目的	启发拓印技巧，亲近自然、热爱自然，感受自然之美，增强动手能力	领取任务卡，按照四行仓库保卫战时间顺序完成任务	学习蔬果的生长周期，培养学生珍惜食物资源、尊重大自然的意识
		活动形式	教师示范、小组合作、实践体验	小组合作、实地走访、自主探究	教师示范、小组合作、实践体验
	必修课程七	名称	守土有责	航海精神	铁血丰碑
		活动目的	进入四行仓库抗战纪念馆，走访抗战遗址，了解抗战历史，弘扬抗战精神	参与航海闯关活动，互动完成“研学活动单”，感受海洋文化和航海探索精神	了解谢晋元带领“八百壮士”在四行仓库奋勇杀敌的英勇事迹，提升民族自豪感
		活动形式	实地走访、讲解员讲解	小组合作、讲解员讲解、自主实践	讲解员讲解、实践体验
	必修课程八	名称	挖树国　防虫修复	现代农业——无土栽培	深蓝行动
		活动目的	了解树木的基本生态功能，感受劳动人民的不易，培养和增强学生的辛勤劳作精神	体验无土栽培和营养液的调制	探访航海博物馆，领取任务卡，开展博物馆定向活动，动手制作船模
		活动形式	教师示范、小组合作、实践体验	教师讲解、合作体验	小组合作、讲解员讲解、自主实践

维度或要素			小学高年级段	初中段	高中段
研学课程	必修课程九	名称	饺韵飘香	中华小当家	现代农业——滴灌技术
		活动目的	学习饺子的制作方法，培养学生的动手能力和团队合作意识	小组合作动手实践，完成班级菜品制作，并品尝自己的劳动成果	动手制作简易滴灌装置并应用于作物种植，加强学生团队协作及动手能力
		活动形式	教师示范、小组合作、动手实践	小组合作、动手实践、成果展示	教师讲解、小组合作、动手实践
	必修课程十	名称	野炊	食物定向	美食制作
		活动目的	鼓励自主体验，享受活动的乐趣，提升学生的野外生存能力	运用地图寻找活动点和物资点，完成任务兑换物资，感受劳动创造美好生活	启发兴趣，鼓励动手实践，完成班级菜品的制作，品尝自己的劳动成果
		活动形式	自主体验、小组合作	教师讲解、小组合作、实践体验	小组合作、动手实践、成果展示
	选修课程		1. 树叶画 2. 搓草绳编草鞋 3. 渔网编织	1. 竹韵桥梁 2. 竹桌搭建 3. 听风竹屋	1. 无土栽培 2. 仰望星空 3. 水质监测

维度或要素		小学高年级段	初中段	高中段
研学线路	代表性线路（时长五日）	第一天：东方绿舟—绿梦园—东方绿舟；第二天：东方绿舟—上海国际赛车场—上海中国航海博物馆—东方绿舟；第三天：东方绿舟—上海辰山植物园—东方绿舟；第四天：东方绿舟—上海四行仓库抗战纪念馆—东方绿舟；第五天：东方绿舟—绿梦园—东方绿舟	第一天：东方绿舟—绿梦园—东方绿舟；第二天：东方绿舟—上海国际赛车场—东方绿舟；第三天：东方绿舟—上海辰山植物园—东方绿舟；第四天：东方绿舟—上海四行仓库抗战纪念馆—上海中国航海博物馆—东方绿舟；第五天：东方绿舟—绿梦园—东方绿舟	第一天：东方绿舟—绿梦园—东方绿舟；第二天：东方绿舟—上海大众汽车厂—上海国际赛车场—东方绿舟；第三天：东方绿舟—上海辰山植物园—绿梦园—东方绿舟；第四天：东方绿舟—上海四行仓库抗战纪念馆—上海中国航海博物馆—东方绿舟；第五天：东方绿舟—绿梦园—东方绿舟
	可选择线路（按天设计，菜单式选择）	1.东方绿舟—绿梦园—东方绿舟；2.东方绿舟—上海国际赛车场—东方绿舟；3.东方绿舟—野外生存区—东方绿舟；4.东方绿舟—青西郊野公园—东方绿舟；5.东方绿舟—上海自然博物馆—东方绿舟；6.东方绿舟—中国共产党第一次全国代表大会会址纪念馆—东方绿舟；7.东方绿舟—上海电影博物馆—东方绿舟	1. 东方绿舟—上海辰山植物园—东方绿舟；2. 东方绿舟—上海四行仓库抗战纪念馆—东方绿舟；3.东方绿舟—国防教育园—东方绿舟；4.东方绿舟—上海市公共安全教育实训基地—东方绿舟；5.东方绿舟—上海自然博物馆—东方绿舟；6.东方绿舟—上海交通大学钱学森图书馆—东方绿舟；7.东方绿舟—朱家角古镇—东方绿舟	1.东方绿舟—上海大众汽车厂—东方绿舟；2.东方绿舟—绿梦园—东方绿舟；3.东方绿舟—龙舟码头—东方绿舟；4.东方绿舟—拓展园—东方绿舟；5.东方绿舟—东方明珠广播电视塔—东方绿舟；6.东方绿舟—江南造船展示馆—东方绿舟；7.东方绿舟—上海博物馆—东方绿舟
	规划线路（按天设计）	1.东方绿舟—淀山湖湿地—东方绿舟；2.东方绿舟—智慧大道—东方绿舟；3.东方绿舟—国歌展示馆—东方绿舟；4.东方绿舟—竹林—东方绿舟	1.东方绿舟—竹林—东方绿舟；2.东方绿舟—上海科技馆—东方绿舟；3.东方绿舟—上海鲁迅纪念馆—东方绿舟；4.东方绿舟—上海市青浦区张马村—东方绿舟	1.东方绿舟—洋山深水港—东方绿舟；2.东方绿舟—竹林—东方绿舟；3.东方绿舟—龙华烈士纪念馆—东方绿舟；4.东方绿舟—嘉兴南湖革命纪念馆—东方绿舟；5.东方绿舟—上海植物园—东方绿舟

维度或要素		小学高年级段	初中段	高中段
教学重点难点（以代表性线路教学设计为例，下同）	教学重点	1. 了解植物生长的基本条件、种植技巧以及浇水的正确方法，动手实践完成种植、浇水任务，体验劳动的艰辛与乐趣；2. 聆听场馆讲解及馆内探索，了解船舶的基本常识；3. 了解及熟悉植物多样性，识别农作物及其生长过程；4. 了解四行仓库的历史背景和重要意义；5. 通过实际的操作练习，学会包饺子的基本步骤，增进学生对传统文化的了解和兴趣	1. 掌握拓荒和除草的基本方法和技巧，重点教授学生正确使用劳动工具，识别杂草和有害植物，能够有效进行拓荒和除草工作；2. 增加对于中国和人类航海历史的了解；3. 了解甲虫形态多样性，了解甲虫的分类系统，包括甲虫的形态特征、生活习性和生态位；手绘甲虫涂色卡，动手制作模型；4. 详细学习四行仓库保卫战的发生过程，包括时间线、主要人物、事件细节等；5. 认识各种无土栽培装置，并对无土栽培技术形成初步的认识，掌握无土栽培技术的概念	1. 了解绿植修剪的基本原则和技巧；掌握绿植修剪的常见方法和步骤；2. 以小组为单位完成博物馆任务卡，动手制作船模以及体验航海模拟器，了解我国航海事业的发展历史；3. 理解赛车运动的历史、发展及现状，认识赛车运动在全球范围内的影响力和地位；4. 探究汽车制造行业的发展历程以及数字化制造流程，激发对科技创新的兴趣；5. 了解滴灌技术的意义、作用、应用范围与科学技术要点，动手制作简易滴灌装置并应用于作物种植
	教学难点	1. 积极参与劳动教育，激发对劳动的兴趣和热情；2. 了解航海的相关历史以及航海时使用的导航工具和方法；3. 理解生物多样性的内涵；4. 理解四行仓库抗战历史中体现的抗战精神和爱国情怀；5. 包饺子时掌握皮的厚薄、馅的多少和捏边的技巧，树立食品安全和个人卫生意识	1. 劳动过程中小组能形成默契的团队合作模式，确保整个活动的顺利进行；2. 增强对航海探索精神的体悟及蓝色国土安全意识；3. 理解甲虫在自然生态系统中的作用，了解甲虫在农业、医药、生态和观赏等方面的作用和影响；4. 理解四行仓库抗战的历史意义，包括地理位置、时期背景以及历史事件的复杂性，培养批判性思维；5. 小组协作完成无土栽培架的搭建	1. 掌握修剪的时间和频率，以避免对植物造成伤害；2. 通过自主观察、探究和思考，深入了解中国航海历史；理解掌握航海出行对气候、水文、船舶等方面的要求，并据此设计制作自己的船舶模型；3. 激发对赛车运动的理解和喜爱，弘扬“面向世界”的精神；4. 了解如何在汽车制造过程中采取环保措施，以及如何实现可持续发展目标；5. 小组有效协作完成滴灌装置搭建，培养学生团队协作及动手能力，树立节约能源与生态环保意识

维度或要素	小学高年级段	初中段	高中段
教学策略	小学高年级段学生正处于认知发展的关键阶段，他们的思维方式正从具体向抽象过渡。通过自主观察学习、体验的方式引导孩子在真实的环境下打开自己的五感，在不断实践中观察和体验、思考和总结，从而提高自己的学习能力。立足建构主义理论，在职业启蒙方面，以兴趣为导向，设计多元化教学活动，比如主题探究、职业体验、项目式学习；通过情境设置，创新教学方法，提高教学效果，帮助学生对不同职业有初步的认识，激发他们的兴趣和好奇心；在习惯启蒙方面，教学策略注重培养学生的良好习惯，为其未来的学习和生活奠定坚实的基础；通过集体食宿、自主管理的方式培养个体良好的生活和学习习惯，包括时间管理、自律、勤奋、耐心、细心等品质；在规矩启蒙方面，旨在帮助学生理解并遵守社会规范，培养他们良好的行为习惯和道德观念。通过教育、实践和示范等方式，使个体逐步学会尊重他人、关爱环境、遵纪守法，帮助学生理解并遵守规矩，逐步养成良好的行为习惯和道德观念，提升学生的综合素质和未来的适应能力	初中段学生身心发展迅速，进入成长“突变期”，其观察、记忆、逻辑思维进一步发展，对事物普遍具有较强的求知欲和探索热情，但稳定性较差、波动性大，不能够全面、辩证地认识客观事物及妥善地解决问题。基于建构主义理论，以动手实践、科学探究为重点，为学生提供充分的动手机会和思维空间，利用科学方法和科学知识理解身边自然现象和解决一些简单的实际问题。在职业启蒙方面，帮助学生了解自己的兴趣和优势；在习惯启蒙方面，帮助学生理解职业不仅仅是谋生手段，更是实现自我价值和社会价值的重要途径。通过课堂讲解、案例分析等方式，让学生了解不同职业的特点、职责和社会价值，引导他们树立正确的职业观，进一步加强学习习惯的培养，如深度学习、批判性思维、时间管理等，培养独立思考和自主学习的能力；在规矩启蒙方面，创设实践机会，强化规矩体验，让个体了解并遵守社会规范、道德准则和法律法规，培养其责任感和公民意识	一方面，高中段学生心智逐渐成熟，在心理和行为上表现出强烈的自主性；另一方面，他们在学业和社交方面面临着巨大的挑战，在对历史、自我、国情等理解上存在整体认知不足的问题。依托建构主义理论，以立德树人为根本任务，借助生态、农业、科技等研学资源，以学生为主体，在职业启蒙方面，帮助个体认识各种职业特点、职业要求和职业发展前景，引导其根据自己的兴趣、特长和市场需求，更为清晰地认识到自己的优势和潜力，从而更有目标地进行职业规划。组织学生参与职业体验活动，让他们亲身体验工作环境，了解职业的实际运作，这样有助于学生形成对职业的深入认识，并激发他们对未来职业的热情；在习惯启蒙方面，培养独立思考和自主学习的能力，让学生明确良好习惯对其学习、生活和未来发展的重要性；在规矩启蒙方面，通过实践，综合运用所学知识，科学运用所学方法，更好地理解规矩的实际意义，加深对社会主义核心价值观的理解，提升国际视野

维度或要素				小学高年级段	初中段	高中段
实施方案	入营教育	安全	引导	开展入营教育安全课程，启发学生了解一些基本的安全知识和自我保护技巧	开展安全课程，引导学生了解可能遇到的安全风险以及预防和应对措施	指导学生自主讨论研学安全注意事项，旨在确保学生能够安全地成长和学习
			实训	播放研学实践安全教育线上课程，开展入营安全教育	通过角色扮演，让学生在不同的安全情境中学习如何做出正确的决策和反应	针对住宿、饮食、研学点、交通等环节开展紧急避险演练、安全疏散演练
		应急	引导	让学生学习认识各种安全标志，如紧急出口标志、消防设备标志等	根据研学活动的特点和可能遇到的紧急情况，制定相应的应急预案	教师正确引导学生思考在研学过程中遇到突发事件应如何处理
			实训	通过角色扮演，让学生在不同的安全情境中学习如何做出正确的决策和反应	指导学生制作应急包，学习放入必要的急救用品和生存工具	真实情境模拟演练，帮助学生掌握简便实际的避灾技巧，提升随机应变的能力
		救助	引导	提升学生遇到问题主动求助、主动寻找和利用资源获取信息的能力	教师讲授现场救护知识，引导学生掌握相关技能	模拟真实情境，引导学生在意外事故发生时合理运用现场资源，有效开展救助
			实训	模拟在紧急情况下拨打求助电话，比如110、120、119等	学习如何处理小伤口，如擦伤、摔伤、刺伤等	掌握止血、包扎、心肺复苏等急救技能和针对中暑、哮喘等急症的救助方式
		自我管理	引导	初步掌握日常生活技能，如整理床铺，引导学生形成良好的生活习惯	引导学生识别和表达自己的情绪，培养良好的情绪管理能力	明确学生研学期间应做好自我管理，做到健康生活、规律作息、卫生文明
			实训	设置日常任务清单，如个人卫生、房间整理等，让学生按时完成任务	通过角色扮演和团体讨论，让学生学会合理地表达情绪和管理情绪	采用学生自管会评分方式，对研学过程中内务、作息、纪律等方面进行评价
		团队协作	引导	鼓励学生在完成任务的过程中，相互协作、合作解决问题，提高团队效率	引导学生在集体食宿、集体出行的研学过程中做到有效沟通、团结协作	指引学生合理正确表达个人感受，以共赢思维为基础，合力解决难题
			实训	通过故事分享、团队演讲等形式，激发学生的团队荣誉感和归属感	鼓励学生自主规划活动内容、时间安排、资源调配等	设计一系列团队建设游戏和活动，如信任背摔、盲人方阵、障碍接力等

维度或要素		小学高年级段	初中段	高中段
实施方案	导入教学环节	1. 直接导入：介绍东方绿舟相关课程，引起学生的好奇心，激发学生对活动的求知欲及探究欲，引导学生在研学实践活动中掌握科学方法；2. 视频导入：播放一段有关赛车运动的精彩片段，如F1赛车比赛、摩托车赛事等，通过视频让学生对赛车运动有一个直观的认识，激发他们的兴趣；3. 图片展示导入：展示一些辰山植物园的植物图片，通过图片引导学生关注植物的形态特征，提高他们对课程的期待；4. 视频导入：播放一段关于四行仓库保卫战的历史视频，展示当时的战斗情景和英勇事迹，激发他们的学习兴趣；5. 探索导入：让学生参与选择包饺子所需的食材，激发他们对包饺子过程的好奇心	1. 问题导入：提出问题——“为什么需要翻地种植？”激发学生的思考，引出课程；2. 知识问答导入：在课程开始前，进行一场简单的赛车知识问答，让学生在游戏中学习赛车相关的知识，如赛车种类、赛道规则等；3. 视频导入：播放一段关于甲虫的纪录片或介绍视频，展示甲虫的多样性和独特生活方式，通过视频让学生对甲虫有一个直观的认识，激发他们的探索欲望；4. 故事导入：讲述四行仓库保卫战中的英雄事迹，引发他们对课程的兴趣；5. 问题导入：以“什么是无土栽培？”的问题进入主题，激发学生的思考，让他们带着问题参与到课程中来	1. 视频导入：播放一段关于修枝剪使用的教学视频，展示修枝剪的种类和正确使用技巧；2. 问题导入：提出一个与汽车相关的话题，如“未来汽车制造业的发展趋势是什么？”让学生自由发表意见，激发他们对汽车制造业的思考；3. 知识问答导入：开展花卉栽种相关的互动游戏，如花卉知识问答，通过互动游戏让学生在轻松愉快的氛围中学习花卉栽种的知识；4. 问题导入：提出问题——“四行仓库保卫战发生在什么时候？”激发学生的思考，让他们带着问题参与到课程中来；5. 实物演示导入：使用一个小型滴灌系统给植物浇水，展示滴灌的精准性和效率，激发他们对滴灌技术的学习兴趣
	授课教学环节	第一天：入营教育、必修课程一“欢乐学农”、必修课程二“田间除草”；第二天：必修课程三“炙道”、必修课程四“船舶奥秘”、选修课程1“树叶画”；第三天：必修课程五“植物王国”、必修课程六“绿野追踪记”；第四天：必修课程七“守土有责”、必修课程八“挖树围、防虫修复”、选修课程3“渔网编织”；第五天：必修课程九“饺韵飘香”、必修课程十“野炊”	第一天：入营教育、必修课程一“田间课堂”必修课程二“炊灶搭建”、选修课程1“竹韵桥梁”；第二天：必修课程三“赛道探秘”；第三天：必修课程四“甲虫王国”、必修课程五“绿舟光影”、选修课程2“竹桌搭建”；第四天：必修课程六“淞沪烽火”、必修课程七“航海精神”、选修课程3“听风竹屋”；第五天：必修课程八“现代农业——无土栽培”、必修课程九“中华小当家”、必修课程十“食物定向”	第一天：入营教育、必修课程一“风吹麦浪”、必修课程二“竹殿堂”、选修课程1“无土栽培”；第二天：必修课程三“开启汽车之门　探秘科技之旅”、必修课程四“速度与激情”、选修课程2“仰望星空”；第三天：必修课程五“花影匠心”、必修课程六“蔬果采摘”；第四天：必修课程七“铁血丰碑”、必修课程八“深蓝行动”、选修课程3“水质检测”；第五天：必修课程九“现代农业——滴灌技术”、必修课程十“美食制作”

维度或要素		小学高年级段	初中段	高中段
实施方案	进级教学环节	1.组织植物趣味知识竞答比赛，让学生在欢乐的竞答中增长知识、展示风采；2.根据特定的主题，利用所学知识进行文学编排与演讲，让学生在增长知识的同时，感受中华五千年文化的文字底蕴，争做新时代“四有”好少年；3.学生扮演不同国家的代表，参与模拟联合国会议，通过角色扮演活动，培养批判性思维、公共演讲能力和国际关系理解能力；4.学生参与环保项目，如垃圾分类、水质监测等，通过实践活动了解环境保护的重要性	1.在东方绿舟寻找一些常见的植物及昆虫，用绘画或者摄影的方式将其记录并分享，让学生了解生物多样性，体验探索的快乐；2.学生根据课程任务卡寻找各种植物，通过拍照打卡确认的方式进行植物识别科普竞赛，达到对植物和生态环境科普教育的目的；3.学生利用地图找到相应区域内的植物，并了解相关植物的特点；4.聆听由退役军人讲述的保家卫国的真实历史事件及领土、领空、领海安全的重要性，提升国家安全意识和家国情怀	1.小组成员共同商议，确定小品的主题和内容，根据主题和内容，编写小品的剧本，按照预定的时间和地点，小组成员登台表演；2.以“启蒙”为主题开展主题演讲比赛，激发学生的热情和创造力，锻炼学生的表达能力，提高参与者的综合素质；3.开展辩论赛，设置正方与反方，对立辩证；4.安排学生进行实地采访，让他们亲身体验新闻采集的过程
	巩固教学环节	1.发放小学高年级段研学手册，让学生根据研学活动内容进行简单填写，加深学生对研学知识的了解；2.小组分享自己在研学中的收获和成果；3.结合时代主题，勾勒祖国的大好河山，形成黑板报，在弘扬爱国精神的同时提升民族自豪感；4.创作自己的诗歌并朗诵，增强对语言的感知和表达能力	1.引导学生通过研学日记的方式记录研学活动中的学习实践收获与感受；2.开展分享会，选取部分学生朗诵自己的研学日记，教师做点评和升华，提升学生的合作探究意识；3.小组合作完成“植物的哪些特征是通过进化起到自我保护作用的？”的课题；4.小组合作通过选题、采访、录音、整理资料，并撰写新闻报道	1.为学生搭建分享交流的平台，让学生谈一谈自己的收获和感受，增强、加深学生对于研学活动的体验，同时锻炼学生的沟通和表达能力；2.通过前期准备与筹备，并结合东方绿舟的资源，综合运用所学知识，充分发挥学生的创意与主观能动性，提供一个更广阔的展示平台，让学生一展才华，享受成功与掌声；3.学生将自己在学习过程中的成果，如报告、作品、项目等，集中在一次展览中展示；4.围绕“启蒙”主题，引导学生进行项目研究，并形成研究性报告

维度或要素			小学高年级段	初中段	高中段
实施方案	总结教学环节	教学创新	采用趣味性的教学活动，如游戏、实验、故事等，激发学生的学习兴趣，培养他们的学习习惯和基本技能；引入多元化教学方法，如互动讨论法、案例分析法、思维导图法，培养他们的分析能力和问题解决能力；利用多媒体教学，帮助学生更好地理解和记忆	鼓励学生提出问题并自主探究，培养他们的研究能力和批判性思维；通过完成具体项目，让学生在实践中学习，提高他们的合作能力和解决问题的能力；利用电子课件、视频教程等数字化教学资源，让学生在多媒体环境中进行总结学习，提高学习的趣味性和效率	强调学生的主体地位，注重培养学生的问题解决能力、创造性思维和实践能力；关注个体的成长和发展需求，使学生充分发挥他们的优势，让学生主动地参与问题的发现和解决过程，培养学生的探索精神和科学研究能力；通过在线互动平台，如学习网站、社交媒体等，鼓励学生进行线上交流和讨论，分享自己的总结成果，营造良好的学习氛围
		教学总结	分析哪些教学活动能够激发学生的兴趣，哪些需要改进，并通过及时复盘的方式，了解研学环节的优点和不足，建立研学档案；引导学生回顾所学内容，加深对知识点的理解和记忆，培养学生的思维能力和学习习惯，为他们未来的学习打下坚实的基础	观察并总结学生在研学项目中的参与程度，包括自主学习能力、团队合作能力和问题解决能力，利用课堂互动、小组讨论等，评估学生的学习效果；帮助学生建立知识之间的联系，形成完整的知识体系，从而加深对知识点的理解和应用	利用研学评价调查表，及时收集学生反馈，了解学生研学手册填写情况，并通过及时复盘的方式，了解研学环节的优点和不足，建立研学档案；通过系统梳理，综合运用所学知识，教师引导学生对所学内容进行系统梳理，按照知识体系的逻辑结构进行归纳和整理；通过反复运用科学方法，培养学生们分析问题和解决问题的能力
		教学反思	分析教学方法的实际效果是否能够帮助学生深入理解和应用所学知识；通过访谈法、讨论法、调查法，科学地反复训练与纠错，梳理教学目标的指向性，记录重难点的完成情况与效果，再根据学生的反馈来进行验证	反思如何建立有效的反馈机制，及时了解学生的学习需求和困难，提供针对性的帮助；反复思考共性问题与症结所在，综合运用所学知识，采用科学的方法，提出改进建议与新思路	根据调查反馈情况，对各个教学环节及时进行调整和优化，关注引导探究性学习和合作学习的实施情况，以辩证的态度来印证教学目标的完成度与契合程度，总结经验，以达到最佳的课程效果，为下一次研学活动提供参考

维度或要素				小学高年级段	初中段	高中段
实施方案	评价教学环节	教学水平评价	自我评价	教师对研学目标达成度、研学流程、课程实施情况、突发事件处理情况以及教学过程中情绪的掌控情况等进行评价与反思，评价学科知识的掌握度	教师在目标、过程、实施效果等几个维度进行测评，评价自己的教学方法是否可以有效地传授知识、教学过程中有没有恰当管理课堂等，进行总结与反思	教师结合教学背景，对研学目标达成度、研学流程、课程实施情况、突发事件处理情况等进行评价与反思，明确下一步的实施策略，并评价自己是否正确处理师生关系
			学生评价	学生对研学过程是否有收获和思考、教师是否能够创造积极活跃的课堂氛围、教师组织能力等方面进行评价	学生对研学过程的总体体验、研学课程是否具有吸引力、是否有收获和思考、教师组织能力以及教师的教学态度是否符合学生的身心健康、是否缺乏耐心与热情等方面进行评价	学生对教师是否在学科领域具有扎实的文化基础和丰富的教学经验、研学课程是否具有吸引力、是否有收获和思考、教学过程是否有吸引力和创新力、组织协调能力等方面进行评价
			同行评价	教师对研学内容设计、教学理念与方法、实施策略、实施进度、实施效果等方面进行评价	基于以学生为本的教学理念，教师对研学内容设计、教学理念、实施策略、实施效果等方面进行评价	充分利用多媒体技术，邀请相关专家对教学设计、教学实施、教学评价等进行评价，然后进行汇总，分析其中的问题与不足
			培训和考核	教师定期参加研学实践课程资源的开发、教学实施的培训；在政治素养、教学水平、教学态度、教学成果等多维度对教师进行综合考核与评价	教师定期参加相关课程培训，掌握科学的教学评价方法，能够客观、公正、全面地评价学生的学习情况，为教学决策提供有力支持	教师定期参加一定的培训课程，提升教师的教学评价能力，确保评价活动的科学性和有效性，提升教师对教学评价理念、方法、工具的理解和运用能力
			教学成果展示	记录学生的研学实践过程，撰写研学小结或日记，通过座谈、谈话等方式展示研学实践经验	运用科学的方法反馈学生的研学实践过程，撰写研学实践案例；用调查、分享会等方式展示研学实践成果	发现研学实践过程的问题与新方法，提出有建设性的可行性方案，撰写研学实践案例；用研究报告、座谈会等方式展示研学精品课程

维度或要素				小学高年级段	初中段	高中段
实施方案	评价教学环节	学业评价	形成性评价	实时观察、关注、记录学生的学习过程、合作能力和创造性表达，及时进行反馈鼓励，提升自信心	注重学生的学习过程，随时进行阶段性反馈，讨论在解决问题过程中遇到的困难与解决策略	根据活动设定的任务，关注学生个性和共性的表现，并实时观察、关注、记录学生的学习过程、合作能力和创造性表达，及时进行反馈鼓励，明确下一步实施策略
			总结性评价	参照研学目标，通过测验、小组汇报展示、调研报告等形式对学生在研学活动中的收获进行评价，提出改进建议与努力方向	根据研学目标、重难点完成情况，通过测验、小组汇报展示、调研报告等形式对学生进行综合评价，提出指导性建议与方法	根据学生活动完成的整体情况给出综合评价，通过测验、小组汇报展示、调研报告等形式对学生在研学活动中的收获进行评价，根据相关学术依据提供创新可行性报告
			教师评价	教师对学生在研学活动中的参与度、合作有效性、成果展示、能力提升、情感认同等方面进行综合评价	教师对学生的提升参与度、合作有效性、成果展示、能力提升、情感认同等方面评价	教师可以利用多媒体技术，邀请相关专家对教学设计、教学实施、教学评价等进行评价，并且根据学生在研学活动中的参与度、合作有效性、成果展示、能力提升、情感认同等方面进行综合评价
		项目评价		教育主管部门、教研室、学生家长、带队教师、社会各界对研学目标设定、研学过程设计、研学实施效果等方面进行综合评价	通过访谈与问卷相结合、加强师生互动与家校联合，对研学目标设定、研学过程设计、研学实施效果等方面进行综合评价	教育主管部门、校内教育工作者、学生家长、社会各界对研学目标设定、研学过程设计、研学实施效果、教学策略等方面进行评价

4.8 教学计划与策略列表：职业生涯启蒙——探索未来职业之路

<table>
<tr><td colspan="3">营地名称</td><td>铜陵市示范性综合实践基地（简称“铜陵营地”）</td><td>命名机构</td><td>教育部</td><td>识别码</td><td>Y145340001</td></tr>
<tr><td colspan="3">从业资质（摘要）</td><td>综合实践、研学实践、劳动教育、国防教育</td><td>单位属性</td><td>公益一类</td><td>法定代表人</td><td>虞基胜</td></tr>
<tr><td colspan="3">研学主题</td><td>职业生涯启蒙——探索未来职业之路</td><td colspan="2">主要目的指向</td><td colspan="2">启蒙教育</td></tr>
<tr><td rowspan="7">营地（枢纽）及周边主要优质研学资源</td><td colspan="2">基地层级</td><td colspan="5">研学站点（基地）名称</td></tr>
<tr><td rowspan="2">教育部命名基地</td><td>已列入教学计划</td><td colspan="5">一、与本主题相关的列入教学计划的基地6个
1. 铜陵市示范性综合实践基地；2. 安徽名人馆；3. 黟县徽黄西递旅游开发有限公司（西递景区）；4. 黄山市徽州呈坎八卦村旅游有限公司；5. 安徽省博物馆；6. 渡江战役纪念馆
二、与本主题关联不大但列入本营地教学计划的基地0个</td></tr>
<tr><td>待列入教学计划</td><td colspan="5">1. 滁州市小岗村旅游投资管理股份有限公司；2. 安徽合肥滨湖国家森林公园（合肥印象滨湖旅游投资发展有限公司）；3. 安徽青松食品有限公司；4. 合肥市防震减灾科普教育馆；5. 曹操地下运兵道景区；6. 安徽盛农农业集团有限公司；7. 毛集实验区焦岗湖湿地公园（管理处）；8. 新汴河景区研学基地</td></tr>
<tr><td colspan="2">其他部委命名基地</td><td colspan="5">铜陵淡水豚国家级自然保护区（简称“淡水豚自然保护区”）</td></tr>
<tr><td colspan="2">地方命名基地</td><td colspan="5">1. 黄山市徽派雕刻博物馆；2. 安徽省陶行知纪念馆；3. 黄山市润一生态园；4. 铜陵梧桐花谷研学基地；5. 铜陵永泉研学基地；6. 铜陵市节能污水处理厂；7. 铜陵市铜雕艺术研究院；8. 铜陵市博物馆；9. 中华白姜园；10. 铜陵市“铜官山1978”文创园研学旅游基地（简称“1978文创园”）；11. 铜陵铜草花众创基地（简称“铜草花基地”）；12. 黄山市徽州区唐模旅行发展有限公司（简称“唐模基地”）；13. 新九鼎铜文化产业有限公司（简称“新九鼎基地”）；14. 枞阳县浮山风景区；15. 铜陵海螺城市生活垃圾处理示范区（简称“铜陵生活垃圾处理区”）；16. 铜陵犁桥水镇风景区（简称“犁桥水镇”）；17. 铜陵铜图学堂；18. 黄山宏村古村落；19. 黄山谢裕大茶博物馆</td></tr>
<tr><td colspan="2">本营地资源</td><td colspan="5">1. 木工工作室；2. 服装创意设计工作室；3. 陶艺工作室；4. 茶艺室；5. 铜陵传统农业劳动基地；6. 手工工作室</td></tr>
<tr><td colspan="2">其他资源</td><td colspan="5">1. 黄山风景区；2. 沙家浜风景区</td></tr>
</table>

维度或要素	小学高年级段	初中段	高中段
校内教育基础（与校内教育的衔接）	本研学课程在遵循育人规律和学生成长规律的前提下，关注学生生活的完整性及分析解决问题所需的综合素养的培育。本研学主题必修课程与校内教育的衔接内容主要如下：1.人教版道德与法治六年级下册第四单元第4节“我们爱和平”，通过这一章节，可以引导学生思考和平的重要性，以及如何在不同的职业角色中促进和平与发展；2.人教版语文六年级下册的课文“鲁滨逊漂流记”，通过这个故事，教师可以引导学生讨论鲁滨逊的生存技能和解决问题的能力，从而引出对不同职业所需技能的探讨；3.人教版科学六年级上册“自然资源的开发与保护”，这一章节可以帮助学生了解资源的利用和保护，以及相关职业如环境科学家、资源管理者的工作内容等	本研学课程聚焦在生涯启蒙与校内教育的衔接，具体包括自我觉察、生涯觉察以及生涯规划的渗透，旨在实现学生现有学习与未来规划的有机衔接，衔接内容主要如下：1.人教版道德与法治九年级全一册第五单元第15课“选择对未来的行当”，这一章节可以帮助学生了解不同职业的特点和要求，引导学生根据自己的兴趣和能力进行未来职业的选择；2.人教版历史八年级上册第三单元第12课“新民主主义革命的兴起”，通过学习这一章节，学生可以了解不同历史时期的职业变迁和社会发展趋势，从而对自己的未来生涯有所启发；3.人教版语文九年级下册的课文“我的梦想”，通过阅读和讨论这篇文章，学生可以分享自己的梦想和对未来的期望，教师可以借此机会引导学生进行生涯探索和规划等	在高中阶段，学生的世界观、人生观和价值观开始形成，这是他们选择未来人生发展方向的关键时期。因此，生涯启蒙教育在这一阶段尤为重要。以下是一些具体的衔接内容：1.与高中校内教育在“高中生生涯规划”这本书中有衔接，适用于高中阶段的学生，如自我意象的形成、外部世界的探索、生涯发展意向的明确、行动的落实这些章节；2.思想政治必修一中的“树立正确的职业观”部分，可以帮助学生了解不同职业的特点和要求，引导他们根据自己的兴趣和能力进行未来职业的选择；3.历史必修二中的“现代中国的对外关系”部分，可以通过学习外交家周恩来的事迹，启发学生对外交职业的兴趣和认识；4.语文必修五中的“我为什么而活着”专题，可以通过阅读不同作者对于生活的理解和规划，引导学生思考自己的未来方向等

维度或要素			小学高年级段	初中段	高中段
研学课程	必修课程一	名称	我是小木工	铜箔画制作	体验铜工艺作品制作
		活动目的	通过学习木工基础知识和技能，培养创造力和动手能力，制作实用艺术品	体验铜箔画制作，了解传统金属工艺与现代艺术的结合，增进对本土文化的认同感	通过体验铜工艺作品制作，培养审美意识、创造力和手工能力
		活动形式	项目化学习、小组合作	教师教授、设计制作	项目化学习、职业体验
	必修课程二	名称	我为“小模特”做服装设计——服装纸模	考古体验	给家乡博物馆做解说
		活动目的	了解服装结构和纸模制作技巧，培养审美意识、创造力和手工能力	让学生了解考古学的基本方法和铜陵地区的重要考古发现，体验考古职业	提高表达能力、文化素养和团队合作精神，培养志愿服务意识，体验职业
		活动形式	教师讲授、体验式学习	任务驱动、体验式学习	教师讲授、体验式学习
	必修课程三	名称	小种子，大希望	我是小小茶艺师	物联网：智能灌溉
		活动目的	通过体验基质育苗的流程，感受农业科学的严谨，体验农业工作者的工作内容	了解茶叶种类和品鉴方法，培养审美意识、创造力和茶艺技能，体验茶艺师职业生涯	体验物联网职业工作，了解物联网技术在农业领域的应用
		活动形式	项目化学习、教师教授	教师讲授、体验式学习	项目化学习、教师教授
	必修课程四	名称	简易榫卯搭建	体验微景观搭建	体验微景观搭建
		活动目的	培养创造力、手工能力和团队合作精神，体验建筑师的智慧和职业生活	了解景观设计师的职业生涯，培养审美意识、创造力和手工能力	培养审美意识、创造力和手工能力，理解景观设计工作的不易
		活动形式	教师讲授、学生体验	动手搭建、教授讲授	项目化学习、教师教授

维度或要素			小学高年级段	初中段	高中段
研学课程	必修课程五	名称	设计好看的陶艺作品	简易榫卯搭建	实景榫卯搭建
		活动目的	通过体验陶艺制作过程和设计原理，培养审美意识、创造力和手工能力	了解榫卯结构和建筑原理，培养创造力、手工能力和团队合作精神	了解榫卯设计原理和搭建基础知识，体验建筑设计工作的智慧和艰辛
		活动形式	体验制作环节、教师教授	教师教授、动手操作	项目化学习、学生体验
	必修课程六	名称	传统育苗	制作竹雕笔筒	体验制作竹雕作品
		活动目的	通过体验传统育苗活动，了解传统育苗方法和技巧	通过制作竹雕笔筒，了解和体验竹雕制作过程，培养审美意识、创造力和手工能力	培养审美意识、创造力和手工能力，了解和体验竹雕制作过程的不易
		活动形式	教师讲授、学生体验	动手操作、体验制作过程	教师演示、学生体验
	必修课程七	名称	香包制作	小种子，大希望	制作葡萄酒
		活动目的	通过制作香包，了解香包文化和制作技巧，体验手工艺品制作职业	通过体验现代育苗技术，了解基质育苗的流程，认识粮食安全的重要	了解和体验葡萄酒制作过程和营养知识，培养实践能力、创造力和食品安全意识
		活动形式	教师讲授、学生动手操作	带着学生参观、体验育苗过程	动手体验、教师讲解
	必修课程八	名称	制作豆浆	制作葡萄酒	体验凤丹茶制作
		活动目的	了解豆浆制作过程和营养知识，培养实践能力、创造力和食品安全意识	培养实践能力、创造力和食品安全意识，了解和体验葡萄酒制作过程和营养知识	通过体验凤丹的采摘和加工过程，了解家乡地理标志，体验凤丹茶制作流程
		活动形式	教师演示、动手实践	教师讲授、动手实践	教师讲授、动手采摘加工

维度或要素			小学高年级段	初中段	高中段
研学课程	必修课程九	名称	我是小小茶艺师	体验凤丹茶制作	月季扦插
		活动目的	通过茶艺体验，培养审美意识、创造力和茶艺技能，了解茶叶种类和品鉴方法	通过动手采摘凤丹花，了解家乡地理标志，体验凤丹茶制作流程	通过动手体验月季扦插，培养实践能力、观察力和耐心，了解月季扦插技巧和养护知识
		活动形式	教师讲授、动手体验	教师讲授、学生采摘	教师讲授、自主实践
	必修课程十	名称	制作青梅酵素	变废为宝——制作好看的丝网花	体验3D打印技术
		活动目的	通过采摘青梅和体验简易酿造过程，了解青梅酵素制作过程和营养价值	通过制作丝网花，培养审美意识、创造力和手工能力，了解丝网花制作过程	通过体验3D打印技术，了解3D打印原理和技术
		活动形式	教师讲授、学生动手操作	教师讲授、学生制作	参观、教师讲解、动手体验
	选修课程		1. 制作铜箔画 2. 扎染	1. 制作铜箔画 2. 体验制作宣纸	1. 体验金工、钳工 2. 体验快递员的工作内容 3. 体验制作徽墨

维度或要素		小学高年级段	初中段	高中段
研学线路	代表性线路（时长五日）	第一天：铜陵营地—梧桐花谷—铜陵营地；第二天：铜陵营地—铜草花基地—铜陵营地；第三天：铜陵营地—1978文创园—铜陵营地；第四天：铜陵营地—铜陵市博物馆—铜陵营地；第五天：铜陵营地—铜陵大通古镇—铜陵营地	第一天：铜陵营地—黄山市徽派雕刻博物馆—铜陵营地；第二天：铜陵营地—黄山市润一生态园研学基地—铜陵营地；第三天：铜陵营地—徽州呈坎基地—铜陵营地；第四天：铜陵营地—铜陵梧桐花谷研学基地—铜陵营地；第五天：铜陵营地—铜草花基地—铜陵营地	第一天：铜陵营地—铜陵市博物馆—铜陵营地；第二天：铜陵营地—黄山润一生态基地—铜陵营地；第三天：铜陵营地—徽州呈坎基地—铜陵营地；第四天：铜陵营地—铜陵梧桐花谷研学基地—铜陵营地；第五天：铜陵营地—铜草花基地—铜陵营地
	可选择线路（按天设计，菜单式选择）	1. 铜陵营地—犁桥水镇—铜陵营地 2. 铜陵营地—新九鼎基地—铜陵营地 3. 铜陵营地—铜图学堂—铜陵营地	1. 铜陵营地—渡江战役纪念馆—安徽省博物院—铜陵营地 2. 铜陵营地—铜陵市生活垃圾处理区—铜陵营地 3. 铜陵营地—1978文创园—铜陵营地	1. 铜陵营地—黄山宏村古村落—铜陵营地 2. 铜陵营地—黄山谢裕大茶博物馆—铜陵营地 3. 铜陵营地—黄山徽雕博物馆—铜陵营地
	规划线路（按天设计）	1. 铜陵营地—铜陵永泉研学基地—铜陵营地 2. 铜陵营地—中华白姜园—铜陵营地 3. 铜陵营地—枞阳浮山风景区—铜陵营地	1. 铜陵营地—陶行知纪念馆—铜陵营地 2. 铜陵营地—枞阳浮山风景区—铜陵营地 3. 铜陵营地—唐模基地—铜陵营地	1. 铜陵营地—铜陵艺术研究院—铜陵营地 2. 铜陵营地—铜陵永泉研学基地—铜陵营地 3. 铜陵营地—铜陵节能污水处理厂—铜陵营地

维度或要素		小学高年级段	初中段	高中段
教学重点难点（以代表性线路教学设计为例，下同）	教学重点	1. 参与铜工艺和博物馆解说，发现艺术及文化领域的潜在兴趣点和职业方向；激发对文化遗产的热爱和自豪感；2. 通过服装设计和物联网应用的实践，增强自信和自我效能感，理解个人努力可实现创造性成果；3. 通过在葡萄酒和凤丹茶的制作中体会手工劳作的辛苦与乐趣，理解劳动对于社会和个人的价值；4. 通过了解微景观搭建和3D打印技术，体验设计和实施的挑战，锻炼解决问题和创新设计的能力；5. 初步了解榫卯和竹雕技艺，增强对中国传统文化的身份认同，激发保护和传承文化遗产的责任感	1. 通过铜工艺制作，不仅培养学生对传统手工艺的兴趣和技能，也为未来可能的职业道路如艺术设计、工艺品制作等打下基础；2. 体验博物馆解说活动，提高学生历史知识和沟通技巧，为进入文化传播或教育领域的职业做准备；3. 服装设计活动提升学生的创造性思维和审美素养，为时尚设计等领域的职业生涯探索提供经验；4. 通过榫卯结构搭建，了解传统建筑智慧，培养空间想象力和动手能力	1. 在给家乡博物馆做解说的过程中，学习如何有效地传递信息，培养作为博物馆工作者、导游或文化传播者所需的沟通技能；2. 通过参与物联网智能灌溉项目，激发学生对现代农业技术、环境工程或信息技术领域的兴趣；3. 实景榫卯搭建让学生接触传统建筑艺术，了解结构原理，同时锻炼空间感知能力，为未来从事建筑设计、室内装修等行业提供实践经验；4. 月季扦插活动培养学生的园艺技能，激发对生物科学的兴趣，为涉及园艺设计、植物学研究等方面的职业生涯提供启蒙；5. 通过体验3D打印技术，提高学生探索现代制造业的可能性，激发创新思维和设计能力，为产品设计、工程开发或创新工作室等职业方向奠定基础
	教学难点	1. 在制作陶艺作品时，引导学生发挥创造力，设计出既有美感又实用的作品；2. 传授传统技艺的同时，保持学生的创新思维，避免单纯模仿；3. 培养学生的观察力和科学思维，引导学生将生态保护的理念融入日常生活和未来的职业生涯中；4. 通过饮食文化的学习和实践，增强学生的健康意识和营养知识，激发学生对烹饪艺术的兴趣，可能会面临学生动手能力参差不齐的挑战；5. 在体验茶文化的过程中，理解和欣赏茶艺的精神内涵，在实践中体会到发酵技术的应用，引导学生思考茶文化和发酵技术在现代生活中的实际应用和产业价值	1. 结合铜箔画技巧与考古发现，深入理解文化艺术价值和铜箔在艺术创作中的应用，培养欣赏历史故事和文化内涵的能力；2. 在学习简易榫卯搭建和竹雕笔筒的传统工艺中，既尊重传承又鼓励创新，培养学生的传统技艺和创新能力；3. 体验茶艺和凤丹茶制作，不仅学习泡茶技能，还领会茶文化的深层意义，体验生活美学；4. 通过丝网花和葡萄酒制作，探索不同职业领域，连接兴趣与潜在职业道路，了解行业机会和挑战	1. 学习榫卯结构和竹雕，掌握传统技艺，并鼓励创新设计；2. 制作葡萄酒和体验3D打印，理解科技原理，结合生活美学，培养创新和审美能力；3. 月季扦插和3D打印技术，发挥想象力，设计个人特色作品，增强创新能力和实践技能

维度或要素	小学高年级段	初中段	高中段
教学策略	针对小学高年级段学生的特性，他们具有强烈的好奇心和求知欲，正逐步建立起自己的兴趣和未来梦想。基于多元智力理论及生涯启蒙教育的理念，我们精心挑选了职业探索、科学实验、艺术体验等核心研学站点。通过参观各类职业场所、科技馆和艺术展览，结合研学基地资源、研学手册和专业教师团队的引导，旨在启发学生对不同职业领域的认识，激发他们的生涯规划意识。在教学过程中，我们运用了互动讨论法、角色扮演法、模拟体验法等多种教学方法，并鼓励学生进行小组合作与自主探究。为了增强学生的实践体验，我们组织学生参与模拟职场日、科技创新挑战、艺术创作展等活动，让学生在实践中了解各种职业角色，锻炼个人技能，塑造积极的学习态度，为他们的生涯启蒙和个性发展打下坚实的基础	针对初中段学生的特性，他们正处于青春期，开始形成独立的思考方式和对未来职业生涯的初步探索。基于多元智力理论及生涯启蒙教育的理念，我们选择了职业体验、行业探索、技能培养等核心研学站点。通过参观企业、工厂、专业工作室以及与从业人员的交流，结合研学基地资源、研学手册和专业教师团队的指导，旨在帮助学生认识各种职业路径，激发他们对生涯规划的思考。在教学过程中，我们采用了案例研究法、实操演练法、模拟游戏法等多种教学方法，并鼓励学生进行小组合作和自主学习。为了增强学生的实际操作经验和职场感知，我们组织学生参与职业角色扮演、行业实地考察、技能工作坊等活动，让学生在实践中加深对职业世界的理解，提升专业技能，塑造积极的学习态度，为他们的生涯选择和个性发展打下坚实的基础	针对高中段学生的特性，他们正处在人生关键的选择阶段，需要为大学专业选择和未来职业道路做出决策。基于多元智力理论及生涯启蒙教育的理念，我们选择了大学专业探索、职场体验、创业指导等核心研学站点。通过访问高等教育机构、参与实习、与企业创始人对话，结合研学基地资源、研学手册和专业导师团队的辅导，旨在帮助学生获取关于不同职业领域的深入了解，并激发他们对生涯规划的深度思考。在教学过程中，我们采用了翻转课堂、项目驱动学习、模拟实训等多种教学方法，并鼓励学生进行独立研究和团队合作。为了增强学生的实际操作经验和职场感知，我们组织学生参与行业实习、创业计划大赛、职业技能工作坊等活动，让学生在实践中检验理论知识，磨炼关键技能，培养积极的职业态度，为他们的生涯规划和未来发展打下坚实的基础

维度或要素				小学高年级段	初中段	高中段
实施方案	入营教育	安全	引导	通过营地安全通道、安全标识学习进行入营安全教育	通过营地安全通道、安全标识学习进行安全教育，寻找安全隐患并进行汇报	开展入营安全主题教育，探究营地可能发生的安全事故
			实训	安全教育公共课实施，形成“习惯安全”意识	通过教师的指导，学习安全手册，讨论制订疏散方案并组织疏散演练	通过教师的指导，学生分小组绘制疏散图、制订疏散方案，开展疏散演练
		应急	引导	掌握应急事件处理方法和技巧，学会冷静思考和随机应变的能力	通过视频了解自然灾害、火灾消防等案例，认识掌握应急事件处理方法和技巧	探究自然灾害和人为不当行为引起的火灾灾难程度，产生掌握应急技巧的意愿
			实训	实操学习包扎方法和中暑、崴脚等应急处置方法	通过实践体验，熟练使用灭火器，学习地震、火灾、车祸的应急技能	通过实践体验，学会合作使用消火栓，掌握灾难发生时应对、疏散和逃生方法
		救助	引导	研学过程中，如遇突发或不可预见性事件，需要救助的紧急情况	模拟真实情境，针对出血、骨折、搬运开展主题引导	模拟真实情境，针对地震火灾开展主题引导，提高应对措施和应变能力
			实训	牢记急救、救助电话号码，学习拨打流程	利用应急急救包开展模拟训练，学会止血、包扎、固定、搬运等急救技能	利用心肺复苏模拟人开展模拟训练，熟练掌握心肺复苏救助方法和技巧
		自我管理	引导	推动学生自主管理模式创设	通过分享自我管理成功案例，引发学生对情绪、时间、目标管理的兴趣	通过讲授心理建设课程，引发学生对时间、情绪、目标、健康管理的意愿
			实训	按考核方案汇总结果，评选优秀连队和个人，全程由学生主导，教师协助	通过拓展训练、性格解析、集体生活等项目，学会从不同层面进行情绪管理	通过绘图说话、心理团建等心理建设活动，提升时间、情绪等自我管理能力
		团队协作	引导	确保学生自主管理工作有效性，营地学管部对学生自主管理建设加强指导检查	通过体验拓展项目，引导学生发表对团队协作重要性的认识	通过团建课程，培养学生对于团队归属感和打造互助高效团队的深入认识
			实训	在营地教师指导下，设立连长和安全员，明确分工，责任到人	通过场地项目、中高空项目等拓展训练项目，完成破冰，并培养合作互助意识	通过高空项目、团建游戏等拓展训练项目和心理建设活动，打造互助高效团队

维度或要素		小学高年级段	初中段	高中段
实施方案	导入教学环节	1. 多媒体展示：利用投影仪、电子白板等多媒体设备，展示不同职业的图片、视频和相关信息；2. 实物展示：将一些与不同职业相关的实物带到课堂上进行展示；3. 角色扮演：让学生扮演不同的职业角色，体验不同职业的工作内容和职责；4. 实地考察：组织学生到实际工作场所进行考察和参观；5. 互动讨论：组织学生进行小组或全班讨论，让他们分享自己对不同职业的认识和看法；实践体验：设计一些简单的实践活动，让学生亲自动手尝试完成一些与不同职业相关的任务	1. 多媒体展示：利用投影仪、电子白板等多媒体设备，展示不同职业的图片、视频和相关信息；2. 实物展示：将一些与不同职业相关的实物带到课堂上进行展示；3. 角色扮演：让学生扮演不同的职业角色，体验不同职业的工作内容和职责；4. 实地考察：组织学生到实际工作场所进行考察和参观；5. 互动讨论：组织学生进行小组或全班讨论，让他们分享自己对不同职业的认识和看法；实践体验：设计一些简单的实践活动，让学生亲自动手尝试完成一些与不同职业相关的任务	1. 多媒体展示：利用投影仪、电子白板等多媒体设备，展示不同职业的图片、视频和相关信息；2. 实物展示：将一些与不同职业相关的实物带到课堂上进行展示；3. 角色扮演：让学生扮演不同的职业角色，体验不同职业的工作内容和职责；4. 实地考察：组织学生到实际工作场所进行考察和参观；5. 互动讨论：组织学生进行小组或全班讨论，让他们分享自己对不同职业的认识和看法；实践体验：设计一些简单的实践活动，让学生亲自动手尝试完成一些与不同职业相关的任务
	授课教学环节	第一天：手工艺与设计，必修课程一“我是小木工”、必修课程二“我为‘小模特’做服装”；第二天：传统艺术与手作，必修课程三“小种子，大希望”；必修课程四“简易榫卯搭建”；第三天：自然与生态，必修课程五“设计好看的陶艺作品”、必修课程六“传统育苗”；第四天：生活技能与饮食文化，必修课程七“香包制作”、必修课程八“制作豆浆”；第五天：茶文化与发酵技术，必修课程九“我是小小茶艺师”、必修课程十“制作青梅酵素”	第一天：探索历史与艺术，必修课程一“铜箔画制作”、必修课程二“考古体验”；第二天：自然与生态体验，必修课程三“我是小小茶艺师”、必修课程四“体验微景观搭建”；第三天：传统技艺与创意表达，必修课程五“简易榫卯搭建”、必修课程六“制作竹雕笔筒”；第四天：生活美学与茶文化，必修课程七“小种子，大希望”、必修课程八“制作葡萄酒”；第五天：环境美化与职业探索，必修课程九“体验凤丹茶制作”、必修课程十“变废为宝——制作好看的丝网花”	第一天：探索地方文化与艺术，必修课程一“体验铜工艺作品制作”、必修课程二“给家乡博物馆做解说”；第二天：自然与生态体验，必修课程三“物联网：智能灌溉”、必修课程四“体验微景观搭建”；第三天：传统技艺体验、必修课程五“实景榫卯搭建”、必修课程六“体验制作竹雕作品”；第四天：科技与生活美学，必修课程七“制作葡萄酒”、必修课程八“体验凤丹茶制作”；第五天：创意与实践，必修课程九“月季扦插”、必修课程十“体验3D打印技术”

维度或要素		小学高年级段	初中段	高中段
实施方案	进级教学环节	1.小组合作：设计并制作一个小型家具或装饰品；2.自主探究：学生们自行研究不同的服装设计风格，然后为“小模特”设计一套独一无二的服装；3.自主实践：学生亲自参与种植过程，从准备土壤、播种到浇水，亲手照料植物的成长；4.实践探索：学生们尝试将陶艺与植物育苗相结合，设计并制作一个陶艺花盆，用于种植植物；5.小组讨论：探讨如何在日常生活中实践环保，例如减少塑料使用、垃圾分类等	1.小组合作：学生们分组，利用所学的历史知识，合作绘制一个有关古代文明发展演进的地图，包括重要历史事件的标注；2.自主探究：学生们独立选择一个自然生态主题，进行现场考察或资料搜集，撰写一份详细的研究报告；3.自主实践：学生根据自己的理解，设计一套独特的茶艺表演流程，亲自实践并展示给同伴；4.实践探索：学生参与葡萄种植、收获、发酵到成品的整个酿酒过程，了解葡萄酒的制作工艺和文化背景；5.小组讨论：学生们分小组讨论如何将环保理念融入未来的职业生涯中，探讨不同行业可以如何贡献于环境保护	1.小组合作：学生小组合作设计一场关于地方文化与艺术的展览，包括铜工艺作品、家乡历史文物等；小组成员需共同研究展品的历史背景、文化意义，并准备展览解说词；2.自主探究：学生独立或小组探讨如何利用物联网技术改善校园或家庭环境，设计一个智能灌溉或照明系统，并撰写实施方案报告；3.自主实践：学生根据提供的竹材料和工具，设计并制作一件个性化的竹雕艺术品；完成后，学生将展示自己的作品并分享创作过程和心得；4.实践探索：学生亲身参与制作葡萄酒和凤丹茶的过程，了解这两种饮品的传统制作方法及其在生活中的文化意义；5.小组讨论：学生小组探讨如何将3D打印技术与传统榫卯技术相结合，并讨论这种融合对传统手工艺的影响和未来发展
	巩固教学环节	1.创意木工坊展示：学生小组将他们的木工项目进行展示，讲解设计理念、制作过程，接受同学和老师的点评；2.时尚设计走秀：学生将自己设计的服装在小组内进行走秀展示，解释设计灵感来源，并分享设计制作的经验；3.生态种植日志：学生记录自己种植过程中的每一步，包括植物生长情况、遇到的问题及解决方法	1.历史剧本创作与表演：学生小组选择一个重要的历史事件或人物，编写短剧本并进行角色扮演；2.生态系统模拟项目：学生独立或小组研究一个自然生态系统，构建一个模拟环境来观察和分析生态平衡；3.茶艺与文化分享会：学生准备一场关于茶文化和茶艺的分享会，向同学介绍不同茶叶的来源、制作过程和品饮技巧，以及茶文化在历史上的影响	1.文化传承项目展示：学生小组将他们设计的地方文化与艺术展览方案具体实施，并在班级或学校内举办实体展览；2.生态环境保护方案设计：学生独立调查当地生态环境问题，如水资源短缺、空气污染等；3.创意3D设计大赛：使用3D打印技术，结合传统工艺元素，共同设计并制作一个创意物品

维度或要素			小学高年级段	初中段	高中段
实施方案	总结教学环节	教学创新	研学教师带领学生一起总结和回顾，组织研学知识问答比赛；通过讲故事、做手抄报等多种活动加深对铜陵市特色文化与人文历史的认识；研学感想分享交流	研学教师带领学生一起总结和回顾，组织研学知识问答比赛；写一份家书；探究环境变迁及其与人类活动的关系	研学教师带领学生一起总结和回顾，组织研学知识问答比赛；通过研学报告、答辩等方式阐释在实践中如何处理家庭中的生活垃圾；以徽州文化为主题演讲
		教学总结	通过动手实践、实地考察、教师引导讲解、学生分享交流等多样化方式完成研学实践课程	1. 结合学生的实际情况，以多样的活动形式来激发学生的思考，促进他们的创造力和责任意识；2. 在实践中，不断激发学生的领导意识，并引导学生体验不同场景，培养他们的个人综合实践能力	1. 根据学生的实际学习情况，我们通过互动式教学、双向交流式教学、体验式教学，培养学生的表达能力、领导能力与管理能力；2. 学生通过竞选方式获得领队资格，提升趣味性的同时也提高了学生参与活动学习的积极性，培养团队意识
		教学反思	1. 研学工作结束后，及时汇总研学过程中出现的问题，以及做得好的地方，便于改正或形成经验；2. 在研学过程中，教师应加强对学生的引导，让他们更深入地理解和感受研学中学习的知识	1. 研学工作结束后，及时汇总研学过程中出现的问题，以及做得好的地方，便于改正或形成经验；2. 可以考虑将更多的领域和议题纳入研学教学的范围，以丰富学生的学习体验	1. 研学工作结束后，及时汇总研学过程中出现的问题，以及做得好的地方，便于改正或形成经验；2. 教师应加强对学生研学资料整理能力的培养，帮助他们更好地整理和展示研学成果

维度或要素				小学高年级段	初中段	高中段
实施方案	评价教学环节	教学水平评价	自我评价	从课程的目标、课程内容、实施策略、评价以及学生参与度表现等方面进行自我评价	从研学过程中课程管理、教学方法、教学工具的应用等角度进行自我评价，进一步提高自身水平	从研学活动整体、学生学习效果等方面进行整体评价，做到教学相长
			学生评价	随机抽取学生对教学进行口头评价，统计评价情况	对学生在研学中的学习成果、团队合作、问题解决能力等多方面的展示进行评价	从教学水平、组织能力、互动方式、对学生的关心与指导等多个方面进行评价
			同行评价	邀请其他研学导师对于课程设计以及在实施课程中观摩课程来给予评价	从学术角度评价研学教师的教学设计、组织、引导能力以及课程设置的合理性	邀请其他研学导师对于课程设计以及在实施课程中观摩课程来给予评价
			培训和考核	定期参与营地内研学导师培训和教学评比工作	组织培训课程，研讨会、工作交流会，提供实际操作和互动学习的机会	师资培训，建立以教育教学目标为培训基础的教师专业发展培训制度
			教学成果展示	定期参与营地内教学评比活动，展示课程并不断改进	教师展示研学成果，如研究报告、学生作品、活动照片，以便进行评估	运用图文、影像资料记录学生的表现，用学生过程性资料展示研学实践成果，通过网络平台等形式进行教学成果展示

维度或要素				小学高年级段	初中段	高中段
实施方案	评价教学环节	学业评价	形成性评价	对学生在研学活动中是否能始终保持积极态度，对学习内容充满热情，能在小组讨论中，主动发言，分享自己的观点，并与同学进行深入讨论等方面进行评价	对学生在研学实践中是否能灵活运用所学知识解决问题，并在活动中体现的动手能力、实践技能、表达能力等方面进行评价	在研学实践中，通过科学的规划，学生可通过探究性作业和实践性作业实现跨学科整合，并对学生在研学过程中的表现和成果进行评估
			总结性评价	通过调查报告、研学日记、报告等结果性材料给予学生评价，这些评价都是为了对学生的学习情况进行全面了解和反馈	以学生的动手能力、实践技能为主导，根据研学学习目标标准，运用作品展示、分享交流、研究报告等多种形式对学生的目标达成程度进行评估	在研学过程中，需要对学生的参与度、动手能力、表达能力、探究能力以及创新能力等因素进行综合评估
			教师评价	根据学生在研学准备阶段、实践阶段和结束后的参与度以及作业完成情况进行评价	根据学生在研学活动中的表现和成果，以课程成果汇报交流的形式对学生进行交流评价	根据学生在研学活动中的表现和成果，以研究性学习成果汇报交流的形式对学生进行交流评价
		项目评价		行政主管部门、学校、学生、家长以及社会各界通过问卷调查、实地调研、座谈会等多种形式，对研学实践教育中的课程标准、实施程度、多学科领域课程纳入等方面进行评价，旨在持续改进研学实践教育	行政主管部门、学校、学生、家长以及社会各界通过问卷调查、实地调研、座谈会等多种形式，对研学实践教育中的课程标准、实施程度、多学科领域课程纳入等方面进行评价，旨在持续改进研学实践教育	行政主管部门、学校、学生、家长以及社会各界通过问卷调查、实地调研、座谈会等多种形式，对研学实践教育中的课程标准、实施程度、多学科领域课程纳入等方面进行评价，旨在持续改进研学实践教育

4.9 教学计划与策略列表：探寻独特民俗　领略闽南文化

<table>
<tr><td colspan="3">营地名称</td><td>晋江中小学生示范性综合实践基地（简称“晋江营地”）</td><td>命名机构</td><td>教育部</td><td>识别码</td><td>Y145350001</td></tr>
<tr><td colspan="3">从业资质（摘要）</td><td>综合实践教育；研学实践教育；劳动教育</td><td>单位属性</td><td>公益一类</td><td>法定代表人</td><td>董佳毅</td></tr>
<tr><td colspan="3">研学主题</td><td>探寻独特民俗　领略闽南文化</td><td colspan="2">主要目的指向</td><td colspan="2">启蒙教育</td></tr>
<tr><td rowspan="7">营地（枢纽）及周边主要优质研学资源</td><td colspan="2">基地层级</td><td colspan="5">研学站点（基地）名称</td></tr>
<tr><td rowspan="2">教育部命名基地</td><td>已列入教学计划</td><td colspan="5">一、与本主题相关的列入教学计划的基地5个
1.泉州市示范性综合实践基地（简称“晋江营地”）；2.泉州市晋江市五店市传统文化旅游区（简称“五店市”）；3.顺美陶瓷文化世界（简称“顺美陶瓷”）；4.泉州市洛江区中小学生综合实践基地（简称“洛江基地”）；5.福建省泉州市博物馆（简称“泉州市博物馆”）
二、与本主题关联不大但列入本营地教学计划的基地6个
1.福州市三坊七巷·严复翰墨馆（简称“严复翰墨馆”）；2.福建土楼（南靖）青少年社会实践活动中心（简称“南靖土楼”）；3.厦门科技馆管理有限公司（简称“厦门科技馆”）；4.漳州东南花都花博园（简称“漳州东南花都”）；5.龙岩市古田旅游集团有限公司（简称“古田会址”）；6.厦门市中小学生综合实践基地（简称“厦门基地”）</td></tr>
<tr><td>待列入教学计划</td><td colspan="5">1.福州市中国船政文化景区（简称“福州船政”）；2.福建闽越王城博物馆（简称“闽越王城”）；3.福州市林则徐纪念馆（简称“林则徐纪念馆”）</td></tr>
<tr><td colspan="2">其他部委命名基地</td><td colspan="5">福建省东星石文化艺术博物馆（简称“东星奢石馆”）</td></tr>
<tr><td colspan="2">地方命名基地</td><td colspan="5">1.泉州市田野风观光果园有限公司（简称“田野风”）；2.惠安崇武古城（简称“崇武古城”）；3.惠安女民俗风情园（简称“惠女风情园”）；4.惠女服饰传习所；5.泉州溪禾山铁观音文化园（简称“溪禾山”）；6.福建省国心绿谷农业发展有限公司（简称“国心绿谷”）；7.湖头民俗文化——阆湖博物馆&李光地故居（简称“湖头民俗文化”）；8.中国洞上陶艺村（简称“洞上陶艺村”）；9.泉州市木偶剧团（简称“木偶剧团”）；10.泉州梨园剧团（简称“梨园剧团”）；11.泉州南音艺苑（简称“南音艺苑”）</td></tr>
<tr><td colspan="2">本营地资源</td><td colspan="5">1.晋江中小学生示范性综合实践基地耕畴园（简称“耕畴园”）；2.红十字生命安全体验馆；3.晋江市防震减灾科普馆（简称“防震减灾科普馆”）；4.晋江市禁毒科普馆（简称“禁毒科普馆”）；5.晋江市中医药文化宣传教育基地（简称“晋江中医药文化基地”）</td></tr>
<tr><td colspan="2">其他资源</td><td colspan="5">国能神福（晋江）热电有限公司（简称“国能神福”）</td></tr>
</table>

维度或要素	小学高年级段	初中段	高中段
校内教育基础（与校内教育的衔接）	对照“义务教育必修课程方案和必修课程标准（2022年版）”，小学高年级段在科学方面提出要通过分析、比较、抽象、概括等方法，抓住简单事物的本质特征，展示对事物的系统、结构、关系、过程及循环的理解，能使用或建构模型，解释有关的科学现象和过程。对照课标，小学高年级段在道德与法治方面提出要爱亲敬长，爱集体、爱家乡、爱祖国；喜爱动手动脑，乐于想象与制造；乐于参与劳动和有意义的活动；初步了解生活中的自然、社会常识等目标。对照课标，小学高年级段在语文方面提出要培养爱国主义感情、社会主义思想道德和健康的审美情趣，发展个性，培养合作精神，逐步形成积极的人生态度和正确的价值观；认识中华文化的丰厚博大，吸收民族文化智慧等目标。本研学主题必修课程与校内教育的衔接内容如下：1.教科版科学四年级下册第四单元“岩石和矿物”；2.部编版道德与法治三年级下册第7课“请到我的家乡来”，五年级上册第6课“我们神圣的国土”，四年级下册第11课“多姿多彩的民间艺术”，四年级下册第四单元“我们当地的风俗”，四年级下册第12课“家乡的喜与忧”；3.部编版语文四年级下册第5课“琥珀”；4.人教版科学四年级上册第一章第二节“学会使用地图”	对照“义务教育必修课程方案和必修课程标准（2022年版）”，初中段在地理方面提出要使学生具有初步的地理科学素养和人文素养，养成爱国主义情感等目标；对照课标，初中段在历史方面提出要使学生形成热爱家乡、热爱祖国等意识的目标；对照课标，初中段在美术方面提出要培养学生在广泛的文化情境中认识美术、提高审美情趣和能力等目标要求；对照课标，初中段在语文方面提出要形成自觉的审美意识，培养高雅的审美情趣，积淀丰厚的文化底蕴，继承和弘扬中华优秀传统文化、革命文化、社会主义先进文化等目标。本研学主题必修课程与校内教育的衔接内容如下：1.人教版地理七年级上册第四章“居民与聚落”；2.部编版历史七年级下册第16课“繁荣的宋元文化”，人教版历史七年级上册第2课“原始农耕生活”；3.山东教育出版社美术八年级上册第2课“异彩纷呈的中国古代雕塑、工艺和建筑”，人教版美术九年级上册第2课“民俗文化展”；4.人教版语文九年级上册第22课“范进中举”，部编版语文九年级上册第3课“乡愁”	高中段在数学方面要培养学生空间想象、抽象概括等能力；对照课标，高中段在历史方面要培养学生主动学习，在多样化、开放式的学习环境中，充分发挥学生的主体性、积极性与参与性，增强创新意识和实践才能；对照课标，高中段在生物方面提出要使学生养成科学思维的习惯，形成积极的科学态度等目标；对照课标，高中段在语文方面提出要使学生形成正确的世界观、人生观、价值观，为形成良好个性和健全人格打下基础，为培养学生求真创新的精神、实践能力和合作交流能力，促进德智体美劳全面发展及学生的终身发展打下基础。对照课标，高中段在美术方面提出要使学生懂得文化艺术、弘扬民族精神，发挥个性、激发创新精神、增强实践才能。本研学主题必修课程与校内教育的衔接内容如下：1.高中数学必修二第一章“空间几何体”；2.人教版高中历史必修二第二课“古代手工业的进步”；3.人教版高中生物必修二第六章第一节“生物有共同祖先的证据”；4.人教版高中语文必修一第7课“归园田居”；5.人教版高中美术选修：美术鉴赏第9课“美在民间”

维度或要素			小学高年级段	初中段	高中段
研学课程	必修课程一	名称	对话五店市	探访状元文化	五店市的建筑采风
		活动目的	了解晋江家风家训概况，学习古代对后代的影响	了解晋江历代状元概况，学习古代学子刻苦学习和精益求精的精神	掌握晋江的建筑概况，学习古代刻苦学习和精益求精的工匠精神
		活动形式	教师讲授、小组合作	教师讲授、任务驱动	实地探访、实践体验相结合
	必修课程二	名称	对话蔡氏宗祠	晋江人与宗祠文化	宗祠文化的重要意义
		活动目的	了解晋江宗祠文化，认识自己家乡独特的历史渊源	了解晋江宗祠文化，认识自己家乡独特的历史渊源	学会晋江宗祠文化意义，介绍自己家族的文化
		活动形式	教师讲授、实地探访、参观讲解	实地探访、情境模拟	自主探究、交流分享、实践体验相结合
	必修课程三	名称	石头的一生	探寻石头与人类的关系	体悟农耕艰辛
		活动目的	了解石头的一生，了解自然界与人类的关系	了解石头在人类发展史的各个时期中扮演的一些不可或缺的角色	室外农耕体验，养成劳动习惯，提升劳动素养
		活动形式	小组讨论、实地探访、小组合作相结合	参观讲解、实地探访、任务驱动	合作交流、实地探访、动手体验
	必修课程四	名称	旱地劳作	趣味劳作	探寻石头与人类的关系
		活动目的	室外农耕体验，养成爱劳动的习惯，懂得珍惜粮食	室外农耕体验，体验劳动的乐趣，懂得尊重劳动成果	学习石头在人类发展史的各个时期中扮演的一些不可或缺的角色，学会一些石头雕刻艺术
		活动形式	教师讲授、分工合作	分享交流、实地探访	资料查阅、探索研究

维度或要素			小学高年级段	初中段	高中段
研学课程	必修课程五	名称	崇武古城的诉说	探秘崇武古城	勿忘国耻　我辈自强
		活动目的	参观抗倭历史旧地，了解古城的厚重历史	参观抗倭历史旧地，了解古城的瑰丽艺术	参观抗倭历史旧地，深入学习古城的厚重历史
		活动形式	小组交流、实地探访、实践体验相结合	教师讲授、考察探究	情境模拟、实践体验相结合
	必修课程六	名称	泉州非遗在心中	泉州非遗我传承	德化陶瓷制作之乐
		活动目的	了解泉州的非物质文化遗产项目，树立基本的保护非物质文化遗产的意识	了解泉州的非物质文化遗产项目，树立基本的非物质文化遗产的传承意识	学习德化窑各历史时期烧制瓷器的特征，体验德化白瓷的制作工艺
		活动形式	实地探访、实践体验	资料查阅、实地探访、实践体验	任务驱动、项目实践
	必修课程七	名称	品味梨园戏	南音鉴赏	茶艺体验
		活动目的	了解梨园戏行当相关知识，初步分辨戏剧中不同角色所属的行当	认识南音表演乐器，了解其表演特色	学习泡茶礼仪，知道泡茶的基本用具及步骤
		活动形式	小组合作、探索实践	教师讲授、实地探访、任务驱动	职业体验、实践操作
	必修课程八	名称	安溪茶（铁观音）文化	德化陶瓷史话	我与泉州非遗
		活动目的	了解中国茶文化，了解铁观音的特色与采制流程	了解德化窑各历史时期烧制瓷器的特征，感受德化白瓷的魅力	知道泉州的非物质文化遗产项目，学会基本的保护非物质文化遗产的本领
		活动形式	实地探访、参观讲解	探访研究、实践操作	设计制作、实践操作

维度或要素			小学高年级段	初中段	高中段
研学课程	必修课程九	名称	德华陶瓷史话	走进惠安女	体验惠安女文化
		活动目的	了解德化窑各历史时期烧制瓷器的特征，感受德化白瓷的魅力	了解惠女生活，学习惠女精神，感受闽南独特民俗	体验惠女生活，学习惠女精神，为闽南独特民俗“打call”
		活动形式	教师讲授、分享交流	实地探访、小组分工	实践体验、情境模拟
	必修课程十	名称	古老的月记窑	扎染的世界	探究惠女服饰文化
		活动目的	参观月记窑，了解龙窑的结构，认识古法柴烧陶瓷的技艺	了解扎染技艺的特点和历史，提高审美意识和开阔眼界	了解惠女服饰的特点和历史，提高审美意识
		活动形式	教师讲授、资料查阅	体验交流、分享辩论	自主探究、角色扮演
	选修课程		1. 入营教育 2. 五店市名片分享 3. 闽南红砖古厝 4. 糖画制作 5. 玉石的智慧 6. 海丝起点 7. 陶艺DIY	1. 入营教育 2. 五店市的故事 3. 闽南红砖古厝 4. 糖画制作 5.DIY石趣 6. 海丝起点 7. 唐宋遗音	1. 入营教育 2.DIY石趣 3. 陶艺DIY 4. 提线木偶文化 5. 木偶制作 6. 梨园戏基础动作

维度或要素		小学高年级段	初中段	高中段
研学线路	代表性线路（时长五日）	第一天：晋江营地—五店市—东星耆石馆—晋江营地；第二天：晋江营地—田野风—崇武古城—晋江营地；第三天：晋江营地—泉州博物馆—梨园剧团—晋江营地；第四天：晋江营地—溪禾山—湖头民俗文化—晋江营地；第五天：晋江营地—顺美陶瓷—洞上陶艺村—晋江营地	第一天：晋江营地—五店市—东星耆石馆—晋江营地；第二天：晋江营地—田野风—崇武古城—晋江营地；第三天：晋江营地—泉州博物馆—南音艺苑—晋江营地；第四天：晋江营地—顺美陶瓷—洞上陶艺村—晋江营地；第五天：晋江营地—惠女风情园—洛江基地—晋江营地	第一天：晋江营地—五店市—田野风—晋江营地；第二天：晋江营地—东星耆石馆—崇武古城—晋江营地；第三天：晋江营地—顺美陶瓷—国心绿谷—晋江营地；第四天：晋江营地—泉州博物馆—木偶剧团—晋江营地；第五天：晋江营地—惠女风情园—惠女服饰传习所—晋江营地
	可选择线路（按天设计，菜单式选择）	1.晋江营地—七匹狼—晋江营地；2.晋江营地—晋江城市展馆—晋江市图书馆—晋江营地；3.晋江营地—晋江市博物馆—晋江市科技馆—晋江营地；4.晋江营地—木偶剧团—泉州市博物馆—晋江营地；5.晋江营地—清源山—晋江营地；6.晋江营地—开元寺—晋江营地；7.晋江营地—香文化博物馆—晋江营地；8.晋江营地—海交馆—晋江营地；9.晋江营地—海丝博物馆—晋江营地	1.晋江营地—闽台缘博物馆—晋江营地；2.晋江营地—洛阳桥—晋江营地；3.晋江营地—月记窑—德化陶瓷博物馆—晋江营地；4.晋江营地—永春顺德堂醋厂—永春桃溪醋厂—晋江营地；5.晋江营地—崇武古城—惠安鼎立艺术馆—晋江营地；6.晋江营地—漳州东南花都—晋江营地；7.晋江营地—云水谣—晋江营地；8.晋江营地—厦门科技馆—晋江营地；9.晋江营地—八二三战地公园—晋江营地	1.晋江营地—文庙—绿港园—晋江营地；2.晋江营地—云水谣—晋江营地；3.晋江营地—埭美古民居落—晋江营地；4.晋江营地—严复翰墨馆—晋江营地；5.晋江营地—鼓浪屿—晋江营地；6.晋江营地—武夷山—晋江营地；7.晋江营地—古田会址—晋江营地；8.晋江营地—长汀古城—南靖土楼—晋江营地；9.晋江营地—古田会址—毛主席纪念园—晋江营地
	规划线路（按天设计）	1.晋江营地—海丝博物馆—来旺良品堂—晋江营地；2.晋江营地—陈嘉庚纪念馆—集美塔—厦门基地；3.厦门基地—厦门大学—晋江营地	1.晋江营地—安溪茶厂—晋江营地；2.晋江营地—梧林传统村落—晋江营地；3.晋江营地—古田会址—毛主席纪念园—晋江营地	1.晋江营地—鸿江盆景—晋江营地；2.晋江营地—长汀古城—晋江营地；3.晋江营地—土楼自然文化博物馆—晋江营地

维度或要素		小学高年级段	初中段	高中段
教学重点难点（以代表性线路教学设计为例，下同）	教学重点	1.对闽南独特的民俗文化、状元文化、宗祠文化等形成一定认识；2.认识农耕文化的起源与发展；3.学习泉州非遗项目，体会梨园戏的音律和韵味；4.学习德化窑古今瓷器的发展和成就，进一步了解中国白瓷文化	1.能够分辨不同石头的种类、说出不同石头的特点等；2.掌握一定的农耕文化；3.学习崇武古城抗倭历史，增强民族自豪感；4.了解泉州非遗项目，认识南音表演及其特色	1.通过德化窑古今瓷器的发展和成就，增强民族自信；2.学会铁观音制茶方法；3.体验泉州非遗项目，学会一项非遗制作；4.对惠女独特民俗文化及服饰特点形成深入了解
	教学难点	1.指导、培养学生传承优秀传统文化的意识和能力；2.树立正确的劳动观点和劳动态度；3.理解非物质文化遗产存在的意义，树立保护非物质文化遗产的意识，培养家国情怀；4.掌握中国茶文化的丰富与悠久；5.感受德化白瓷的魅力，自觉传承和发扬优秀传统文化	1.掌握石头与人类的关系；2.培养学生历史时空观念，树立正确的历史价值观；3.理解非物质文化遗产存在的意义，树立保护非物质文化遗产的意识，培养家国情怀；4.感受德化白瓷的魅力，自觉传承和发扬优秀传统文化；5.学习惠女精神，自觉传承惠女服饰文化	1.培养学生历史时空观念，树立正确的历史价值观；2.体验德化白瓷制作工艺；3.掌握中国茶文化；4.懂得非物质文化遗产存在的意义，树立非物质文化遗产传承的意识，培养家国情怀；5.学习惠女精神，为自己的理想不懈努力

维度或要素	小学高年级段	初中段	高中段
教学策略	小学高年级段学生有着适合学习的学习风貌，可塑性较强；通过亲身参与劳动、榜样引领等形成一定的社会责任感，具有积极劳动的热情，热爱劳动的习惯，并能珍惜他人的劳动成果；有基本的文化素养和创造精神。基于以上学情，根据建构主义、合作教育等理论，选取劳动启蒙、艺术启蒙、中华文化启蒙等内容，依托当地及周边区域与启蒙教育相关的研学基地研学资源及信息技术手段等，采取讲授法、参观法、讨论法、任务驱动法等教法，体验式学习、合作学习、探究式学习等学法，体验劳作艰辛、走进传统街区、探索历史遗存等活动，达到热爱劳动、提高艺术赏析能力、传承优秀文化等目的	初中段学生正处在身心发展、成长过程中，在情绪、情感、思维、意志、能力和性格上还缺乏稳定和不成熟，可塑性较强；且在年龄特点上呈现出好动、好奇、好表现等特征，应激发学生兴趣，使其主动参与学习；从认知水平和能力来看，学生处于形象思维向抽象思维过渡的阶段，对历史的认识仍处在感性认识阶段，需要引导学生辩证看待问题，提高其分析问题和认识问题的能力。基于以上学情，根据建构主义、多元智力等理论，选取劳动启蒙、艺术启蒙、中华文化启蒙等内容，依托当地及周边区域与启蒙教育相关的研学基地研学资源及信息技术手段等，采取情境模拟教学、研讨互动教学、案例教学等教法，自主学习、合作学习、探究式学习等学法，激发学生深入了解民俗文化的兴趣，运用理性的思维方式认识历史，解决问题，培养团队意识和互助精神，培养艺术表达和创意表现的兴趣和意识	高中段学生学习目的性强，思维独立性强、自觉性高；学习任务、课业负担加重，有较强的竞争意识，应注重发挥学生的主动作用，引导学生积极向上；高中生知识储备丰富，动手能力强，适应性强，拥有无限潜能。基于以上学情，根据人本主义、建构主义、多元智力等理论，选取劳动启蒙、艺术启蒙、中华文化启蒙等内容，依托当地及周边区域与启蒙教育相关的研学基地研学资源及信息技术手段等，采取讨论法、练习法、实验法等教法，自主学习、合作学习、探究式学习等学法，以学生为中心，注重学生的参与性、主动性、体验性，看到每个学生的独特性，因材施教。发掘学生的好奇心和想象力，通过小组任务培养动手操作能力，引导学生思考传统文化的重要作用，掌握适合自身的学习方法，善于总结经验，根据实际情况调整学习策略或者学习方法，培养应用、掌握知识的兴趣和意愿

维度或要素				小学高年级段	初中段	高中段
实施方案	入营教育	安全	引导	通过营地安全通道、安全标识学习进行入营安全教育	通过营地安全通道、安全标识学习进行入营安全教育，寻找安全隐患	通过营地安全通道、安全标识学习进行入营安全教育，知道遇到危险如何逃生
			实训	学习安全手册，强化安全意识	学习安全手册，强化安全意识，思考解决安全隐患的办法	学习安全手册，引起对安全的重视，分组制订疏散方案、路线
		应急	引导	通过观看视频，了解应急事件处理的方法、技巧	通过视频学习，掌握应急事件处理的方法和技巧	通过视频学习，掌握应急事件处理的方法和技巧，分组制订应急方案
			实训	观看典型视频，了解逃生技巧，组织应急疏散演练	观看典型视频，学习应急技能，组织应急疏散演练	观看典型视频，掌握应急技能，分组制订疏散方案，开展应急疏散演练
		救助	引导	通过案例情境，帮助学生快速掌握需要救助时的流程，特别是记住救助电话	通过案例情境，培养学生遇到需要求助时，主动寻找和利用各种资源的能力	通过案例情境，掌握遇到危险自救、互救的能力
			实训	模拟实施角色扮演等活动，帮助学生熟悉救助流程	模拟实施包括角色扮演、团队合作等活动，学生熟悉救助流程	模拟实施包括角色扮演、团队合作、案例分析等活动，掌握救助方法
		自我管理	引导	通过情绪管理的培训和指导，帮助学生了解应对压力和困难的方法	通过情绪管理的培训和指导，学生掌握应对压力和困难的方法	通过情绪管理的培训和指导，学生懂得缓解压力和解决困难
			实训	开展角色扮演、心理游戏等活动，了解自我管理的内容和方法	开展角色扮演、团队拓展等活动，学习从多层面进行情绪管理	开展案例分析、心理团建等活动，提升时间管理、情绪管理等自我管理能力
		团队协作	引导	从集体生活的细节，引导学生认识团队协作的重要性	从集体生活的细节，引导学生认识到一个人可以走很远、一群人可以走更远	从集体生活的细节，引导学生打造高效团队
			实训	通过丰富多彩的游戏项目培养学生的合作互助意识和集体意识	通过丰富多彩的拓展训练项目培养学生的合作互助意识	通过丰富多彩的团队拓展训练项目培养学生的合作互助意识

维度或要素		小学高年级段	初中段	高中段
实施方案	导入教学环节	1.提问导入：五店市的传统建筑为什么被称为“皇宫体（起）”，激发学生兴趣；2.谈话导入：邀请学生谈一谈对传统农具的认识，引出农耕课堂、智慧农业；3.视频导入：通过多媒体播放泉州非物质文化遗产，激发学生对非遗文化的兴趣，树立基本的非遗保护意识；4.问题导入：通过思考中国乌龙茶之乡、世界名茶铁观音的发源地在哪里，引导学生带着问题走进茶园，激发兴趣；5.任务导入：在研学活动前，设计好玩的挑战活动，激发学生研学热情，让学生在探秘任务中，不断了解研学知识点	1.故事导入：讲“雕梁画栋皇宫起”的故事，激发学生兴趣；2.任务导入：通过设置任务，引导学生在走进果园过程中记录见到的水果名称及生长习性、特点和科学种植方法等，激发学生探究欲望；3.谈话导入：泉州南音被称为传统文化中的活化石，请结合自己所学谈一谈南音对闽南民间戏剧文化的重要作用；4.任务导入：布置行前作业，指导学生查找研学地相关资料，罗列资料内容清单；5.视频导入：通过多媒体播放惠女服饰，指导学生理解独特的惠安女文化	1.视频导入：指导学生了解五店市的前世今生；2.视频导入：观看东星奢石的宣传片，激发学生探索的欲望；3.任务导入：选取博物馆里的任何一件展品，说明选择的理由，用颁奖词或相片展现所选展品“最美的一面”；4.互动导入：教师设计游戏与学生互动，调动学生热情；5.谈话导入：结合你的认识，请谈一谈你对惠安女有哪些印象，引出惠女文化、惠女精神
	授课教学环节	第一天：入营教育、必修课程二“宗祠文化”、选修课程2“五店市名片分享”、选修课程3“闽南红砖古厝”、必修课程三“探寻石头与人类的关系”、选修课程5“玉石的智慧”；第二天：必修课程四“体悟农耕艰辛”、必修课程五“探秘崇武古城”；第三天：必修课程六“泉州非遗”、必修课程七“品味梨园戏”；第四天：必修课程八“安溪茶（铁观音）文化”；第五天：必修课程九“德华陶瓷史话”、选修课程7“陶艺DIY”	第一天：入营教育、必修课程一“状元文化”、选修课程2“五店市的故事”、选修课程4“糖画制作”、选修课程5“DIY石趣”；第二天：必修课程四“体悟农耕艰辛”、必修课程五“探秘崇武古城”；第三天：必修课程七“南音鉴赏”、选修课程6“海丝起点”、选修课程7“唐宋遗音”；第四天：必修课程八“德化陶瓷史话”；第五天：必修课程九“走进惠安女”、必修课程十“扎染传承”	第一天：入营教育、必修课程三“体悟农耕艰辛”；第二天：必修课程四“探寻石头与人类的关系”、选修课程2“DIY石趣”、必修课程五“探秘崇武古城”；第三天：必修课程六“德化陶瓷史话”、选修课程3“陶艺DIY”、必修课程七“泡茶礼仪”；第四天：选修课程4“提线木偶文化”、选修课程5“木偶制作”、选修课程6“梨园戏基础动作”；第五天：必修课程九“走进惠安女”、必修课程十“探究惠女服饰文化”

维度或要素		小学高年级段	初中段	高中段
实施方案	进级教学环节	1.进行捏面人体验，了解特色手工艺制作；2.画出崇武海岸线最美角度，感受祖国大好河山的壮丽之美；3.学习梨园戏动作，激发对梨园戏的传承兴趣；4.体验泡茶过程，加深对安溪茶文化的了解；5.动手体验陶瓷上色制作，感受融于生活的陶瓷之美	1.分组进行DIY石趣活动，亲手发现玉石里的智慧；2.画出崇武海岸线最美角度，感受祖国大好河山的壮丽之美；3.学习南音唱腔，激发对南音的热爱；4.体验陶瓷制作工艺，为自己的父亲或母亲设计一件作品，并附上说明；5.体验扎染技艺，传承非物质文化遗产	1.分组讨论并以五店市不同的传统特色，如街区建筑与民俗、南音、木偶戏、高甲戏等为课题完成探索；2.小组记录在博物馆里发现的自己喜欢的藏品，并概括其共同点；3.小组思考讨论决定安溪铁观音优异品质的主要因素有哪些；4.体验木偶彩绘，制作木偶，激发对木偶戏的热爱；5.体验惠女采茶劳作的辛苦与乐趣
	巩固教学环节	1.以小组为单位交流讨论如何更好地传承传统文化，对学生所学研学内容进行巩固；2.分组亲身体验农耕，并分享自己在团队中扮演了什么角色，对当天所学研学内容进行巩固；3.小组讨论你想要传承哪种非遗技艺，对当天所学研学内容进行巩固；4.以小组为单位讨论分享保存铁观音都有哪些技巧，帮助学生对所学研学内容进行巩固；5.小组讨论分享怎样更好地传承和发扬陶瓷技艺，帮助学生对研学内容进行巩固	1.介绍分享石头可以为人类提供哪些帮助，对学生所学研学内容进行巩固；2.以小组为单位写一段话为崇武古城做宣传，对所学研学内容进行巩固；3.小组制作泉州提线木偶申遗卡，帮助学生对所学研学内容进行巩固；4.小组查一查宋元时期海上丝绸之路的主要货物，分析泉州港兴起的有利条件，帮助学生对所学研学内容进行巩固；5.以小组为单位分享如何改善惠女服饰这一民间艺术逐渐衰落的现状，让学生对研学内容进行巩固	1.以小组为单位交流讨论中国传统建筑美在哪里，对学生所学内容进行巩固；2.小组谈谈对海峡两岸关系的认识，对所学研学内容进行巩固；3.小组合作：在制茶体验区观察并尝试体验制茶工艺，把制茶的步骤记录下来，并写下你的感受，对学生所学研学内容进行巩固；4.木偶戏在世界各国受到广泛的欢迎，小组讨论木偶戏的魅力在哪里，巩固研学内容；5.小组探讨：惠安女服饰发展演变过程，对研学内容进行巩固

维度或要素			小学高年级段	初中段	高中段
实施方案	总结教学环节	教学创新	结合小学高年级段学生的年龄特点，导入方式多样化，体验活动形式多样、难易有度，激发学生的学习兴趣	鼓励学生多角度思考问题，引导学生发现并解决问题，提高创造力和责任担当意识	通过小组合作探究的方式，引导学生主动学习、深入思考，撰写研学报告，培养探究意识和自主学习能力
		教学总结	评价与交流，引导学生加深对责任与担当的理解；及时收集学生、家长和其他相关人员的反馈，了解教学环节的优点和不足，整理研学活动的教学资料，建立学习档案	总结研学过程和相关重要内容，引导学生加深对责任与担当的理解；及时收集学生、家长和其他相关人员的反馈，了解教学环节的优点和不足，整理研学活动的教学资料，建立教学档案	引导学生总结研学过程的重要内容，撰写研学报告；通过小组讨论加深对责任与担当的理解；及时收集学生、家长和其他相关人员的反馈，了解教学环节的优点和不足，整理研学活动的教学资料，建立教学档案
		教学反思	根据教学反馈和评估结果，梳理教学环节的设计、实施和效果，对教学环节进行调整和优化	根据教学反馈和评估结果，对教学环节进行调整和优化，调整“研”与“学”的适合比例，梳理教学环节的设计、实施和效果，提炼经验教训，为下一次研学活动提供参考	根据教学反馈和评估结果，对教学环节进行调整和优化，进一步梳理与学校课程的衔接程度，进一步优化责任与担当教育在课程中的呈现，提炼经验教训，梳理教学环节的设计、实施和效果，提炼经验教训，为下一次研学活动提供参考

维度或要素				小学高年级段	初中段	高中段
实施方案	评价教学环节	教学水平评价	自我评价	教师复盘整个研学过程，对自己的教学进行反思和评价	根据学生参与课程的阶段性成果及教学 目标是否达成对教学进行反思和评价	根据学生对研究性学习的完成情况，教师对自己的教学进行反思和评价
			学生评价	学生针对教师和学生之间的互动是否充分、研学课程师生对话参与度、学生能否积极参与到研学教学中、课堂气氛活跃度方面进行评价	学生针对教师的引导与启发是否到位、学生主动参与度、学生能否充分展示表达自己，是否充分发挥团队合作精神等方面进行评价	学生针对教师所提供的研学资源与课题是否充分匹配、教师参与课题研究的深度与广度以及教师对学科知识的整合能力等方面进行评价
			同行评价	由营地教师和教学管理人员通过审阅研学教学设计方案等对教师的教学进行评价	由营地教师和教学管理人员通过审阅研学教学设计方案、随队观摩等形式对教师的教学进行评价	邀请相关专业教师全程跟进课程实施过程，对研学教师进行细致的评价与指导
			培训和考核	定期对营地教师进行教学培训和考核，通过考核结果来评价教师的教学水平	定期组织教师专业能力提升培训，通过培训机构或专业机构考核评价活动质量	定制化地对教师进行专业培训，并定期组织团队对教师素养进行考核；对学生、家长、社会公众满意度进行调查测评
			教学成果展示	通过展示研学过程中形成的学生的研学作品等，来评价教师的教学水平	通过参与学术研讨会、教学案例分享会等形式进行报告，教师分享自己在教学实践中的经验和心得，并从其他教师和专家的反馈中得到启发和改进	通过成立课题研究组、撰写论文的方式展示自己的教育教学成果，以此持续跟进学生的研究性学习，同时将研究成果和观点进行及时整理

维度或要素			小学高年级段	初中段	高中段
实施方案	评价教学环节	学业评价 形成性评价	通过观察、记录和反馈学生研学过程中的学习情况以及他们在活动中的表现给予评价	通过动手操作、作品展示交流等形式，对学生学习过程以及他们在活动中的表现给予评价	通过科学设计探究性作业和实践性操作，观察、记录学生研学过程中的完成情况并给予评价
		学业评价 总结性评价	在研学活动结束后，通过学生的研究报告、展示或测试等形式，全面了解学生在研学活动中的学习成果和进步	对学生参与研究性学习全过程的情况、收集整理信息能力、交流合作能力、动手实践能力及创新能力进行评价，从而动态地评价学生的研学能力	对学生参与研究性学习全过程的情况、资料积累情况、研究结果及成果展示方式进行评价，从而动态地评价学生的综合能力
		学业评价 教师评价	由教师根据学生在研学活动中的表现和成果，根据学生参与的积极性、研学手册完成的质量等，对学生的学业进行评价	由教师根据学生在研学活动中的表现和成果，根据学生参与的积极性、研学手册完成的质量、小组合作的参与性等，对学生的学业进行评价	由教师根据学生在研学活动中的表现和成果，根据学生参与的积极性、研学手册完成的质量、合作探究的参与性、研学报告完成的质量等，对学生的学业进行评价
		项目评价	教育行政部门、校内教育工作者、学生家长、社会各界以问卷调查、座谈、调研等多种形式参与评价，围绕小学高年级段课标实现度、教学环节衔接度、教学策略有效性等方面进行评价，及时发现问题并加以改进	教育行政部门、校内教育工作者、学生家长、社会各界以问卷调查、座谈、调研等多种形式参与评价，对教学目标设定、教学设计、课程资源、教学策略、活动组织、协同管理、研学线路规划、学生成长等方面进行评价	教育行政部门、校内教育工作者、学生家长、社会各界以问卷调查、座谈、调研等多种形式参与评价，围绕高中段课标实现度、教学环节衔接度、教学策略有效性等方面进行评价，通过教研活动对项目实施的风险和效益进行反思，进一步优化项目

4.10 教学计划与策略列表：探寻闽人智慧　启蒙赋能成长

<table>
<tr><td colspan="3">营地名称</td><td>三明市综合实践学校（简称“三明营地”）</td><td>命名机构</td><td>教育部</td><td>识别码</td><td>Y145352003</td></tr>
<tr><td colspan="3">从业资质（摘要）</td><td>综合实践、劳动实践、研学实践</td><td>单位属性</td><td>公益一类</td><td>法定代表人</td><td>巫常清</td></tr>
<tr><td colspan="3">研学主题</td><td>探寻闽人智慧　启蒙赋能成长</td><td colspan="2">主要目的指向</td><td colspan="2">启蒙教育</td></tr>
<tr><td rowspan="7">营地（枢纽）及周边主要优质研学资源</td><td colspan="2">基地层级</td><td colspan="5">研学站点（基地）名称</td></tr>
<tr><td rowspan="2">教育部命名基地</td><td>已列入教学计划</td><td colspan="5">一、与本主题相关的列入教学计划的基地10个
1. 三明市万寿岩遗址博物馆；2. 福建省三钢（集团）有限责任公司；3. 三元区忠山村十八寨；4. 沙县夏茂镇俞邦村；5. 沙县小吃文化城；6. 尤溪县朱子文化园；7. 三明市博物馆；8. 三明市建宁县客坊乡水尾村中小学实践教育基地（建宁县客坊乡水尾村村民委员会）；9. 三明市建宁县溪源乡上坪村中小学实践教育基地（建宁县溪源乡上坪村委会）；10. 宁化客家祖地
二、与本主题关联不大但列入本营地教学计划的基地18个
1. 福州市中国船政文化景区；2. 福州市三坊七巷·严复翰墨馆；3. 福建土楼（南靖）青少年社会实践活动中心；4. 福建闽越王城博物馆；5. 福建福州国家森林公园；6. 福州市林则徐纪念馆；7. 厦门科技馆；8. 漳州东南花都；9. 泉州市晋江市五店市传统文化旅游区；10. 泉州市洛江区中小学生综合实践基地；11. 三明市泰宁世界地质公园研学实践基地；12. 南平市建阳区卧龙湾生态旅游开发有限公司；13. 龙岩市古田旅游集团有限公司；14. 福鼎市中小学劳动实践基地；15. 福建农业职业技术学院相思岭中小学研学实践教育基地（福建慕农农业科技有限公司）；16. 鹭凯研学实践基地（福建鹭凯生态农庄股份有限公司）；17. 厦门市中小学生综合实践基地（厦门市教育事务受理中心）；18. 福建泉州顺美集团有限责任公司（顺美陶瓷文化世界）</td></tr>
<tr><td>待列入教学计划</td><td colspan="5">1. 厦门大学附属科技中学；2. 国家海洋局厦门海洋环境监测中心站；3. 国家海洋局海岛研究中心</td></tr>
<tr><td colspan="2">其他部委命名基地</td><td colspan="5">建宁县中央苏区反“围剿”纪念馆</td></tr>
<tr><td colspan="2">地方命名基地</td><td colspan="5">1. 清流林畲毛泽东旧居；2. 清流县革命纪念馆</td></tr>
<tr><td colspan="2">本营地资源</td><td colspan="5">1. 民族民俗馆；2. 陶艺坊；3. 木工坊；4. 生命救护馆；5. 电商坊；6. 创客坊；7. 智造坊；8. 自然教育教室；9. 禁毒法治馆；10. 茶艺坊</td></tr>
<tr><td colspan="2">其他资源</td><td colspan="5">三元区格氏栲森林公园</td></tr>
</table>

维度或要素	小学高年级段	初中段	高中段
校内教育基础（与校内教育的衔接）	对照劳动课标，小学高年级段在启蒙教育方面提出要懂得劳动创造财富、劳动来不得半点虚假、“业精于勤荒于嬉”等道理。对照道德与法治课标，小学高年级段在启蒙教育方面提出要培养学生的道德情感、责任意识，引导学生遵守公共规则，形成深厚的爱国情感。对照艺术课标，小学高年级段在启蒙教育方面提出要能利用不同的材料和工具，制作或创作工艺品，体会传统工艺“守正创新”的内涵与意义。本研学主题必修课程与校内教育的衔接内容如下：1.劳动教育日常生活劳动中的烹任与营养任务群，生产劳动中的农业生产劳动任务群、传统工艺制作任务群；2.人教版语文五年级上册第13课“少年中国说（节选）”；3.人教版语文五年级下册第11课“军神”；4.人教版语文六年级上册第5课“七律·长征”；5.人教版道德与法治五年级下册第7课“不甘屈辱　奋勇抗争”；6.人教版美术四年级上册第11课“泥玩具”；7.人教版美术四年级下册第21课“砖雕艺术”；8.人教版美术六年级上册第1课“建筑艺术的美”	对照劳动课标，初中段在启蒙教育方面提出要牢固树立劳动最光荣、劳动最崇高、劳动最伟大、劳动最美丽的观念。对照道德与法治课标，初中段在启蒙教育方面提出要正确认识自己，以及个人与家庭、他人、社会、国家和人类文明的关系，了解国家发展和社会发展大势，增强社会责任感和担当意识，立志做社会主义建设者和接班人。对照历史课标，初中段在启蒙教育方面提出要初步树立正确的历史观、民族观、国家观、文化观，明理、增信、崇德、力行。本研学主题必修课程与校内教育的衔接内容如下：1.劳动教育生产劳动中的农业生产劳动任务群、工业生产劳动任务群；2.人教版语文七年级下册第7课“谁是最可爱的人”；3.人教版八年级语文上册第1课“消息二则·我三十万大军胜利南渡长江”、第20课“人民英雄永垂不朽——瞻仰首都人民英雄纪念碑”；4.人教版八年级语文下册第2课“回延安”；5.人教版道德与法治八年级上册第10课“建设美好祖国”；6.人教版八年级历史上册第16课“毛泽东开辟井冈山道路”、第17课“中国工农红军长征”	对照课程方案，高中段在启蒙教育方面提出要初步形成正确的世界观、人生观和价值观。热爱祖国，拥护中国共产党。弘扬中华优秀传统文化，继承革命文化，发展社会主义先进文化，培育和践行社会主义核心价值观，增强文化自信，树立为中国特色社会主义、人民幸福、民族振兴和社会进步作贡献的远大志向。掌握适应时代发展需要的基础知识和基本技能，丰富人文积淀，发展理性思维，不断提升人文素养和科学素养。敢于批判质疑，探索解决问题，勤于动手，善于反思，具有一定的创新精神和实践能力。本研学主题必修课程与校内教育的衔接内容如下：1.人教版语文必修上册第1课“沁园春·长沙”、第2课“红烛”；2.人教版语文必修下册第10课“在《人民报》创刊纪念会上的演讲”；3.人教版语文选择性必修上册第2课“长征胜利万岁”；4.人教版语文选择性必修中册第8课“党费”；5.人教版思想政治必修第二册第二单元“经济发展与社会进步”；6.人教版历史必修上册第29课“改革开放以来的巨大成就；7.人教版地理必修第二册第三章“产业区位因素”

维度或要素			小学高年级段	初中段	高中段
研学课程	必修课程一	名称	根脉传承——寻迹万寿岩博物馆	绿都印象——畅游生态森林海洋	远古传奇——探究人工石铺地面
		活动目的	通过讲述习近平总书记保护万寿岩的故事，思考万寿岩遗址对于闽台同源的意义，认同文物保护的重要性	通过观察森林中不同物种的分布情形，理解丛林法则、生物之间的共生关系	通过认识船帆洞中的地质地貌和人工石铺地面，思考成因和逻辑推断过程，理解万寿岩遗址的独特价值及对于福建的意义
		活动形式	场馆参观、实地探访	教师讲授、实地打卡、实践体验	实地探访、科学实验
	必修课程二	名称	三钢的起源和发展	钢铁是怎样炼成的	三明人的创业精神
		活动目的	通过了解三钢建立和发展的历史，理解工业建设发展的来之不易，热爱并尊重劳动、劳动人民和劳动成果	通过参观工业记忆馆，体验部分炼钢流程，树立认真负责的劳动观念，培养精益求精的劳动品质	通过阐述以三钢人为代表的三明工业人建设重工业基地的过程，培养不畏艰难的信念、甘于奉献的情怀、开拓进取的品格
		活动形式	小组合作、实践体验	实地探访、炼钢体验相结合	教师讲授、问卷调查
	必修课程三	名称	探究楚三公祠内的传统文化	探究先贤祠内的国学文化	探究千年古寨风水地理奥秘
		活动目的	通过认识中国建筑的元素，培养对家乡传统文化的热爱之情	通过了解我国传统建筑的特点，感悟建筑文脉的内涵，培养对中国古建筑文化的热爱之情	通过观察古村落与环境的关系，了解人类的生活与地形地貌、山川水源的关联，感悟我国传统文化的博大精深
		活动形式	教师讲授、观察记录、实践体验	实地探访、交流分享	梳理探究、实践体验
	必修课程四	名称	沙县小吃的制作过程	溯源沙县味道　品味人文风情	探究沙县小吃遍布全国的原因
		活动目的	通过梳理沙县小吃探寻其背后的传统文化，感受匠心传承，弘扬小吃文化	通过探究并总结沙县小吃闻名全国甚至走向世界的原因，理解劳动对于个人生活、家庭幸福、产业发展的意义，懂得劳动创造美好生活的道理	通过探究“从沙县小吃制作技艺经国务院批准列入第五批国家级非物质文化遗产代表性项目名录中可以得到哪些启示”，理解小吃文化的多样性、差异性、融合性等特点
		活动形式	实地探访、动手制作	采访调查、实践体验	教师讲授、实地探访、比较探究

维度或要素			小学高年级段	初中段	高中段
研学课程	必修课程五	名称	体验朱子拜师礼	习读朱子生平	感悟书院文化
		活动目的	通过讲述朱熹拜师的故事，培养尊敬师长的良好品德，感恩教师传道、授业、解惑	通过了解朱熹在尤溪的生活经历，感悟朱子文化对尤溪的影响，从而自觉继承和弘扬朱子文化	通过参观感悟园内的书院文化、匾额文化、古建筑文化，增强文化自信，表达传承和弘扬中华文化的积极态度
		活动形式	实地探访、仪式体验	实地探访、经典诵读	教师讲授、观察探究、书法体验
	必修课程六	名称	领略客家风情	追寻红色记忆	继承传统文化
		活动目的	观察体验客家民居建筑、民俗和民间艺术，感受客家人坚韧不拔、吃苦耐劳、开拓进取的精神，并把这种精神应用到今后的学习生活中	通过追忆家乡的红色历史，深刻认识红色政权是从哪里来的、新中国是怎么建立起来的，激发民族自豪感以及对党、国家、人民的热爱之情	通过梳理家乡优秀传统文化的主要代表性成果及其意义，为家乡文明成就感到自豪，理解和尊重家乡的传统文化，对传承传统文化具有历史责任感
		活动形式	教师讲授、观察记录、实践体验相结合	教师讲授、实地探访、交流分享相结合	教师讲授、梳理探究、实践体验相结合
	必修课程七	名称	探究建宁小白楼塑像的秘密	探究苏区发展	探究苏区旧址的建筑文化
		活动目的	了解毛泽东、朱德、周恩来等在建宁的事迹，通过献花、唱歌、宣誓等仪式向伟人表达敬意，树立为人民服务等核心价值观	通过认识苏区在政治、经济、文化、军事等方面的建设，理解当时红军在三明进行革命的艰辛，激发爱党爱民的情怀	通过认识古民居中的中国特色，理解古人生活的智慧和各种建筑元素的功能与意涵，增进对优秀传统文化的热爱
		活动形式	教师讲授、实地探访、宣誓体验	参观讲解、自主探究、实践体验	教师讲授、实地探访、考察探究
	必修课程八	名称	客家祖地的形成与发展	探索客家祖地的奥秘	探究石壁客家公祠的国学文化
		活动目的	通过学习客家文化、客家精神、客家名人故事，继承弘扬中华优秀传统文化	通过讲述客家文化的发展历程，认同宁化作为客家祖地，所蕴含的灿烂的历史和厚重的人文积淀，激发爱国爱乡之情	通过了解客家文化和参观宁化石壁客家祖地，让学生感受客家先民艰苦奋斗和自强不息的精神
		活动形式	教师讲授、实地探究	实地探访、讲解体验相结合	参观体验、梳理分析

维度或要素			小学高年级段	初中段	高中段
研学课程	必修课程九	名称	初识无土栽培	无土栽培体验	立体农业栽培架搭建
		活动目的	通过参观无土栽培基地，采访专业无土栽培技术人员，了解无土栽培的原理、特点及分类，加强对现代农业科技的基本认知与深入探究农业科技的兴趣	通过无土栽培技术及供液系统要点，掌握营养液使用及PH测试方法，体会现代农业技术高效、节能、生态的优点，培养与技术相联系的环保意识	通过熟悉插管式栽培柱的基本结构和构件制作，小组合作搭建实用的插管式栽培立柱，提高科学生产技能，增强热爱农业、热爱农村、热爱农民的情感
		活动形式	实地探访、访谈交流、观察记录	教师讲授、实践体验、比较分析	教师讲授、动手实操、创意分享
	必修课程十	名称	动力圈	毕业墙	信任背摔
		活动目的	通过团队合作完成动力圈任务，在完成活动任务过程中体会到团队合作的重要性；在动力圈任务活动过程中，学生相互之间的情感、责任意识、团队合作能力得到增强	通过毕业墙活动，面对危急时刻的生存挑战，理解建立共同目标的重要性，学会相互配合、相互支持，增强责任感	通过信任背摔活动，运用集体的力量，共同完成挑战；在信任背摔活动过程中，学生的互助精神和责任意识得到增强，勇于面对困难、敢于挑战的心理品质得到锻炼
		活动形式	场馆参观、游戏互动、经验分享	教师讲授、实践体验、分享交流	教师讲授、小组合作、学生体验
	选修课程		1.探寻绿色宝库，拥抱天然氧吧 2.习生存巧技能，悟农村原生态 3.走进闽中古县，探寻传统文化 4.走进核心苏区，感受家国情怀 5.情系国防，不忘初心	1.感受山水美景，争当生态卫士 2.体验农耕生活，探寻生态农业 3.认识客家族谱，开启寻根之旅 4.追寻先辈足迹，传承红色基因 5.苦练精兵，强我国防	1.体验茶园生活，传承生态文化 2.品古村文化蕴，探乡村振兴路 3.鉴赏民俗特色，探究客家文化 4.激活红色血脉，汲取追梦力量 5.牵手科技，兴我中华

维度或要素		小学高年级段	初中段	高中段
研学线路	代表性线路（时长五日）	第一天：三明营地—三明市万寿岩遗址博物馆—三明营地；第二天：三明营地—福建省三钢（集团）有限责任公司—三元区忠山村十八寨—三明营地；第三天：三明营地—沙县夏茂镇俞邦村—沙县小吃文化城—三明营地；第四天：三明营地—尤溪县朱子文化园—三明市博物馆—三明营地；第五天：三明营地—建宁县中央苏区反“围剿”纪念馆—宁化客家祖地—三明营地	第一天：三明营地—三明市万寿岩遗址博物馆—三明营地；第二天：三明营地—福建省三钢（集团）有限责任公司—三元区忠山村十八寨—三明营地；第三天：三明营地—沙县夏茂镇俞邦村—沙县小吃文化城—三明营地；第四天：三明营地—尤溪县朱子文化园—三明市博物馆—三明营地；第五天：三明营地—三明市建宁县客坊乡水尾村中小学实践教育基地（建宁县客坊乡水尾村村民委员会）—宁化客家祖地—三明营地	第一天：三明营地—三明市万寿岩遗址博物馆—三明营地；第二天：三明营地—福建省三钢（集团）有限责任公司—三元区忠山村十八寨—三明营地；第三天：三明营地—沙县夏茂镇俞邦村—沙县小吃文化城—三明营地；第四天：三明营地—尤溪县朱子文化园—三明市博物馆—三明营地；第五天：三明营地—三明市建宁县溪源乡上坪村中小学实践教育基地（建宁县溪源乡上坪村委会）—宁化客家祖地—三明营地
	可选择线路（按天设计，菜单式选择）	1.三明营地—陶艺坊—三明营地；2.三明营地—自然教育教室—三明营地；3.三明营地—民族民俗馆—三明营地；4.三明营地—沙县夏茂镇俞邦村—三明营地；5.三明营地—沙县小吃文化城—三明营地；6.三明营地—尤溪县朱子文化园—三明营地	1.三明营地—木工坊—三明营地；2.三明营地—生命救护馆—三明营地；3.三明营地—禁毒法治馆—三明营地；4.三明营地—福建省三钢（集团）有限责任公司—三明营地；5.三明营地—三明市建宁县客坊乡水尾村中小学实践教育基地（建宁县客坊乡水尾村村民委员会）—三明营地；6.三明营地—清三明市建宁县溪源乡上坪村中小学实践教育基地（建宁县溪源乡上坪村村委会）—三明营地	1.三明营地—茶艺坊—三明营地；2.三明营地—电商坊—三明营地；3.三明营地—创客坊—三明营地；4.三明营地—智造坊—三明营地；5.三明营地—三明市博物馆—三明营地；6.三明营地—三元区忠山村十八寨—三明营地；7.三明营地—宁化客家祖地—三明营地
	规划线路（按天设计）	1.三明营地—福州市三坊七巷·严复翰墨馆—三明营地；2.三明营地—福建泉州顺美集团有限责任公司（顺美陶瓷文化世界）—三明营地	1.三明营地—七匹狼中国男装博物馆—三明营地；2.三明营地—龙岩市古田旅游集团有限公司—三明营地	1.三明营地—福建闽越王城博物馆—三明营地；2.三明营地—泉州市晋江市五店市传统文化旅游区—三明营地

维度或要素		小学高年级段	初中段	高中段
教学重点难点（以代表性线路教学设计为例，下同）	教学重点	1.感受苏区的宣传文化和交通建设，学习革命先辈的精神和品质；2.感受客家先民的生产生活，体会客家先祖的智慧；3.培养实事求是、尊重证据的科学思想和科学精神；4.能够在生活中善待周围环境中的自然事物，体会人与自然和谐相处的意识；5.在积极的情感体验中增强对自然和人类社会的热爱及责任感	1.感受苏区的经济建设和生态建设，体会红军与苏区人民鱼水情深的关系；2.领悟客家人艰苦奋斗、开拓进取、崇文重教的精神，增加对中原汉人南迁的历史认识；3.收集家乡历史文化典故，考察著名历史建筑，制作传统美食，加深对家乡传统文化的认识；4.关注现实，关注人类，关注自然，提高对自然、社会现象与问题的认识；5.追求积极、健康、和谐的生活方式	1.感悟中国共产党领导人民取得中国革命胜利的原因和意义；2.识读客家图谱，增强海峡两岸客家同宗同源的文化认同；3.进行生态旅游的导览和讲解服务，增强热爱家乡、保护家乡自然生态环境的意识；4.关注技术新发展，具有对待技术的积极态度；5.增强职业意识，具有敬业、创业和主动参与当地经济建设的精神
	教学难点	1.继承爱国主义、革命英雄主义的光荣传统，奋发有为，讲好红色故事；2.讨论传承和保护非物质文化的方法、措施和建议，理解、认同家乡传统文化，并乐于传承；3.能大胆想象、尊重事实、注重证据、敢于创新，能自主学习和敢于创造；4.增进热爱家乡、关心家乡、建设家乡的感情；5.通过小组合作，初步培养创新、合作精神	1.理解时代背景、区位条件在确定革命路线和方式上的意义；2.理解和尊重家乡的传统文化，积极参与探究学习，对传承传统文化具有历史责任感；3.合理利用资源，科学保护环境，正确认识人与环境的关系，树立人与环境和谐发展的观念；4.培养不断追求的进取精神，以及求真务实的科学态度；5.增强自我保护的意识和能力，感恩生命、关爱生命	1.传承三明红色文化精神，立志成长为能够担当民族复兴大任的时代新人；2.体验古建筑与自然的和谐、古建筑内部布局的和谐，增强传承中华优秀传统文化、坚定文化自觉和文化自信的意识；3.感悟绿色农业、循环经济、节能低碳的环境意义和社会意识；4.关注家乡的发展规划和未来发展，树立建设家乡的志向；5.欣赏和尊重不同文化背景下的作品，逐步形成尊重文化多样性的价值观

维度或要素	小学高年级段	初中段	高中段
教学策略	以学生为主体，以问题为导向，以实践为基础，针对小学高年级段学生社会性情感的比重逐渐增加，义务感、责任感、集体主义情感和友谊感逐步形成，小学生的理智感也进一步发展，他们的求知欲、好奇心、学习热情越来越稳定而深刻等特点，基于马克思辩证唯物主义论、课程论、学习论，选取国防教育、非遗教育、红色教育、传承教育、传统文化教育内容，依托营地内部和周围的研学站点、研学手册、研学教师等研学资源，采取讲授法、谈话法、演示法、练习法等教法和调查法、体验法、问卷法、小组合作学习等学法，开展采用实地考察探究、参观博物馆、情境体验、设计制作等活动确保研学活动安全顺利地开展，让学生们初步养成自理能力、自立精神、热爱生活的态度，具有积极参与学校和社区生活的意愿，实现研学教育综合育人的目的	针对初中段学生在身心上正处于发育期，生理和心理都在发生快速变化，从生理角度来看，正处于青春期的起始阶段，其心理状况表现为活泼好动、思维活跃，对新生事物好奇心较强，有强烈的求知欲和上进心，勇于表现，自我思想不稳定，自制力较差，看事物比较单一，偏重于直观、形象性的东西，不能用全面、发展的观点看问题等特点，基于构建主义理论、发展教学理论、多元智力、人本主义理论，选取国防教育、红色教育、传统文化教育、非遗教育为内容，以培养学生的科学素质和民族自豪感为目标，采取讲授法、讨论法、演示法、实验法、练习法等教法和小组讨论法、任务驱动法、观察法、归纳法、自主学习法、探究学习法、合作学习法等学法，借助营地和周边基地关于责任与担当相关的教学资源、研学手册、研学教师等研学资源，做好后勤准备，开展前置学习、参观考察、实地探究、实践体验、总结分享等活动，达到增强服务意识、养成独立的生活习惯、增强服务学校的行动能力的效果；初步形成探究社区问题的意识，愿意参与社区服务，初步形成对自我、学校、社区负责任的态度和社会公德意识，初步具备法治观念	针对高中段学生面临着高考压力，在生理、心理、行为上有一定的特殊性，正处于人格塑造的关键时期，他们对自己的认同感和自我价值感逐渐清晰，他们的信息思维逐渐向抽象思维过渡、辩证逻辑思维日趋发展等特点，根据研学项目化学习的需求，与学校对接认真分析高中阶段学生的知识储备、思维发展、生活经验。基于构建主义理论、发展教学理论、多元智力、人本主义理论思想，采取讲授法、谈话法、讨论法、演示法、练习法等教法和小组讨论法、任务驱动法、观察法、归纳法、自主学习法、探究学习法、合作学习法，开展前置学习、参观考察、实地探究、实践体验、总结分享等活动，达到体悟学生个人成长与文化传承、社会进步、国家发展和人类命运共同体的关系。传承传统，感受中华民族的文化底蕴，提升学生对中华文化的归属感和认同感、提升对传统文化的认识，增强民族自信心、文化自豪感，对学生的职业规划有正面积极的影响

维度或要素				小学高年级段	初中段	高中段
实施方案	入营教育	安全	引导	开展入营教育，通过PPT了解安全注意事项	开展入营安全教育，让学生分析要注意的安全事项	开展入营安全教育，让学生分析安全事项，并找出解决办法
			实训	组织学生学习乘车安全、研学期间安全事项、用餐安全事项、住宿安全事项	组织学生学习安全自救常识等其他安全注意事项，分组查找安全隐患	组织学生学习安全自救常识等其他安全注意事项，针对每个课程，做安全培训
		应急	引导	通过视频和讲解学习逃生方法，学会拨打求救电话	通过视频和讲解学习逃生方法、应急处理方法	通过视频和讲解掌握逃生技能、应急事件处理方法
			实训	组织学生进行应急疏散演练、消防逃生演练、地震逃生演练	组织学生进行应急疏散演练、消防逃生演练、地震逃生演练	组织学生进行应急疏散演练、消防逃生演练、地震逃生演练
		救助	引导	通过视频、AR体验，了解安全救护知识	通过情境模拟，针对出血、擦伤、碰伤等情况，引导学生如何进行救助	通过情境模拟，演练并掌握针对日常过程中可能出现的伤害应知应会的处理方法
			实训	组织学生学习防溺水、防中暑等应急救护知识	组织学生学习包扎、中暑、溺水等应急救护知识	组织学生学习包扎、心肺复苏等应急救护知识
		自我管理	引导	通过拓展课程训练培养学生自我管理的认知	通过视频分析自我管理的重要性	通过拓展课程提升学生自我管理的意愿
			实训	组织学生学习内务规范、内务整理、对学生进行养成教育	组织学生学习内务规范、内务整理、食堂帮厨等进行自我管理	组织学生进行宿舍管理、就餐管理、卫生区管理，对学生进行教育
		团队协作	引导	通过完成军歌、军姿挑战，引导学生认识团结协作的重要性	通过拓展课程，提升学生对团结协作的认知	通过拓展课程，引导学生分析如何在团队中发挥自我价值
			实训	组织学生通过队旗、队名的设计进行团队破冰、团队组建	组织学生通过中空体验、团队展示等拓展课程，完成破冰和团队组建	组织学生进行高空体验、毕业墙等拓展课程，实现团队破冰、团队组建

维度或要素		小学高年级段	初中段	高中段
实施方案	导入教学环节	1. 谈话导入：通过观察思考万寿岩外形像什么，激发学生兴趣；2. 实物导入：通过展示无土栽培的番茄、绿萝等引出自然教育，激发学生对自然的热爱情愫；3. 视频导入：播放三钢的宣传片，激发学生对三钢的探究兴趣；4. 悬问设置导入：提问学生印象最深的文物，激发学生的自主探索兴趣；5. 图片导入：通过猜测各沙县小吃的名称，激发学生对不常见的沙县小吃品类的探究兴趣	1. 故事导入：讲述习近平保护万寿岩的故事，引发学生对发展经济和文物保护关系的思考；2. 名言导入：组织关于朱熹的名言比赛，引出研学主题；3. 谈话导入：让学生谈一谈知道哪些三明的代表性名片；4. 诗词导入：组织红色诗词竞赛，激活学生所学和兴趣；5. 情境导入：想想客家人的一天会是什么样的，鼓励学生畅所欲言	1. 问题导入：提问学生炼钢需要哪些原材料，进行哪些化学反应，链接学生所学化学知识；2. 悬问设置导入：提高学生对三明不同工厂的了解，激发学生对探究重工业基地建设的兴趣；3. 谈话导入：教师回答学生关于古建筑的疑问，引起学生对建筑文化的探究；4. 探究导入：通过任务卡，学生寻找相对应的工业设施设备；5. 实验导入：学生通过使用水质检测仪和土壤检测仪，测得水质和土壤环保等级，引发学生对三明森林保护探究的兴趣
	授课教学环节	第一天：入营教育、必修课程一“根脉传承——寻迹万寿岩博物馆”、必修课程九“初识无土栽培”、选修课程1“探寻绿色宝库，拥抱天然氧吧”；第二天：必修课程二“三钢的起源和发展”、必修课程三“探究楚三公祠内的传统文化”；第三天：必修课程四“沙县小吃的制作过程”、必修课程十“动力圈”；第四天：必修课程五“体验朱子拜师礼”、必修课程六“领略客家风情”、选修课程3“走进闽中古县，探寻传统文化”；第五天：必修课程七“探究建宁小白楼塑像的秘密”、必修课程八“客家祖地的形成与发展”	第一天：入营教育、必修课程一“绿都印象——畅游生态森林海洋”、必修课程九“无土栽培体验”；第二天：必修课程二“钢铁是怎样炼成的”、必修课程三“探究先贤祠内的国学文化”；第三天：必修课程四“溯源沙县味道　品味人文风情”、必修课程十“毕业墙”、选修课程5“苦练精兵，强我国防”；第四天：必修课程五“习读朱子生平”、必修课程六“追寻红色记忆”、选修课程4“追寻先辈足迹，传承红色基因”；第五天：必修课程七“探究苏区发展”、必修课程八“探索客家祖地的奥秘”	第一天：入营教育、必修课程一“远古传奇——探究人工石铺地面”、必修课程九“立体农业栽培架搭建”；第二天：必修课程二“三明人的创业精神”、必修课程三“探究千年古寨风水地理奥秘”、选修课程2“品古村文化蕴，探乡村振兴路”；第三天：必修课程四“探究沙县小吃遍布全国的原因”、必修课程十“信任背摔”；第四天：必修课程五“感悟书院文化”、必修课程六“继承传统文化”、选修课程4“激活红色血脉，汲取追梦力量”；第五天：必修课程七“探究苏区旧址的建筑文化”、必修课程八“探究石壁客家公祠的国学文化”

维度或要素		小学高年级段	初中段	高中段
实施方案	进级教学环节	1. 小组合作：打制石器制作体验；2. 集体观影：观看三明工业建设发展历程的影片，感悟其精神力量；3. 自主实践：沙县小吃制作体验；4. 故事宣讲：讲述三明红色故事；5. 实践探究：宁化木活字制作体验	1. 实地探究：观察森林中不同物种的分布情形，理解丛林法则、生物之间的共生关系；2. 小组讨论：通过参观工业记忆馆，思考工业布局的基本原理；3. 自主探究：参观沙县小吃文化城，总结沙县小吃闻名全国甚至走向世界的原因；4. 跨学科探究：理解毛泽东等伟人带领红军到建宁的历史背景情形，感受红军在三明进行革命的艰辛；5. 知识竞赛：介绍客家文化、客家精神、客家名人故事	1. 实地探究：认识船帆洞中的地质地貌和人工石铺地面，思考成因和逻辑推断过程，理解万寿岩遗址的独特价值及对于福建的意义；2. 合作表演：闽学四贤在三明；3. 跨学科探究：通过观察古村落与环境的关系，了解人类的生活与地形地貌、山川水源的关联，感悟我国传统文化的博大精深及其蕴含的深刻哲理；4. 小组讨论：探究中国工农红军前四次反“围剿”成功和第五次反“围剿”失败的原因；5. 实地探究：寻迹在乡村振兴工作中所涌现的系列先进人物与事迹，培育新时代中国特色社会主义核心价值观；6. 合作演绎：客家先民的一天；7. 小组讨论：文物保护与经济发展的关系
	巩固教学环节	1. 现场教学中增加辅助活动，通过举行向毛泽东塑像献花仪式、全班朗诵《如梦令·元旦》、歌唱“没有共产党就没有新中国”，将德育教育融入研学活动，增强研学趣味性，提升研学育人成效，培育学生的社会主义核心价值观；2. 通过谈话法巩固对文物保护重要性的认识	1. 在现场教学中增加辅助活动，通过举行祭扫烈士墓、观看视频《如画建宁》、集体合唱《韭菜开花》等革命歌曲，将红色教育融入研学活动，提升研学育人成效，培育学生的爱国情怀；2. 运用情境教学法、启发法，引导学生通过合作探究为家乡设计文创产品，巩固研学成果，体会文化在经济建设与社会发展中的重要作用	1. 在现场教学中增加辅助活动，通过对初心小镇内设憩所的体验、观看视频《四渡赤水》、集体合唱《歌唱祖国》等革命歌曲，在“一首红歌、一个故事、一次战斗、一次劳动、一次缅怀、一次感悟”等研学活动中，提升研学育人成效，培育学生的爱国爱乡情怀，培育新时代中国特色社会主义核心价值观；2. 学生通过农村实地考察，将个人的职业偏好与国家社会的现实需求结合起来，初步培养职业能力

维度或要素			小学高年级段	初中段	高中段
实施方案	总结教学环节	教学创新	设计以体验为主的实践活动，打破时间和空间的界限，以主题为核心来构建课程内容，实施逐步深入和巩固的教学策略。在现实环境中进行探索、体验和实践，实现校内外教育的有机衔接。对学生进行全面的劳动、审美、科技、习惯和纪律启蒙教育	强调主题导向、任务驱动、项目式学习和跨学科整合的特性，实施沉浸式的学习体验，以及场馆和场所场景的融合课程设计与学校课程内容有机结合，为学生提供校内课程的延伸，促进校内外教育的协同作用。同时，重在对学生进行科技、职业、习惯和纪律的启蒙教育	创新教学模式，致力于在真实环境中通过任务完成进行深入体验，以课程标准为依据设计研究性学习课程，建立校内外协同育人的路径。强调课程内容、学习线路、实践管理、教学评价的协同发展，通过学生亲身体验来激发他们的学习兴趣，并对学生进行职业、习惯和纪律的启蒙教育
		教学总结	依据教学目的和学生实际情况，通过学生的互动交流和成果展现，对课程规划、行程安排和教学方法进行归纳总结。采用提问和多维体验，旨在培育学生的爱国情感、创新思维、精湛工艺，引导学生在研究性学习中收获启发性的知识和技能	依据教学目标和学生的实际学习情况，通过展示学生作品、研究学习报告、分享感受和团队合作等活动，运用归纳梳理、互动反馈和情感升华的总结形式，促进学生在科技知识、劳动技能和行为习惯等方面的进步，激发学生努力成为新时代优秀的青少年，并立下为祖国做出贡献的志向	依据教学目标和学生的实际学习情况，通过活动设计、团队合作和职业体验等形式，利用交流反馈和拓展延伸等方法，帮助学生理解核心概念，自主完成知识体系的构建，树立正确的价值观，并在自我认知、社会现实和职业要求之间建立积极的联系，以增强他们的社会适应能力
		教学反思	针对小学高年级学生的学习情况，对教学目标、课程内容、活动线路、实施过程和教学评估等方面进行深入反思。整理在实施过程中遇到的问题，探索解决问题的方法和策略，制订具体的解决方案，并对教学设计进行相应的调整和优化	针对初中学生的学习情况，对教学目标、课程内容、活动线路、实施过程和教学评估等方面进行深入反思。整理在实施过程中遇到的问题，探索解决问题的方法和策略，制订具体的解决方案，并对教学设计进行相应的调整和优化。这样做将有助于拓宽教学思路，提高教学水平，更好地满足初中学生的学习需求	针对高中学生的学习情况，对教学目标、课程内容、活动线路、实施过程、教学评估以及是否尊重学生个性差异等方面进行深入反思。整理在实施过程中遇到的问题，探索解决问题的方法和策略，在此基础上不断地改进、完善和推陈出新，更好地满足高中学生的学习需求，激发他们的学习兴趣和潜能

维度或要素				小学高年级段	初中段	高中段
实施方案	评价教学环节	教学水平评价	自我评价	教师针对研学的课程方案、课程内容、课程实施、后勤保障、安全管理进行自我评价，通过自我评价有效提升专业素养	教师针对前置学习、研学手册设计、实施过程、交通食宿安排、安全教育、应急保障进行评价，有助于课程的不断完善与实施	教师对自己的教学进行反思和评价，针对存在的问题开展系统研讨、责任到人、落实并反馈问题的真实性，改进方案
			学生评价	利用研学手册中的评价表针对研学过程中课程设计是否有针对性、时间安排是否合理、研学指导教师是否具备胜任能力与责任心、课程是否有吸引力进行有效评价	通过调查表，学生针对教师和学生之间的互动是否充分、研学活动中师生对话参与度、学生能否积极参与、应急保障是否及时有效等方面进行评价	通过电子问卷分析研学课程是否调动学生的主观能动性、是否对学生职业的规划有帮助，同时对研学过程的参与度和体验度进行评价
			同行评价	营地教师和教学管理人员通过听课、观摩对研学课程中研学主题、研学目的、研学课程设计进行评价	营地教师和教学管理人员通过问卷调查、听课、观摩对研学活动中的主题是否鲜明、研学目的是否明确、研学课程中学生的参与度、线路选择是否合理、课程衔接是否紧凑进行评价	营地教师和教学管理人员通过电子问卷、听课观摩对研学过程中教学效果、研学课程与校内课程的衔接、教学的延伸、课程的可持续性等进行评价
			培训和考核	每学期组织营地的每个老师进行业务培训，每个老师不少于90学时，每个学期对教师进行考核	聘请有关专家对教师进行培训，通过专家的讲座、示范课、增强教师的理论素养及教育教学水平，每学期对教师进行考核	加强师资培训，大力拓宽学习渠道，组织教师通过线上线下、请进来、走出去等多种方式提升教学水平，每学期对教师进行考核
			教学成果展示	以小组为单位，用思维导图的形式创作一份研学成果作品，呈现本次研学实践主题内容	以小组为单位，任选文字/绘图/海报/思维导图中的一种形式创作一份研学成果作品，呈现本次研学实践主题内容	以小组为单位，任选文字/绘图/海报/思维导图中的一种形式创作一份研学成果作品，并设计电子作品与大家分享本次研学实践地点在哪里、研学课题是哪些、哪个研学主题对你最有帮助

维度或要素				小学高年级段	初中段	高中段
实施方案	评价教学环节	学业评价	形成性评价	对学生研学过程中的表现、反映出来的情感、态度、策略等方面作出评价	对学生研学过程中在动手实践、小组讨论、研学手册填写、研学任务的完成等方面的表现做出综合评价，通过评价使学生认识到自己的优势与不足	针对学生研学过程中的全面表现，以及学生的学习能力、学习态度、参与程度、合作精神等作出评价。不断对评价体系进行优化，从而发挥评价应有的作用，激励引导学生不断进步，落实研学育人实效
			总结性评价	对学生的学习方法、语言能力、合作学习、探究成果、目标达成、总结分享六个方面进行评价，通过评价了解学生在研学过程中的收获，以及在研学过程中责任与担当的培养	通过对小组活动的参与度、语言表达能力的提升、资料收集、学科知识的融合、创新能力的发展、分享与报告的创新等方面进行有效评价，从而对学生在研学过程中责任意识和担当精神的提升进行全面了解	通过对学生的知识和技能的学习、品德和心理素质、创新能力和实践能力几个方面进行评价，引导学生树立新时期正确的德育价值观，让学生在实践中学会反思、勇于承担责任，践行担当
			教师评价	对学生在活动过程参与度的表现、乘车过程守纪的表现、用餐文明度的表现、住宿中的配合度表现进行评价	对研学前的行前知识、研学中的组织纪律、团队协作、自我管理、学习状态、课后的作业完成情况、成果交流进行评价	用不同形式的方式对学生的组织纪律、团队合作、文明意识、安全意识、自我管理、沟通能力、学习状态进行横向和纵向的评价
		项目评价		教育工作者、学生家长、社会各界积极参与评价过程，通过问卷调查与现场访谈及时发现活动问题，找到应对措施并加以改进	教育工作者、学生家长、社会各界积极参与评价过程，通过教研活动及针对评价结果的反思，及时发现问题并加以改进	教育工作者、学生家长、社会各界积极参与评价过程，对课程衔接、安全教育、活动内容进行评价，通过教研活动及针对评价结果的反思，及时发现问题并加以改进

4.11 教学计划与策略列表：做好职业准备　成就美好人生

<table>
<tr><td colspan="3">营地名称</td><td>潍坊市中小学生示范性综合实践基地（简称“潍坊营地”）</td><td>命名机构</td><td>教育部</td><td>识别码</td><td>Y145370001</td></tr>
<tr><td colspan="3">从业资质（摘要）</td><td>综合实践教育、研学实践教育、劳动教育、创新实验教育</td><td>单位属性</td><td>公益一类</td><td>法定代表人</td><td>鞠克亮</td></tr>
<tr><td colspan="3">研学主题</td><td>做好职业准备　成就美好人生</td><td colspan="2">主要目的指向</td><td colspan="2">启蒙教育</td></tr>
<tr><td rowspan="7">营地（枢纽）及周边主要优质研学资源</td><td colspan="2">基地层级</td><td colspan="5">研学站点（基地）名称</td></tr>
<tr><td rowspan="2">教育部命名基地</td><td>已列入教学计划</td><td colspan="5">一、与本主题相关的列入教学计划的基地15个
1.黄河口生态文明研学基地（简称“黄河馆”）；2.山东景芝教育投资有限公司（简称“景芝公司”）；3.青岛鲁海丰海洋牧场（简称“鲁海丰”）；4.山东省防震减灾科普馆（简称“省防震减灾馆”）；5.青岛海洋地质研究所（简称“青岛海洋地质”）；6.山东航天科技展馆（简称“山东航天馆”）；7.济南市气象局（简称“济南气象”）；8.浪潮集团有限公司（简称“浪潮集团”）；9.中国海军博物馆（简称“海军博物馆”）；10.桓台华夏粮仓博物馆（简称“华夏粮仓”）；11.山东沂蒙红色文化产业有限公司（简称“沂蒙山红色教育基地”）；12.山东特种工业集团有限公司（简称“山特集团”）；13.国家中印科技国际创新园（简称“中印科技”）；14.青岛蓝树谷文化传媒旅游集团股份有限公司（简称“蓝树谷”）；15.山东省山青世界青少年实践活动中心（简称“山青世界”）
二、与本主题关联不大但列入本营地教学计划的基地14个
1.曲阜孔庙、孔林和孔府（简称“三孔”）；2.齐文化博物院；3.山东省科学技术宣传馆（简称“山东科技”）；4.日照市山泽海洋旅游产业开发有限公司（简称“日照山泽海洋”）；5.孟庙孟府孟林景区（简称“三孟”）；6.山东省博物馆；7.台儿庄古城景区（简称“台儿庄”）；8.蒙阴岱崮地貌拓展服务中心（简称“岱崮地貌”）；9.青岛市妇女儿童中心；10.蓬莱仙境戚继光文化管理有限公司（简称“蓬莱仙境”）；11.广饶县孙子文化旅游区（简称“孙子文化园”）；12.山东省科学技术宣传馆（简称“山科宣”）；13.山东莱阳白垩纪国家地质公园（简称“白垩纪公园”）；14.山东泰山研学教育有限公司（简称“泰山研学”）</td></tr>
<tr><td>待列入教学计划</td><td colspan="5">1.山东北海湿地鸟类教育基地（简称“北海湿地”）；2.山东省妇女儿童活动中心</td></tr>
<tr><td colspan="2">其他部委命名基地</td><td colspan="5">1.海水稻三产融合发展示范区（简称“海水稻示范区”）；2.潍柴动力股份有限公司（简称“潍柴动力”）；3.十笏园；4.青州古城旅游区（简称“青州古城”）；5.山东昌乐火山国家地质公园（简称“火山口”）；6.杨家埠民俗文化大观园（简称“杨家埠”）</td></tr>
<tr><td colspan="2">地方命名基地</td><td colspan="5">1.坊子炭矿遗址文化园（简称“坊子炭矿”）；2.临朐千晨研学营地（简称“临朐千晨”）；3.潍坊市寿光蔬菜高科技示范园（简称“蔬菜基地”）；4.潍坊市坊子区坊茨小镇（简称“坊茨小镇”）；5.中国柳疃丝绸博物馆（简称“柳疃丝绸”）；6.寿光市菜央子盐场（简称“菜央子盐场”）；7.寿光巨淀湖红色芦苇荡风景区（简称“巨淀湖”）；8.临朐华艺雕塑有限公司（简称“临朐华艺”）</td></tr>
<tr><td colspan="2">本营地资源</td><td colspan="5">1.心理体验中心；2.科技体验中心；3.传统工艺中心；4.拓展训练中心；5.劳动教育中心</td></tr>
<tr><td colspan="2">其他资源</td><td colspan="5">潍坊市消防救援支队歌尔消防站（简称“歌尔消防”）</td></tr>
</table>

维度或要素	小学高年级段	初中段	高中段
校内教育基础（与校内教育的衔接）	对照课标，小学高年级段在启蒙教育方面强调：“能够认识到劳动对家庭幸福、社会进步的意义，初步形成劳动创造财富的观念，理解普通劳动者的光荣与伟大；主动承担力所能及的劳动，尊重各行各业的劳动者。”本研学主题必修课程与校内教育的衔接内容主要如下：1.统编版道德与法治五年级上册第一单元第2节“学会沟通交流”；2.青岛版科学四年级上册第六单元第2节“面团长大了”；3.统编版道德与法治六年级下册第四单元第1节“科技发展　造福人类”；4.教科版道德与法治六年级下册第六单元第3节“奇妙的电影特技”；5.统编版道德与法治六年级下册第二单元第1节“地球——我们的家园”；6.统编版道德与法治六年级上册第二单元第2节“公民的基本权利和义务”；7.青岛版科学六年级下册第三单元第3节“海洋资源”；8.统编版道德与法治四年级下册第四单元第2节“多姿多彩的民间艺术”；9.统编版道德与法治六年级下册第四单元第3节“我们爱和平”；10.鄂教版艺术六年级下册第三单元第3节“彩色中国”等	对照课标，初中段在启蒙教育方面强调“学生综合运用各学科知识，认识、分析和解决现实问题，提升综合素质，着力发展核心素养，特别是社会责任感、创新精神和实践能力，以适应快速变化的社会生活、职业世界和个人自主发展的需要，迎接信息时代和知识社会的挑战”“通过职业体验活动，发展兴趣专长”。本研学主题必修课程与校内教育的衔接内容主要如下：1.统编版道德与法治七年级上册第一单元第3节“做更好的自己”；2.人教版道德与法治九年级下册第三单元第2节“多彩的职业”；3.北师大版生物七年级上册第六单元第1节“种子萌发形成幼苗”；4.人教版美术七年级上册第一单元第1节“富有创造力的造型艺术”；5.北师大版物理八年级全一册第七单元第9节“热机”；6.人教版地理八年级上册第三单元第1节“自然资源的基本特征”；7.人教版生物八年级上册第四单元第4节“细菌和真菌在自然界中的作用”；8.北师大版物理八年级全一册第四单元第4节“大气压强”、第6节“浮力”；9.人教版地理七年级上册第三单元第1节“多变的天气”；10.统编版道德与法治七年级上册第四单元第1节“敬畏生命”、第2节“守护生命”等	对照课标，高中段在启蒙教育方面提出“引导学生明确人生发展方向，成长为德智体美劳全面发展的社会主义建设者和接班人”“体悟个人成长与职业世界、社会进步、国家发展和人类命运共同体的关系，增强根据自身兴趣专长进行生涯规划和职业选择的能力，强化对中国共产党的认识和感情，具有中国特色社会主义共同理想和国际视野”。本研学主题必修课程与校内教育的衔接内容主要如下：1.人教版高中体育与健康必修全一册下册第四单元第4节“心理健康与社会适应”；2.苏教版生物选择性必修三第二单元第1节“植物组织培养技术”；3.苏教版生物选择性必修二第一单元第2节“影响种群特征的生态因子”；4.统编版高二思想政治选择性必修一第二单元第4节“和平与发展”；5.人教中图版高二信息技术选择性必修二第一单元第3节“人工智能研究内容与应用”；6.人教版物理必修第一册第四章第6节“超重与失重”；7.人教版地理必修第一册第四章第2节“地貌的观察”；8.教科版信息技术必修二第二章第4节“基于物联网的信息系统”；9.统编版思想政治必修一第四单元第2节“实现中华民族伟大复兴中国梦”；人教版地理选择性必修一第二章第2节“构造地貌的形成”、第3节“河流地貌的发育”等

维度或要素			小学高年级段	初中段	高中段
研学课程	必修课程一	名称	团体沙盘	性格与职业	心理体验
		活动目的	通过心理沙盘，感受个体差异，学会换位思考和有效沟通	通过科学量表认识、了解、悦纳自我，了解性格与职业选择的关系	通过自我探索，明晰自身定位和未来的个性化发展，进行职业生涯规划
		活动形式	讲解指导、实践体验	讲解指导、性格测试	讲解指导、合作探究、实践体验
	必修课程二	名称	西式烘焙	生活小镇职业体验	无土栽培
		活动目的	通过甜点烘焙，提升协调能力和操作技巧，培养精益求精的劳动素养	通过体验不同职业的商业构思和产品设计，建立职业观念，积累职业经验	通过无土栽培，感受科技的力量，树立建设家乡的远大理想
		活动形式	讲解指导、实践体验、团队合作	讲解指导、创意实践、合作探究	讲解指导、实地探访、实践体验
	必修课程三	名称	纳米石头纸	华夏粮仓行	海洋“盐”学
		活动目的	通过制作纳米石头纸，了解各种材料的性质和用途，培养探索精神	通过体验新型农业种植技术，树立环保意识、健康饮食观念和可持续发展观念	通过制盐、盐艺作品、盐碱地测量、海水稻种植，了解盐业发展，掌握海卤知识
		活动形式	讲解指导、实验操作、团队合作	合作探究、实践体验、观察记录、讨论研究	讲解指导、实地探访、实践体验
	必修课程四	名称	影视制作	对话雕塑大师	山特探秘
		活动目的	通过参观沂蒙红色教育基地，了解影视行业多彩的职业分工，知道影视作品的由来	通过与雕塑大师交流，体验雕塑创作过程，激发艺术兴趣，提升艺术鉴赏能力	通过探访山东特种工业集团，探究特种工业对国家安全的巨大影响，涵养工匠精神
		活动形式	参观考察、讲解指导、角色扮演	参观考察、创意设计、制作体验	讲解指导、实地探访、实践体验、科学实验

维度或要素			小学高年级段	初中段	高中段
研学课程	必修课程五	名称	智慧农业	国防科工职业体验	时代浪潮
		活动目的	通过参观考察寿光蔬菜博览园，了解潍坊农业的历史，感受现代农业与科技的融合	通过体验装配零部件、机械操作等岗位工作，了解国防科工现状，激发职业兴趣	依托浪潮集团，探究IT领域科技前沿，了解最新信息科技，涵育献身科技的情怀
		活动形式	参观考察、讲解指导、实践体验	参观考察、实践体验、采访交流	实地探访、讲解指导、实践体验
	必修课程六	名称	职业体验	探秘坊子炭矿	深海浅说
		活动目的	通过参观“蓝树谷·青少年社会职业体验中心”，初步了解各类社会职业	通过体验井下工作，了解煤炭历史和体验现代开采，掌握煤炭知识和文化	探索海洋奥秘，了解生物多样性和海洋牧场价值，树立海洋强国理念
		活动形式	参观考察、讲解指导、实践体验、分享交流	参观考察、合作探究、实景体验	讲解指导、实地探访、实践体验
	必修课程七	名称	走进海博	探秘酿造	地质勘探职业体验
		活动目的	了解中国海军发展历程，增进对军人的了解，涵养爱军拥军的信念	通过参观体验，掌握酿造工艺和文化，了解传统酿造与现代工业之间的关系	通过对火山、海洋地区岩石、矿物和构造的观测分析，了解地质资源开发技术
		活动形式	参观考察、讲解指导、实践体验	参观考察、讲解指导、实践操作、合作探究	讲解指导、实地探访、实践体验
	必修课程八	名称	木版年画	航天探索	智慧物联
		活动目的	通过体验木版年画雕版套印，了解杨家埠木版年画的历史文化，感受工匠精神	通过探访山东航天科技馆，了解航空航天职业领域，探索时代前沿的航天科技	通过中印科技园区丰富的科技类体验项目，探究智慧物联，感悟科技改变生活
		活动形式	参观考察、讲解指导、实践体验	讲解指导、VR体验、分享交流	实地探访、讲解指导、创客体验、科学实验

维度或要素			小学高年级段	初中段	高中段
研学课程	必修课程九	名称	丝绸之路	气象观测	科技体验
		活动目的	通过丝织、扎染和蜡染实践，掌握严格的制作工序的重要意义，理解丝路文化	了解气象台工作实景，探究并掌握基础的气象观测技能和气象类应急处置技能	体验多个领域的前沿科技，探究科学家精神和大国工匠精神，提升科学素养
		活动形式	参观考察、讲解指导、团队合作、实践体验	实地探究、讲解指导、实践体验、科学实验	实地探究、讲解指导、实践体验、科学实验
	必修课程十	名称	非遗文创	地震消防	生态探秘
		活动目的	通过制作本地代表性非遗文创作品，感悟匠人精神，提高传承优秀文化的综合能力	通过体验防震减灾和灭火逃生，感受职业责任，增强安全意识和掌握自救互救技能	通过研究性学习，科学系统了解黄河流域生态现状，培养严谨的科研品质
		活动形式	讲解指导、实践体验、团队合作	参观考察、讲解指导、实践体验、合作探究	讲解指导、实地探访、研究性学习
	选修课程		1. 营地核心素养课程（手工工艺、饮食文化、科技制造、国防教育等） 2. 魅力大讲堂（职业启蒙、性格与职业、能力与职业、科技与未来等） 3. 对话非遗传承人、大国工匠、劳动模范、各行业优秀代表等	1. 营地核心素养课程（职业规划课程、性格解析、拓展训练、国防教育等） 2. 魅力大讲堂（职业启蒙、性格与职业、能力与职业、科技与未来等） 3. 对话非遗传承人、大国工匠、劳动模范、各行业优秀代表等	1. 营地核心素养课程（科学实验、科技制造、国防教育等） 2. 魅力大讲堂（职业启蒙、职业与能力、职业与性格、职业与兴趣、常见职业现状与发展前景等） 3. 对话非遗传承人、大国工匠、劳动模范、各行业优秀代表等

维度或要素		小学高年级段	初中段	高中段
研学线路	代表性线路（时长五日）	第一天：潍坊营地—心理体验中心—劳动教育中心—科技体验中心—潍坊营地；第二天：潍坊营地—沂蒙山红色教育基地—临沂营地；第三天：临沂营地—蔬菜基地—巨淀湖—潍坊营地；第四天：潍坊营地—蓝树谷—海军博物馆—潍坊营地；第五天：潍坊营地—杨家埠—柳疃丝绸—青州古城—潍坊营地	第一天：潍坊营地—心理体验中心—劳动教育中心—拓展训练中心—潍坊营地；第二天：潍坊营地—蔬菜基地—华夏粮仓—临朐华艺—潍坊营地；第三天：潍坊营地—潍柴动力—坊子炭矿—景芝公司—潍坊营地；第四天：潍坊营地—济南气象—潍坊营地；第五天：潍坊营地—省防震减灾馆—山青世界—潍坊营地	第一天：潍坊营地—心理体验中心—拓展训练中心—潍坊营地；第二天：潍坊营地—科技体验中心—海水稻示范区—菜央子盐场—蔬菜基地—潍坊营地；第三天：潍坊营地—山特集团—浪潮集团—潍坊营地；第四天：潍坊营地—火山口—青岛海洋地质—鲁海丰—中印科技—潍坊营地；第五天：潍坊营地—黄河馆—潍坊营地
	可选择线路（按天设计，菜单式选择）	1. 潍坊营地—拓展训练中心—海水稻示范区—潍坊营地；2. 潍坊营地—临朐千晨—火山口—潍坊营地；3. 潍坊营地—坊茨小镇—十笏园—潍坊营地；4. 潍坊营地—传统工艺中心—潍坊营地；5. 潍坊营地—三孔—潍坊营地；6. 潍坊营地—歌尔消防—潍坊营地；7. 潍坊营地—海水稻示范区—潍坊营地；8. 潍坊营地—日照山泽海洋—潍坊营地	1. 潍坊营地—科技体验中心—潍坊营地；2. 潍坊营地—三孔—潍坊营地；3. 潍坊营地—省防震减灾馆—潍坊营地；4. 潍坊营地—坊茨小镇—十笏园—潍坊营地；5. 潍坊营地—沂蒙山红色教育基地—潍坊营地；6. 潍坊营地—黄河馆—潍坊营地；7. 潍坊营地—鲁海丰—潍坊营地；8. 潍坊营地—日照山泽海洋—潍坊营地	1. 潍坊营地—传统工艺中心—潍坊营地；2. 潍坊营地—劳动教育中心—潍坊营地；3. 潍坊营地—日照山泽海洋—潍坊营地；4. 潍坊营地—省防震减灾馆—潍坊营地；5. 潍坊营地—省防震减灾馆—山青世界—潍坊营地；6. 潍坊营地—潍柴动力—景芝公司—潍坊营地；7. 潍坊营地—山东航天馆—济南气象—潍坊营地；8. 潍坊营地—沂蒙山红色教育基地—潍坊营地
	规划线路（按天设计）	1. 潍坊营地—山东省妇儿活动中心—潍坊营地；2. 潍坊营地—山东科技—青岛市妇女儿童中心—潍坊营地；3. 潍坊营地—北海湿地—潍坊营地	1. 潍坊营地—山东省妇儿活动中心—潍坊营地；2. 潍坊营地—北海湿地—潍坊营地；3. 潍坊营地—山东科技—青岛市妇女儿童中心—潍坊营地	1. 潍坊营地—山东省妇儿活动中心—潍坊营地；2. 潍坊营地—北海湿地—潍坊营地；3. 潍坊营地—山东科技—青岛市妇女儿童中心—潍坊营地

维度或要素		小学高年级段	初中段	高中段
教学重点难点（以代表性线路教学设计为例，下同）	教学重点	1. 引导学生以游戏的形式参与职业体验活动，对社会职业形成初步的认识；2. 能够列举影视行业的基本职业分工，掌握影视作品的创作过程；3. 能够列举3~5种智能农业与传统农业的区别；4. 在亲历体验中初步认识社会基本职业分类及演变过程，能够列举出与我们的衣食住行有关的职业，掌握与海军相关的职业工作内容；5. 掌握基础的手工艺技能，初步理解传统文化产品与商业的融合发展	1. 正确认知个体性格差异，了解自我、悦纳自我，能够列举5~10项咖啡师、手工艺人、消防员等职业需具备的专业素养，掌握基础职业技能；2. 能够用思维导图等工具系统阐述现代农业科技的分类，树立可持续发展的观念，理解乡村振兴的重要意义；3. 掌握工业的分类，能够正确操作简单的工业机械，初步认识发动机、酿造、资源挖掘行业相关职业的特点、发展前景和工作内容；4. 探究并掌握基础的气象观测技能和气象类应急处置技能，理解科技工作的艰辛和意义；5. 掌握正确的自救互救技能，面临地震、火灾等模拟情况能够保持冷静，有序逃生	1. 正确认识自己的兴趣爱好和能力特长，掌握较为全面的职业工作环境、技能以及发展前景等方面的信息；2. 掌握基础的海水稻种植技术、制盐技术以及盐碱地酸碱度测量方法，理解海洋强国战略的重要意义；3. 掌握特种工业技术的分类和IT科技前沿趋势，能够深入理解相关行业工作岗位内容，以及科技对国防安全的重要作用；4. 掌握基础的岩石、矿物和构造的观测分析方法和资源勘探技术类别，能够准确列举地质勘探职业分类，探究科技如何改变生活；5. 能够科学系统介绍黄河流域生态现状，探究黄河下游水质形成原因
	教学难点	1. 激发学生深度参与劳动教育和安全教育的积极性，让研学真正发挥育人实效；2. 理解影视行业产生分工的原因，认识到分工合作的必要性，并能在创作过程中妥善处理合作关系；3. 理解农牧循环一体化概念，能够将学科知识与实践内容准确联系；4. 认识到劳动无贵贱、劳动最光荣，学会由衷地尊重劳动者；5. 在学习非遗技艺的过程中交流表达、团结协作、信息整合、动手制作，提升职业素养	1. 学会换位思考和有效沟通，掌握心理疏导与情绪调节的基本技巧，在生活实际中营造和谐人际关系；2. 能够对某一项现代农业科技形成较为深入的理解，并分享所思所得；3. 掌握发动机、挖掘机等工业机械的工作原理，能够进行简单的机械维修，树立低碳环保理念；4. 能够准确辨别各类天气现象，掌握地面气象观测集成系统的运行原理，正确理解气象对航空航天的影响；5. 理解并掌握地震消防技术的复杂性，对各类灾害情况怀有敬畏之心	1. 在对自我和相关职业认知的基础上设计较为复杂的职业规划并采取必要行动；2. 能够从海洋文化、海洋环境、海洋科技、海洋产业等方面进行探究，完成研学报告；3. 通过现场教学、主题展览、活动体验和演讲等方式，将科技兴国融入实现中国梦的具体行动；4. 在地质勘探等岗位的体验中衡量自己的职业理想与能力之间的差距；5. 增强生态保护的责任感，树立生态文明理念，完成职业发展前景、个人职业倾向等方面的研究报告

维度或要素	小学高年级段	初中段	高中段
教学策略	针对小学高年级段学生活泼好动、好奇心强，尚未对劳动技能和社会职业形成完整认知，较少参与家庭劳动和社会劳动等实际情况，基于多元智力理论等指导思想和兴趣理念、发展理念等现代教学理念，选取劳动教育、职业启蒙等为主的研学站点，依托研学基地、研学手册、研学教师等研学资源，以提升学生劳动技能、养成学生自理能力、引导学生形成对社会职业的初步认知为培养目标，采取讲授法、演示法等教法和模拟体验、合作学习等学法，借助丰富的职业启蒙类实践体验教学资源，使用游戏化、体验式、情境式等学习策略来进行总体设计，开展参观、体验、制作等多种形式的活动，并在实际教学过程中根据学生反馈进行动态调整，确保小学高年级段的学生能够深度参与并在研学实践中学有所得	针对初中段学生活泼好动、青春叛逆、自我意识增强、不服输、尚未深入接触社会等较为普遍的年龄特征，结合其知识和技能的储备基础，以发现学习理论、多元智力理论为指导思想，基于兴趣理念、互动理念、发展理念、问题理念等现代教学理念，选取乡村振兴、国防科工、文化传承、自然生态、现代科技等领域与职业启蒙和生涯规划相关的研学站点，依托研学基地、研学手册、研学教师等研学资源，以提升学生劳动技能和生活能力、探究社会职业与个人生活和个人发展的关系、初步养成生涯规划意识和能力为培养目标，采取讲授法、演示法、讨论法、谈话法、实践法等教法和自主学习、合作学习、探究学习等学法，借助丰富的职业启蒙类实践体验教学资源和数字化技术，使用体验式、情境式、合作学习、跨学科、项目式、相互教学等学习策略来进行总体设计，开展实践体验、交流分享等活动，并在实际教学过程中根据学生反馈进行动态调整，确保不同基础的初中段学生都能够在研学中学有所悟	针对高中段学生知识技能储备较为丰富、对社会职业具备了基本认知、身处世界观、人生观、价值观成型的关键阶段、自我认知和发展方向逐步趋于明确等年龄特征，以建构主义理论、发现学习理论、多元智力理论为指导思想，基于主体理念、互动理念、发展理念、问题理念、反思理念、多元理念等现代教学理念，选取国防教育、现代科技、创客智造、民族复兴等领域与职业启蒙和生涯规划相关的研学站点，依托研学基地、研学手册、研学教师等研学资源，以学生关心社会发展和个人成长的关联、形成积极明确的职业观和生涯规划目标为培养目标，采取讲授法、演示法、讨论法、谈话法、练习法、实践法、实验法等教法和自主学习、合作学习、探究学习、验证法等学法，借助丰富的职业启蒙类实践体验教学资源和数字化技术，使用体验式、情境式、合作学习、跨学科、项目式、相互教学、服务学习、探究学习、问题解决等学习策略来进行总体设计，开展实践体验、交流反思、实验验证等活动，并在实际教学过程中根据学生反馈进行动态调整，确保研学实践活动能对高中段学生世界观人生观价值观的形成发挥积极的促进作用，对高中段学生的生涯规划发挥积极影响

维度或要素				小学高年级段	初中段	高中段
实施方案	入营教育	安全	引导	开展入营安全主题教育，强调安全重要性，引起对安全的重视，确保研学安全	开展入营安全主题教育，梳理安全清单，提升学生安全意识，确保研学安全	开展入营安全主题教育，引导学生探究研学中存在的安全隐患，确保研学安全
			实训	通过教师的讲解指导，学习安全手册，签订研学安全协议，组织开展疏散演练	签订研学安全协议，通过教师的指导，组织查找安全隐患并据此组织疏散演练	签订研学安全协议，通过教师的指导，学生自主制订疏散方案并开展疏散演练
		应急	引导	通过视频案例和演示，培养学生冷静思考和随机应变的能力	通过视频了解地震、火灾等案例，认识掌握应急事件处理方法和技巧的重要性	强化学生的应急处置能力和技巧，激发积极参与应急处置的意愿
			实训	依托教师演示和模拟训练，学习应急常识，学会快速报警，了解逃生技巧	通过实践体验，熟练使用灭火器，学习地震、火灾、车祸的应急技能	通过实践体验，学会合作使用消火栓，掌握灾难发生时应对、疏散和逃生的方法
		救助	引导	通过模拟人身伤害情境，引发学生主动求助他人和救助他人的意向	模拟真实情境，引导学生能利用身边的物品完成出血、骨折等伤害的处理	模拟真实情境，针对地震火灾开展主题引导，提高学生应变能力和救助技巧
			实训	通过模拟演练，学会拨打急救电话，能配合老师做一些简单的前期救助工作	利用应急急救包开展模拟训练，学会止血、包扎、固定、搬运等急救技能	利用心肺复苏模拟人开展模拟训练，熟练掌握心肺复苏救助方法和技巧
		自我管理	引导	通过视频案例，引导学生学会管理情绪和生活，初步形成自我管理意识	通过自我管理成功案例，引发学生对情绪、时间、目标进行自我管理的意愿	通过心理建设课程，提升学生对时间、情绪、财物、学习、健康管理的能力
			实训	明确寄宿制管理要求，通过团队心理游戏等活动，了解自我管理的内容与方法	通过拓展训练、性格解析、集体生活等项目，学会从不同层面进行情绪管理	通过绘图说话、心理团建等心理建设活动，提升时间、情绪等自我管理能力
		团队协作	引导	通过集体生活细节，引导同学们认识团队协作的重要性	通过体验拓展项目，引导学生自觉提升团队协作的意愿和能力	通过团建课程，培养学生对于团队归属感和打造互助高效团队的深入认识
			实训	通过桥类项目、团建游戏等拓展训练项目，完成破冰，并培养合作互助意识	通过场地项目、中高空项目等拓展训练项目，完成破冰，并培养合作互助意识	通过高空项目、团建游戏等拓展训练项目和心理建设活动，打造互助高效团队

维度或要素		小学高年级段	初中段	高中段
实施方案	导入教学环节	1. 情境导入：饮食和安全是研学的重要保障，让我们从饮食和安全方面开启我们的研学之旅吧；2. 游戏导入：制作影视职业通关卡，通过打卡升级的过程完成微电影创作等任务；3. 视频导入：播放农业主题影视宣传片段，从而导入当天农业科技研学内容；4. 问题导入：父母亲友都是做什么工作的？学校里有哪些职业？今天，让我们一起走进职业；5. 故事导入：讲述杨家埠年画《三星高照》背后的故事，激发学生的兴趣	1. 问题导入：提出与职业相关的问题，引导学生思考和探索，例如“你理想中的职业是什么”，激发学生的思考和兴趣；2. 情境导入：邀请农业科技员进行现场授课，分享农业技术工作经验和职业故事，让学生通过亲身接触和倾听他人的经历，产生对职业的兴趣和好奇心；3. 视频导入：播放工业发展的经典影视作品，从而导入当天的工业研学内容；4. 情境导入：通过几天的研学，大家都知道要根据天气预报来做好研学准备工作，那大家知道天气是如何预报出来的吗？今天，我们一探究竟；5. 案例导入：借助地震消防案例，引导学生思考并讨论在遇到类似情况时应如何处理	1. 活动导入：绘制“自我心理画像”，从兴趣、爱好、特长等方面进行积极的自我探索；2. 多媒体导入：通过多媒体手段展示有关图片、视频和音乐等，引导学生进入蔚蓝深海，感受不一样的世界；3. 悬念导入：特种工业特殊在哪？只看名字有没有感觉很神秘？今天，我们一起去揭开它神秘的面纱；4. 问题导入：地质工作者有“三件宝”，是哪“三件宝”，他们的用途又是什么呢？今天让我们一起走进地质勘探；5. 诗词导入：白日依山尽，黄河入海流；黄河之水天上来，奔流到海不复回……今天，我们一起去探索黄河入海的故事
	授课教学环节	第一天：入营教育、必修课程一“团体沙盘”、必修课程二“西式烘焙”、必修课程三“纳米石头纸”；第二天：必修课程四“影视制作”、选修课程2“职业启蒙”；第三天：必修课程五“智慧农业”、选修课程2“职业与社会”；第四天：必修课程六“职业体验”、必修课程七“走进海博”、选修课程3“对话大国工匠”；第五天：必修课程八“木版年画”、必修课程九“丝绸之路”、必修课程十“非遗文创”	第一天：入营教育、必修课程一“性格与职业”、必修课程二“生活小镇职业体验”、选修课程2“能力与职业”；第二天：必修课程三“华夏粮仓行”、必修课程四“对话雕塑大师”；第三天：必修课程五“国防科工职业体验”、必修课程六“探秘坊子炭矿”、必修课程七“探秘酿造”；第四天：必修课程八“航天探索”、必修课程九“气象观测”、选修课程2“科技与未来”；第五天：必修课程十“地震消防”、选修课程3“对话大国工匠”	第一天：入营教育、必修课程一“心理体验”、选修课程1“科学实验”、选修课程2“常见职业现状与发展前景”；第二天：必修课程二“无土栽培”、必修课程三“海洋‘盐’学”；第三天：必修课程四“山特探秘”、必修课程五“时代浪潮”；第四天：必修课程六“深海浅说”、必修课程七“地质勘探职业体验”、必修课程八“智慧物联”、必修课程九“科技体验”；第五天：必修课程十“生态探秘”、选修课程3“对话大国工匠”、选修课程3“对话劳动模范”

维度或要素		小学高年级段	初中段	高中段
实施方案	进级教学环节	实践：现代嫁接技术、影视制作、西式烘焙、纳米石头纸、印染技术、木版年画等非遗文创。思考：性格与职业的关系、自己的性格是怎样的、丝绸的文化价值和影响。体认：解读乡村振兴密码，感受科技改变农业；柳疃丝绸渊源与现代海上丝绸之路的联系	实践：体验火场逃生，自我评估、职业调研和职业规划等活动，气象观测，工业机械操作，新型农业种植技术。思考：如何进行科学的职业生涯规划，对当前的努力方向有什么具体的指导意义。探究：种植技术、农机设备和管理模式的改变对于经济发展的影响，探寻生活里的酿造文化。表达：尝试写一篇简单的自我职业规划。体认：能理解职业对社会进步和个人成长有着重要意义，初步具备生涯规划意识	实践：农产品加工、土壤改良、海盐制作、地质勘探、海藻接种。探究：海洋物种丰富度以及海洋产业的经济价值，海洋强国的战略意义；真人CS、军事拓展活动中团队协作、服从指挥等职业素养和行为规范的重要性。思考：自我认知与职业选择之间的关系，能充分认识到职业选择与个人成长和社会进步的内在关系，具备独立（或指导下）完成积极完善的生涯规划的能力。感悟：科技在乡村振兴、国防科技中的重要作用，对高中学生高考志愿填报时的启发。表达：完成一份黄河流域生态现状研究报告
	巩固教学环节	巩固：研学教师带领学生一起对研学实践进行总结和回顾，及时解答学生提出的问题。迁移：研学成果以学生现场分享感受的方式进行呈现。拓展：进行初步的职业规划	巩固：研学导师与学生一起对研学实践进行总结和回顾，对于学生遇到的问题，及时给予反馈和指导。作业：通过情景剧、微电影创作等多种活动加深对社会职业的认识。展示：以沙龙形式，让学生分享彼此的观点和经验，展示各自的研学作品和成果，介绍自己的设计理念、技术应用等。拓展：根据生涯规划需要考虑的内在因素和外在因素，尝试列出自己的优势与不足，进一步完善自己的职业规划	巩固：研学导师带领学生回顾研学过程、所学知识与技能等。思考：科学考察工作的意义；理想的职业需要具备哪些知识与能力，自我认知与职业选择之间的关系如何。拓展：以团队交流的形式分享对农业、科技、制造业等相关职业的体验感受，树立远大的理想抱负。展示：小组讨论、交流分享、总结性报告、作品展示等多种形式进行知识巩固。迁移：引导学生对高中选科以及未来专业选择和职业倾向有自己的理解与认识

维度或要素			小学高年级段	初中段	高中段
实施方案	总结教学环节	教学创新	1.基于学情实际，以游戏化和情景化的导入方式，激发学生的兴趣；2.基于多元智力理论，设计内容丰富、形式多样、难度各异的职业体验活动	1.基于学情实际，丰富活动形式，鼓励学生多途径了解职业，多角度思考问题，增强职业意识；2.基于发现学习理论，在研学实践过程中，通过场景转换和实践体验，引导学生发现并解决问题；3.引导学生进行探究式学习，培养学生自主学习、解决问题和创新思维的能力	1.基于学情实际，通过小组合作探究的方式，将研学实践课程任务分解，撰写研究报告，培养学生探究意识；2.基于建构主义理论，引导学生主动学习，深入思考，实现教师指导下的、以学习者为中心的学习；3.通过丰富的职业体验，拓宽视野，激发兴趣和潜能，为未来的职业规划提供参考
		教学总结	1.简单回顾研学实践的内容和技能，引导学生初步树立职业意识；2.结合学生、随队教师、家长在导入、实施等环节中的反映和反馈，完成必要的教学评价；3.完善研学档案，留下过程性资料	1.以思维导图、PPT等方式，总结归纳研学实践的内容和技能，引导学生通过研学实践加深对职业的理解；2.收集学生、家长、研学讲解员以及其他相关人员的反馈，完成全面客观的评价；3.完善研学档案，便于评价与管理	1.以PPT、研究报告等方式，引导学生总结归纳研学实践的内容和技能，通过小组研讨、分享交流等，强化职业规划的能力；2.在研学教师的指导下，撰写研究报告，完善研学手册，结合报告和手册完成教学评价；3.完善研学档案，留下研学课程积分管理的过程性资料
		教学反思	1.反思研学过程中“研”和“游”的比例；2.复盘研学实践过程中的安全保障工作是否到位，还存在哪些安全隐患？3.是否将职业意识融合到研学实践中	1.研学课程在职业启蒙方面的育人实效；2.研学资源所蕴含的各学科的知识融合和教育因素挖掘是否合理；3.环节设置和节奏把控如何进一步优化，了解研学环节的优点和不足，明确实施方案优化方向	1.是否引导学生将研学课程与自己的兴趣和生涯规划联系起来，是否能为激发学生的职业兴趣发挥积极的促进作用；2.进一步梳理与学校课程的衔接程度，提炼经验教训，为下一次研学活动提供参考；3.根据研学反馈和评估结果，对研学方案进行调整和优化，对研学资源进行重新挖掘，完善研学课程教学策略

维度或要素				小学高年级段	初中段	高中段
实施方案	评价教学环节	教学水平评价	自我评价	教学导入及教学实施是否符合小学高年级段学情特点，能够引起学生兴趣，并根据学生反应进行调整；研学总结学生参与度	能否优化研学节奏和研学课程设计；研学教师的讲解是否通俗易懂，能引起学生兴趣；设计探究任务的难易程度、易操作性	对内容设计、目标落实情况、实施流畅度、学生参与度等进行评价；对研学实施过程中所设计的实验、探究成果进行考核和评价
			学生评价	对研学站点所呈现的资源是否感兴趣；对研学课程任务的完成情况进行自我评价、他人评价和小组评价	对教师是否激发学生积极性、启发深度思考、鼓励表达交流、引导树立正确的价值观进行评价	对小组合作情况分别进行评价；研学任务的分配和完成情况进行评价；对教师的教授、设计和组织能力水平进行评价
			同行评价	对研学教师的研学组织和节奏把控进行评价；对研学过程中教学机制和解决问题能力进行评价等	对研学教师的教学设计、实施策略和总结反思等方面进行评价；对研学呈现的生成性问题的解决方式方法和机制进行评价	对教师设计的探究问题、方式和结果呈现进行评价；对研学资源的挖掘和研学课程各学科的融合度进行评价；对研学设施、研究深度和研学总结方式进行评价
			培训和考核	对研学安全和急救技能进行培训；对研学线路、课程开发和实施进行培训并考核；对研学教师师德师风进行考核；对培训学习情况以及将学习内容转化运用情况进行评价	对研学安全和急救技能进行培训；对研学线路、课程开发和实施进行培训并考核；对研学教师师德师风进行考核；对研学开展情况进行考核；把学生满意度、家长和社会认可度作为考核重要标准	对研学安全、应急救护技能进行培训和考核；对研学课程开发和实施进行培训；对研学教师研学组织等专业能力进行培训；对研学教师师德师风进行考核；把学生满意度、家长和社会认可度作为考核重要标准
			教学成果展示	艺术作品、科技作品、汇报展示	艺术作品、职业规划报告、思维导图、PPT	研究报告、职业规划报告、作品展等形式展示研学实践成果；撰写研学实践课程案例

维度或要素				小学高年级段	初中段	高中段
实施方案	评价教学环节	学业评价	形成性评价	教师观察学生在研学过程中的兴趣度和参与度，及时调整教学方法；针对学情及时调整研学课程深度；学生在研学中随时对自己和他人在研学中的表现进行评价，以更好地管理自己、他人和团队	对学生的参与程度、探索深度和交流表达等表现进行及时评价；研学中要更加关注学生探究方法和能力的培养；关注学生团队建设的情况	观察小组合作中协作情况，及时调整探究任务、人员组成，并对学生研学观察、记录、讨论和反思及时进行评价；及时观察学生研学的态度、探究的问题深度以及探究的方式方法，及时给予指导
			总结性评价	对学生研学态度、习惯和纪律性、安全意识、自理自立等进行整体性评价；评价方式可以采用考核和口头评价等	以预先设定的以职业启蒙为主的学习目标为基准，通过测验、报告、展示等形式，对学生达成目标的程度作出评价；对学生实践的结果、达到的目标、完成水平和完成度进行评价	对学生在研学过程中表现的探究问题的能力、思辨力和责任与担当意识表现等因素进行整体评价；对研学报告、展示项目、作品等研学成果进行评价，促进提高研学探究水平
			教师评价	对学生研学前、研学中和研学后的研学准备、参与度、作业完成情况进行评价；对学生课堂自我管理、领导力和组织能力等方面进行评价	对知识生成、能力提升、情感认同以及小组合作、互动情况方面进行综合评价；通过观察和问卷调查方式，对学生研学创新点、实践能力水平和探究解决问题切入点、方式方法等方面进行评价	通过观察、访谈和调查问卷等方式对学生获取研学知识、探究能力和研学态度进行评价；对学生探究报告呈现方式、探究深度、问题解决方案进行评价；对学生合作、情绪管理、意志品质等进行评价
		项目评价		行政主管部门、参与学校、学生、家长通过问卷、访谈等形式，对研学项目的安全管理、研学资源、方案设计、组织实施以及学生成长的有效性、规范性、整体性进行评价，以便持续完善研学实践教育	行政主管部门、参与学校、学生、家长及社会各界通过问卷、访谈等形式，对安全管理、研学资源、课程衔接、进度组织、教学策略、教学环节、课程意义、学生成长等方面进行评价，以便持续完善研学实践教育	行政主管部门、参与学校、学生、家长及社会各界通过问卷、访谈等形式，对安全管理、研学资源、课程衔接、活动组织、多方协同、教学策略、课程深度、教学策略、学生成长、项目规范等进行评价，以便持续完善研学实践教育

4.12　教学计划与策略列表：探寻社会生态万千　开启人生美好未来

<table>
<tr><td colspan="3">营地名称</td><td>乳山市中小学综合实践学校（简称“乳山营地”）</td><td>命名机构</td><td>教育部</td><td>识别码</td><td>Y145372003</td></tr>
<tr><td colspan="3">从业资质（摘要）</td><td>综合实践教育（劳动技术教育、国防教育、安全教育、信息技术教育）；研学实践教育；研究性学习；社区服务；职业培训</td><td>单位属性</td><td>公益一类</td><td>法定代表人</td><td>蔡海波</td></tr>
<tr><td colspan="3">研学主题</td><td>探寻社会生态万千　开启人生美好未来</td><td>主要目的指向</td><td colspan="3">启蒙教育</td></tr>
<tr><td rowspan="7">营地（枢纽）及周边主要优质研学资源</td><td colspan="2">基地层级</td><td colspan="5">研学站点（基地）名称</td></tr>
<tr><td rowspan="2">教育部命名基地</td><td>已列入教学计划</td><td colspan="5">一、与本主题相关的列入教学计划的基地10个
1. 台儿庄古城景区；2. 山东沂蒙红色文化产业有限公司；3. 山东省妇女儿童活动中心；4. 日照市山泽海洋旅游产业开发有限公司（日照海洋公园）；5. 青岛市妇女儿童中心；6. 青岛鲁海丰海洋牧场；7. 桓台华夏粮仓博物馆；8. 曲阜孔庙、孔林和孔府；9. 孟府孟庙孟林景区；10. 山东景芝教育投资有限公司
二、与本主题关联不大但列入本营地教学计划的基地0个</td></tr>
<tr><td>待列入教学计划</td><td colspan="5">1. 山东泰山研学教育有限公司；2. 青岛海洋地质研究所；3. 蓬莱仙境戚继光文化管理有限公司；4. 黄河口生态文明研学基地；5. 山东莱阳白垩纪国家地质公园；6. 青岛蓝树谷文化传媒旅游集团股份有限公司；7. 广饶县孙子文化旅游区；8. 齐文化博物院</td></tr>
<tr><td colspan="2">其他部委命名基地</td><td colspan="5">台依湖国际酒庄生态文化区</td></tr>
<tr><td colspan="2">地方命名基地</td><td colspan="5">1. 爱母茶业基地；2. 五彩麦花香食品有限公司</td></tr>
<tr><td colspan="2">本营地资源</td><td colspan="5">1. 知味烘焙坊；2. 茗香茶艺体验中心；3. 整理收纳体验中心；4. 厨艺体验中心；5. 沐心礼仪体验中心</td></tr>
<tr><td colspan="2">其他资源</td><td colspan="5">威海康辉生物科技有限公司</td></tr>
</table>

维度或要素	小学高年级段	初中段	高中段
校内教育基础（与校内教育的衔接）	对照课标，本阶段研学课程设计主要衔接校内的劳动教育课程，融合美术教育。帮助学生养成良好的礼仪风范和热爱劳动的优秀品质，在体验职业特点的同时，让其感受中国传统饮食文化的魅力，深刻地体会茶艺文化的博大精深，进一步树立和增强民族自尊心、自信心及自豪感。本研学主题课程与校内教育的衔接内容如下：1. 人教版语文五年级上册一单元第3课“桂花雨”；2. 鲁教版美术五年级上册第1课“色彩的对比”、第2课“色彩的和谐”、第10课“学构图”；鲁教版美术五年级下册第1课“形体的组合”；3. 鲁教版美术四年级上册第1课“色彩的冷与暖”；4. 鲁教版美术四年级下册第5课“对称的美”	对照课标，本阶段研学课程设计依然主要链接劳动教育课程，同时融合艺术、历史、数学、化学等学科内容。促进学生提高用双手创意生活、美化生活的能力，加深各种职业体验，感受博大精深的古礼文化，明白只有民族的，才是世界的。本研学主题课程与校内教育的衔接内容如下：1. 鲁教版地理下册第六至十章；2. 鲁教版美术七年级上册第一单元“美术的主要表现手段”；3. 鲁教版数学七年级上册第二章第4节“利用轴对称进行设计”；4. 人教版历史七年级上册第三单元“各具特色的区域生活”；5. 鲁教版生物七年级上册第二章第三节“合理营养与食品安全”；6. 鲁教版生物七年级下册第六章第五节“人类对细菌和真菌的利用”；7. 鲁教版化学八年级全册第二单元第三节“水分子的变化”；8. 鲁教版数学八年级上册第四章第4节“图形变化的简单应用”；9. 鲁科版八年级物理上册第五章第一节“质量及其测量”	对照课标，本阶段研学课程设计关联劳动教育课程，融合历史、化学、艺术等学科内容。引导学生将“职场礼仪”的原则灵活运用于学习和生活中，建立注重礼仪细节的良好习惯，丰富职业体验，做好职业规划，具有劳动自立意识和主动服务他人、服务社会的情怀。本研学主题课程与校内教育的衔接内容如下：1. 鲁教版地理必修第一册第三节“生物圈与植被”；2. 鲁科版化学必修第一册第1章“认识化学科学”；3. 鲁科版化学必修第二册第1章“微项目 海带提碘与海水提溴”、第3章“微项目 自制米酒”；4. 人教版生物高一必修一第5章“细胞的能量供应与利用”；5. 人教版语文必修上册第二单元第4课“喜看稻菽千重浪”

维度或要素			小学高年级段	初中段	高中段
研学课程	必修课程一	名称	神奇的衣柜	内务整理	行李箱的整理
		活动目的	通过整理收纳各种衣服，掌握整理技巧，体验整理的神奇	通过床铺和所带行李的整理，掌握整理的要领，认识自理能力的重要	通过了解整理行李箱的方法，完成独立整理行李箱
		活动形式	教师讲授、小组合作	教师讲授为辅、学生主体性实践体验为主，小组合作	教师讲授为辅、学生主体性实践体验为主
	必修课程二	名称	乳山喜饼	包领食尚	中式蛋糕
		活动目的	通过学习地方喜饼的制作流程和基本的花式制作手法，激发对家乡的热爱情感	通过学习了解包子的制作流程，掌握要领，激发对面食的兴趣	通过了解各种花式的寓意，完成花饽饽制作，组装中式蛋糕
		活动形式	教师演示、合作探究	根据任务单小组合作探究	学生主体性实践体验为主、小组合作
	必修课程三	名称	花样馒头	粽叶飘香	阖家欢月
		活动目的	通过学习花样馒头的制作流程，掌握各种花样馒头的制作要领	通过了解端午节和包粽子的传统文化背景，学习完成制作传统粽子	通过了解月饼各种辅料的功用、材料的烤制技巧，掌握月饼包制和烙制的方法
		活动形式	教师讲授、小组合作	任务驱动、小组合作	自主探究、交流展示
	必修课程四	名称	花式蒸饺	美食每课	舌尖上的美食文化
		活动目的	通过了解蒸饺的形状、种类、捏边、搓边、翻边，掌握花样蒸饺的制作手法	通过了解初步的烹调加工知识，掌握一道菜品的加工流程	通过了解中国八大菜系，掌握用刀技巧和菜品的烹饪流程，激发对中华美食的热爱
		活动形式	教师演示、合作探究	小组合作、学生主体性实践体验为主	任务驱动、合作探究

维度或要素			小学高年级段	初中段	高中段
研学课程	必修课程五	名称	珍妮曲奇	花样溶豆	分蛋式海绵纸杯蛋糕
		活动目的	通过学习珍妮曲奇的制作方法，掌握黄油的打发和刮面糊的技巧	通过花样溶豆的烘焙制作方法，掌握蛋黄、蛋白的打发技巧，创作出成功的作品	通过学习制作方法，掌握蛋白霜和淡奶油的打发技巧，以及裱花的简单技法
		活动形式	合作探究、交流展示	任务驱动、自主探究	自主探究、交流展示
	必修课程六	名称	雪花酥	乳山糖画	乳山姜饴
		活动目的	通过学习不同口味雪花酥的制作方法，掌握制作原料的配比、造型和包装技巧	通过探究糖画的制作过程，掌握配比、称量和熬制方法，体验用糖作画的奇妙	通过探究乳山姜饴的制作，了解家乡特产，认识吃姜的好处
		活动形式	教师演示、小组合作	任务驱动、实践体验相结合	任务驱动、自主探究、交流展示
	必修课程七	名称	乳山绿茶	紫砂壶泡茶	盖碗泡茶
		活动目的	通过了解乳山绿茶，从色、香、味、形来品饮乳山绿茶	通过认识紫砂壶茶具，了解泡茶技巧，完成用紫砂壶泡茶的操作	通过学习茶的礼仪，掌握盖碗泡茶的流程，以茶待客
		活动形式	教师演示、实践体验相结合	合作探究、交流展示	任务驱动、实践体验相结合
	必修课程八	名称	五彩麦花香食品研学	台依湖国际酒庄生态文化区研学	康辉生物科技研学
		活动目的	通过参观学习，掌握非遗花饽饽、月饼等面食的制作方法	通过参观学习，了解葡萄酒文化，掌握葡萄酒的制作流程	通过参观，感受企业的科技发展与应用，掌握乳山蜜姜的制作，获得职业体验
		活动形式	实地探访、实践体验	实地探访、小组合作	考察探究、交流分享

维度或要素			小学高年级段	初中段	高中段
研学课程	必修课程九	名称	形体礼仪	汉服礼仪	职场礼仪
		活动目的	通过对站姿、坐姿、走姿等形体礼仪的学习，达到学生整体形象气质提升的效果	通过学习汉服基本礼仪，掌握老祖宗留下的规矩，体验传统文化的精髓所在	通过学习“职场礼仪”的概念、作用、特征和原则，认识注重礼仪细节的重要性
		活动形式	目标引领、小组合作	任务驱动、交流展示	自主探究、交流展示
	选修课程		1. 开营第一课 2. 爱母茶业基地研学 3. 闭营总结	1. 入营教育选修课 2. 桃酥制作 3. 桓台华夏粮仓博物馆研学	1. 入营教育选修课 2. 以花入馔

维度或要素		小学高年级段	初中段	高中段
研学线路	代表性线路（时长五日）	第一天：乳山营地—整理收纳体验中心—知味烘焙坊—乳山营地；第二天：乳山营地—青岛市妇女儿童中心—乳山营地；第三天：乳山营地—茗香茶艺体验中心—山东沂蒙红色文化产业有限公司—临沂营地；第四天：临沂营地—日照海洋公园中心—厨艺体验中心—乳山营地；第五天：乳山营地—爱母茶业基地—乳山营地	第一天：乳山营地—整理收纳体验中心—知味烘焙坊—乳山营地；第二天：乳山营地—台依湖国际酒庄生态文化区—乳山营地；第三天：乳山营地—山东省妇女儿童活动中心—沐心礼仪中心—乳山营地；第四天：乳山营地—厨艺体验中心—台儿庄古城景区—潍坊营地；第五天：潍坊营地—桓台华夏粮仓博物馆—乳山营地	第一天：乳山营地—整理收纳体验中心—知味烘焙坊—乳山营地；第二天：乳山营地—威海康辉生物科技有限公司—乳山营地；第三天：乳山营地—山东景芝教育投资有限公司—茗香茶艺体验中心—乳山营地；第四天：乳山营地—厨艺体验中心—沐心礼仪体验中心—乳山营地；第五天：乳山营地—青岛鲁海丰海洋牧场—乳山营地
	可选择线路（按天设计，菜单式选择）	1.乳山营地—青岛市妇女儿童中心—乳山营地；2.乳山营地—曲阜孔庙、孔林和孔府—乳山营地；3.乳山营地—整理收纳体验中心—乳山营地；4.乳山营地—桓台华夏粮仓博物馆—乳山营地；5.乳山营地—台依湖国际酒庄生态文化区—乳山营地；6.乳山营地—威海康辉生物科技有限公司—乳山营地；7.乳山营地—青岛鲁海丰海洋牧场—乳山营地；8.乳山营地—蓬莱仙境戚继光文化管理有限公司—乳山营地	1.乳山营地—山东沂蒙红色文化产业有限公司—乳山营地；2.乳山营地—五彩麦花香食品有限公司—乳山营地；3.乳山营地—青岛市妇女儿童中心—乳山营地；4.乳山营地—爱母茶业基地—潍坊营地；5.潍坊营地—曲阜孔庙、孔林和孔府—乳山营地；6.乳山营地—青岛鲁海丰海洋牧场—乳山营地；7.乳山营地—整理收纳体验中心—乳山营地；8.乳山营地—威海康辉生物科技有限公司—乳山营地	1.乳山营地—爱母茶业基地—乳山营地；2.乳山营地—孟府孟庙孟林景区—临沂营地；3.临沂营地—山东沂蒙红色文化产业有限公司—临沂营地；4.临沂营地—台依湖国际酒庄生态文化区—乳山营地；5.乳山营地—桓台华夏粮仓博物馆—乳山营地；6.乳山营地—五彩麦花香食品有限公司—乳山营地；7.乳山营地—厨艺体验中心—乳山营地；8.乳山营地—曲阜孔庙、孔林和孔府—乳山营地
	规划线路（按天设计）	1.乳山营地—山东泰山研学教育有限公司—乳山营地；2.乳山营地—青岛海洋地质研究所—乳山营地；3.乳山营地—青岛蓝树谷文化传媒旅游集团股份有限公司—潍坊营地；4.潍坊营地—齐文化博物院—乳山营地；5.乳山营地—国家地质公园—乳山营地	1.乳山营地—蓬莱仙境戚继光文化管理有限公司—乳山营地；2.乳山营地—黄河口生态文明研学基地—乳山营地；3.乳山营地—山东莱阳白垩纪国家地质公园—乳山营地；4.乳山营地—青岛蓝树谷文化传媒旅游集团股份有限公司—潍坊营地；5. 潍坊营地—齐文化博物院—乳山营地	1.乳山营地—广饶县孙子文化旅游区—东营营地；2.东营营地—黄河口生态文明研学基地—乳山营地；3.乳山营地—青岛蓝树谷文化传媒旅游集团股份有限公司—乳山营地；4.乳山营地—齐文化博物院—乳山营地；5.乳山营地—蓬莱仙境戚继光文化管理有限公司—乳山营地

维度或要素		小学高年级段	初中段	高中段
教学重点难点（以代表性线路教学设计为例，下同）	教学重点	1. 掌握喜饼的制作流程和花式蒸饺的制作手法；学会不同口味雪花酥的制作方法，以及雪花酥的造型和包装技巧。2. 了解五彩麦花香食品企业的特色产品。3. 通过对站姿、坐姿、走姿等形体礼仪的学习，整体提升学生的形象气质，培养他们的自信心。4. 掌握整理收纳各种衣服的技巧，体验整理的神奇。5. 掌握乳山绿茶冲泡的基本步骤和方法	1. 研究制作传统粽子的步骤和方法，掌握一道菜品的加工流程，学习乳山糖画技能，学会花样溶豆的烘焙制作方法；2. 学习汉服基本礼仪的动作要领及做法，体验感悟老祖宗留下的规矩，并通过汉服的着装体验感受古典礼仪的独特魅力，体验传统文化的精髓所在；3. 参观学习葡萄酒的制作过程，了解葡萄酒文化，体验蛋挞的烘焙制作；4. 掌握床铺和所带行李的整理要领；5. 认识紫砂壶茶具，会用紫砂壶泡茶	1. 了解月饼各种辅料的功用、材料的烤制，掌握月饼包制和烙制的方法；了解中国八大菜系，掌握用刀技巧和菜品的烹饪流程；学会分蛋式海绵纸杯蛋糕的制作方法。2. 掌握“职场礼仪”的概念、作用、特征和原则。3. 通过合作探究乳山姜饴的制作方法，自主学习生姜的相关知识，了解家乡特产——乳山大姜，感受企业的科技发展与应用，了解乳山蜜姜的加工生产过程。4. 了解整理行李箱的方法，会进行整理收纳。5. 掌握盖碗泡茶的流程
	教学难点	1. 乳山喜饼的调面比例，掌握制作原料的配比，烘焙工具的使用方法，刮面糊和曲奇生坯制作；2. 学会自然准确地运用日常生活和交往活动中的常用手势语和体态语；3. 学会非遗花饽饽、月饼等面食的制作方法，获得职业体验；4. 整理衣物的方案设计；5. 学会从色、香、味、形来品饮乳山绿茶	1. 包粽子的要点和手法，原料的刀工处理和烹饪技巧的掌握，学会熬糖过程中的配比、称量和熬制方法，掌握蛋黄、蛋白的打发技巧和挤豆技巧；2. 了解汉服历史、形制、特点及基本礼仪的相关知识，感受博大精深的古礼文化；3. 学会不同种类的葡萄酒如何搭配美食；4. 如何整理褶皱及被子的叠放；5. 能辨别六大茶类，了解泡茶三要素	1. 制作月饼和烹饪菜品时需要注意的问题，掌握蛋白霜和淡奶油的打发技巧，以及裱花的简单技法；2. 将“职场礼仪”的原则灵活运用于学习和生活中，建立注重礼仪细节的良好习惯；3. 能引导周围的人积极宣传家乡特产的优点以及吃姜的好处，参与体验蜜姜的制作环节，学会制作中草药包；4. 能按照一定方法独立整理行李箱；5. 了解红茶的制作工艺及冲泡要点

维度或要素	小学高年级段	初中段	高中段
教学策略	针对小学高年级段学生已经具备了一定的劳动能力和生活经验，参与过家务劳动、校园卫生保洁、社会公益劳动，懂得尊重各行各业的劳动者，初步形成了家庭责任感和社会责任感的意识；对与生活密切相关的领域有较强的好奇心，充满了探索的欲望；由于文化认知差异等原因，学生对职业的了解还不全面的情况，基于合作教学、多元智力理论，选取劳动启蒙、审美启蒙、科学启蒙等内容，以学生具备基本的生活自理能力、掌握基本技能，具备初步的决策意识，认识到自己的成长与国家发展的密切关系为目标，采取讲授法、演示法、情境教学等教法以及体验式学习、实地探究性学习、合作学习等学法，借助相关研学基地的研学资源，结合校内校外课程，以学生为主体，教师为辅助，培养学生的动手实践能力，养成良好的行为习惯，形成初步的规矩意识，形成正确的人生观、价值观和世界观	针对初中阶段学生在身心上正处于发育期，生理和心理都在发生快速变化，在知识储备方面已经具备了一定的学科基础，认知能力、情感态度、自我意识等心理指标也在不断发展和变化；这一时期的学生具有较高的可塑性，容易接受新事物、新观念，但也容易受到外界干扰，需要给予正确的引导和帮助；初中生的兴趣爱好广泛，对新鲜事物充满好奇的情况，基于建构主义、多元智力等理论思想，以培养学生的科学素质和民族自豪感，形成正确的职业观念，意识到不同角色有相应的责任与权利为目标，采取讲授法、演示法、启发式教学、情境教学等教法以及体验式学习、实地探究性学习、合作学习等学法，借助相关研学基地的研学资源，结合校内校外课程，让学生认识到习惯和规矩的重要性，注重学生的实践体验，强化技能的训练，培养创新意识和责任担当，对自己的职业生涯有初步的规划	针对高中阶段学生面临着升学压力和高考压力，正处于人格塑造的关键时期，他们对自己的认同感和自我价值感逐渐清晰的情况，根据研学主题探究性任务需要，分析高中阶段学生的知识储备、生活经验、学习差异。基于建构主义、多元智力等理论思想，以学生能了解自己的优势、性格、价值观与生涯发展需求，促使学生将个人兴趣与社会环境相结合，具有促进社会发展的规则意识为目标，采取讲授法、演示法、启发式教学、情境教学等教法以及体验式学习、实地探究性学习、合作学习等学法，借助相关研学基地的研学资源，结合校内校外课程，让学生认识到养成良好的习惯需要严格的自律，美好生活要用我们勤劳的双手去创造，在活动中体验工匠精神，培养学生热爱生活、热爱劳动、尊重劳动者的优秀品质

维度或要素				小学高年级段	初中段	高中段
实施方案	入营教育	安全	引导	强调安全在研学实践中的重要性，引导学生关注安全，了解本学段安全常识	强调安全对于研学实践教育活动顺利开展的重要意义，树立安全活动意识	强调安全对于研学实践教育活动顺利开展的重要意义，培养安全意识
			实训	通过图片、视频等多媒体资源，使学生了解工具使用安全、食品安全等知识	通过安全公共课讲解掌握逃生安全、食品安全知识，强化“习惯安全”意识	通过学生讲解体验、教师补充示范的方式，掌握食品安全、防磕碰摔伤等知识
		应急	引导	学习应急事件处理方法和技巧，培养冷静思考和随机应变的能力	掌握气道异物梗阻急救处理方法和技巧	强化应急能力培养，掌握应急事件分类、处理方法和技巧
			实训	邀请专家为学生进行崴脚、碰头、拨打急救电话等应急救助方法讲解	观看视频，实操演练，学习海姆立克急救法	通过模拟现场演练、理论与实践相结合的方式，学习扭伤、中暑、崴脚等情况下的应急技能
		救助	引导	引导学生在遇到危险时保持冷静，并向老师求助，减少伤害	引导学生主动寻找利用各种资源开展自救，增强救助能力	强调救助对于现实生活的重要意义，引导学生关注对救助知识和技能的学习
			实训	通过打快板、念口诀等形式，配合教师指导，学生学习体验包扎技能	通过角色扮演、团队合作等方式使学生掌握胸外按压手法、人工呼吸操作要领	邀请专业人士讲解，学生模拟演练，掌握心肺复苏技能、AED实用技能
		自我管理	引导	引导学生逐步培养良好的生活习惯	引导学生自我规范、自我约束、自我提高	引导学生做好时间管理、情绪管理、学习管理、健康管理
			实训	通过教官讲解，学生养成每天洗漱、远离垃圾食品的良好生活习惯	学生进行自我管理，扮演班长、安全员、纪律委员等管理者角色	学生自主设计研学活动管理目标和计划，培养自我管理综合素养
		团队协作	引导	引导学生认识团队协作的重要性	引导学生认识团队协作发挥的作用，提升团队协作能力，激发团队荣誉感	引导学生发挥团队力量，培养创新意识、合作能力
			实训	通过游戏、健康运动会的方式学习有效沟通与协作的技巧	开展团建拓展活动，寻找潜能，帮助学生建立自信，体会团队合作的重要性	设定团队研学任务，小组协作，合力完成任务目标

维度或要素		小学高年级段	初中段	高中段
实施方案	导入教学环节	1. 情境导入：通过教师展示之前学生活动的精彩瞬间和精美的作品，激发学生制作甜点的兴趣；2. 视频导入：观看农村婚嫁视频，激发学生制作喜饼的兴趣；3. 谈话导入：提问学生整理物品的情况，让学生带着问题观看视频；4. 问题导入：提问学生对乳山“三宝”的了解，激发学生的探究兴趣；5. 直观导入：教师演示错误礼仪行为，引出规矩启蒙教育主题	1. 任务导入：通过布置内务整理任务，让学生主动探究整理方法；2. 视频导入：观看赶大集视频，激发学生制作粽子和乳山糖画的兴趣；3. 谈话导入：通过学生介绍自家茶叶的品种，让其分析用什么茶具泡茶；4. 问题导入：提问学生对汉服的了解，激发学生的探究汉服礼仪的兴趣；5. 视频导入：观看烘焙精彩瞬间视频，激发学生对烘焙的兴趣，主动学习制作溶豆	1. 直观导入：展示企业的特色产品，激发探究制作过程的兴趣；2. 视频导入：观看盖碗泡茶茶艺表演视频，激发学生主动探究的兴趣；3. 任务导入：发布研学任务单，任务驱动学生对行李箱的整理设计；4. 视频导入：观看职场错误礼仪视频，让学生认识正确礼仪的重要性；5. 问题导入：提问学生对葡萄酒种类的了解，激发学生对酒文化的研究兴趣
	授课教学环节	第一天：入营教育、必修课程一“神奇的衣柜”、必修课程二“乳山喜饼”；第二天：必修课程八“五彩麦花香食品研学”；第三天：必修课程六“雪花酥”、必修课程七“乳山绿茶”；第四天：必修课程九“形体礼仪”、必修课程四“花式蒸饺”；第五天：选修课程2“爱母茶叶基地研学”	第一天：入营教育、必修课程一“内务整理”、必修课程三“粽叶飘香”；第二天：必修课程八“台依湖国际酒庄生态文化区研学”；第三天：必修课程七“紫砂壶泡茶”、必修课程九“汉服礼仪”；第四天：必修课程五“花样溶豆”、必修课程二“包领食尚”；第五天：选修课程3“恒台华夏粮仓博物馆研学”	第一天：入营教育、必修课程一“行李箱的整理”、必修课程五“纸杯蛋糕”；第二天：必修课程八“康辉生物科技研学”；第三天：必修课程三“阖家欢月”、必修课程七“盖碗泡茶”；第四天：必修课程四“舌尖上的美食文化”、必修课程九“职场礼仪”；第五天：选修课程2“以花为馔”

维度或要素		小学高年级段	初中段	高中段
实施方案	进级教学环节	小组讨论：除了衣柜，还有哪些地方需要自己整理，如何整理；小组实践：普通面团加上馅料如何制作各种包子；小组探究：除了玻璃茶具，还可以用哪些茶具冲泡不同类别的茶叶；实地探究：通过哪些方法可以将我们的手工产品畅销全国；实地探究：探究乳山糖画的制作过程；小组讨论：除了主食，你还会做哪些家常菜	小组讨论：我们外出的行李如何整理；小组实践：各种各样的花饽饽如何组装成一个精美的中式蛋糕；小组探究：有没有一种茶具能够适合冲泡所有类别的茶叶；小组讨论：我国传统节日还有哪些美食；实地探究：如何在家酿制葡萄酒；小组讨论：“三宝”之“大姜”还有哪些吃法；小组探究：中华美食博大精深，你了解哪些特色菜系	小组讨论：行李箱的清单设计以及整理手法；小组实践：设计并制作有主题有寓意的中式蛋糕；小组探究：使用盖碗冲泡一壶口感上好的红茶，并进行茶艺展示；实地探究：对乳山三宝之“大姜”的全面认识；实地探究：葡萄酒的酿制及贮存；小组合作：制作一桌营养丰富的特色菜
	巩固教学环节	通过知识问答、知识拓展、个人表演等形式促进所学内容的实际应用；通过让学生复述回顾知识，强化学生知识巩固和联系实际的能力	针对性训练、有目的性地参观、实地探究相结合，营造生活场景，让学生将所学应用于生活，分享活动过程中的收获和感悟，小组合作做出总结与拓展汇报，学生迁移运用所学知识进行多角度巩固，思考如何进行搭配以提高食品的营养价值	针对性训练、有目的性地参观、实地探究相结合，营造生活场景，让学生将所学应用于生活，分享活动过程中的收获和感悟，小组合作做出总结与拓展汇报。通过“产销一体化”的企业经营模式让学生有更深的职业体验，同时思考如何保证食品健康

维度或要素			小学高年级段	初中段	高中段
实施方案	总结教学环节	教学创新	创新课程设计，突破时间、空间的限制，围绕主题设计课程，采取进阶式、巩固式教学策略，在真实情境中探究、体验、实践，围绕课标形成校内外教育衔接，对学生进行劳动启蒙、审美启蒙、科技启蒙、习惯启蒙、规矩启蒙教育等	突出主题引领、任务驱动、项目学习、学科融合的特点，采取沉浸式、场馆场所场景一体化设计课程，与校内课程进行有机衔接，形成校内课程的拓展延伸，实现校内外教育的协同，对学生进行科技启蒙、职业启蒙、习惯启蒙、规矩启蒙教育等	创新教学形式，实现在真实情境中基于任务完成下的深度体验，围绕课标设计研学课程，形成校内外协同育人路径，突出课程协同、线路协同、管理协同、评价协同，在亲身实践中激发学生兴趣，对学生进行职业启蒙、习惯启蒙、规矩启蒙等
		教学总结	根据教学目标、学生学情，通过学生分享、成果展示等方式，对课程设计、线路设计、教学策略等进行总结，采取提问式、趣味性等方式，以培养学生创新思维、爱国情怀、精益求精的工匠精神和爱岗敬业的劳动态度为主要指向，全面了解学生在研学活动中的启蒙知识和技能	根据教学目标、学生学情，通过学生作品展示、研学报告、分享感悟、团队协作等方式，采用归纳式、交流反馈、悬念总结等形式，全面了解学生在科技、劳动、行为习惯等方面的情况，激发学生争做新时代的好少年，立志报效祖国	在本阶段尝试围绕课程设计、团队协作、职业认同等内容，采用交流反馈、延伸拓展等形式，帮助学生掌握主题要义，顺利构建认知体系，引导学生形成正确的价值观，在自我觉察、社会现状、工作要求之间建立起积极的联系，增强学生的社会适应能力
		教学反思	针对小学高年级段学生学情，对教学目标、课程设计、线路设计、组织实施、教学评价等内容进行反思，梳理实施过程中出现的问题，思考解决问题的路径与策略，形成解决方案，调整和优化教学设计，为下一次研学活动提供参考	针对初中段学生学情，对教学目标、课程设计、线路设计、组织实施、教学评价等内容进行反思，梳理实施过程中出现的问题，思考解决问题的路径与策略，形成解决方案，调整和优化教学设计，拓宽教学思路，提高教学水平	针对高中段学生学情，对教学目标、课程设计、线路设计、组织实施、教学评价、是否尊重学生的个性差异等内容进行反思，梳理实施过程中出现的问题，思考解决问题路径与策略，在此基础上不断地改进、完善、推陈出新，形成自己独特的教学风格

维度或要素				小学高年级段	初中段	高中段
实施方案	评价教学环节	教学水平评价	自我评价	教师从学生参与课程的积极性对自己的教学进行反思和评价	教师从活动设计的合理性、学生参与的积极性、教学目标是否达成等方面对自己的教学进行反思和评价	教师从学生发现和解决问题的能力、逻辑思维能力、实践能力和创新能力的发展等方面对自己的教学进行反思和评价
			学生评价	学生针对教师能否有效引导学生积极参与到课堂探究活动、敢于提出问题、发表个人意见以及小组团结协作等方面进行评价	学生针对教师和学生之间的互动是否充分，教师能否有效引导学生善于观察、积极思考、遇到问题灵活运用所学知识积极寻求解决措施以及充分展示自己等方面进行评价	学生针对教师提供研学资源的深度与广度，教师能否有效引导学生提升问题探索能力、灵活反应能力以及表达能力等方面进行评价
			同行评价	由营地教师和教学管理人员对教师的教学态度、活动设计能力、统筹安排活动能力，以及师生之间的配合默契度等进行评价	通过集体教研对教师的教学设计、教学实施、教学管理、信息技术与教学融合等方面进行评价，突出初中段学情特点，采取访谈、交流、问卷等形式开展	邀请高中学校相关专业教师共同参与评价，对教师的教学设计、教学实施、教学评价、教学管理、信息技术与教学融合等方面进行评价，突出高中段学生学情特点，采取交流、互评方式进行
			培训和考核	定期对营地教师和基地教师进行教学培训和考核，通过考核结果来评价教师的教学水平，围绕出现的实际问题定期进行教学培训	定期对营地教师的教学理念、师德师风、科学教育、劳动教育、生涯规划、学生管理等学科综合能力等方面进行教学培训，通过综合评价、问卷调查等方式考核教师的教学水平	定期对营地教师进行师德师风、劳动教育、生涯规划、心理学、学生管理等方面的教学培训和考核，通过考核结果来评价教师的教学水平
			教学成果展示	通过在研学过程中展示学生的专业技能、学生的创新作品等来评价教师的教学水平	利用多媒体、课件、学生作品等形式展示教师的教学内容、教学方法和教学成果	通过学术交流会分享教师在教学实践中的心得，从反馈中得到启发和改进，从而更好地评估教学成果

维度或要素				小学高年级段	初中段	高中段
实施方案	评价教学环节	学业评价	形成性评价	注重锻炼学生的实践能力，对学生的动手操作、作品展示等学习过程给予星级达标评价，实现学生思维力、想象力、审美情感和表达力的提升	以学生的关注度、参与度、观察力、实践能力、问题解决能力、团结协作能力、自我反思能力等方面作为评价依据，通过教师和学生观察、记录研学过程中的表现情况，给予每位学生星级达标评价，实现学生对自我价值的肯定，培养学生启蒙意识	通过科学设计探究性作业、实践性作业、跨学科综合性作业，做好对学生在研学过程中完成情况的观察记录，并给予每位学生星级达标评价，通过研学报告、推介会等方式，实现学生自我认知、价值观认同的职业能力提升
			总结性评价	运用日常观察、集中展示方式，给学生以正向评价，对学生研学实践的全过程、合作体验的能力进行评价，从而动态地评价学生的研学能力，提出合理化建议，使学生提升综合素养	运用自评、互评、他评方式，对学生研学实践的全过程、综合分析能力、动手实践和创新能力进行评价，使学生进一步提升认知能力、思维力和想象力	在研学活动结束后通过学生的研究报告、展示或测试等形式，全面了解学生在研学活动中的学习成果和进步，使学生进一步提升职业能力、创新能力和生涯规划能力
			教师评价	教师根据学生在研学活动中的表现和成果，结合学生的参与度对学生进行评价，运用集中展示、教师点评方式，使学生发现存在的问题，明确改进方向	教师从学生参与活动的积极性、是否乐意与同伴交流和合作、是否积极解决问题等方面，采用评价记录表的方式，对学生进行多元评价，给学生以正向引导，帮助学生明确不足，进一步提升综合素养	教师根据学生在研学活动中的表现和成果，以成果汇报交流等方式对学生进行评价，指导学生集体讨论，帮助学生明确不足，得出改进建议
		项目评价		对学校教师、参与学生和学生家长进行访谈或调查问卷，围绕小学高年级段课标实现度、教学环节衔接度等方面让他们积极参与评价，及时发现问题并加以改进	对学校教师、参与学生和学生家长进行座谈交流，从教学环节、实施效果、安全措施等方面进行交流，及时发现不足，改进提升	对学校教师、参与学生和学生家长进行访谈，分析交流，及时发现问题并加以改进，落实高中课标要求

4.13 教学计划与策略列表：探寻职业奥秘　追梦未来可期

<table>
<tr><td colspan="3">营地名称</td><td>长沙市中小学素质教育实践基地岳麓营地（简称“长沙营地”）</td><td>命名机构</td><td>教育部</td><td>识别码</td><td>Y145430001</td></tr>
<tr><td colspan="3">从业资质（摘要）</td><td>学生综合实践活动</td><td>单位属性</td><td>公益一类</td><td>法定代表人</td><td>杨伟</td></tr>
<tr><td colspan="3">研学主题</td><td>探寻职业奥秘　追梦未来可期</td><td colspan="2">主要目的指向</td><td colspan="2">启蒙教育</td></tr>
<tr><td rowspan="7">营地（枢纽）及周边主要优质研学资源</td><td colspan="2">基地层级</td><td colspan="5">研学站点（基地）名称</td></tr>
<tr><td rowspan="2">教育部命名基地</td><td>已列入教学计划</td><td colspan="5">一、与本主题相关的列入教学计划的基地2个
1.湖南雨花非遗文化传播有限公司（简称“雨花非遗馆”）；2.湖南省博物馆（简称“湖南省博”）
二、与本主题关联不大但列入本营地教学计划的基地16个
1.湖南韶山毛泽东同志纪念馆；2.湘潭市博物馆；3.长沙市博物馆；4.湘潭盘龙生态农业示范园有限公司；5.胡耀邦故里管理局；6.湖南省立第一师范学校旧址；7.红军营景区；8.湖南党史陈列馆；9.长沙市望城区雷锋纪念馆；10.中国人民抗日战争胜利受降纪念馆；11.刘少奇故居；12.国防科技大学校史馆；13.湖南省森林植物园；14.湖南粮食集团有限责任公司；15.中核二七二铀业有限责任公司；16.中国农业科学院衡阳红壤实验站</td></tr>
<tr><td>待列入教学计划</td><td colspan="5">无</td></tr>
<tr><td colspan="2">其他部委命名基地</td><td colspan="5">1.湖南杂交水稻研究中心杂交水稻展览馆（简称“湖南杂交水稻展览馆”）；2.湖南沙坪湘绣博物馆（简称“沙坪湘绣馆”）；3.长沙隆平水稻博物馆（简称“隆平水稻博物馆”）；4.湖南三一星沙产业园（简称“三一重工”）；5.湖南远大科技集团（简称“远大科技”）；6.长沙中南源品干细胞科技园（简称“中南干细胞科技园”）；7.九芝堂健康博物中医馆（简称“九芝堂”）；8.湖南省科学技术馆（简称“湖南科技馆”）；9.湖南中联重科股份有限公司（简称“湖南中联重科”）</td></tr>
<tr><td colspan="2">地方命名基地</td><td colspan="5">1.湖南惠众生态农庄（简称“惠众农庄”）；2.长沙梅田湖劳动实践教育基地（简称“长沙梅田湖”）；3.株洲中国动力谷展示中心（简称“株洲动力谷”）；4.新华联铜官窑古镇（简称“铜官窑”）；5.金井茶博园中小学生研学基地（简称“金井茶园”）；6.长沙爱格花卉研学实践基地（简称“爱格花卉”）；7.湖南湘都农业生态园（简称“湘都生态园”）；8.中国（长沙）创新设计产业园（简称“创新设计产业园”）；9.湖南广电芒果研学实践教育基地（简称“湖南广电芒果研学基地”）；10.酷贝拉欢乐城（简称“酷贝拉”）；11.长沙华星通用航空教育研学基地（简称“华星航空”）；12.湖南神通光电研学教育营地（简称“湖南神通光电”）；13.大汉国际工匠研学营地（简称“大汉研学营地”）；14.湖南中粮可口可乐有限公司（简称“中粮可口可乐”）；15.莲花镇天麓山大自然营地（简称“天麓山大自然营地”）；16.长沙音乐厅（简称“长沙音乐厅”）；17.长沙简牍博物馆；18.岳麓书院；19.湖南升印轩米升文化博物馆；20.贾谊故居；21.梅溪湖国际文化艺术中心大剧院；22.湖南谢子龙摄影博物馆；23.长沙市上善助残服务中心（简称“助残服务中心”）；24.哲农隆平稻作公园研学基地（简称“隆平稻作公园”）</td></tr>
<tr><td colspan="2">本营地资源</td><td colspan="5">1.茶艺教室；2.金工木工教室</td></tr>
<tr><td colspan="2">其他资源</td><td colspan="5">1.白沙溪黑茶文化研学旅游基地；2.百熙文化园；3.坡子街；4.湖南大学；5.湘江公共艺术馆群；6.湖南省文化馆；7.天心非物质文化遗产保护展示中心；8.天心阁；9.白沙古井；10.长沙市图书馆；11.西园北里；12.潮宗街历史文化街区；13.汉回民俗文化景区；14.长沙规划馆</td></tr>
</table>

维度或要素	小学高年级段	初中段	高中段
校内教育基础（与校内教育的衔接）	对照课标，小学高年级段在启蒙教育方面提出“初步形成劳动效率意识和劳动质量意识，初步形成爱岗敬业、乐于奉献的精神，提升与他人合作劳动的能力”“能利用不同的工具、材料和技能，制作传统工艺品”的培养目标，本研学主题必修课程与校内教育的衔接内容主要如下：1.人教版语文五年级下册第一单元第2课“祖父的园子”；2.人教版语文四年级下册第七单元第25课“挑山工”；3.人美版美术四年级下册第19课“光的魅力”；4.人教版道德与法治五年级下册第四单元第10课“传统美德 源远流长”；5.人教版道德与法治四年级上册第12课“低碳生活每一天”；6.人美版美术五年级上册第11课“陶泥的世界”；7.人美版美术六年级下册第2课“寻找美的踪迹”；8.人教版语文六年级下册第四单元第10课“为人民服务”	对照课标，初中段在启蒙教育方面提出懂得“劳动创造了人本身”命题，获得初步的职业体验，形成初步的职业意识和生涯规划意识”的培养目标，本研学主题必修课程与校内教育的衔接内容主要如下：1.人教版道德与法治八年级下册第二章第一节第6课“职业准备”；2.人教版美术七年级上册第三单元第1课“有创意的字”；3.人教版化学九年级上册第四单元“水的组成”、第五单元“质量守恒定理”；4.人教版道德与法治七年级上册第10课“感受生命的意义”；5.人教版语文九年级上册第二单元第6课“敬业与乐业”；6.人教版道德与法治九年级下册第6课“多彩的职业”；7.人教版语文七年级上册第一单元第1课“春”；8.人教版道德与法治九年级上册第三单元第6课“建设美丽中国”	对照课标，高中段在启蒙教育方面提出“为学生适应社会生活、高等教育和职业发展做准备，为学生的终身发展奠定基础”“掌握适应时代发展需要的基础知识和基本技能，丰富人文积淀，发展理性思维，不断提升人文素养和科学素养。敢于批判质疑，探索解决问题，勤于动手，善于反思，具有一定的创新精神和实践能力”的培养目标，本研学主题必修课程与校内教育的衔接内容主要如下：1.人教版高中思想政治必修一第4课“实现中华民族伟大复兴的中国梦”；2.人教版高中思想政治必修二第二单元“经济发展与社会进步”；3.人教版高中语文必修四第三单元“人是一根能思想的苇草”；4.人教版高中生物必修二第一章“遗传因子的发现”；5.人教版高中生物必修二第四章“基因的表达”；6.人教版高中物理必修一第四章“运动和力的关系”；7.人教版高中语文必修一第二单元“心有一团火，温暖众人心”；8.人教版高中语文必修二第四单元第12课“我有一个梦想”

维度或要素			小学高年级段	初中段	高中段
研学课程	必修课程一	名称	非遗讲解员	文物鉴定师	探访花卉世界
		活动目的	通过探究非遗博物馆讲解员的日常工作，了解非遗文化，培养责任感与敬业精神	了解湖湘大地的出土文物，以任务探究的形式，鉴定、鉴赏馆藏文物的历史	了解花卉产业经营者的工作内容，分析消费者需求偏好，推动莲花镇农旅产业发展
		活动形式	教师讲授、实地探访	实践体验、小组合作	参观考察、交流分享
	必修课程二	名称	小小绣娘	陶瓷修复师	现代新农人
		活动目的	感受湘绣魅力，通过学习平针、打籽针等针法制作绣品，体认非遗刺绣的传承创新	学习陶瓷修复的工艺——“锔瓷”，实践体验陶瓷器皿的修复过程	学习了解现代农业的发展，关注5G智能农业，培养学生关注现代农业民生的意识
		活动形式	情境体验、分享合作	教师讲授、设计制作	辩论分析、实践体验
	必修课程三	名称	计算机工程师	民族小银匠	探秘动力谷
		活动目的	学习图像处理、机器编程的方法，感受科技发展对职业类别更替的影响	了解少数民族银饰的功能特点，制作银饰成品，提高对少数民族传统文化的认识	了解株洲这座城市的工业布局，了解产业与职业之间的关系
		活动形式	教师讲授、小组交流	实地探访、任务驱动	合作探究、双层次教学
	必修课程四	名称	数据科学家	千年湘绣魂	未来城市设计师
		活动目的	通过学习制作电子问卷、提取数据、分析数据，学会根据数据结果解决对应的问题	知悉湘绣的历史文化发展史，了解湘绣的艺术技艺，提高对非遗传统文化的认识	认识现代科技化与自然环境融为一体的生态城市，激发学生设计思维能力
		活动形式	实地探访、参观讲解	实践操作、任务体验	多元探究、设计制作

维度或要素			小学高年级段	初中段	高中段
研学课程	必修课程五	名称	室内设计师	中药配方师	走近生物科研工作者
		活动目的	了解室内装修设计的风格类型、布局原理、色彩搭配等专业知识	体验常见中草药的加工炮制和中药处方的调配，激发对中医职业的热爱	参观干细胞科技园，体验生物科研工作者的日常工作内容，感受科技与生命之美
		活动形式	教师讲授、考察探究	实地探访、分享交流	教师讲授、实地探访、实践体验
	必修课程六	名称	小小配音员	中医理疗师	用爱帮“盲”，以心助“道”
		活动目的	认识基础的配音设备，学习制订配音方案，感受到配音员的工作价值与工作辛劳	体验艾灸、针灸、推拿等中医诊疗方式，培养学生热爱中医文化的情感	通过榜样力量、生命教育以及社会服务等方式，熟悉公益劳动与志愿服务组织
		活动形式	教师讲授、情境模拟	职业探究、实践体验	社会服务、考察探究
	必修课程七	名称	魅力摄影师	水稻种植技术员	实习应急救援师
		活动目的	掌握摄影的基本构图方法，学会关注身边的人和事，理解职业责任	体验水稻种植的相关农业劳动，操作常用农业机械，感受水稻种植行业的技术迭代	学习心肺复苏、疏通呼吸道等急救措施，了解救援人员的工作，树立仁善之心
		活动形式	教师讲授、设计制作	教师讲授、实地探访、分享交流	教师讲授、职业体验
	必修课程八	名称	驱虫小专家	水稻品种改良员	致敬农业科学家
		活动目的	亲历农业生态园研学实践活动，感受到环保驱虫对生态环境及人类健康的重要性	了解杂交水稻中蕴含的农业科技，知悉“巨型稻”的研发历程	学习我国杂交水稻的发展研究历程，领悟袁隆平院士一生所求之因
		活动形式	设计制作、实践体验	实验设计、实地探访	职业体验、情境模拟

维度或要素			小学高年级段	初中段	高中段
研学课程	必修课程九	名称	快乐农夫	畅想科技未来	匠心独运
		活动目的	了解袁隆平院士成功培育杂交水稻的过程，深入领悟一代农业科学家们的奉献精神	参观生产车间，体验远大科技工作者的工作流程，探索远大科技更高发展的路径	领略非遗文化，近距离感知工匠精神，学习非遗匠人追求卓越的职业精神
		活动形式	小组交流、分工合作	学习探究、实践体验	专家讲座、情境模拟
	必修课程十	名称	小小茶艺师	放飞职业梦想	快乐茶农
		活动目的	认识茶道六君子，学习六大茶类冲泡的方法，引导学生感受中国茶文化的魅力	根据研学行程分享自己的职业体验感悟，找到个人优势，树立正确的职业观	引导学生了解茶的种植，亲身体验采茶制茶的过程，体悟茶农的职业乐趣
		活动形式	教师讲授、任务实践	职业体验、实地探访	教师讲授、情境模拟
	选修课程		1. 入营教育（团队组建） 2. 工厂探秘员 3. 捕鱼达人 4. 探秘隔夜茶	1. 入营教育（安全讲堂） 2. 对话守艺人 3. 中医我宣传 4. 放飞名企梦	1. 入营教育（思政课堂） 2 我心目中的理想职业 3. 我是茶艺师 4. 品茗有礼

维度或要素		小学高年级段	初中段	高中段
研学线路	代表性线路（时长五日）	第一天：长沙营地—雨花非遗馆—沙坪湘绣博物馆—长沙营地；第二天：长沙营地—湖南科技馆—长沙创新产业园—长沙营地；第三天：长沙营地—创新设计产业园—湖南广电芒果研学基地—长沙营地；第四天：长沙营地—湖南谢子龙摄影博物馆—湘都生态园—长沙营地；第五天：长沙营地—隆平水稻博物馆—天麓山大自然营地—长沙营地	第一天：长沙营地—湖南省博—铜官窑—长沙营地；第二天：长沙营地—雨花非遗馆—沙坪湘绣馆—长沙营地；第三天：长沙营地—九芝堂—长沙营地；第四天：长沙营地—长沙梅田湖—湖南杂交水稻展览馆—长沙营地；第五天：长沙营地—远大科技—长沙营地	第一天：长沙营地—爱格花卉—惠众农庄—长沙营地；第二天：长沙营地—株洲动力谷—长沙营地；第三天：长沙营地—中南干细胞科技园—助残服务中心—长沙营地；第四天：长沙营地—隆平稻作公园—雨花非遗馆—长沙营地；第五天：长沙营地—金井茶园—长沙营地茶艺教室
	可选择线路（按天设计，菜单式选择）	1.长沙营地—酷贝拉—长沙营地；2.长沙营地—华星航空—长沙营地；3.长沙营地—湖南神通光电—长沙营地；4.长沙营地—大汉研学营地—长沙营地；5.长沙营地—湖南省博—长沙营地；6.长沙营地—九芝堂—长沙营地；7.长沙营地—湖南科技馆—长沙营地；8.长沙营地—三一重工—长沙营地	1.长沙营地—中粮可口可乐—长沙营地；2.长沙营地—湖南科技馆—长沙营地；3.长沙营地—三一重工—长沙营地；4.长沙营地—湖南神通光电—长沙营地；5.长沙营地—华星航空—长沙营地；6.长沙营地—爱格花卉—长沙营地；7.长沙营地—惠众农庄—长沙营地；8.长沙营地—大汉研学营地—长沙营地	1.长沙营地—沙坪湘绣博物馆—长沙营地；2.长沙营地—大汉研学营地—长沙营地；3.长沙营地—九芝堂—长沙营地；4.长沙营地—湘都生态园—长沙营地；5.长沙营地—湖南神通光电—长沙营地；6.长沙营地—湖南科技馆—长沙营地；7.长沙营地—湖南省博—长沙营地；8.长沙营地—湖南中联重科—长沙营地
	规划线路（按天设计）	1.长沙营地—长沙简牍博物馆—长沙营地；2.长沙营地—长沙市音乐厅—梅溪湖国际文化艺术中心大剧院—长沙营地；3.长沙营地—贾谊故居—坡子街—长沙营地	1.长沙营地—湖南大学—岳麓书院—湘江公共艺术馆群—长沙营地；2.长沙营地—贾谊故居—天心非物质文化遗产保护展示中心—天心阁—白沙古井—长沙营地；3.长沙营地—长沙市图书馆—西园北里—潮宗街历史文化街区—汉回民俗文化景区—长沙营地	1.长沙营地—湖南升印轩米升文化博物馆—百熙文化园—长沙营地；2.长沙营地—白沙溪黑茶文化研学旅游基地—长沙营地；3.长沙营地—湖南省文化馆—长沙规划馆—长沙营地

维度或要素		小学高年级段	初中段	高中段
教学重点难点（以代表性线路教学设计为例，下同）	教学重点	1.考察湘绣绣娘的工作环境，掌握刺绣的基本技法；2.了解室内设计师的工作日常，识别室内设计的基本风格，掌握室内空间色彩搭配技巧；3.学习配音师、摄影师需要具备的专业技能和素养，学习采光、构图的摄影技巧；4.体验农业科技员的工作日常，掌握人工授粉技术；5.学习茶艺师的基本技法，掌握不同茶类的投茶顺序、水温要求，能用茶道六君子工具进行茶艺展示	1.体验相关行业的工作内容，进行职业生涯规划；2.知晓文物的修复流程与修复工艺技术，熟悉中医、文物鉴定师、陶瓷修复师的工作内容；3.了解少数民族银饰的功能特点，提高对少数民族传统文化的认识；4.了解水稻的发展历史，学会区分“巨型稻”与普通水稻，熟知农业领域的科技创新探究；5.利用模拟求职招聘会展示自己的个人优势	1.掌握农产品销售的技巧；2.了解城市工业发展所需的社会条件，了解以“天空之城”为代表的新型装配式建筑；3.学习急救措施，认识医疗的重要性并对相关职业有所认识，亲身体验现代茶农的工作日常；4.积极参与公益劳动与志愿服务组织，掌握相关的劳动知识与技能，从而更好地服务他人；5.体验生物科研工作者的日常工作内容，培养对生命科学的兴趣
	教学难点	1.掌握非遗技艺，完成实践任务；2.充分了解创新设计与工业智造的关系，梳理创新设计的方法；3.能够运用“声音化妆”法为不同的年龄角色进行配音；4.正确掌握插秧、除草、收割、脱粒等农事劳动和大米加工的方法，培养生活技能；5.掌握茶具的正确使用方法，并进行茶艺展示	1.学习、初步掌握鉴定、修复文物的方法与技巧；2.学习湘绣进阶鬅毛针法与银饰制作方法，并完成实践作品；3.初步了解中药炮制、调配等方法，并进行简单的实践体验，树立与中医药相关的职业规划；4.进行模拟求职招聘情境演绎，体验求职者与招聘者角色，初步树立自我实现型职业价值观	1.分析现代农业就业者与传统农业就业者的特点与区别；2.了解工业产业链的延长对就业及经济的影响；3.深刻理解“把中国人的饭碗牢牢端在自己手中”的内涵；4.提升服务他人的公共服务意识与社会责任感；5.培养对生命科学的兴趣，畅想未来茶农的职业特征

维度或要素	小学高年级段	初中段	高中段
教学策略	小学高年级段学生已经初步学会简单的劳动技能，形成生活自理能力，初步体验简单的现代服务业劳动，初步形成公共服务意识；对劳动过程中遇到的问题具有好奇心和探究欲望，适当懂得在劳动中遵规守约，学会与他人合作劳动；珍惜劳动成果，初步养成有始有终、专心致志的劳动习惯和品质。基于上述学情，运用建构主义学习理论，选取劳动启蒙、科学启蒙、审美启蒙等内容，依托相关研学基地中与启蒙教育相关的教学资源，采取讲授法、演示法、情境教学法、体验教学法等教学方法和自主学习法、合作学习法等学法，开展各项农业实践、职业认知、非遗体验活动，让学生习得相关技能，在劳动中主动克服困难，达到初步形成爱岗敬业、乐于奉献、不怕辛苦、积极探索、追求创新等意识的目的	初中段是学生知识、能力、情感等各方面快速发展的一个重要时期，也是人生观、世界观、价值观形成的关键时期。学生已经具备一定的生活自理能力和家务劳动能力，已经初步具有家庭责任感，初步形成劳动效率意识和劳动质量意识，初步形成爱岗敬业、乐于奉献的精神，能在劳动中主动克服困难、寻求解决办法；关注社会问题，对于自身想要从事的职业有了初步思考。基于上述学情，运用多元智力理论，选取科学启蒙、劳动启蒙、审美启蒙等内容，依托相关研学基地中与启蒙教育相关的教学资源，采取讲授法、跨学科教学、情境教学法、体验教学法等教学方法和自主学习法、合作学习法等学法，让学生在学习中获得初步的职业体验，形成职业意识和生涯规划意识，引导学生将个人兴趣和职业规划与社会需要相结合，具有为社会发展和国家建设付出辛勤劳动的意愿	高中段学生升学压力大、处于人格塑造的关键期，对自己的认同感和价值感逐渐清晰；即将经历或已经经历选科、文理分班的抉择，对于自身的职业规划已经有了大致的方向。基于以上学情，运用建构主义、多元智力等理论思想，选取科学启蒙、劳动启蒙、审美启蒙等内容，依托相关研学基地中与启蒙教育相关的教学资源，采取讲授法、跨学科教学、情境教学法、体验教学法等教学方法和自主学习法、合作学习法等学法，开展不同层次、形式多样、操作性强、符合学生特点的启蒙教育，增强学生对职业的直观感受和认识，深入了解不同职业的特点和发展前景，逐步了解社会需求，同时结合自己的优势、性格、价值观与生涯发展需求，将个人兴趣与社会环境相结合，树立正确的职业观，明确职业目标和发展方向，增强升学与就业选择的主动意识和科学态度，从而积极投入当下的学习生活，主动进行生涯规划，增强未来职业竞争力

维度或要素				小学高年级段	初中段	高中段
实施方案	入营教育	安全	引导	强调安全的重要性，宣讲各环节注意事项及管理规定，树立安全意识	强调安全的重要意义，带领学生了解安全应急知识，掌握应急救护技能	强调安全的重要意义，熟悉安全自我管理知识，提升安全防护意识
			实训	开展安全知识竞赛，使学生了解工具使用安全、食品安全等知识	通过安全公共课讲解，掌握突发事件处置技能	组织学生开展针对住宿、饮食、研学点、交通等环节的安全应急演练
		应急	引导	学习应急事件处理方法和技巧，培养冷静思考和随机应变的能力	通过观看安全知识科普视频，掌握气道异物梗阻急救处理方法和技巧	强化应急能力培养，掌握应急事件分类、处理方法和技巧
			实训	通过观看视频，学习扭伤、中暑、崴脚等应急事件处理方法和技巧	通过观看视频、实操演练，学习海姆立克急救法	通过模拟现场演练的方式，掌握各项应急事件处理方法和技巧
		救助	引导	带领学生学习正确的求助方式，引导学生在遇到危险时保持冷静	通过案例情境，引导学生主动寻找和利用各种资源开展自救，增强救助能力	通过教师示范，引导学生关注救助知识和技能的学习
			实训	通过观看救助视频的方式，带领学生熟悉各种求助方式	通过老师的示范引领，让学生学会基本的应急救护方法	邀请专业人士讲解，带领学生模拟演练，掌握各项基本的应急救护方法
		自我管理	引导	通过视频案例，引导学生做好情绪管理，培养良好的生活习惯	通过主题班会，引导学生形成自我规范，开展自我约束，实现自我提高	引导学生做好时间管理、情绪管理、学习管理、健康管理
			实训	通过导师讲解，学生养成早睡早起、每天洗漱的良好生活习惯	采用沉浸式体验方式，引导学生进行自我管理，扮演班级管理者角色	学生自主设计研学活动管理目标和计划，培养自我管理综合素养
		团队协作	引导	引导学生认识团队协作的重要性	引导学生体会团队协作发挥的作用，增强学生的团队荣誉感	引导学生发挥团队力量，培养创新意识、合作能力
			实训	鼓励学生分组完成实践体验任务，合作形成团队合作成果	学生自主设计小组活动，并组织和协调活动的顺利开展	开展团建活动，设定团队研学任务，小组协作，合力完成任务目标

维度或要素		小学高年级段	初中段	高中段
实施方案	导入教学环节	1.任务导入：参观雨花非遗馆、湘绣馆，发布任务单，思考匠人精神体现在哪些地方；2.情境导入：参观500强企业，思考旧工业时代和新工业时代之间的联系与区别；3.情境导入：感受工业速度和企业文化，思考责任与担当；4.视频导入：观看视频《光影的艺术》，激发学生对摄影方式的兴趣；5.图片导入：展示农业科学家工作的图片，激发学生进一步探究的兴趣	1.任务导入：发布探究性任务，提高学生对不同职业的了解与兴趣；2.实物导入：通过展示破碎的陶瓷文物碎片，激发学生对于文物辨别、文物修复的兴趣；3.视频导入：组织学生观看湖湘非遗视频短片，引发学生对湖湘非遗文化的思考与讨论；4.情境导入：近距离观察“巨型稻”与杂交水稻模型，了解水稻的相关特征；5.任务导入：发布探究性任务，引发学生对水稻种植史的认识与思考	1.情境导入：带领学生进入相关场景，了解现代农业的先进性，激发学生兴趣；2.任务导入：发布探究性任务，引导学生关注现代科技，调动学生积极性与主观能动性；3.视频导入：组织学生观看两段青年人由残疾或贫困走向成功的视频，引导学生思考；4.问题导入：通过向学生询问什么是非物质文化遗产，激发学生的探索欲与学习兴趣；5.图片导入：展示湖南网红茶饮的相关图片，紧扣研学任务进行探讨，制订活动计划
	授课教学环节	第一天：必修课程一“非遗讲解员”、必修课程二“小小绣娘”、选修课程1“入营教育（团队组建）”；第二天：必修课程三“计算机工程师”、必修四课程“数据科学家”；第三天：必修课程五“室内设计师”、必修课程六“小小配音员”、选修课程2“工厂探秘员”；第四天：必修课程七“魅力摄影师”、必修课程八“驱虫小专家”、选修课程3“捕鱼达人”；第五天：必修课程九“快乐农夫”、必修课程十“小小茶艺师”、选修课程4“秘隔夜茶”	第一天：必修课程一“文物鉴定师”、必修课程二“陶瓷修复师”、选修课程1“入营教育（安全讲堂）”；第二天：必修课程三“民族小银匠”、必修课程四“千年湘绣魂”、选修课程2“对话手艺人”；第三天：必修课程五“中药配方师”、必修课程六“中医理疗师”、选修课程3“中医我宣传”；第四天：必修课程七“水稻种植技术员”、必修课程八“水稻品种改良员”；第五天：必修课程九“畅想科技未来”、必修课程十“放飞职业梦想”、选修课程4“放飞名企梦”	第一天：必修课程一“探访花卉世界”、必修课程二“探秘动力谷”、选修课程1“入营教育（思政课堂）”；第二天：必修课程三“未来城市设计师”、选修课程2“我心目中的理想职业”；第三天：必修课程四“走近生物科研工作者”、必修课程五“实习应急救援师”、必修课程六“用爱帮‘盲’，以心助‘道’”；第四天：必修课程七“现代新农人”、必修课程八“致敬农业科学家”、必修课程九“匠心独运”；第五天：必修课程十“快乐茶农”、选修课程3“我是茶艺师”、选修课程4“品茗有礼”

维度或要素		小学高年级段	初中段	高中段
实施方案	进级教学环节	1. 实地探究：参观水稻博物馆，了解智慧结晶杂交水稻的产生；2. 实践体验：感受现代插秧速度，模拟插秧场景，进行原始插秧方式比赛；3. 实践体验：学习配音的技法，并对《恰同学少年》《三国演义》等影视片段进行配音；4. 分享交流：劳动人民智慧所在，感受农业方面创新带来的成果，畅谈多样化的职业体验下不同职业的特点和要求；5. 实践体验：运用两种以上的构图法拍摄一组具有代表性的人物写真	1. 实地参观：实地参观湖南省博、铜官窑，了解学习文物修复的过程与工艺；2. 现场体验：体验同一品类下的高科技产品与普通产品的区别，制作环保科技产品模型；3. 交流汇报：通过模拟求职招聘会现场，制作个人简历，分享职业体验感受；4. 机械操作：学习操作自动播种机或者收割机，进行水稻相关的机械劳动体验；5. 实践体验：教师示范展示艾灸、针灸、推拿等中医的诊疗方式，学生进行实操练习	1. 小组讨论：分析拓展农业多种功能，提升乡村多元价值的意义；2. 实地探究：体验生物工作者的工作过程，了解生物进程的重要性；3. 问题探究：为什么要把中国人的饭碗牢牢端在自己手中；4. 分享交流：学生交流自身的职业观，树立人生职业规划；5. 分享交流：观看全国道德模范的报道和纪录片，从多角度分析职业精神的价值与意义
	巩固教学环节	1. 发布探究主题和实践任务，总结提升；2. 实践体验、总结分享相结合，体验职业，形成初步的职业观；3. 发布任务，采用任务驱动和小组交流方式分享非遗技艺传承与发展；4. 总结分享、实践体验相结合，交换彼此对所学历史知识、文化的看法，加深理解程度；5. 开展主题班会，引导学生总结研学实践活动所得，为学生树立正确的职业观	1. 开展主题班会，引导学生总结分享自己的收获，用发展的眼光看待职业选择；2. 实地探访与沉浸式情境体验相结合，加深学生对各行各业的体会；3. 总结性参观，引导学生思考职业体验的意义，树立大国工匠的责任与担当意识；4. 任务驱动；以限时抢答和图片展示的形式检验，开展成果展示分享会；5. 开展招聘会活动，进行职业选择体验，帮助学生树立对自身未来职业的规划	1. 引导实践与分享交流相结合，总结分享自己的收获，发表对理想职业的感想；2. 教师带领学生一起总结和回顾，及时解答学生遇到的问题；3. 总结性参观，通过播放相关视频等形式寓教于乐，增强学生对职业的直观感受和认识；4. 实地探访与沉浸式情境体验相结合，加深对传统文化的理解和认同感，思考更具价值和意义的文化创新课题；5. 总结性参观，发布任务，让学生进一步对现代农业的特征进行汇总，并总结成思维导图

维度或要素			小学高年级段	初中段	高中段
实施方案	总结教学环节	教学创新	创新课程设计，打破时间、空间的限制，围绕主题展开教学，采用进阶式和巩固式策略，让学生在真实情境中探究和体验实践。同时，加强校内外的教育衔接，对学生进行劳动、审美、科技等方面的启蒙教育。这样的课程设计，可以让学生更好地理解和掌握知识，培养他们的综合素质和能力	创新课程主题，注重主题引领、任务驱动、项目学习、学科融合，强调学生主动性，强化实践意识，与校内课程衔接，拓展延伸，内外协同，促进学生科技启蒙、职业启蒙、习惯启蒙等教育。这样的课程设计，可以培养学生的综合素质和实践能力，促进学生的全面发展	创新教学方式，注重真实情境下的任务驱动，强化深度体验，推动研学过程中的独立思考与团队协作，形成有价值的课题研究，以实践激发学生兴趣，同时进行职业启蒙和习惯启蒙等教育活动。通过这一方式，提升学生的综合素质和能力，培养他们的创新精神和实践能力
		教学总结	针对小学高年级段教学目标和学生学情，在教学过程中，导师多采用提问式、趣味性的教学方式，以培养学生的创新思维、爱国情怀、精益求精的工匠精神和爱岗敬业的劳动态度为主要目标。从而能够更好地把握学生的学习情况和需求，为学生提供更好的教学服务和支持	针对初中段教学目标和学生学情，在教学过程中，导师多通过展示学生作品、组织分享感悟、开展团队协作活动等方式，便于评价与管理，加深对科技、劳动、行为习惯、职业意识等方面的了解，激发学生争做时代好少年	针对高中段教学目标和学生学情，在教学过程中，导师应多围绕职业认同开展课程设计，多设置团队协作活动，多采用反馈交流等形式，帮助学生理解课程主题。引导学生自主学习、自我观察社会，在学生自主探索的同时为学生树立正确的职业观
		教学反思	围绕小学高年级段学生学情进行分析，根据学生与课程评价结果与反馈，进行教学反思，对教学设计环节进行改进，促使课程教学得以提升，梳理实施过程中出现的问题，思考解决问题的路径与策略，形成解决方案，调整和优化教学设计，为往后的研学活动提供参考	围绕初中段学生学情进行分析，根据学生与课程评价结果与反馈，进行教学反思，对教学设计环节进行改进，促使课程教学得以提升，梳理实施过程中出现的问题，思考解决问题的路径与策略，形成解决方案，调整和优化教学设计，拓宽教学思路，提高教学水平	围绕高中段学生学情进行分析，根据学生与课程评价结果与反馈，进行教学反思，对教学设计环节进行改进，促使课程教学得以提升，思考解决问题的路径与策略，在此基础上不断地改进完善、推陈出新，形成自己独特的教学风格

维度或要素				小学高年级段	初中段	高中段
实施方案	评价教学环节	教学水平评价	自我评价	教师基于教学目标，对研学活动目标的达成、实施过程中的亮点和不足进行复盘，总结反思活动实施过程中存在的问题，明确改进方向与策略	教师基于教学目标、教学设计、安全管理、活动组织等方面进行总结，对探究任务的合理性、可操作性进行评价	教师基于教学目标、教学质量、专业知识与能力、学生满意度、教育教学创新等方面进行反思总结，发现问题，主动优化完善
			学生评价	学生就教师的教学组织、课程讨论参与度、课程氛围活跃度、学生积极性等方面进行不同维度的评价	学生就教师的活动设计、组织管理、教学方法、沟通和互动等方面进行不同维度的评价	学生就教师的教育方法与指导细节、语言文字表达能力、课程的教学设计能力、课程的教育意义及创新性等方面进行不同维度的评价
			同行评价	营地教师、随队教师和教学管理人员对教师的教学内容组织与呈现、教学方法与手段、课堂氛围与学生互动、教学效果与达成度等方面进行评价，采取教学观摩、备课检查、现场问答互动等形式开展	营地教师、随队教师和教学管理人员对教师的教学设计、教学实施、教学管理、信息技术与教学融合等方面进行评价，突出初中段学情特点，采取听课、教学文件审阅、访谈、交流、问卷等形式开展	营地教师和教学管理人员对教师的教学态度与行为、专业素养、课程设计、职业理解与认识、教学创新等方面进行评价，利用信息技术平台，采取知名专家随队观摩、教学文件审阅、真实性问题答疑等形式开展
			培训和考核	基于教师师德师风、劳动教育、审美教育、学生管理等进行线上线下结合的专项培训和考核，通过考核结果来评价教师的教学水平	定期对营地教师进行师德师风、科学教育、劳动教育、生涯规划、安全管理、教育心理与教学管理方面的培训和考核，通过考核结果来评价教师的教学水平	定期对营地教师进行师德师风、劳动教育、教学评价能力、教育技术与信息化、课程内容维度方面的培训与考核，通过考核结果来评价教师的教学水平
			教学成果展示	根据本课程特点和学生的能力水平，采用非遗作品、图文作品、视频影像等多种形式、动静态结合的方式展示研学实践成果	根据本课程特点和学生的能力水平，采用设计作品、研学报告、作品分享等方式，丰富学生对不同职业的了解，提升动手能力，培养崇高价值观	根据本课程特点和学生的能力水平，采用设计作品展览、调查报告、推介会等方式，引导学生迁移和运用所学知识技能、创造性地展示研学成果，初步培养学生的职业素养

维度或要素				小学高年级段	初中段	高中段
实施方案	评价教学环节	学业评价	形成性评价	在活动过程中，及时关注学生活动和完成任务效果，适时小结，运用点评激励、优秀展示等方式进行评价。评价过程遵循科学性、导向性、可行性等原则，结合学生自评、同伴互评，根据实际表现，现场加盖相应的“能力印章”	对学生活动过程中的表现、所取得的成绩、反映出的情感、态度进行评价，评价过程遵循多元化、激励性、情感性等原则，实现学生对自我价值的肯定，加深学生对职业的认识	对学生在活动过程中的学习档案、活动情况记录、任务汇报、学习自查表进行适时评价，及时给予帮助指导，评价过程遵循导向性、可行性、科学性等原则，实现学生自我认知、价值观认同的职业能力提升
			总结性评价	研学活动结束后，根据不同研学项目的不同成果，对作品本身、作品完成过程、作品展示过程中呈现出来的认知、情感、参与度等各方面进行客观的评价，根据评价结果，判断教学目标达成程度，调整教学活动形式	研学活动结束后，对学生活动完成整体情况、团队合作、沟通交流、责任担当给出综合评价，运用自评、互评、他评的方式，以正向评价为主，提出合理化建议，使学生进一步提升认知能力、思维力、想象力	对学生在研学中表现的批判性思维、思辨能力、问题探究能力、信息技术应用能力等进行整体评价，对研学报告、展示项目、设计作品等研学成果进行评价，提升科学素养和探究水平
			教师评价	运用“能力印章”，教师对活动中学生表现出的8大关键能力（观察、理解、想象、表达、沟通、守规、负责、反思）进行评价，综合学生的参与度、课堂自我管理、实践作业完成情况，对学生“行前准备阶段、现场教学阶段、汇报交流阶段”三阶段的表现进行综合评价	运用8大“能力印章”（观察、理解、想象、表达、沟通、守规、负责、反思），教师对学生表现出的关键能力进行适时评价，结合学生的知识获得、学习态度、合作交流、实践成果等方面情况，全面评价学生在“行前准备阶段、现场教学阶段、汇报交流阶段”三阶段中的表现	运用“能力印章”，教师对学生在活动中表现出的8大关键能力（观察、理解、想象、表达、沟通、守规、负责、反思）进行评价，综合学生应对问题的态度与方法、研学成果展示等方面情况，对学生“行前准备阶段、现场教学阶段、汇报交流阶段”全过程的表现进行综合评价
		项目评价		由教育行政主管部门、校内教育工作者、学生家长及社会各界通过问卷调查和现场评价，对项目目标实现度、教学环节衔接度、教学策略有效性等进行综合评价，对评价结果进行分析与反思，为后续研学项目调整提供一定方向	由教育行政主管部门、校内教育工作者、学生家长、社会各界采用问卷调查、交流研讨等方式，对项目目标实现度、教学环节衔接度、教学策略有效性等进行综合评价，对评价结果进行分析与反思，为后续研学项目调整提供一定方向	由教育行政主管部门、校内教育工作者、学生家长、社会各界采用问卷调查、观测等方式，对项目目标实现度、教学环节衔接度、教学策略有效性等进行综合评价，对评价结果进行分析与反思，为后续研学项目调整提供一定方向

4.14 教学计划与策略列表：启智探真　研学求真

<table>
<tr><td colspan="3">营地名称</td><td>重庆市铜梁区青少年综合实践基地服务中心（简称“铜梁营地”）</td><td>命名机构</td><td>教育部</td><td>识别码</td><td>Y145503002</td></tr>
<tr><td colspan="3">从业资质（摘要）</td><td>组织青少年进行探究性学习，社会服务与社会实践，课外拓展训练，对青少年进行安全、国防、科技、爱国主义教育</td><td>单位属性</td><td>公益二类</td><td>法定代表人</td><td>逯丽平</td></tr>
<tr><td colspan="3">研学主题</td><td>启智探真　研学求真</td><td>主要目的指向</td><td colspan="3">启蒙教育</td></tr>
<tr><td rowspan="7">营地（枢纽）及周边主要优质研学资源</td><td colspan="2">基地层级</td><td colspan="5">研学站点（基地）名称</td></tr>
<tr><td rowspan="2">教育部命名基地</td><td>已列入教学计划</td><td colspan="5">一、与本主题相关的列入教学计划的基地5个
1. 合川友军青少年综合实践科普教育基地；2. 重庆中国三峡博物馆；3. 重庆红岩革命历史博物馆；4. 重庆白鹤梁水下博物馆；5.816工程遗址
二、与本主题关联不大但列入本营地教学计划的基地2个
1. 重庆自然博物馆；2. 重庆仙女山国家森林公园</td></tr>
<tr><td>待列入教学计划</td><td colspan="5">1. 重庆三峡移民纪念馆；2. 国家技术标准创新基地重庆师范大学研究中心；3. 重庆市乐和乐都；4. 重庆邮电大学</td></tr>
<tr><td colspan="2">其他部委命名基地</td><td colspan="5">重庆市规划展览馆</td></tr>
<tr><td colspan="2">地方命名基地</td><td colspan="5">1. 铜梁区爱农教育基地；2. 铜梁龙乡茶文化青少年劳动教育实践基地；3. 重庆铜梁大庙桑蚕养殖基地；4. 合川钓鱼城遗址</td></tr>
<tr><td colspan="2">本营地资源</td><td colspan="5">1. 生命科学馆；2. 心理活动室；3. 禁毒教育馆；4. 消防馆</td></tr>
<tr><td colspan="2">其他资源</td><td colspan="5">1. 重庆铜梁玫瑰岛；2. 重庆铜梁西来村会客厅；3. 重庆铜梁三角梅产业基地；4. 重庆铜梁安居文庙；5. 铜梁区少云镇艾草种植基地；6. 合川涞滩古镇</td></tr>
</table>

维度或要素	小学高年级段	初中段	高中段
校内教育基础（与校内教育的衔接）	对照劳动课标，小学高年级段在启蒙教育方面提出要初步形成爱岗敬业、乐于奉献的精神，形成诚实劳动、合法劳动的意识，初步形成不怕辛苦、积极探索、追求创新的精神。对照道德与法治课标，小学高年级段在启蒙教育方面提出要初步了解国情，具有维护国家利益和祖国尊严的意识与行动，形成中国人的身份认同感；理解社会主义核心价值观的内涵，在日常生活和社会活动中积极践行；尊重各行各业的劳动者。对照艺术课标，小学高年级段在启蒙教育方面提出要能利用不同的工具、材料和技能，制作传统工艺品，学习工艺师敬业、专注和精益求精的工匠精神。本研学主题必修课程与校内教育的衔接内容如下：1.人教版六年级语文下册第一单元习作“家乡的风俗”；2.人教版语文二年级下册“中国美食”；3.人教版四年级下册劳动“学泡茶”；4.人美版美术六年级上册第1课“建筑艺术的美”；5.人教版道德与法治五年级下册第10节“传统美德源远流长”；6.教科版三年级科学下册第二单元第6节“蚕的一生”	对照劳动课标，初中段在启蒙教育方面提出要获得初步的职业体验，形成初步的职业意识和生涯规划意识，初步具有为社会发展和国家建设付出辛勤劳动的意愿。对照道德与法治课标，初中段在启蒙教育方面提出要理解中国梦的内涵，树立为中华民族伟大复兴而奋斗的理想，初步了解职业道德规范，立志做未来的好建设者。对照艺术课标，初中段在启蒙教育方面提出要能认识继承和发展文化遗产是我们的责任。对照科学课标，初中段在启蒙教育方面提出要初步形成热爱自然、珍爱生命、节约资源和保护环境的责任感。本研学主题必修课程与校内教育的衔接内容如下：1.人教版历史八年级上册第四单元第17课“内战烽火”；2.部编版八年级上册历史第23课“内战爆发”；3.人教版英语九年级（全一册）Unit6“When was it invented?”；4.人教版美术九年级上册第四单元第1课“古城古镇考察”；5.人教版道德与法治八年级上册第10课“建设美好祖国”	对照课标，高中段在启蒙教育方面提出要初步形成正确的世界观、人生观和价值观；热爱祖国，拥护中国共产党；培育和践行社会主义核心价值观，增强文化自信，树立为中国特色社会主义、人民幸福、民族振兴和社会进步作贡献的远大志向；自尊自信自爱，坚韧乐观，奋发向上，具有积极的心理品质；具有发现、鉴赏和创造美的能力，具有健康的审美情趣；正确认识自我，具有一定的生涯规划能力。本研学主题必修课程与校内教育的衔接内容如下：1.人教版语文必修五第四单元“中国建筑的特征”；2.人教版高中历史必修三第三单元第8节“毕昇及创造活字印刷术”；3.人教版美术选择性必修一绘画第五单元“构图”；4.人教版高中思想政治必修三第三单元第7课“我们的民族精神”

维度或要素			小学高年级段	初中段	高中段
研学课程	必修课程一	名称	学《消防歌》 走平安路	火灾无情　防火先行	防患于心　安全第一
		活动目的	通过对消防歌谣的吟唱和消防标识的学习，让学生了解发生火灾的原因，初步了解简单的自救方法，增强学生的防火意识	学习防火安全知识，充分了解各种逃生自救方法，树立火灾自护自救的观念，增强安全意识	通过消防演练，增强学生的消防意识，掌握消防安全知识，增强自防自救能力
		活动形式	教师讲授、实地探访	交流合作、实地探访、情境演绎	教师讲授、双层次探究
	必修课程二	名称	“糍粑”打进课堂	糍粑越粘　生活越甜	悠悠糍粑香
		活动目的	初步了解糍粑的来源，认识糍粑的特点，品尝糍粑软糯的口感，对学生进行传承传统文化的启蒙教育	学习非物质文化遗产美食“糍粑”的制作方法，体验动手乐趣，增进学生间的交流合作，感受中秋节习俗文化	学习糍粑的制作方法，多层次、全方位地培养动手操作能力，培养学生珍惜粮食爱惜粮食之情
		活动形式	小组分享、实践探究	教师讲授、多元交流	考察探访、实践体验
	必修课程三	名称	少年英雄　钓鱼城行	东方麦加城　上帝折鞭处	烈士精神永传承
		活动目的	化身钓鱼城“小英雄”，穿越时空回到那个充满历史气息的古战场，学习“沙场点兵”的武术操，开展“思政教育课堂”，了解钓鱼城当年的英勇战斗史	开展文物体验课堂，参观古建筑、古城墙、古遗址等开展劳动体验课堂，学习宋朝农耕文化发展历程	开展“历史探究课堂”，学习了解钓鱼城古战场遗址所经历的战斗及钓鱼城历史，动手制作“复古宋军”“罗马炮车”等活动
		活动形式	教师讲授、实践交流	资料查阅、实地探访	实地探访、文献查阅
	必修课程四	名称	市井长巷　烟火人间	探究涞滩翁城	刘帅故里话初心
		活动目的	游览涞滩古镇，品尝合川特色美食——桃片，认识涞滩三宝	亲自参与手工艺制作如“剪纸”“陶艺”等，参观清代及民国时期的穿斗房子，了解深厚的历史沉淀，感受古朴的宁静与人间烟火的自然融合	深入了解古镇的浓厚文化氛围，结合古镇建筑特点，让学生理解为什么“瓮中捉鳖”是“城中城”巧妙设计的最好证明
		活动形式	教师讲授、分工合作	实地探访、设计制作	合作交流、情境模拟

维度或要素			小学高年级段	初中段	高中段
研学课程	必修课程五	名称	捶拓黑白间	长江标准眼　水下白鹤梁	同观石鱼　共庆丰收
		活动目的	参观白鹤梁水下博物馆，学习拓片制作知识，并亲手制作拓片，体验传统工艺之美，传承工匠精神	聆听“压力潜水仓”的知识讲座，让学生了解在水压作用下，无压容器是如何在水下运行的	了解白鹤梁“石鱼出水造丰年”的丰收文化，学习到更多与“三农”有关的文化和科技知识，感知其巨大魅力
		活动形式	实景教授、实地探访	合作交流、实地探究	实景教学、报告撰写
	必修课程六	名称	神秘代号——816	深藏山间的核奥秘	三线建设——816核工厂
		活动目的	参观816地下核工厂——世界第一人工洞体，了解816工程建设者的故事，学习他们的奉献精神	了解“816地下核工厂”的历史渊源，掌握建筑起因、建筑用途、建筑结构、建筑强度；感受先烈们追求奉献，革命大于一切的精神	充分掌握20世纪60年代如何将全国划分为“三线”，掌握“三线建设”对国家经济与国防的重要意义
		活动形式	教师讲授、参观考察	教师讲授、交流合作	任务驱动、多元探究
	必修课程七	名称	寻找古籍文化密码	峡江风月　馆藏人生	领略历史洪流　追寻红色脚步
		活动目的	参观古籍展览，体验雕版印刷术，让学生感受到中华文化的源远流长，树立文化自信	参观重庆中国三峡博物馆关于抗战岁月的专题陈列展，领悟重庆人民在抗日战争和世界反法西斯战争中所做出的贡献	感受三峡地区的独特魅力和深厚底蕴，增强同学们对中华文化的认同感和自豪感，促进同学们的综合素质与个人发展
		活动形式	参观讲授、分工合作	实地探访、任务实践	教师讲授、设计制作
	必修课程八	名称	重走红岩路　重温革命情	追寻先辈足迹　探索红岩文化	传红色基因　感家国情怀
		活动目的	参观重庆红岩革命纪念馆，更全面地了解红岩故事，领悟属于重庆的红岩精神	通过研学活动，使学生深刻感受到革命先烈的英勇无畏和坚定信念，培养具有爱国情怀和社会责任感的公民	让学生接过革命前辈手中的旗帜，继续做红岩精神的传承者，争做中国好青年
		活动形式	教师讲授、合作探讨	实地探访、情境模拟	多元探究、合作交流

维度或要素			小学高年级段	初中段	高中段
研学课程	必修课程九	名称	跟我出发　安溪品茶	茶香里的山水城市	茶中山水　画里安溪
		活动目的	参观茶厂流水线作业，通过学生亲自采茶、泡茶等活动，知茶趣，习茶礼	认识茶的品种，体验制茶过程，让学生亲近自然，感受茶文化	让学生学会炒茶，品尝自己炒的茶，品茶味，悟茶韵，知人生
		活动形式	教师讲授、实地探访、实践体验相结合	讲解指导、实践体验、分享交流	讲解指导、实践体验、分享交流
	必修课程十	名称	尊师礼　习礼仪	小城漫时光　百家烟火气	山水之灵　人文之胜
		活动目的	通过行拜师礼了解中国传统礼仪，启迪学生尊师明理、感念师恩	游安居古城景点，观特色民俗活动，品安居特色美食，深入了解古镇的历史文化	感受古镇的韵味与魅力，从而增强对历史文化的认知和理解，促进历史文化传承
		活动形式	教师讲授、实地探访、实践体验相结合	实地探访、感悟反思	实践体验、分享交流
	选修课程		1. 开营第一课 2. 揭开春蚕的面纱 3. 珍爱生命　远离毒品 4. 人体内旅行 5. 田间寻艾	1. 开营第一课 2. 陌上柔桑破嫩芽　东邻桑种已生些 3. 你好生活 4. 花儿与少年 5. 禁毒阳光下	1. 开营第一课 2. 国旗下的讲话 3. 君子万年　福禄艾之 4. 以自然之道　养万物之生 5. 走进重庆的前世今生

维度或要素		小学高年级段	初中段	高中段
研学线路	代表性线路（时长五日）	第一天：铜梁营地—合川友军青少年综合实践科普教育基地；第二天：合川友军青少年综合实践科普教育基地—合川钓鱼城遗址—合川涞滩古镇—合川友军青少年综合实践科普教育基地；第三天：合川友军青少年综合实践科普教育基地—重庆白鹤梁水下博物馆—816工程遗址—铜梁营地；第四天：铜梁营地—重庆中国三峡博物馆—重庆红岩革命历史博物馆—铜梁营地；第五天：铜梁营地—铜梁龙乡茶文化青少年劳动教育实践基地—重庆铜梁安居文庙—铜梁营地	第一天：铜梁营地—合川友军青少年综合实践科普教育基地；第二天：合川友军青少年综合实践科普教育基地—合川钓鱼城遗址—合川涞滩古镇—合川友军青少年综合实践科普教育基地；第三天：合川友军青少年综合实践科普教育基地—重庆白鹤梁水下博物馆—816工程遗址—铜梁营地；第四天：铜梁营地—重庆中国三峡博物馆—重庆红岩革命历史博物馆—铜梁营地；第五天：铜梁营地—铜梁龙乡茶文化青少年劳动教育实践基地—重庆铜梁安居文庙—铜梁营地	第一天：铜梁营地—合川友军青少年综合实践科普教育基地；第二天：合川友军青少年综合实践科普教育基地—合川钓鱼城遗址—合川涞滩古镇—合川友军青少年综合实践科普教育基地；第三天：合川友军青少年综合实践科普教育基地—重庆白鹤梁水下博物馆—816工程遗址—铜梁营地；第四天：铜梁营地—重庆中国三峡博物馆—重庆红岩革命历史博物馆—铜梁营地；第五天：铜梁营地—铜梁龙乡茶文化青少年劳动教育实践基地—重庆铜梁安居文庙—铜梁营地
	可选择线路（按天设计，菜单式选择）	1. 铜梁营地—重庆三峡移民纪念馆—铜梁营地；2. 铜梁营地—重庆市规划展览馆—铜梁营地；3. 铜梁营地—重庆铜梁大庙桑蚕养殖基地—铜梁营地；4. 铜梁营地—重庆铜梁玫瑰岛—铜梁营地；5. 铜梁营地—重庆铜梁西来村会客厅—铜梁营地；6. 铜梁营地—重庆自然博物馆—铜梁营地；7. 铜梁营地—重庆铜梁三角梅产业基地—铜梁营地	1. 铜梁营地—重庆三峡移民纪念馆—铜梁营地；2. 铜梁营地—重庆市规划展览馆—铜梁营地；3. 铜梁营地—重庆铜梁大庙桑蚕养殖基地—铜梁营地；4. 铜梁营地—重庆铜梁玫瑰岛—铜梁营地；5. 铜梁营地—重庆铜梁西来村会客厅—铜梁营地；6. 铜梁营地—重庆自然博物馆—铜梁营地；7. 铜梁营地—重庆铜梁三角梅产业基地—铜梁营地	1. 铜梁营地—重庆三峡移民纪念馆—铜梁营地；2. 铜梁营地—重庆市规划展览馆—铜梁营地；3. 铜梁营地—重庆铜梁大庙桑蚕养殖基地—铜梁营地；4. 铜梁营地—重庆铜梁玫瑰岛—铜梁营地；5. 铜梁营地—重庆铜梁西来村会客厅—铜梁营地；6. 铜梁营地—重庆自然博物馆—铜梁营地；7. 铜梁营地—重庆铜梁三角梅产业基地—铜梁营地
	规划线路（按天设计）	1. 铜梁营地—国家技术标准创新基地重庆师范大学研究中心—铜梁营地；2. 铜梁营地—重庆仙女山国家森林公园—铜梁营地；3. 铜梁营地—重庆邮电大学—铜梁营地；4. 铜梁营地—重庆市乐和乐都—铜梁营地；5. 铜梁营地—铜梁区少云镇艾草种植基地—铜梁营地	1. 铜梁营地—国家技术标准创新基地重庆师范大学研究中心—铜梁营地；2. 铜梁营地—重庆仙女山国家森林公园—铜梁营地；3. 铜梁营地—重庆邮电大学—铜梁营地；4. 铜梁营地—重庆市乐和乐都—铜梁营地；5. 铜梁营地—铜梁区少云镇艾草种植基地—铜梁营地	1. 铜梁营地—国家技术标准创新基地重庆师范大学研究中心—铜梁营地；2. 铜梁营地—重庆仙女山国家森林公园—铜梁营地；3. 铜梁营地—重庆邮电大学—铜梁营地；4. 铜梁营地—重庆市乐和乐都—铜梁营地；5. 铜梁营地—铜梁区少云镇艾草种植基地—铜梁营地

维度或要素		小学高年级段	初中段	高中段
教学重点难点（以代表性线路教学设计为例，下同）	教学重点	1.学习基础的消防知识，掌握一些简单有效的自救方法，激发学生的安全意识；2.自己动手制作拓片，对比传统印刷与现代印刷的不同，感受古人的智慧；3.发现古建筑的美学价值，提升审美能力；4.以拜师礼等形式，激发学生对老师、父母的感恩之情，勉励学生念党恩，感党情；5.以研学任务单为载体，了解红岩故事，感悟红岩精神	1.掌握灭火器的使用方法，并动手实践正确操作灭火器；2.理解涞滩古镇为什么被称为瓮城；3.通过“压力潜水仓”实验，让学生了解在水压作用下，无压容器是如何在水下运行的，从而激发学生的学习兴趣，培养学生的探究精神；4.认识茶的品种，体验制茶过程，让学生亲近自然，感受茶文化；5.领悟重庆人民在抗日战争和世界反法西斯战争中所做出的贡献和牺牲	1.充分掌握消防逃生安全知识，在消防演练中增强学生消防安全意识，增强自护自救的能力；2.充分了解钓鱼城古战场遗址所经历的战斗历史，亲手制作“复古宋军”“罗马炮车”等活动；3.了解白鹤梁“石鱼出水”的寓意，知其重要的人文、历史、科学价值；4.了解重庆及三峡地区的历史文化、自然资源和人文景观具有的重要意义；5.在炒茶、品茶中，探究茶文化的精神内涵
	教学难点	1.在实践创新中学会糍粑的制作方法，能在实际生活中掌握基本的生活技能；2.能掌握灭火器的操作方法，增强学生的安全意识；3.动手制作“复古宋军”“罗马炮车”，树立劳动意识和团队合作意识；4.通过参观钓鱼城，认识其地理位置的特殊性：一座小小孤城如何改变世界历史的进程	1.参观古建筑、古城墙、古遗址等，探究钓鱼城古建筑的美学价值；2.分析钓鱼城在古代为什么成为兵家必争之地；3.欣赏川剧变脸话剧，感受非遗文化的魅力；4.通过聆听讲解，感受核武器的威慑力，理解三线精神的内涵；5.探究古代制茶工艺与现代的不同	1.在消防演练中，如何实现在短时间内，所有学生逃生成功，增强学生自护自救的能力；2.充分掌握涞滩古镇的古建筑的特点；3.学习更多的“三农”文化和科技知识，感知“三农魅力”；4.充分了解重庆红岩纪念馆的历史意义，缅怀先烈，铭记历史，传承精神，增强爱国热情和民族自豪感；5.欣赏安居文庙建筑之美，充分了解安居的历史人文

维度或要素	小学高年级段	初中段	高中段
教学策略	首先，小学阶段是孩子们成长的关键时期，这一阶段的启蒙教育对于塑造他们的性格、习惯、思维方式有着深远影响，启蒙教育的目的是激发孩子们的学习兴趣，培养他们的学习能力和创造力。这一阶段，以多种形式的研学活动培养孩子的好奇心和求知欲，让他们通过观察、实践和体验来认识世界。例如，可以通过生动有趣的故事、游戏和实践活动，引导孩子们主动探索，培养他们的观察力、思维能力和动手能力。其次，启蒙教育应该注重培养孩子的品德和价值观。小学阶段是孩子性格形成的关键时期，为孩子树立正确的人生观、价值观和行为规范。通过故事、模范人物的讲述等方式，引导孩子们树立正确的人生观和价值观，培养他们的道德情操和社会责任感。最后，启蒙教育要注重培养孩子的学习方法和习惯。小学阶段是学习习惯养成的关键期，引导孩子们养成良好的学习方法和习惯，培养他们的自主学习能力。通过榜样示范、学习技巧的指导等方式，帮助孩子们树立正确的学习观念，培养他们的自主学习能力和合作精神	初中段正是学生从儿童期向成年期转变的关键时期，这一阶段的学生享受着自由、好奇、热情的冲击，具有叛逆、情绪偏激、易激动暴躁、情绪波动大等特点，但同时也具有独立性强、思维活跃、可塑性强、探索精神强烈等优点，基于全方位发展的理念，推动每位学生在德智体美劳等多方面的全方位发展与不断完善，以造就全方位发展的优秀人才为己任，强调以民为本，把注重人、理解人、重视人、爱惜人、提高和进步人的精神贯注于教育的整个过程。以培养学生的创新精神和探究精神为目标，选取钓鱼城、桑蚕养殖基地、安居文庙等研学点作为载体，应用讨论法、自主学习法、直观演示法、合作学习法、任务驱动等学法，依托研学手册、教学设备、研学实践教育基地基础设施等教学资源，使用启发式教学、自主学习等策略开展研学实践活动，让学生将所学知识应用到实际生活中，提高他们的实践能力和创新精神	高中阶段是学生生理和心理变化最显著的时期，这个时期的学生正处于人格塑造的关键时期，他们对自己的认同感和自我价值感逐渐清晰。根据研学主题探究性任务需要，分析高中阶段学生的知识储备、生活经验、学习差异。基于建构主义、多元智力等理论思想，让学生了解自己的优势、性格、价值观与生涯发展需求，促使学生将个人兴趣与社会环境相结合，采取讲授法、谈话法、讨论法、演示法、练习法等教法和自主学习、探究学习、合作学习等学法，借助研学基地与启蒙教育相关的教学资源和数字化技术，使用体验式、跨学科、基于探究的情境教学、服务学习等策略，通过开展不同层次、形式多样、操作性强、符合学生特点的启蒙教育，帮助学生逐步了解社会需求，增强升学与就业选择的主动意识和科学态度，从而主动进行生涯规划，积极投入当下的学习生活，激发学生对不同职业的深度了解，培养学生职业能力，增强未来生涯竞争力

维度或要素				小学高年级段	初中段	高中段
实施方案	入营教育	安全	引导	通过营地安全通道、安全标识学习进行入营安全教育	组织学习详细的安全手册，了解安全应急知识，掌握应急救护技能	开展入营安全主题教育，熟悉自我安全管理知识，提升安全防护意识
			实训	为学生提供一份详细的安全手册，列出可能的风险和应急处理方法	开展安全应急演练，掌握突发事件处置技能	组织学生针对住宿、饮食、研学点、交通等环节开展安全应急演练
		应急	引导	通过视频学习，掌握应急事件处理的方法和技巧，培养冷静思考和随机应变的能力	观看安全知识科普视频，了解应急事件处理方法和技巧，培养随机应变的能力	探究自然灾害或人为不当引起的应急事件处理办法和技巧，培养面对突发事件随机应变的能力
			实训	观看典型视频，学生分享个人体会	开展安全救护技能实践操作，提升应急救护能力	组织学生开展地震、消防等安全应急演练，强化安全避险意识
		救助	引导	通过案例情境，培养学生遇到需要求助时，主动寻找和利用各种资源的能力	通过老师的示范和教学，让学生掌握基本的救助方式	通过教学示范，教会学生心肺复苏的操作方法
			实训	模拟实施包括角色扮演、案例分析、团队合作等活动，帮助学生熟悉和掌握求助教育的方法和技巧	小组合作学习止血包、搬运、人工呼吸等技能	利用模拟人模拟训练，掌握心肺复苏的救助方法和技巧
		自我管理	引导	在教师的带领下，通过情绪管理的培训和指导，帮助学生掌握应对压力和困难的方法	通过创设情境，让学生亲身感受并掌握克服压力和困难的方法	通过自主管理问题引导，让学生掌握并科学合理管理自我
			实训	开展角色扮演、案例分析、团队合作等活动，帮助学生熟悉和掌握自我管理的方法和技巧	采用角色扮演、案例分析，对学生自我管理进行培训，提升自我管理能力	通过问题解决、技能测试、互动交流等方式让学生熟练掌握自我管理技能
		团队协作	引导	分小组协作，每个小组负责一个具体的任务或项目。鼓励学生在小组内分工合作，制订计划、分配任务、协调进度等	引导建立协作小组，制定团队配合规划，提高学习效率，培养合作意识	通过小组合作，任务驱动的方式，培养团队意识和协作精神
			实训	学生自主设计小组活动，组织和协调活动，鼓励学生自主规划活动内容、时间安排、资源调配等	通过团队小游戏来磨合团队的默契，培养团队协作能力	通过组织毕业墙、盲人障碍等素质拓展游戏，培养学生的团队协作能力

维度或要素		小学高年级段	初中段	高中段
实施方案	导入教学环节	1.视频导入：观看近年来发生的火灾事件，让学生分析其发生的原因；2.问题导入：糍粑作为特定节日的传统美食，有什么美好寓意；3.任务导入：发布探究性任务，参观涞滩古镇，寻找“涞滩三宝”；4.问题导入：中国四大发明是什么；5.视频导入：观看重庆中国三峡博物馆宣传片，激发学生对参观博物馆的兴趣，对展馆初步了解	1.视频导入：观看近年来发生的火灾事件，让学生分析其发生的原因；2.任务导入：发布探究性任务，让学生自主思考、总结；3.问题导入：分析钓鱼城地理位置的特殊性；4.视频导入：观看重庆中国三峡博物馆宣传片，激发学生对参观博物馆的兴趣，对展馆初步了解；5.任务导入：发布研究型任务，让学生自行参观，完成任务单	1.任务导入：学生探究易引发火灾的原因有哪些；2.问题导入：中国传统节日相对应的特色美食有哪些；3.任务导入：发布研究型任务，让学生自行参观，完成任务单；4.视频导入：观看重庆中国三峡博物馆宣传片，激发学生对参观博物馆的兴趣，对展馆初步了解；5.问题导入：茶文化的精神内涵
	授课教学环节	第一天：必修课程一“学《消防歌》走平安路”、必修课程二“糍粑”打进课堂”、选修课程1“开营第一课”；第二天：必修课程三“少年英雄　钓鱼城行”、必修课程四“市井长巷　烟火人间”、选修课程2“揭开春蚕的面纱”；第三天：必修课程五“捶拓黑白间”、必修课程六“神秘代号——816”、选修课程3“珍爱生命　远离毒品”；第四天：必修课程七“寻找古籍文化密码”、必修课程八“重走红岩路　重温革命情”、选修课程4“人体内旅行”；第五天：必修课程九“跟我出发　安溪品茶”、必修课程十“尊师礼　习礼仪”、选修课程5“田间寻艾”	第一天：必修课程一“火灾无情　防火先行”、必修课程二“糍粑越粘　生活越甜”、选修课程1“开营第一课”；第二天：必修课程三“东方麦加城　上帝折鞭处”、必修课程四“探究涞滩翁城”、选修课程2“陌上柔桑破嫩芽　东邻桑种已生些”；第三天：必修课程五“长江标准眼　水下白鹤梁”、必修课程六“深藏山间的核奥秘”、选修课程3“你好生活”；第四天：必修课程七“峡江风月　馆藏人生”、必修课程八“追寻先辈足迹　探索红岩文化”、选修课程4“花儿与少年”；第五天：必修课程九“茶香里的山水城市”、必修课程十“小城漫时光 百家烟火气”、选修课程5“禁毒阳光下”	第一天：必修课程一“防患于心　安全第一”、必修课程二“悠悠糍粑香”、选修课程1“开营第一课”；第二天：必修课程三“烈士精神永传承”、必修课程四“刘帅故里话初心”、选修课程2“国旗下的讲话”；第三天：必修课程五“同观石鱼　共庆丰收”、必修课程六“三线建设——816核工厂”、选修课程3“君子万年　福禄艾之”；第四天：必修课程七“领略历史洪流　追寻红色脚步”、必修课程八“传红色基因　感家国情怀”、选修课程4“以自然之道　养万物之生”；第五天：必修课程九“茶中山水　画里安溪”、必修课程十“山水之灵　人文之胜”、选修课程5“走进重庆的前世今生”

维度或要素		小学高年级段	初中段	高中段
实施方案	进级教学环节	1.提供材料，让学生自制艾草香囊；2.自主探究：根据个人喜好，尝试养蚕；3.小组讨论：如何发扬劳动人民的劳动精神	1.为家乡美食代言，做美食推荐官；2.进一步了解红岩精神的内涵；3.小组合作：直播带货，为家乡农产品代言，培养经济思维	1.实地探究：探究古建筑图案纹样的寓意；2.创作红色主题歌曲或舞蹈：小组合作编排红色主题歌曲或舞蹈：创作一支关于红色主题的歌曲或舞蹈，用音乐和舞蹈的形式致敬先烈，展示他们对红色文化的热爱和传承；3.情境体验：以销售家乡的特产糍粑、桑蚕、茶等为契机体验商业的流程
	巩固教学环节	1.以小组为单位，对自己的研学收获进行加工与创作，小组代表进行成果展示，通过成果交流会来进行学生间的心得分享与交谈，加深对研学课程知识的理解。2.实践探究：小组合作进行古法造纸；提供材料，让学生自制艾草香囊	1.引入红色革命故事，总结故事发展脉络图，发布任务促进学生的知识迁移；2.利用情境体验法，沉浸式体验钓鱼城故事，通过角色扮演的方式，让学生直观深入地呈现学习实践成果；3.通过革命烈士的故事分析，进一步认识革命精神，提升民族自豪感；4.实地探访与分享交流相结合，总结分享自己的收获	1.小组合作，分享研学过程对今后职业生涯产生的影响；2.通过对家乡农业现状的实地考察，激发学生未来开发新的农业技术的兴趣

维度或要素			小学高年级段	初中段	高中段
实施方案	总结教学环节	教学创新	1. 根据学情的实际情况，以游戏与情境模拟的导入方式，通过个人发言与小组讨论的形式，激发学生自主探究学习的兴趣；2. 基于多元智力理论，设计内容丰富、形式多样、难度各异的研学实践体验活动	在研学课程实施中，充分发挥学生的主观能动性，让学生沉浸在实践中，并能在实践中解决实际遇到的困难，让学生有主动实践的意识，能在实践过程中形成自己独立正确的见解，提升创新能力	1. 根据学情的实际情况，丰富活动形式，通过小组合作讨论的方式，完成研学实践课程任务，撰写研究报告，培养学生的探究意识；2. 基于建构主义理论，引导学生主动学习探究，深入思考，实现教师指导下的、以学生为中心的学习
		教学总结	1. 通过总结与分享的形式回顾研学实践的内容和技能，引导学生加深对责任与担当的理解，厚植红色爱国主义精神；2. 结合学生、随队教师、家长在导入、实施等环节中的反映和反馈，完成必要的教学评价；3. 建立教学档案，留下过程性资料	通过研学复盘的方式回顾研学过程中遇到的问题，及时收集学生、家长、研学导师和其他相关人员的反馈，改进研学环节中的不足，建立研学档案，以备查验	1. 引导学生归纳和总结研学实践活动课程的内容和技能，通过小组探究、分享讨论等方式，培养学生文化传承与创新的能力；2. 在研学教师的带领下，撰写研学报告，完善研学手册，结合报告和手册完成教学评价；3. 完善研学档案，留下研学课程的过程性资料
		教学反思	1. 通过反思研学授课过程且复盘研学实践过程中对安全保障工作是否到位，总结还存在哪些安全隐患；2. 是否将责任与担当意识融合到研学实践；3. 是否加深学生对知识的理解和掌握；4. 是否有助于学生进一步将课堂上所学的知识运用到实际当中	通过研学复盘的方式回顾研学过程遇到的问题，及时收集学生、家长、研学导师和其他相关人员的反馈，改进研学环节中的不足，建立研学档案，以备查验	1. 研学活动为学生提供了丰富的学习形式，学生能够在真实情境下学习，激发学生的学习兴趣，加深印象；2. 学生进一步将课堂上所学的知识运用到实际当中，加深了对知识的理解和掌握；3. 反思研学过程中学生的个体差异和教学评估等困难，为下一次研学活动提供参考

维度或要素		小学高年级段	初中段	高中段
实施方案 / 评价教学环节 / 教学水平评价	自我评价	研学课程是否引导学生积极参与，课程是否符合小学高年级段特点，并且根据学生反应进行调整	教师围绕教学质量、教学过程、安全管理、活动组织等方面进行回顾总结，反思研学活动实施中存在的问题，不断改进教学方法与策略	坚持可行性原则，紧扣文化传承与创新 目标，针对不同课程不同场地环境和学生差异，采用个案分析法、因材施教法，围绕教学内容、方式方法等，形成自我评价报告，运用评价结果改进教学
	学生评价	针对教师和学生之间的互动是否充分、研学课程师生对话参与度、学生能否积极参与到课堂教学中、课堂气氛活跃度等方面进行评价	运用问卷调查和满意度测评表的方式，让学生针对教学活动进行评价，及时建立反馈机制，帮助教师进一步改进教学方式，提升教学质量	运用新媒体教学、问卷调查和座谈相结合的方式，针对教师的教学态度、教学技巧、表达能力、教学组织能力以及沟通协调能力等填写调查问卷，通过抽样座谈调查、研学内容和活动环节改进建议和意见，形成综合报告，全面提升活动评价效果
	同行评价	由营地教师和教学管理人员对教师的教学进行评价	由营地教师和教学管理人员对教师教学质量、教学过程、安全管理、活动组织等方面进行评价	由营地教师和教学管理人员通过随队观 摩、听课、开展教研活动等方式对教师的教学设计、实施效果等方面进行评价
	培训和考核	每学期对研学开展情况进行考核；对研学教师师德师风进行考核；进行研学安全培训；邀请讲师对教师素养和综合能力进行考核	定期进行研学安全培训，对研学路线、课程开发、研学活动开展情况进行考核，把学生满意度、家长和社会认可度作为重要考核标准	每学期制订培训计划，对教师进行培训，并定期组织团队、聘请讲师对教师素养和综合能力进行考核；对学生、家长、社会公众满意度进行调查测评
	教学成果展示	通过研学过程教学展示教师的教学成果，具体展示方式如手抄报、画图、绘画展、小剧场、引导谈话等，通过学生的学业成绩、学生的创新作品等来评价教师的教学水平	根据本学段课程特点，采取研学分享、情境再现、设计作品展示等方式，提升学生的动手动脑能力，并展示教师在研学课程中的物化成果	定期举行教师教学成果展示，组织研学实践教育专家对教学成果进行点评，督促教师提升

维度或要素				小学高年级段	初中段	高中段
实施方案	评价教学环节	学业评价	形成性评价	通过观察、记录和反馈学生研学过程中的学习情况，以及他们在活动中的表现给予评价	对学生日常学习过程中的表现、所取得的成绩以及所反映出的情感态度、策略等方面的发展做出评价，根据评价结果、结合学生不同学段特点，制定合适的教学方式，及时修改或调整活动计划，以便获得更加理想的效果	对中学生的探究能力、价值观培养、团队协作等，采取持续观察、记录、反思的方式进行评价，结合学段特点，及时调整教学计划和教学方式，增强对学生探究深度和方式方法的指导
			总结性评价	在研学活动结束后，通过学生的研究报告、展示或测试等形式，全面了解学生在研学活动中的学习成果和进步	以预先设定的研学目标为基准，通过成果展示、测验，对学生研学实践活动过程中的表现、知识掌握程度、价值观培养等方面进行综合性评价，根据评价结果的反馈，来判断学生对教学内容的掌握程度	以研学课程预期要达到的教学目的为基准，通过分享、考核、展示、汇报等形式，对参与研学实践活动学生的知识获取、探究能力、责任意识等方面进行评价，根据评价结果，判断教学目的实现程度，调整教学活动形式
			教师评价	由教师根据学生在研学活动中的表现和成果，根据学生的参与度、作业质量、测试成绩等，对学生的学业进行评价	研学教师通过日常记录、问题测验、教学反思等方式，可以及时掌握学生的学习效果和发展情况，发现学生学习需求和问题，及时调整教学策略，帮助学生更好地发展	采取日常记录、教学反思或口头表达的形式，对学生知识和技能掌握程度、研究能力、团队协作、素质素养进行评价，发现研学实施中的问题
		项目评价		学校行政主管部门通过问卷、寻访、问答等形式，参与学校、学生、家长对研学项目的安全管理、研学资源、方案设计、组织实施、学生成长等方面进行评价，以便持续完善研学实践	行政主管部门、参与学校、学生、家长、社会各界采取问卷调查的形式，对教学目标设定、教学设计、教学策略、活动组织、课程资源、研学路线规划、学生成长等方面进行评价，评价项目实施的整体效益及风险，进一步优化项目	行政主管部门、参与学校、学生、学生家长、社会各界采取新媒体和公众号展示、调查问卷等形式，对教学目标设定、教学设计、课程资源、教学策略、活动组织、协同管理、研学线路规划、学生成长、执行规范等方面进行评价，评价项目实施对学生的价值和意义，进一步优化项目

4.15　教学计划与策略列表：启智润心　蒙以养正

<table>
<tr><td colspan="3">营地名称</td><td>广元市示范性综合实践基地管理中心（简称“广元营地”）</td><td>命名机构</td><td>教育部</td><td>识别码</td><td>Y145510001</td></tr>
<tr><td colspan="3">从业资质（摘要）</td><td>组织开展校外综合实践教育、青少年思想道德建设、基础教育课程改革、青少年社会实践与创新能力提升等</td><td>单位属性</td><td>公益一类</td><td>法定代表人</td><td>郭永昌</td></tr>
<tr><td colspan="3">研学主题</td><td>启智润心　蒙以养正</td><td colspan="2">主要目的指向</td><td colspan="2">启蒙教育</td></tr>
<tr><td rowspan="7">营地（枢纽）及周边主要优质研学资源</td><td colspan="2">基地层级</td><td colspan="5">研学站点（基地）名称</td></tr>
<tr><td rowspan="2">教育部命名基地</td><td>已列入教学计划</td><td colspan="5">一、与本主题相关的列入教学计划的基地9个
1.剑门关旅游开发股份有限公司剑门关景区（简称“剑门关”）；2.剑门关旅游开发股份有限公司翠云廊景区（简称“翠云廊”）；3.四川省唐家河国家级自然保护区管理处（简称“唐家河”）；4.四川广汉三星堆博物馆（简称“三星堆”）；5.成都大熊猫繁育研究基地（简称“成都熊猫基地”）；6.眉山市青少年综合实践基地（简称“眉山营地”）；7.朱德故居管理局（简称“朱德故居”）；8.延安革命纪念馆；9.广元市示范性综合实践基地管理中心（简称“广元营地”）
二、与本主题关联不大但列入本营地教学计划的基地6个
1.成都金沙遗址博物馆（简称“金沙遗址”）；2.川陕苏区纪念馆；3.中国两弹城；4.成都杜甫草堂博物馆；5.成都武侯祠博物馆；6.成都市新都区家风教育基地服务管理中心</td></tr>
<tr><td>待列入教学计划</td><td colspan="5">1.邓小平故居；2.华蓥山旅游区</td></tr>
<tr><td colspan="2">其他部委命名基地</td><td colspan="5">1.广元市木门会议会址纪念馆（简称“木门会议会址”）；2.苍溪红军渡纪念馆（简称“红军渡”）</td></tr>
<tr><td colspan="2">地方命名基地</td><td colspan="5">1.明月峡研学实践教育基地（简称“明月峡”）；2.千佛崖研学实践教育基地（简称“千佛崖”）；3.皇泽寺研学实践教育基地（简称“皇泽寺”）；4.广元市博物馆；5.米仓山研学实践教育基地（简称“米仓山”）；6.中国红军城研学实践教育基地（简称“红军城”）；7.昭化古城研学实践教育基地（简称“昭化古城”）；8.苍溪药博园研学实践教育基地（简称“药博园”）</td></tr>
<tr><td colspan="2">本营地资源</td><td colspan="5">1.科技创新体验馆；2.应急救护馆；3.麻柳刺绣馆；4.国学礼仪馆；5.糕点制作室</td></tr>
<tr><td colspan="2">其他资源</td><td colspan="5">1.黄猫垭战斗遗址；2.拦马墙遗址；3.大朝驿</td></tr>
</table>

维度或要素	小学高年级段	初中段	高中段
校内教育基础（与校内教育的衔接）	对照《义务教育课程方案和课程标准（2022年版）》，小学高年级段在启蒙教育方面提出“乐学善学，勤于思考，保持好奇心与求知欲，形成良好的学习习惯”“热爱祖国，热爱人民，热爱中国共产党，学习伟大建党精神”“坚定理想信念、厚植爱国主义情怀、加强品德修养、增长知识见识、培养奋斗精神”的培养目标。该主题课程在设计上与校内教育课程衔接的有关内容如下：1.人教版道德与法治四年级下册第四单元第11课“多姿多彩的民间艺术”；2.人教版道德与法治五年级上册第四单元第9课“古代科技 耀我中华”；3.人教版语文五年级上册第四单元第13课“少年中国说”、第七单元第23课“鸟的天堂”；4.人教版语文五年级下册第二单元第5课“草船借箭”、第四单元第10课“青山处处埋忠骨”；5.人教版语文六年级上册第六单元第19课“只有一个地球”；6.人教版美术六年级下册第4课“雕与刻的乐趣”；7.人教版美术六年级上册第12课“保护文物”、第13课“古建筑的保护”；8.人美版美术六年级上册第1课“建筑艺术的美”	对照《义务教育课程方案和课程标准（2022年版）》，初中段在启蒙教育方面提出“努力学习和弘扬社会主义先进文化、革命文化和中华优秀传统文化，理解和践行社会主义核心价值观，逐步领会改革创新的时代精神”“明确人生发展方向，追求美好生活，能够将个人追求融入国家富强、民族复兴、人民幸福的伟大梦想之中”的培养目标。该主题课程在设计上与校内教育课程衔接的有关内容如下：1.人教版历史七年级上册第四单元第16课“三国鼎立”；2.人教版历史与社会八年级上册第四单元第1课“三国鼎立与西晋的统一”、第2课“唐的盛衰”；3.人教版生物七年级上册第六单元“爱护植被 绿化祖国”；4.人教版生物八年级上册第六单元第二章“认识生物的多样性”、第三章“保护生物的多样性”；5.人教版道德与法治八年级上册第四单元第10课“建设美好祖国”；6.人教版语文八年级上册第五单元第18课“中国石拱桥”；7.人教版语文九年级上册第一单元第1课“沁园春·雪”、第五单元第18课“中国人失掉自信力了吗”；8.人教版语文九年级下册第一单元第2课“梅岭三章”	对照《普通高中课程方案和语文等学科课程标准（2017年版2020年修订）》，高中段在启蒙教育方面提出“初步形成正确的世界观、人生观和价值观”“弘扬中华优秀传统文化，继承革命文化，发展社会主义先进文化，培育和践行社会主义核心价值观，增强文化自信，树立为中国特色社会主义、人民幸福、民族振兴和社会进步作贡献的远大志向”“具有发现、鉴赏和创造美的能力，具有健康的审美情趣”的培养目标。该主题课程在设计上与校内教育课程衔接的有关内容如下：1.人教版高中语文必修三第二单元第4课“蜀道难”；2.人教版高中语文必修五名著导读《三国演义》；3.人教版高中生物必修三第5章第1节“生态系统的结构”、第6章“生态环境的保护”；4.人教版高中美术选修3第一单元第2课“凿石刻木——石雕木雕”；5.人教版高中美术必修第二单元第9课“美在民间——中国民间美术”；6.部编版思想政治必修二第二单元“经济发展与社会进步”；7.部编版语文高一必修上册第二单元第5课“以工匠精神雕琢时代品质”、第四单元“家乡文化生活”

维度或要素			小学高年级段	初中段	高中段
研学课程	必修课程一	名称	蜀道难，难于上青天	一夫当关，万夫莫开	飞跃剑门关
		活动目的	通过行走蜀道，理解“蜀道难，难于上青天”内涵，培养面对困境时迎难而上的勇气	通过探寻剑门关地质成因，感悟“一夫当关，万夫莫开”的雄奇，培养爱家爱国之情	探究剑门关地质成因及历史，感悟穿越剑门便是坦途，培养责任意识和担当意识
		活动形式	走蜀道、听讲解、谈感悟	讲解、小组合作、实地探访、总结分享	讲解、小组探究、实地走访、表达交流
	必修课程二	名称	三百里程十万树	“廊”下故事多	抚千年古树，传历史根脉
		活动目的	通过行走翠云廊，感受古树的壮观，培养初步的环保意识和家国情怀	通过了解古树成长历程，感悟翠云廊悠久历史，培养家国情怀和责任担当意识	通过探究黄柏历史及生长习性，培养生态环保意识和对历史文化根脉传承意识
		活动形式	参观、讲解、表达交流	参观、讲解、小组合作、分享交流	讲解、小组合作、实地走访、总结分享
	必修课程三	名称	走千年蜀道，观石刻艺术	探秘蜀道上的艺术	赏石刻艺术，传中华文化
		活动目的	参观蜀道艺术明珠千佛崖，了解蜀道历史和崖壁上的佛像，培养对壁画艺术的兴趣	探秘千佛崖石刻历史，了解石刻艺术背景，感悟艺术与社会生活的关系	探究千佛崖石刻艺术，品味石刻文化，提升艺术修养，传承中华文化
		活动形式	参观、教师讲解、小组分享	参观、小组探究、教师讲解、小组交流	参观、小组探究、教师点拨、分享交流
	必修课程四	名称	故事里的女皇	凤凰起飞的地方	一代女皇——武则天
		活动目的	通过参观皇泽寺，了解女皇武则天的事迹，感受一代女皇不平凡的一生	探究武则天不平凡的人生，引导学生从小要胸怀大志，树立远大理想	探究女皇在中国历史上的地位和影响，进一步加深对女皇文化的了解，增强文化自信
		活动形式	教师讲解、小组合作、分享表达	教师讲解、实践体验、情境模拟	实践体验、多元探究、分享交流

维度或要素			小学高年级段	初中段	高中段
研学课程	必修课程五	名称	神秘三星堆	三星堆与古蜀国	解密三星堆，传承蜀文化
		活动目的	通过了解三星堆历史，感受古蜀文明源远流长，培养对中华文明的热爱之情	通过了解古蜀国历史，感悟中华文化博大精深，厚植爱国情怀	探究古蜀国政治、经济、文化，解密三星堆文化，培养传承和发扬优秀文化的意识
		活动形式	参观、导师讲解、分享交流	参观、导师讲解、小组合作、分享交流	讲解、小组合作、实地走访、总结分享
	必修课程六	名称	走进“国宝”家园	探秘“国宝”故事	解密“国宝”习性
		活动目的	通过参观熊猫基地，零距离感受熊猫的“呆萌”可爱，感知人与自然和谐共生	探秘熊猫成长背后的故事，树立生命观念，珍惜地球家园	探究熊猫生活习性，树立保护大熊猫等珍稀动物的意识，促进人与自然和谐共生
		活动形式	参观、多媒体展示、讲解、交流分享	导师讲解、小组合作、分享交流	讲解、小组合作、实地走访、总结分享
	必修课程七	名称	行走昭化古城，感受古城魅力	探秘古城特色，感悟古城文化	探究古城历史，传承古城文明
		活动目的	通过行走古城，了解古城布局特色，感受古城魅力，感悟地方之美	探秘古城特色，感受川北民俗民风，培养家国情怀	探究古城建筑设计与古城文化的关系，培养对中华优秀传统历史文化的传承意识
		活动形式	参观、导师讲解、表达交流	小组合作、导师讲解、总结分享	参观、小组探究、导师讲解、总结分享
	必修课程八	名称	行走先秦古栈道	探秘古今交通	天堑变通途
		活动目的	通过参观明月峡先秦古栈道，感受古代劳动人民的勤劳与智慧	探究明月峡道路变迁史，感受祖国日新月异的变化，增强民族自信心、自豪感	探究明月峡天堑变通途的历程，培养责任意识和担当意识，树立凌云之志
		活动形式	参观、导师讲解、学生交流	小组探究、导师讲解、分享交流	小组合作、导师讲解、分享交流

维度或要素			小学高年级段	初中段	高中段
研学课程	必修课程九	名称	走进龙门绿珠	探寻天然基因库	探究龙门生态
		活动目的	通过研学唐家河，感受生态之美，培养生态环保意识	通过探寻唐家河生态，了解唐家河珍稀动物种类，培养生态文明意识	通过探究唐家河生态，了解气候特点，解锁生物密码，培养人与自然和谐共生意识
		活动形式	参观、导师讲解、小组交流	参观讲解、小组合作、总结分享	小组合作、总结分享
	必修课程十	名称	走红城，唱红歌	观遗迹，知艰辛	赓续红色血脉
		活动目的	通过在红军城唱红歌，感受红军精神，培养具有理想信仰的时代新人	通过参观革命先烈遗迹遗物，感受革命艰辛，培养吃苦耐劳的精神	探究历史伟人及红四方面军伟大历史贡献，坚定理想信念，传承红军精神
		活动形式	视频展示、教师讲解、交流分享	教师讲解、合作探究、小组交流	教师讲解、小组探究、感悟交流
	选修课程		1. 细雨谜廊（小学版） 2. 蜀道华光（小学版） 3. 蜀道题壁（小学版） 4. 植物拓染	1. 细雨谜廊（初中版） 2. 蜀道华光（初中版） 3. 蜀道题壁（初中版） 4. 模拟射击	1. 细雨谜廊（高中版） 2. 蜀道华光（高中版） 3. 蜀道题壁（高中版） 4. 奋勇支前

维度或要素		小学高年级段	初中段	高中段
研学线路	代表性线路（时长五日）	第一天：广元营地—剑门关—翠云廊—广元营地；第二天：广元营地—千佛崖—皇泽寺—广元营地；第三天：广元营地—三星堆—成都熊猫基地—眉山营地；第四天：眉山营地—昭化古城—明月峡—广元营地；第五天：广元营地—唐家河—红军城—广元营地	第一天：广元营地—剑门关—翠云廊—广元营地；第二天：广元营地—千佛崖—皇泽寺—广元营地；第三天：广元营地—三星堆—成都熊猫基地—眉山营地；第四天：眉山营地—昭化古城—明月峡—广元营地；第五天：广元营地—唐家河—红军城—广元营地	第一天：广元营地—剑门关—翠云廊—广元营地；第二天：广元营地—千佛崖—皇泽寺—广元营地；第三天：广元营地—三星堆—成都熊猫基地—眉山营地；第四天：眉山营地—昭化古城—明月峡—广元营地；第五天：广元营地—唐家河—红军城—广元营地
	可选择线路（按天设计，菜单式选择）	1.广元营地—延安革命纪念馆—广元营地；2.广元营地—大朝驿—广元营地；3.广元营地—米仓山—广元营地；4.广元营地—木门会议会址—广元营地；5.广元营地—红军渡—广元营地；6.广元营地—药博园—广元营地；7.广元营地—朱德故居—广元营地：8.广元营地—科技创新体验馆—麻柳刺绣馆—糕点制作室—广元市博物馆—广元营地	1.广元营地—延安革命纪念馆—广元营地；2.广元营地—黄猫垭战斗遗址—广元营地；3.广元营地—米仓山—广元营地；4.广元营地—木门会议会址—广元营地；5.广元营地—红军渡—广元营地；6.广元营地—药博园—广元营地；7.广元营地—朱德故居—广元营地；8.广元营地—科技创新体验馆—应急救护馆—广元市博物馆—广元营地	1.广元营地—延安革命纪念馆—广元营地；2.广元营地—黄猫垭战斗遗址—广元营地；3.广元营地—米仓山—广元营地；4.广元营地—木门会议会址—广元营地；5.广元营地—红军渡—广元营地；6.广元营地—药博园—广元营地；7.广元营地—朱德故居—广元营地；8.广元营地—应急救护馆—国学礼仪馆—广元市博物馆—广元营地
	规划线路（按天设计）	1.广元营地—金沙遗址—广元营地；2.广元营地—川陕苏区纪念馆—广元营地；3.广元营地—中国两弹城—广元营地；4.广元营地—成都杜甫草堂博物馆—成都武侯祠博物馆—广元营地；5.广元营地—成都市新都区家风教育基地服务管理中心—广元营地	1.广元营地—金沙遗址—广元营地；2.广元营地—川陕苏区纪念馆—广元营地；3.广元营地—中国两弹城—广元营地；4.广元营地—成都杜甫草堂博物馆—成都武侯祠博物馆—广元营地；5.广元营地—成都市新都区家风教育基地服务管理中心—广元营地	1.广元营地—金沙遗址—广元营地；2.广元营地—川陕苏区纪念馆—广元营地；3.广元营地—中国两弹城—广元营地；4.广元营地—成都杜甫草堂博物馆—成都武侯祠博物馆—广元营地；5.广元营地—成都市新都区家风教育基地服务管理中心—广元营地

维度或要素		小学高年级段	初中段	高中段
教学重点难点（以代表性线路教学设计为例，下同）	教学重点	1.理解“蜀道难，难于上青天”的含义；2.初步了解武则天奋斗历程及壁画艺术；3.了解三星堆文化的特点，初步认识古蜀文明；4.发现古建筑的美学价值，提升审美能力；5.了解唐家河生态环境，感受人与自然和谐共生	1.深刻理解剑门蜀道在中国历史上的军事地位，探秘剑门雄关地质成因；2.了解女皇名人文化、石窟文化的具体内容，认识其对中国传统文化的重要价值；3.深入了解古蜀文明与三星堆文化的关系；4.了解古栈道产生的历史背景，探究古代交通方式对现代交通方式变革产生的推动作用；5.认识生物多样性与生态环境关系	1.探究剑门关的形成及古今战略地位，深刻理解“绿水青山就是金山银山”深刻内涵；2.探究武则天的历史贡献与地位，了解女皇名人文化和石窟文化的时代意义；3.了解动物保护的重要意义和珍稀动物繁育技术基本常识；4.研究古城的街道布局和建筑风格，学习工艺美学和川北特色文化相结合的艺术形式；5.理解人与自然和谐共生关系，增强生态环保意识，培养责任意识和担当意识
	教学难点	1.理解古代柏树种植的历史意义；2.了解石窟文化保护的方法和意义，树立文物保护意识；3.认识三星堆发现的意义，了解其对古蜀文化的重要作用；4.了解古栈道的修建意义，感受古代劳动人民的智慧；5.了解生态保护的重要意义，树立生态文明意识	1.进一步了解森林生态系统、了解古柏生长千年不朽的原因，感悟生命的伟大；2.理解女皇名人文化、石刻文化对广元当地文化发展及民情风俗的影响；3.深入理解三星堆文化、巴蜀文化的内涵；4.探究孔眼的开凿方法以及在古代交通要道修建中的重要作用；5.深入了解生态环境保护与生物多样性关系，理解生态环境保护的重要意义	1.深刻理解古树保护与历史文化传承的重要意义，及习近平生态文明思想内涵；2.女皇文化与石窟文化传承与保护；3.探究古蜀国文明兴衰消亡的秘密，深刻理解中华传统文化博大精深；4.探究古城建筑的保护与修复方法；5.探究自然环境、人类生活等对生物多样性的影响，深刻理解人与自然和谐共生关系

维度或要素	小学高年级段	初中段	高中段
教学策略	小学高年级段学生已经具备了一定的自理能力和生活经验，对生活中事物有一定了解和理解，对周围的人和事有较强的好奇心，充满了探索欲望，但由于年龄、知识水平、认知水平等因素限制，他们对社会、经济、文化、艺术、职业规划等还处于蒙昧状态。为达到启智润心的目的，更好地修正其心、其行，基于合作教学、多元智能理论，选取劳动启蒙、艺术审美启蒙、科学启蒙、意识形态启蒙、家国情怀启蒙等内容，采取讲授法、谈话法、演示法、练习法等教法和自主学习、合作学习等学法，依托项目化研学课程教材、研学手册、相关研学基地、启蒙教育相关的教学资源和数字化技术等，做好物料准备（研学物资、准备有关常规对接资料、安全预案、安全责任书、必备药品），使用游戏化、体验式、跨学科等教学策略，进行总体设计，注重实践，激发兴趣，尊重每个学生的特点，注重学生的个性发展，并在实际教学过程中根据学生反馈情况进行动态调整	初中段学生在身心上正处于发育期，生理和心理都在发生快速变化，在知识储备方面已经具备了一定的学科基础，认知能力、情感态度、自我意识等心理指标也在不断发展和变化。这一时期的学生具有较高的可塑性，容易接受新事物、新观念，但也容易受到外界干扰，需要给予正确的引导和帮助。同时，初中生的兴趣爱好广泛，对新鲜事物充满好奇。基于建构主义、多元智能等理论，选取劳动启蒙、艺术审美启蒙、科学启蒙、意识形态启蒙、家国情怀启蒙等内容，采取讲授法、讨论法、演示法、实验法、练习法等教法和自主学习、探究学习、合作学习等学法，借助相关研学基地与启蒙教育相关的教学资源和数字化技术，做好物料准备（研学物资、准备有关常规对接资料、安全预案、安全责任书、必备药品），使用体验式、跨学科、基于探究的学习、情境教学等教学策略，将研学实践活动内容与学生的兴趣爱好相结合，培养学生正确的价值观和人生观，引导学生将个人兴趣、职业规划与社会的需要相结合，在实际教学过程中根据学生反馈进行动态调整，确保学生围绕研学主题有效完成研学课程，实现本学段研学目标	高中段学生面临着升学压力和高考压力，正处于人格塑造的关键时期，对自己的认同感和自我价值取向逐渐清晰。根据研学主题探究性任务需要，结合高中阶段学生的知识储备、生活经验、学习差异等因素，基于建构主义、多元智能等理论，选取劳动启蒙、艺术审美启蒙、科学启蒙、意识形态启蒙、家国情怀启蒙等内容，开展有针对性的研学活动，在活动中采取讲授法、谈话法、讨论法、演示法、练习法等教法和自主学习、探究学习、合作学习等学法，借助研学基地与启蒙教育相关教学资源和数字化技术，做好物料准备（研学物资、常规对接资料、安全预案、安全责任书、必备药品），使用体验式、跨学科、基于探究的学习、情境教学、服务学习等教学策略，通过开展不同层次的形式多样的操作性强、符合学生特点的启蒙教育，帮助学生逐步了解社会需求，增强升学与就业选择的主动意识和科学态度，从而主动进行生涯规划，积极投入当下的学习生活，激发学生对不同职业的深度了解，培养学生职业能力，增强未来生涯竞争力

维度或要素				小学高年级段	初中段	高中段
实施方案	入营教育	安全	引导	利用营地安全教育场馆实施安全教育课程，进行安全意识教育	利用《学生安全手册》《研学手册》等，对学生进行安全应急知识教育	利用典型案例对学生进行安全警示及防护意识教育
			实训	了解营地安全通道，学习安全标识	安全知识竞赛，讨论交流	教师讲解，视频展示，掌握安全知识
		应急	引导	学习应急事件处理方法和技巧，培养冷静 思考和随机应变的能力	结合应急预案和安全方案，教授常用的应急处理方法	掌握应急事件分类、处理方法和技巧
			实训	实操学习包扎方法和中暑、崴脚等应急处置方法	开展学习止血、包扎等应急处置方法，学习海姆立克急救法	专职教师为学生进行应急救助方法技巧讲解
		救助	引导	通过观看视频，播放经典案例，引导学生主动利用各种资源开展自救	播放应急救护视频，讲解基本救助方法	专职教师为学生进行案例讲解，并进行实操演练，帮助学生掌握救助方法和技巧
			实训	通过角色扮演、团队合作等活动，帮助学 生掌握基本救助方法和技巧	学会基本救助方法，并分小组进行实操演练	分小组进行不同情况下的实操演练，教师予以指导
		自我管理	引导	视频播放典型自我管理案例，培养学生自我管理意识	教师在各环节引导学生进行自我管理，逐步形成自律能力	在活动中，学生根据团队实际，将人员分成不同的小组，小组合作进行自我管理
			实训	在活动中设置自我管理的不同场景，让学生在自我管理过程中完成活动任务	学生进行自我管理，逐步形成自律能力	小组协作，共同完成目标任务
		团队协作	引导	通过游戏活动，引导学生具备团队协作意 识，具有一定的团队协作能力	通过团队任务，增强互信互认，形成团队协作能力	通过拓展活动，培养团队归属感，增强团队意识
			实训	教师有意识将学生分成不同小组完成活动 任务，让学生体会团队合作的重要性	设定团队任务，小组协作，合力完成任务	开展毕业墙、信任背摔等活动，增强团队意识

维度或要素		小学高年级段	初中段	高中段
实施方案	导入教学环节	1.音乐导入：在剑门关大门入口大屏幕上播放《大道朝天》歌曲，感受穿越蜀道，飞跃剑门关的气势；2.名人故事导入：由名人故事引导到一代女皇武则天；3.问题导入：你对三星堆知多少，激发学生探究兴趣；4.情境导入：播放“三国演义”中火烧栈道和张飞夜战马超视频，把学生引入三国鼓角争鸣时代；5.视频导入：播放唐家河宣传片，感受其自然生态之美	1.视频导入：播放剑门关景区宣传片，整体感知剑门关的雄奇壮丽；2.任务导入：发布任务清单，收集广元特色文化，激发学生信息收集兴趣；3.问题导入：三星堆与古蜀文化有怎样的关系，激发学生探究兴趣；4.问题导入：古城布局特点是什么，栈道结构是什么样的，让学生带着问题去研学；5.问题导入：你知道唐家河有哪些珍稀动植物吗，激发学生对唐家河生物种群探究的兴趣	1.问题导入：“一夫当关，万夫莫开”出自哪里，“五丁开山”的故事发生在哪里，激发学生带着兴趣去研学；2.任务导入：查找关于武则天的生平事迹，初步认识武则天；3.问题导入：三星堆发掘有什么重大意义，激发学生对三星堆文明重大意义的思考；4.设置悬念：为何称明月峡为“交通历史博物馆”，为何称昭化古城为“巴蜀第一县，蜀国第二都”，带着问题去研学，确保有所得，有所获；5.情境导入：视频播放唐家河熊猫、扭角羚、金丝猴等动物的生活画面，激发学生的兴趣和探究热情
	授课教学环节	第一天：必修课程一“蜀道难，难于上青天”、必修课程二“三百里程十万树”、选修课程1“细雨谜廊（小学版）”；第二天：必修课程三“走千年蜀道，观石刻艺术”、必修课程四“故事里的女皇”、选修课程2“蜀道华光（小学版）”；第三天：必修课程五“神秘三星堆”、必修课程六“走进国宝家园”；第四天：必修课程七“行走昭化古城，感受古城魅力”、必修课程八“行走先秦古栈道”、选修课程3“蜀道题壁（小学版）”；第五天：必修课程九“走进龙门绿珠”、必修课程十“走红城，唱红歌”、选修课程4“植物拓染”	第一天：必修课程一“一夫当关，万夫莫开”、必修课程二“‘廊’下故事多”、选修课程1“细雨谜廊（初中版）”；第二天：必修课程三“探秘蜀道上的艺术”、必修课程四“凤凰起飞的地方”、选修课程2“蜀道华光（初中版）”；第三天：必修课程五“三星堆与古蜀国”、必修课程六“探秘‘国宝’故事”；第四天：必修课程七“探秘古城特色，感悟古城文化”、必修课程八“探秘古今交通”、选修课程3“蜀道题壁（初中版）”；第五天：必修课程九“探寻天然基因库”、必修课程十“观遗迹，知艰辛”、选修课程4“模拟射击”	第一天：必修课程一“飞跃剑门关”、必修课程二“抚千年古树，传历史根脉”、选修课程1“细雨谜廊（高中版）”；第二天：必修课程三“赏石刻艺术，传中华文化”、必修课程四“一代女皇——武则天”、选修课程2“蜀道华光（高中版）”；第三天：必修课程五“解密三星堆，传承蜀文化”、必修课程六“解密‘国宝’习性”；第四天：必修课程七“探究古城历史，传承古城文明”、必修课程八“天堑变通途”、选修课程3“蜀道题壁（高中版）”；第五天：必修课程九“探寻龙门生态”、必修课程十“赓续红色血脉”、选修课程4“奋勇支前”

维度或要素		小学高年级段	初中段	高中段
实施方案	进级教学环节	1.资料收集：了解剑门关发生的重大历史事件；2.小组交流：为什么要保护石刻文化艺术；3.小组讨论：印象最深的三星堆文物有哪些；4.话题讨论：畅享未来交通；5.小组讨论：人类和自然怎样才能和谐相处	1.实地探究：习近平生态文明思想的深刻内涵和重要意义；2.小组探究：古代石刻艺术与当时政治、经济、文化的关系；3.收集整理：古蜀文明对中华文明的影响；4.合作探究：古栈道结构原理；5.小组讨论："国宝"与唐家河生态关系	1.小组讨论：剑门关作为蜀道上重要关隘，古今历史中，有怎样的历史地位；2.小组探究：武则天对推动社会发展与进步有怎样的深远影响；3.实地探究：古蜀文明的历史意义和价值；4.拓展延伸：昭化古城在古蜀道中的战略地位；5.集体讨论：保护环境，共建美丽和谐家园，深刻理解习近平生态文明思想的重要内涵
	巩固教学环节	1.小组合作：手绘心中的剑门关和千年古柏，培养初步审美意识、环保意识及对家乡的热爱之情；2.小组交流：讲述武则天从才女到皇帝的故事，培养学生目标意识；3.交流分享：画出印象最深的三星堆文物，感知古蜀文化魅力；4.交流分享：畅想未来交通，激发学生创新意识；5.小组合作：共绘自然生态图，培养学生初步审美意识和生态文明意识	1.表达交流：谈谈登临剑门、抚摸古柏时的心情，培养学生家国情怀；2.小组讨论：联系社会实际，谈古代石刻艺术与政治、经济、文化的关系，让学生明白艺术源自生活；3.小组交流：说说三星堆文物之美，培养学生善于发现美的意识；4.合作探究：绘出古栈道结构图，感受建筑结构之美；5.小组合作：书写生态保护标语，培养生态环保意识	1.表达交流：拥抱古柏，穿越时空，与古柏对话，培养学生热爱自然、保护生态文明的意识；2.小组合作：通过千佛崖石壁画，猜猜其反映了哪个时代的历史文化，培养学生通过生活画面探求社会欲望；3.实地探究：古蜀文明历史意义和价值，培养学生传承中华文化的意识；4.合作探究：假如你是设计师，设计出未来道路交通的样子，培养学生职业体验和创新思维能力；5.小组辩论：辩论人类文明与自然生态的关系，进一步培养学生的环保意识

维度或要素			小学高年级段	初中段	高中段
实施方案	总结教学环节	教学创新	在研学活动中，关注每一个学生，根据课程实施效果，不断完善、调整内容，做到有机衔接，类型丰富，层次递进，多角度对学生进行文化、艺术、劳动、审美、科技、习惯、规矩、职业等各领域的启蒙教育	在研学课程实施中，充分发挥学生的主观能动性，敢于质疑，大胆探索，勇于尝试，在实践中感悟、理解、升华，达到“启智润心、蒙以修正”的目的	在研学课程实施中，以启人心智为目的，注重引导学生独立思考，善于发现问题、分析问题、解决问题，在此过程中，开阔眼界、创新思维、提升能力，形成正确的人生观和价值观，达到润物无声之效果
		教学总结	采用个案分析、分组讨论、教师点评等方式，对学生活动过程的参与度、完成度以及自我管理等方面全方位总结，重点发现每个人的闪光点，激发学生潜能，培养高尚的品格，养成良好的习惯	采用学生互评、小组讨论、教师点评等方式，对学生参与活动的情况全面评价，引导学生正确认识自我、认识他人，有明确的目标、高尚的追求和家国情怀，对党、对国家一片赤子之心	主要采用教师引导、学生自评和互评的方式进行评价，引导学生通过参与活动，形成有积极意义的价值体认，能从活动中有所启发，有所感悟，形成正确的人生观和价值观
		教学反思	根据活动执行过程中发现的问题，以及学生、教师和研学基地反馈的问题，进一步对活动课程的每一个环节进行调整优化，提炼经验教训，形成完善的课程方案，为下一次研学活动提供参考	将实际教学实施情况与预设的教学计划进行详细的对比分析，及时进行调整优化，确保教学质量与效果，并从中提炼成功经验，不断完善教学方案，提升教学效果，为学生的研学之旅创造更加优质的学习体验	针对具体活动，向学生、教师、研学基地、家长发放活动评价表，广泛收集意见，结合新课标，对教学环节进行调整和优化，提炼经验教训，为下一次研学活动提供参考

维度或要素				小学高年级段	初中段	高中段
实施方案	评价教学环节	教学水平评价	自我评价	教师对研学活动实施流程、安全管理、亮点和不足等进行全面总结梳理，对活动效果及目标完成情况进行反思和评价	教师对研学活动各环节进行全面总结梳理，对活动效果、学生成果及目标完成情况进行反思和评价	教师对教学目标、学生成果、教学策略等方面进行深入反思，注重倾听学生和同事意见，不断提升自己的教学水平和专业素养
			学生评价	以学生的任务完成情况、活动参与情况、研学手册完成情况等作为评价维度，通过学生访谈的形式，征集他们对教师的评价意见，对教师的教学质量给予综合评价	制订满意度测评表，学生匿名填写，就教学内容、教学效果、教师态度、活动满意度等对教师进行评价，帮助教师及时发现问题，改进教学，提升教学质量	运用问卷调查和座谈相结合，针对教师调动学习主动性、科学安排教学内容、引导学生深度思考和积极参与动手实践、鼓励表达交流和引导正确价值观等方面填写调查问卷，形成综合报告
			同行评价	由营地教师和教学管理人员通过教学文件审阅、问卷调查等方式方法对教师的教学设计、教学策略、教学管理等方面进行评价	由营地教师和教学管理人员通过听课、教学文件审阅等方式对教师的教学设计、教学管理、信息技术与教学融合等方面进行评价	充分利用信息技术，邀请专家、教师对教师的教学设计、教学实施、教学管理、信息技术与教学融合等方面进行评价
			培训和考核	建立培训和考核制度，通过对活动设计、过程监督、综合评价、师德师风、学生管理几个维度进行线上和线下考核，围绕实际工作中出现的能力短板，定期进行专题培训	组织教师专业能力提升培训，通过对活动设计、过程监督、师德师风、学生管理、劳动教育几个维度进行考核，提高教育教学水平	制订培训计划与方案，对教师进行项目化培训，并定期组织团队对教师课题研究能力、学生评价、师德师风、学生管理、心理健康几个维度进行考核，提高研学实践开展水平
			教学成果展示	用图文、音像等资料记录学生的研学实践表现，形成课程资源库和档案袋；通过讲座、竞赛、课题的形式展示教师教学成果	积累教学资料，准备教学案例或教学设计，用研究报告、推介会、作品展等展示自己在教学方面的创新和成果	定期举行教师教学成果展示，组织研学实践教育专家对教学研究论文、科研报告进行点评，督促教师提升

维度或要素				小学高年级段	初中段	高中段
实施方案	评价教学环节	学业评价	形成性评价	通过观察、记录学生研学过程中的学习情况，以及他们在活动中的表现给予评价，让学生及时获得研学实践过程的反馈，改进后续活动，避免评价过程中只重结果、不重过程的现象	围绕学生的参与程度、知识获取程度、探索深度等内容，采取测验法、调查法等方式进行评价，根据评价结果，结合学段特点，及时调整教学策略，提高教学效果，引导学生全面发展	通过多元化评价方式，围绕学生的探究能力、价值观培养、团队协作等内容，制定相应维度的评价标准，做到评价过程具体、细致，帮助学生建立清晰的知识学习和实践探索的规划
			总结性评价	以研学课程目的为基准，通过学生的研究报告、汇报交流、团队契约等呈现等形式，对参与研学实践活动学生的参与程度、情感认知等方面进行评价，根据评价结果，判断教学目的实现程度，调整教学活动形式	以研学课程目的为基准，通过考试、撰写报告、举办展览等形式，对学生的实践能力、跨学科综合能力、文化素养和研学态度等方面进行客观的评价，为学生提供全面的反馈和建议，同时为未来的研学活动提供改进和优化的依据	以研学课程目的为基准，通过学生的活动报告、活动记录单、成果展示和心得笔记等形式，对参与研学实践活动学生的知识获取、探究能力、责任意识等方面进行评价，根据评价结果，不断完善实施方案，发现并发展学生潜能
			教师评价	采取日常记录、问题简答、教学反馈或口头表达的形式，对学生研学过程的表现和成果展示进行多维度的评价，对学生综合素质发展水平进行科学分析，写出有关研学活动情况的评语，引导学生扬长避短，明确努力方向	采取日常记录、交流讨论、调查问卷、教学反馈或口头表达的形式，对学生在研学活动中的表现、参与度、问题思考和解决能力等进行评价，为学生提供个性化建议和反馈，加深对知识和技能的理解和运用	教师根据学生知识和技能掌握程度、研究能力、团队协作、素质素养等方面的表现，采取日常记录、调查问卷、问题解决、教学反馈或口头表达的形式进行评价，给学生以正向引导，指导学生集体讨论，明确不足，得出改进建议
		项目评价		以教育行政主管部门、参与学校为主体，学生家长、社会公众为辅助，采取问卷调查形式，从效益、反馈、风险、资源、能力等维度进行评价，根据评价结果进一步优化项目	以教育行政主管部门和参与学校为主体，学生、学生家长、社会公众为辅助，采取问卷调查、意见收集等方式，对项目涉及的线路、课程、安全等环节进行协同评价，综合分析之后，对项目中的不足进行修正、提升	以教育行政主管部门和参与学校为主体，学生、学生家长、社会公众为辅助，采取调查问卷、意见建议等方式，对教育教学目标设定、教学设计、研学线路规划等方面进行评价，及时发现问题并加以改进

4.16 教学计划与策略列表：传习千年陶瓷技艺　培育未来大国工匠

<table>
<tr><td colspan="3">营地名称</td><td>红河州中小学示范性综合实践基地（简称“红河营地”）</td><td>命名机构</td><td>教育部</td><td>识别码</td><td>Y145532001</td></tr>
<tr><td colspan="3">从业资质（摘要）</td><td>推进全州中小学素质教育、培养和提高青少年实践能力和创新精神、组织开展综合实践活动和研学实践活动</td><td>单位属性</td><td>公益一类</td><td>法定代表人</td><td>杨黎</td></tr>
<tr><td colspan="3">研学主题</td><td>传习千年陶瓷技艺　培育未来大国工匠</td><td colspan="2">主要目的指向</td><td colspan="2">启蒙教育</td></tr>
<tr><td rowspan="7">营地（枢纽）及周边主要优质研学资源</td><td colspan="2">基地层级</td><td colspan="5">研学站点（基地）名称</td></tr>
<tr><td rowspan="2">教育部命名基地</td><td>已列入教学计划</td><td colspan="5">一、与本主题相关的列入教学计划的基地2个
1.云南省红河州蒙自市青少年活动中心（简称“蒙自活动中心”）；2.石屏县青少年活动中心（简称“石屏活动中心”）
二、与本主题关联不大但列入本营地教学计划的基地0个</td></tr>
<tr><td>待列入教学计划</td><td colspan="5">1.泸州市教育实践基地；2.贵阳市学生健康发展中心；3.石林彝族自治县青少年活动中心（简称“石林活动中心”）；4.思茅区青少年校外活动中心（简称“思茅活动中心”）；5.丽江市古城区青少年学生校外活动中心（简称“丽江活动中心”）；6.云南野生动物园；7.昆明铁路局云南铁路博物馆（简称“云南铁路博物馆”）；8.中国科学院西双版纳热带植物园（简称“西双版纳植物园”）；9.澄江化石地自然博物馆；10.中国医学科学院药用植物研究所云南分所（简称“南药所”）</td></tr>
<tr><td colspan="2">其他部委命名基地</td><td colspan="5">1.建水紫陶文化产业示范园区；2.建水文庙（简称“文庙”）</td></tr>
<tr><td colspan="2">地方命名基地</td><td colspan="5">1.红河学院紫陶学院创新创意实训基地（简称“紫陶学院”）；2.石屏豆腐制作技艺非遗传承研学基地（简称“石屏帅虹豆腐厂”）；3.云南浪鬼建水陶文化创意园（简称“浪鬼陶文化基地”）；4.红河州民族师范学校——陶习苑（简称“陶习苑”）；5.元阳那里傣陶体验基地（简称“元阳傣陶基地”）；6.红河州博物馆；7.红河展览馆；8.建水紫陶博物馆</td></tr>
<tr><td colspan="2">本营地资源</td><td colspan="5">1.陶艺工坊；2.应急救护训练室；3.编织工坊；4.军事体育训练场；5.防震减灾训练馆；6.国防教育馆</td></tr>
<tr><td colspan="2">其他资源</td><td colspan="5">1.云南紫陶艺术馆；2.昆明麦田柴烧；3.云陶滇瓷艺术馆；4.昆明华宁陶艺术馆；5.玉之陶文创基地；6.砚山江家陶器博物馆；7.玉溪江川区潘氏龙窑；8.玉溪红塔区瓦窑青花瓷；9.云溪华宁县沁心陶艺工坊（简称“沁心陶艺工坊”）；10.建水贝山陶庄</td></tr>
</table>

维度或要素	小学高年级段	初中段	高中段
校内教育基础（与校内教育的衔接）	经过小学低年级段的学习，小学高年级段学生已经积累了一定的生活经验，对日常生活中的劳动有了初步的认识。他们可能已经在家中或学校参与过一些简单的劳动活动，如整理书包、打扫教室等，培养学生懂得劳动创造财富的道理。本阶段研学课程实际主要链接劳动与技术、语文、美术课程，具体与校内教育课程衔接的有关内容如下：1.人教版美术五年级上册第11课“陶泥的世界”；2.人教版美术六年级下册第4课“雕与刻的乐趣”；3.人教版语文五年级上册“青花瓷”；4.人教版劳动与技术四年级下册“生活离不开他们的劳动”；5.人教版劳动与技术四年级上册“洗衣物”	经过小学阶段的学习，初中段学生已经积累了一定的生活经验，对日常生活中的劳动有了更深入的了解。培养学生懂得劳动创造价值的道理，认识劳动是推动人类社会进步的根本力量，理解“劳动托起中国梦”的重要意义。本阶段研学课程实际主要链接生物、美术、语文课程，具体与校内教育衔接的有关内容如下：1.人教版美术九年级上册第二单元第5课“彩塑”；2.人教版生物七年级上册第三单元第二章第3节“开花和结果”；3.人教版语文九年级上册第二单元第7课“敬业与乐业”	经过初中阶段的学习，高中段学生已经积累了一定的生活经验，对日常生活中的劳动有了更深入的了解。高中学生的兴趣爱好更加广泛，对于不同类型的劳动活动可能有不同的偏好。了解学生的兴趣爱好可以帮助教师设计更加吸引学生的劳动课程内容。让学生在学习学科知识的同时，了解相关职业的应用和需求，让学生通过合作来解决实际问题，并了解不同职业领域之间的联系，培养他们的职业意识和兴趣，拓宽他们的职业视野。本阶段研学课程实际主要链接美术课程，具体与校内教育衔接的有关内容如下：1.人教版美术高一选修工艺第10课“陶瓷造型工艺制作”；2.人教版美术高一选修美术鉴赏第2课“传统艺术的根脉——玉器、陶瓷和青铜器艺术”；3.人教版美术高一选修书法第1课“汉字与书法文化”

维度或要素			小学高年级段	初中段	高中段
研学课程	必修课程一	名称	认识博物馆中的陶器	了解陶器历史文化	学习博物馆里的陶器奥秘
		活动目的	学会辨别陶器和瓷器的不同，并能准确区分	了解紫陶的历史意义和文化背景	了解陶器的制作工艺、装饰风格、造型设计，感受陶器的艺术魅力
		活动形式	教师讲授、参观游览	参观游览、实践体验	合作探究、教师点拨
	必修课程二	名称	探索红河州城乡未来规划	走进城乡规划	探寻城乡规划带来的机遇与挑战
		活动目的	了解红河州的城乡历史发展和未来规划，培养学生用发展的眼光解决问题	通过参观城乡规划展览馆，了解当前的城乡规划情况	探讨未来城乡规划面临的挑战和机遇，引导学生思考应对策略
		活动形式	小组合作、任务驱动	多元探究、设计制作	职业体验、情境模拟
	必修课程三	名称	体验趣味陶艺	领略紫陶文化	制作创意陶器
		活动目的	了解陶艺的基本技巧，能进行趣味陶艺创作，提高学生的动手能力和耐心	通过了解建水紫陶的产品特点，学习工艺流程	通过学习拉坯和雕刻工艺制作陶器，培养学生创意和艺术表达能力
		活动形式	交流分享、实践体验	小组合作、任务驱动	设计制作、多元探究
	必修课程四	名称	创意紫陶绘画	陶艺制作	陶艺设计与创作
		活动目的	熟悉陶艺手绘工具的使用及基本绘画手法，感受陶艺手绘的乐趣	通过学习捏造、切割、刻画等手法，提高手工技能，增强观察力和专注力	了解不同种类的陶艺制品的特点和制作方法，独立完成陶艺作品
		活动形式	教师讲授、实地探访	实地探访、讨论分享	动手体验、撰写报告

维度或要素			小学高年级段	初中段	高中段
研学课程	必修课程五	名称	现代陶艺手工	当代陶艺欣赏制作	传统陶艺与现代陶艺的欣赏制作
		活动目的	掌握陶艺的基本制作技能，如陶土的选取、加工、烧制等方法，掌握工具的使用技巧	通过深入了解制陶历史、工具材料，培养对陶文化的热爱和兴趣	了解传统与现代陶艺的制作工艺和审美标准的区别，提高学生观赏感和艺术美感
		活动形式	教师讲授、实地探访	实地探访、文献查阅	小组探究、合作分享
	必修课程六	名称	探索建水紫陶烧制工艺	探索无釉磨光工艺	探索建水紫陶的艺术魅力
		活动目的	通过亲身体验紫陶的制作过程，学习烧制的技巧，提高学生的动手能力和创造力	通过深入学习无釉磨光，弘扬传承工匠精神	通过学习阴刻阳填技巧，学生可以提高对艺术作品的欣赏和品评能力
		活动形式	任务驱动、交流分享	交流分析、实践体验	设计制作、教师点拨
	必修课程七	名称	启蒙之拜师礼	博览千年紫陶盛景	走进紫陶非遗城堡
		活动目的	通过学习拜师礼，让学生更加尊重老师，增强学生的尊师重教意识	通过参观紫陶博物馆，感受建水紫陶悠久的历史	以紫陶文化、陶瓷景观和石文化艺术为基调，切身感受到传统紫陶文化的魅力
		活动形式	角色演绎、实践体验	教师讲授、实地探访、实践体验	参观游览、实地探访、实践体验
	必修课程八	名称	手绘建水青花瓷	赏析建水青花瓷	建水青花瓷的制作工艺
		活动目的	了解建水青花瓷的发展历史，并用其方法绘画创作，培养学生的观察力和绘画能力	通过欣赏建水青花瓷的花纹，领略青花瓷的无穷魅力	掌握建水青花瓷制作技能，学生设计制作青花瓷作品，培养创新能力和审美眼光
		活动形式	实地探访、实践体验	制作体验、任务驱动	多元探究、交流互访

维度或要素			小学高年级段	初中段	高中段
研学课程	必修课程九	名称	探寻华宁陶器“活化石”的历史	探究华宁陶器开窑仪式	古法制作华宁陶
		活动目的	了解华宁陶器的历史渊源及制作工艺，学会运用历史研究方法来探究古代文化	通过学习华宁陶器的历史文化、制作工艺，培养动手实践能力	了解华宁陶的历史渊源、艺术特点和制作工艺，掌握制作华宁陶的基本技能
		活动形式	实地探访、实践探究	讲解分析、角色体验	设计制作、职业体验
	必修课程十	名称	傣陶传承与创新	傣陶制作与装饰	元阳傣陶在现代设计中的创新应用
		活动目的	了解元阳傣陶的历史、文化背景和制作过程	通过制作傣陶，培养传承优秀传统文化的责任感	引导学生思考如何将元阳傣陶的传统元素应用到现代设计中
		活动形式	自主探究、任务驱动	合作交流、作品展示	文献查阅、创新设计
	选修课程		1. 创意思维课程 2. 生态美育——捕蝇草 3. 生态美育——睡莲 4. 生活技能训练——衣物洗涤 5. 硬笔书法 6. 传统农业劳动 7. 现代农业实践	1. 生态美育——捕蝇草 2. 生态美育——“梅兰竹菊” 3. 生活技能训练——内务整理 4. 军事技能训练 5. 硬笔书法 6. 传统农业劳动 7. 现代农业实践	1. 生态美育——穿山甲 2. 生态美育——“梅兰竹菊” 3. 盆景的养护与管理 4. 书法——楷书创作 5. 书法——篆书创作 6. 工业劳动——美丽乡村 7. 工业劳动——南湖红船

维度或要素		小学高年级段	初中段	高中段
研学线路	代表性线路（时长五日）	第一天：红河营地—红河展览馆—红河州博物馆—红河营地；第二天：红河营地—紫陶学院—浪鬼陶文化基地—红河营地；第三天：红河营地—陶习苑—建水文庙—红河营地；第四天：红河营地—沁心陶艺工坊—红河营地；第五天：红河营地—元阳傣陶基地—红河营地	第一天：红河营地—红河展览馆—红河州博物馆—红河营地；第二天：红河营地—紫陶学院—浪鬼陶文化基地—红河营地；第三天：红河营地—建水紫陶博物馆—陶习苑—红河营地；第四天：红河营地—沁心陶艺工坊—红河营地；第五天：红河营地—元阳傣陶基地—红河营地	第一天：红河营地—红河展览馆—红河州博物馆—红河营地；第二天：红河营地—紫陶学院—浪鬼陶文化基地—红河营地；第三天：红河营地—建水贝山陶庄—陶习苑—红河营地；第四天：红河营地—沁心陶艺工坊—红河营地；第五天：红河营地—元阳傣陶基地—红河营地
	可选择线路（按天设计，菜单式选择）	1.红河营地—云南紫陶艺术馆—红河营地；2.红河营地—昆明麦田柴烧—红河营地；3.红河营地—云陶滇瓷艺术馆—红河营地；4.红河营地—昆明华宁陶艺术馆—红河营地；5.红河营地—玉之陶文创基地—红河营地；6.红河营地—玉溪江川区潘氏龙窑—红河营地；7.红河营地—玉溪红塔区瓦窑青花瓷—红河营地；8.红河营地—石屏活动中心—石屏帅虹豆腐厂—红河营地	1.红河营地—云南紫陶艺术馆—红河营地；2.红河营地—昆明麦田柴烧—红河营地；3.红河营地—云陶滇瓷艺术馆—红河营地；4.红河营地—昆明华宁陶艺术馆—红河营地；5.红河营地—玉之陶文创基地—红河营地；6.红河营地—玉溪江川区潘氏龙窑—红河营地；7.红河营地—玉溪红塔区瓦窑青花瓷—红河营地；8.红河营地—石屏活动中心—石屏帅虹豆腐厂—红河营地	1.红河营地—云南紫陶艺术馆—红河营地；2.红河营地—昆明麦田柴烧—红河营地；3.红河营地—云陶滇瓷艺术馆—红河营地；4.红河营地—昆明华宁陶艺术馆—红河营地；5.红河营地—玉之陶文创基地—红河营地；6.红河营地—玉溪江川区潘氏龙窑—红河营地；7.红河营地—玉溪红塔区瓦窑青花瓷—红河营地；8.红河营地—石屏活动中心—石屏帅虹豆腐厂—红河营地
	规划线路（按天设计）	1.红河营地—南药所—红河营地；2.红河营地—建水紫陶文化产业示范园区—红河营地；3.红河营地—泸州市教育实践基地—红河营地	1.红河营地—南药所—红河营地；2.红河营地—建水紫陶文化产业示范园区—红河营地；3.红河营地—泸州市教育实践基地—红河营地	1.红河营地—南药所—红河营地；2.红河营地—建水紫陶文化产业示范园区—红河营地；3.红河营地—泸州市教育实践基地—红河营地

维度或要素		小学高年级段	初中段	高中段
教学重点难点（以代表性线路教学设计为例，下同）	教学重点	1.通过了解红河州的城乡历史发展和未来规划，有利于学生了解红河州的民族文化和历史；2.鼓励学生发挥创意，自由表达自己的想法和个性，提供多样化的材料和工具，让他们尝试不同的创作方式；3.亲身体验紫陶的制作过程，提高学生的动手能力和创造力，通过学习拜师礼，让学生更加尊重老师，增强学生的尊师重教意识；4.了解华宁陶器的文化背景和历史渊源；5.了解元阳傣陶的起源、发展和与当地文化的关系，让学生了解傣陶的重要性和独特之处	1.了解城乡规划建设发展的历史、现状和未来；2.体验拉坯成型工艺，感悟工匠精神；3.通过参观博物馆，了解建水紫陶的悠久文化；4.了解陶器的选料、制坯、装饰、烧制等环节，加深对陶艺行业的认识；5.通过学习傣陶制作工艺，感悟爱岗敬业、追求卓越的劳动精神	1.掌握红河州城乡规划方向，认识到城乡规划所带来的机遇与挑战，培养学生用发展的眼光思考问题；2.掌握建水紫陶拉坯制作工艺和雕刻手法，利用所掌握制作工艺制作陶器作品；3.认识掌握建水青花瓷的独特之处及制坯方法，掌握制作不同器型的技巧；4.掌握华宁陶器的传承现状，探讨如何在保护传统技艺的基础上进行创新，使其适应现代社会的需求；5.体验元阳傣陶，了解傣陶与生活的联系，探索傣陶在生产生活中的重要性
	教学难点	1.了解红河州的城乡历史发展和未来规划，培养学生用发展的眼光解决问题；2.学会运用建水紫陶的制作工艺及技巧进行绘画创作，培养学生的观察力和绘画能力；3.掌握使用青花瓷相关技法的基础知识，并利用相关技法创作出自己的创意青花瓷；4.华宁陶器的历史悠久，但相关的文献资料和实物证据较为有限，这给研究者深入了解其历史背景和发展过程带来了一定的困难；5.强调傣陶作为非物质文化遗产的重要性，让学生意识到保护和传承傣陶的责任	1.学会用可持续发展的眼光看待规划和整体布局；2.掌握工整地临摹出青花瓷图案花纹的方法，提升审美能力；3.掌握无釉磨光的处理方法，培养精益求精的职业精神；4.强化对华宁陶器背后的民族文化和民俗风情的了解认识；5.掌握傣陶的纹样、釉色的处理技巧并体悟傣陶的美学价值	1.形成正确的自我认知，把握城乡规划带来的机遇；2.陶器制作需要一定的技巧，如揉泥、拉坯、塑形、修坯等；3.填色过程需要掌握好青花料的水分，用笔尖一次性画出图案，没有勾勒、点染等；4.华宁陶器的制作工艺非常复杂，需要经过多道工序，包括选料、制坯、装饰、烧制等，每一道工序都需要掌握特定的技术和经验，对制作者的要求较高，这使学习和传承华宁陶器的制作工艺成为一个具有挑战性的任务；5.学生需要通过不断练习，才能掌握这些技巧，制作出符合要求的陶器

维度或要素	小学高年级段	初中段	高中段
教学策略	小学高年级段学生的认知水平和思维能力有了一定的转化，他们好奇心强，想象力丰富，求知欲望增强，对新鲜事物开始思考、追求、探索、学习的兴趣更为广泛。由于文化认知差异等原因，小学高年级段学生对职业了解不全面，基于合作教学、多元智力理论，选取审美启蒙、科学启蒙等内容，依托各个研学基地的教育资源，帮助学生掌握基本的制陶绘画技巧和方法，具备初步的制陶绘画能力。采取讲授法、演示法、练习法、讨论法、参观法、自主学习法，创作法等，开展云南省周边地区及相关研学基地具有代表性的陶器体验活动，做好物料准备（研学物资、必备药品、常规对接资料、安全预案、安全责任书等），通过情境教学和体验式学习，培养学生正确的价值观和人生观，引导学生将个人兴趣和职业规划相结合，在实际教学过程中根据学生的反馈进行动态调整	初中段学生正处于青春期的起始阶段，其心理状况表现为活泼好动，思维活跃，对新生事物好奇心较强，有强烈的求知欲和上进心，勇于表现自我，渴望得到别人的尊重和认可，自尊心较强。但是处于这个年龄段的学生思想不稳定，自制力较差，看事物比较单一，偏重于直观，形象性的东西，不能用全面的、发展的观点看问题。基于多元智力理论思想，让学生能认识到不同的职业有不同的责任与担当，借助相关研学基地相关的教学资源，采取谈论法、讲授法、直观演示法、练习法等教法和自主学习、合作学习、探究学习等学法，开展云南省各地区具有代表性的陶器体验以及云南省周边地区具有职业启蒙探索代表性的体验活动，通过职业启蒙培养学生的正确价值观、人生观、职业观，达到学生学会将个人兴趣和个人特点与职业规划相结合，形成正确的职业观的目标	高中段学生对各种知识充满好奇，渴望了解更多的领域和知识，特别是对职业规划有强烈的兴趣。研究不同的职业领域，了解各种职业的工作内容、职业要求、发展前景是高中生做出的职业探索，同时，这些职业探索亦可激发学生的学习兴趣。基于以学生为中心的教学方法，以学生能了解自己的优势、性格、价值观和生涯发展为需求，选取云南省多项制陶技艺的国家级非物质文化遗产，依托各个研学基地的教学资源。鼓励学生积极参与、主动学习，并提供个性化的学生支持，倡导学生通过实践、探索和发现来学习，培养他们的问题解决能力、创新思维和职业规划能力。采取体验式教学、情境式教学、问题讨论式教学等教法和小组合作式、任务驱动式、自主探究学习等学法。开展云南省各个地区特色陶艺体验、创作、探索活动，以帮助学生了解社会需求，从而主动进行生涯规划，积极学习，培养学生实践能力，提高学生竞争力

维度或要素				小学高年级段	初中段	高中段
实施方案	入营教育	安全	引导	通过视频学习、在活动手册上列出可能的风险、预防措施和应急处理方法	通过示范讲解进行安全意识教育，介绍活动场地的安全设施和紧急出口	通过对营地纪律规范、宿舍安全通道、营地自助自救的学习，进行入营安全教育
			实训	通过地震馆地震体验、消防馆消防知识实践体验提升学生安全意识	演示常见安全装备的使用方法，如灭火器	进行安全逃生演练，学习应急救护基本包扎方法
		应急	引导	通过视频学习、手册安全教育，培养学生冷静思考和随机应变的能力	通过视频学习，讲解应急情况下的应对方法，如火灾、地震等	通过视频学习、逃生演练的方式，掌握应急逃生和自助自救的方式方法
			实训	开展应急逃生演练，学习应急救护相关知识和实操，提高学生应急处理能力	组织模拟应急演练，让学生实践应对紧急情况的技能	通过实践体验，学会火灾、地震的逃生方式，掌握正确的止血和包扎方法
		救助	引导	通过案例情境，告知学生如遇特殊情况时，主动寻找和利用各种资源	通过讲解示范，教授基本的急救知识，如伤口处理、扭伤处理等	通过案例情境，培养学生遇到特殊情况需要求助时，掌握信息获取和资源整合的能力
			实训	通过救护课程的实际操作与讲解，帮助学生掌握自救和互救的方法和技能	培训学生正确进行心肺复苏和止血等急救操作	进行常见急症的科普，进行外伤包扎、骨折固定与搬运等课程的实操教学
		自我管理	引导	教师做好学生自我管理团队建设，安排有责任担当的学生参与学生管理工作	通过创设情境，培养学生的时间管理和任务管理能力	指导学生如何进行自我管理，包括制定目标、约束自己、控制情绪等
			实训	分组分宿舍的管理方式，建立内部考核竞争机制，开展“班会”“舍务会”	给予学生一定的时间和任务，让他们自行安排并展示成果	开展“舍务会”“班会”等实践活动，帮助学生提升自我管理的能力
		团队协作	引导	分小组开展团队竞技活动，培养学生小组之间的团队协作能力	通过团队建设活动，让学生了解团队协作的重要性，培养学生的沟通和协作能力	通过团队竞技课程的体验，探究团队协作的方式和技巧
			实训	学生自主规划小队成员相关任务，培养学生调配资源、与人合作、沟通交流的能力	开展团队合作游戏，如搭建高塔、接力比赛等	通过开展冰海沉船、动力圈类项目，激发学生“不抛弃、不放弃”的合作理念

维度或要素		小学高年级段	初中段	高中段
实施方案	导入教学环节	1.问题导入：红河州的全称是什么，有多少个世居民族，引发学生思考；2.故事导入：讲述一个与紫陶有关的小故事，吸引学生眼球；3.视频导入：观看拜师礼视频，让学生更加尊重老师；4.问题导入：询问学生是否知道华宁陶器的相关知识；5.直接导入：简述各个陶器的特点	1.谈话导入：提问学生云南省红河州的民族有哪些；2.体验式导入：利用拉坯机体验紫陶拉坯成型，激发学习兴趣；3.设置问题导入：提问学生了解多少关于建水紫陶的相关知识；4.谈话导入：谈一谈开窑仪式代表什么；5.直观导入：傣陶陶器上有什么图案和花纹	1.视频导入：观看红河州城市规划视频，引导学生主动思考和讨论；2.问题导入：提出问题，建水紫陶为何是“四大名陶”，引出建水紫陶的独特工艺；3.体验式导入：带领学生参观建水紫陶，与现代工业相结合，体验建水紫陶的独特制作工艺；4.故事导入：讲述华宁陶器制作的有趣故事，引起学生兴趣，从而带领学生体验华宁陶的制作技艺；5.任务导入：发布任务，让学生探究各个陶器的共同点和不同点及其发展前景
	授课教学环节	第一天：入营安全教育、营地介绍、必修课程二“探索红河州城乡未来规划”、必修课程一“认识博物馆中的陶器”；第二天：必修课程三“体验趣味陶艺”、必修课程四“创意紫陶绘画”；第三天：必修课程六“探索建水紫陶烧制工艺”、必修课程七“启蒙之拜师礼”；第四天：必修课程八“手绘建水青花瓷”、必修课程九“探寻华宁陶器活化石的历史”、选修课程5“硬笔书法”；第五天：必修课程十“傣陶传承与创新”、选修课程1“创意思维课程”	第一天：入营安全教育、必修课程一“了解陶器历史文化”、必修课程二“走进城乡规划”；第二天：必修课程三“领略紫陶文化”、必修课程四“陶艺制作”；第三天：必修课程五“当代陶艺欣赏制作”、必修课程六“探索无釉磨光工艺”；第四天：必修课程七“博览千年紫陶盛景”、必修课程八“赏析建水青花瓷”、选修课程1“生态美育——捕蝇草”；第五天：必修课程十“傣陶制作与装饰”、选修课程6“传统农业劳动”	第一天：入营安全教育、必修课程一“学习博物馆里的陶器奥秘”、必修课程二“探寻城乡规划带来的机遇与挑战”；第二天：必修课程三“制作创意陶器”、必修课程四“陶艺设计与创作”、必修课程五“传统陶艺与现代陶艺的欣赏制作”；第三天：必修课程六“探索建水紫陶的艺术魅力”、必修课程七“走进紫陶非遗城堡”、必修课程八“建水青花瓷的制作工艺”；第四天：必修课程九“古法制作华宁陶”、选修课程1“生态美育——穿山甲”；第五天：必修课程十“元阳傣陶在现代设计中的创新应用”、选修课程2“生态美育——梅兰竹菊”

维度或要素		小学高年级段	初中段	高中段
实施方案	进级教学环节	1.小组讨论：13个世居民族是哪些，他们的民族服装有什么特点；2.考察探究：建水紫陶有哪些工艺流程；3.考察探究：建水文庙的历史背景和发展；4.小组讨论：华宁陶与建水紫陶工艺流程的区别；5.分享交流：探索几种陶器的相同点和不同点	1.实地探究：城乡规划可持续发展模式；2.知识竞赛：紫陶制作工艺流程有哪几步；3.小组谈论：建水紫陶的独特工艺是哪几个；4.小组谈论：华宁陶的开窑仪式有什么意义；5.自主实操：制作属于自己的陶器	1.考察探究：红河州“三千四百年”具体是指什么；2.小组讨论：建水紫陶多种烧制工艺；3.小组探讨：建水青花瓷独特之处是什么；4.考察探究：华宁陶为什么被称为华夏古陶“活化石”；5.分享交流：云南陶器历史悠久，你有什么方法可以让云南陶器走向世界
	巩固教学环节	1.利用小组讨论学习法，对博物馆、展览馆里的内容进行巩固；2.通过开展建水紫陶知识大比拼，帮助学生对建水紫陶的相关知识进行巩固；3.利用小组合作探究法，以小组为单位，收集有关文庙更多信息来巩固已学知识；4.通过学生相互分享自己的心得体会及收获，对当天研学内容进行巩固；5.通过学生傣陶作品展示，帮助学生对所学知识进行有效巩固	1.利用实践体验学习法，对研学内容进行效果巩固；2.利用小组合作学习法，以小组为单位巩固当天研学课程中的收获体会；3.通过开展陶艺知识问答竞赛，帮助学生对陶艺知识进行巩固；4.通过学生相互分享自己的心得体会及收获，对当天研学知识进行巩固；5.通过学生傣陶作品展示，帮助学生对所学知识进行有效巩固	1.故事讲解：了解红河州“三千四百年”历史文化名片；2.实践体验：了解基础理论知识，自己动手制作陶艺作品；3.知识问答：教师提问关于青花瓷特点、建水青花瓷与其他青花瓷的区别等相关问题，对所学知识进行巩固；4.知识拓展：提供陶器拓展性的学习资源，如阅读材料、视频等，让学生进一步深入学习；5.复习总结：总结各个陶器特点，探究不同地区为何出现不同陶器

维度或要素			小学高年级段	初中段	高中段
实施方案	总结教学环节	教学创新	1. 合作研学创新：通过小组合作团队项目等方式，培养学生的合作精神和沟通能力；2. 主题创新：设计新颖有趣的研学主题，吸引学生兴趣	1. 活动形式创新：采用多样化的活动形式，如实地考察、任务探究、角色扮演、设计制作等，让学生在实践中学习，培养学生的实践能力和解决问题的能力；2. 课程融合创新：将研学实践与学校课程相结合，让学生在实践中深化对知识的理解	1. 教学方式创新：以学生动手实践为主，通过实践、实验等方式，让学生亲身感受和体验知识；2. 课程内容创新：将研学实践课程与校本教材相结合，让学生将知识融入生活
		教学总结	1. 研学实践活动回顾，分析活动成果，如：学生的收获、能力的提升，在实践中深入理解劳动的重要性；2. 收集研学参与教师与学生的活动反馈意见表，学生家长的满意度测评表，总结活动是否达到预期目标，改进不足之处	1. 总结研学实践活动，分析活动成果，如：学生的收获、能力的提升，引导学生在实践中深入理解劳动的重要性；2. 收集研学参与教师与学生的活动反馈意见表，学生家长的满意度测评报表，查看学生研学手册完成情况，总结活动是否达到预期目标，改进不足之处	1. 总结本次教学对学生知识、技能和态度方面的影响是否达到了预期的教学效果，学生是否对红河州陶瓷技艺文化有所了解掌握；2. 通过教学，对陶器从业者工作内容有所了解，达到职业启蒙的目标
		教学反思	1. 反思安全管理措施是否到位，是否存在安全隐患，是否对学生进行了充分的安全教育；2. 反思学生在实践活动过程中是否积极主动，是否有团队合作精神	1. 反思研学实践活动与学校课程融合的适配度；2. 反思本次研学实践目标是否达成，学生是否在研学实践中获得预期的知识、技能和体验	1. 教师回忆教学中的每个环节，包括备课、授课、学生参与情况等，思考学生的学习表现，如他们的理解程度、兴趣水平和参与度；2. 考量教学目标的达成情况，学生是否掌握了所教内容，根据反思结果，提出具体的改进计划，不断学习新的教育理念和方法，将其应用到教学实践中

维度或要素				小学高年级段	初中段	高中段
实施方案	评价教学环节	教学水平评价	自我评价	学生是否明确学习目的，教学活动开展是否围绕教学目的，教学过程中气氛是否活跃，课堂效果是否达到预期目标	学生是否明确学习目的，教学活动开展是否围绕教学目的，教学过程中气氛是否活跃，课堂效果是否达到预期目标，是否引发学生不一样的思考	教师一直致力于不断提升自己的教学水平，以更好地满足学生的学习需求。根据不同的教学内容和学生特点，采用多样化的教学方法，如讲解、讨论、实践、案例分析等，以激发学生的学习兴趣和提高他们的参与度
			学生评价	学生针对教师课程教学能力、课堂气氛活跃度等方面进行评价	学生根据教师在教授环节的互动，动手环节是否清楚、明白，学生能否积极参与进课堂等方面进行评价	学生针对教师和学生之间的互动是否充分，研学课程师生对话参与度，学生能否积极参与到课堂教学中，课堂气氛活跃度等方面进行评价
			同行评价	由营地教师、带队教师和教学管理人员对教师的整体教学设计进行评价，评价内容包括课程是否符合学生实际，是否突出教学重点，教案、教具、场地是否准备充分等方面	由营地教师、带队教师和教学管理人员对教师的整体教学设计进行评价，评价内容包括课程是否符合学生实际，组织过程是否得当、灵活，教学思路是否清晰等方面	由营地教师、带队教师和教学管理人员对教师的整体教学设计进行评价，评价内容包括课程是否突出教学重点，教案、教具、场地是否准备充分，组织过程是否得当、灵活，教学思路是否清晰等方面
			培训和考核	定期对营地教师进行教学培训和考核，通过考核结果来评价教师的教学水平	定期对营地教师进行教学培训和考核，通过考核结果来评价教师的教学水平	定期对营地教师进行教学培训和考核，通过考核结果来评价教师的教学水平
			教学成果展示	通过研学过程教学展示学生作品等，来评价教师的教学水平	通过研学过程教学展示教师的教学成果，通过学生的课堂反馈等，来评价教师的教学水平	通过研学过程教学展示教师的教学成果，通过学生的作品展示、学生的课堂氛围、学生的总结分享等，来评价教师的教学水平

维度或要素				小学高年级段	初中段	高中段
实施方案	评价教学环节	学业评价	形成性评价	教师通过课堂观察法对学生的行为、表现、反应等进行观察和记录，以及对学生之间的互动进行观察和记录，如课程中有无提高学生学习的自觉性，是否让学生积极主动地参与到教学活动中	课程中有无提高学生学习的自觉性，是否尊重学生，让学生积极主动地参与到教学活动中，是否充分发挥学生在教学活动中的主体性，在教学活动中是否进行激励、赏识教育	课程中有无提高学生学习的自觉性，是否尊重学生，让学生积极主动地参与到教学活动中，是否充分发挥学生在教学活动中的主体性，在教学活动中是否进行激励、赏识教育，在教学活动中是否引导学生树立正确的人生观、价值观
			总结性评价	在研学活动结束后，通过将学生的研学报告、汇报交流、科学素养综合能力方面的综合评价以及学生从入营到结营的整体表现和之前进行对比，总结各方面是否进步	研学活动结束后，根据学生的活动表现情况给出综合表现，以正向评价为主，提出合理化建议，全面了解学生在研学活动中的学习成果和进步	在研学活动结束后通过学生的总结分享、作品展示等形式，了解在活动过程中学生的学习成果和进步
			教师评价	根据学生在活动期间的表现，如自理能力、上课过程中的活跃度与参与度、成品展示等，对学生的成果进行评价	由教师根据学生在研学活动中的表现和成果，如学生的活跃度、总结分享、作品展示等，对学生的成果进行评价	由教师根据学生在研学活动中的表现和成果，如学生的活跃度、总结分享、作品展示等，对学生的学业进行评价，明确肯定的方面和不足的地方，进一步提升学生的综合素养
		项目评价		由校内教育工作者、学生家长采用问卷调查方式进行评价，对研学实践教学目标实现度，学生的参与度、学习效果及收获、组织管理等方面进行综合评价，并给出研学活动项目结果建议，以便不断改进并完善教学活动方案	由教育行政主管部门、校内教育工作者、学生家长采用问卷调查方式进行评价，对研学实践教学目标实现度，学生的参与度、组织管理、安全教育等方面进行综合评价，并给出研学活动项目结果建议，以便不断改进并完善教学活动方案	针对教学过程中的具体环节进行评价，如教学设计、教学方法、教学资源利用等，采用量化评价和质性评价相结合的方法，如评分、评语、面谈等，从不同角度提供意见和建议，以获取更全面的评价结果，评价结果可以为学校管理提供参考，促进教学管理的优化和教学资源的合理配置

4.17 教学计划与策略列表：培养独立生活习惯 实现人生价值发展

<table>
<tr><td colspan="3">营地名称</td><td>陕西省西安市中小学校外综合实践活动基地（简称“西安营地”）</td><td>命名机构</td><td>教育部</td><td>识别码</td><td>Y145610001</td></tr>
<tr><td colspan="3">从业资质（摘要）</td><td>综合实践教育、研学实践教育、国防教育</td><td>单位属性</td><td>公益一类</td><td>法定代表人</td><td>张伟</td></tr>
<tr><td colspan="3">研学主题</td><td>培养独立生活习惯 实现人生价值发展</td><td colspan="2">主要目的指向</td><td colspan="2">启蒙教育</td></tr>
<tr><td rowspan="7">营地（枢纽）及周边主要优质研学资源</td><td colspan="2">基地层级</td><td colspan="5">研学站点（基地）名称</td></tr>
<tr><td rowspan="2">教育部命名基地</td><td>已列入教学计划</td><td colspan="5">一、与本主题相关的列入教学计划的基地8个
1. 陕西历史博物馆；2. 延安革命纪念馆；3. 西安半坡博物馆；4. 富平县爱国主义教育基地；5. 陕西华清宫文化旅游有限公司（简称“华清宫”）；6. 补浪河女子民兵治沙连中小学生研学实践教育基地（榆林市榆阳区大漠军旅文化园管理有限责任公司）（简称“补浪河女子民兵治沙连”）；7. 西安碑林博物馆；8. 北川三秒应急安全体验中心
二、与本主题关联不大但列入本营地教学计划的基地10个
1. 中国兵器工业试验测试研究院研学部；2. 秦岭国家植物园劳动实践基地；3. 陕西省党家村景区管理委员会；4. 陕西省西咸新区泾河新城城市综合服务有限公司；5. 渭华起义教育基地管理办公室（简称“渭华起义纪念馆”）；6. 延川县文安驿镇梁家河行政村村民委员会；7. 安吴青年训练班纪念馆；8. 汉中秦巴民俗村有限责任公司；9. 汉阴县三沈纪念馆；10. 安康盛丰源研学实践教育基地（平利县盛丰源食品有限公司）</td></tr>
<tr><td>待列入教学计划</td><td colspan="5">1. 崇文塔景区；2. 西安博物院；3. 陕西袁家村关中民俗青少年研学基地有限公司（简称“袁家村研学基地”）；4. 司马迁文史基地；5. 未来营地中小学研学实践基地；6. 延安枣园圣地大剧院；7. 延安枣园文化广场；8. 汉中尤曼吉青少年科技展览馆研学基地</td></tr>
<tr><td colspan="2">其他部委命名基地</td><td colspan="5">1. 陕西延安中央社会部旧址；2. 西安汉城湖景区；3. 渭南市气象局；4. 陕西牛背梁国家级自然保护区；5. 全国青少年延安革命传统教育基地；6. 大明宫遗址</td></tr>
<tr><td colspan="2">地方命名基地</td><td colspan="5">1. 西安永兴坊劳动教育实践基地；2. 张裕瑞那城堡劳动教育实践基地（简称“张裕瑞那实践基地”）；3. 大唐芙蓉园研学基地；4. 西安城墙；5. 陕西桑桑农庄劳动教育实践基地；6. 中国航空城飞翔梦航空体验劳动教育实践基地；7. 陕西番茄研究所劳动教育实践基地；8. 陕西海蒂农业风情园劳动教育实践基地；9. 西安大地飞歌种植养殖劳动教育实践基地（简称“大地飞歌劳动基地”）；10. 西北农林科技大学周至猕猴桃劳动教育实践基地；11. 陕西白鹿原影视城劳动教育实践基地（简称“白鹿原影视城”）；12. 陕西陕旅东方嘉禾劳动教育实践基地；13. 西安爱菊粮油劳动教育实践基地（简称“爱菊文化体验园”）；14. 眉县横渠书院——张载祠；15. 秦岭国际青少年儿童基地；16. 西安关中民俗艺术博物院；17. 陕西雅森研学体验教育科技有限公司（简称“雅森体验基地”）；18. 陕西泾阳绿优农业基地；19. 华中皮影文化产业园中小学生研学实践教育基地（简称“华州皮影园”）；20. 西安市唐少阳文化研究院；21. 中华郡研学实践教育基地（简称“中华郡研学基地”）；22. 杨凌现代农业创新园；23. 西安易俗社；24. 西安曲江农博园劳动实践基地；25. 中华饮食传统技艺与文化研学基地</td></tr>
<tr><td colspan="2">本营地资源</td><td colspan="5">1. 陶艺馆；2. 安全教育馆；3. 生命教育馆；4. 国防教育；5. 拓展训练</td></tr>
<tr><td colspan="2">其他资源</td><td colspan="5">无</td></tr>
</table>

维度或要素	小学高年级段	初中段	高中段
校内教育基础（与校内教育的衔接）	对照课标，小学高年级段在启蒙教育方面提出“学生能从个体生活、社会生活及与大自然的接触中获得丰富的实践经验，形成并逐步提升对自然、社会和自我之内在联系的整体认识，具有价值体认、责任担当、问题解决、创意物化等方面的意识和能力”。本研学主题必修课与校内教育的衔接内容如下：1.人教版五年级语文“遨游汉字王国”“有趣的汉字”“我爱你，汉字”；2.人教版五年级道德与法治“骄人祖先，灿烂文化”“我们的国土，我们的家园”“爱护地球，共同责任”；3.人教版六年级美术“中国古代建筑艺术”；4.人教版六年级道德与法治“学会和谐相处”；5.人教版六年级道德与法治“社会文明大家谈”；6.人教版六年级语文“中华少年”；7.人教版六年级语文“各具特色的民居”	对照课标，初中段在启蒙教育方面提出“学生在实际工作岗位上或模拟情境中见习、实习，体认职业角色的过程，如军训、学工、学农等，它注重让学生获得对职业生活的真切理解，发现自己的专长，培养职业兴趣，形成正确的劳动观念和人生志向，提升生涯规划能力。职业体验的关键要素包括：选择或设计职业情境；实际岗位演练；总结、反思和交流经历过程；概括提炼经验，行动应用”。本研学主题必修课与校内教育的衔接内容如下：1.人教版七年级历史“两汉的科技与文化”；2.中国地图出版社七年级地理“地方文化特色对旅游的影响”；3.人教版七年级历史“唐朝的中外文化交流”；4.人教版七年级思想政治“认识新自我”；5.人教版七年级思想政治“少年能自强”；6.人教版八年级政治“诚信做人到永远”；7.人教版七年级语文“伤仲永”；8.人教版九年级语文“傅雷家书两则”	对照课标，高中段在启蒙教育方面提出“学生运用各种工具、工艺（包括信息技术）进行设计，并动手操作，将自己的创意、方案转化为物品或作品，它注重增强学生的技术意识、工程思维、动手操作能力等。在活动过程中，鼓励学生融会贯通各类知识和技巧，提高学生的技术操作水平，体验工匠精神等”。本研学主题必修课与校内教育的衔接内容如下：1.人教版高中历史必修一“抗日战争”“解放战争”；2.人教版高中历史选修3“宋明理学”；3.人教版高中历史必修三“充满魅力的书画和戏曲艺术”；4.人教版高中历史选修4“儒家文化创始人孔子”；5.人教版高中历史选修6“全人类共同的宝贵财富——世界文化遗产”；6.人教版高中语文必修一“奇妙的对联”；7.人教版高中语文选修3“劝学”；8.人教版高中语文必修四“热爱生命”；9.人教版高中语文必修五“中国建筑的特征”；10.人教版高中思想政治必修三“传统文化的传承”；11.人教版高中思想政治必修三“文化塑造人生”；12.人教版高中思想政治必修三“弘扬中华民族精神”

维度或要素			小学高年级段	初中段	高中段
研学课程	必修课程一	名称	诵读《乡约》	参观白鹿村	探究关中地理特点
		活动目的	诵读经典影视剧《白鹿原》中的乡约，体会关中人醇厚朴实的性格特点	参观白鹿村，探究关中建“房子半边盖”的建筑特点及使用价值	结合抗日战争历史了解关中地区天然屏障，培养学生的爱国意识
		活动形式	教师讲授、实地探访	合作探究、实践体验相结合	自主学习、合作探究、创新实践相结合
	必修课程二	名称	参观陈忠实故居	参演《黑娃演义》	体验电影特效
		活动目的	通过参观陈忠实故居，体会关中人独特的智慧	进行实景式参演，让学生了解清末民初的文化习俗	学习电影特效的道具制作、绿幕效果、配音配乐等，让学生掌握电影特效知识
		活动形式	教师讲授、实地探访	自主学习、实践体验相结合	自主学习、合作探究、创新实践相结合
	必修课程三	名称	学唱华阴老腔	拴马桩雕刻	赏古建悟人生
		活动目的	通过欣赏华阴老腔，让学生传承非遗文化	通过参观拴马桩展馆，让学生传承古人丰富的联想技艺	通过了解古建筑特色，体会古人等级思想的制约因素
		活动形式	教师讲授、实践体验	合作探究、实践体验相结合	自主学习、合作探究、创新实践相结合
	必修课程四	名称	雕版印刷体验	体验传承“六艺”	赏器物体民俗
		活动目的	通过体验雕版印刷技艺，让学生感受先民的智慧	通过研习“六艺”，让学生传承中华优秀传统文化	通过参观钟、斗、兵、婚、烟等民俗器物展厅，培养学生的民族自豪感
		活动形式	教师讲授、实践体验相结合	合作探究、实践体验相结合	自主学习、合作探究、创新实践相结合

维度或要素			小学高年级段	初中段	高中段
研学课程	必修课程五	名称	农耕器具辨识	体验农业种植	赏秦砖汉瓦
		活动目的	通过参观农耕器械及农业种植，体会古人特有的劳动智慧	通过体验农耕种植全过程，培养学生珍惜粮食的习惯	通过欣赏秦砖汉瓦独特的艺术构思，传承古人独特技艺
		活动形式	教师讲授、实地探访	合作探究、实践体验相结合	自主学习、合作探究、创新实践相结合
	必修课程六	名称	体验传统礼仪	三秦非遗体验	识张载，看世界
		活动目的	通过体验中国古代传统礼仪，塑造学生个人良好品质	通过探究三秦地区独特的非遗文化，培养学生民族意识	通过参观张载祠，聆听张载生平，培养学生家国意识
		活动形式	教师讲授、实地探访	合作探究、实践体验相结合	自主学习、合作探究、创新实践相结合
	必修课程七	名称	皮影制作	陕菜制作学习	航空农作物的意义
		活动目的	通过实践皮影的制作过程，传承皮影技艺	通过制作陕菜，体会关中饮食习惯，培养学生劳动意识	通过参观太空农作物，激发学生探索太空的兴趣
		活动形式	教师讲授、实践体验相结合	合作探究、自主学习相结合	自主学习、合作探究、创新实践相结合
	必修课程八	名称	中医之艾条制作	学习皮影操作	学秦腔做秦人
		活动目的	通过艾条制作及艾条作用讲解，让学生体会到中国古代“天人合一”的思想	通过亲身参加皮影操作，培养学生的发散思维	学习秦腔的演奏技巧及化妆技巧，传承秦人忠厚豪迈、守礼重信的精神，树立正确的价值观念
		活动形式	教师讲授、实地探访、实践体验相结合	合作探究、自主学习、实践体验相结合	自主学习、合作探究、创新实践相结合

维度或要素			小学高年级段	初中段	高中段
研学课程	必修课程九	名称	体验大唐入城仪式	艺术之插花技艺	艰难的民族工业发展史
		活动目的	通过观看了解大唐入城仪式，体会唐代包容天下的胸怀，养成积极的人生态度	学习插花技艺，提升学生艺术欣赏及艺术创作能力	通过参观张裕瑞纳堡酒庄，培养学生的进取精神
		活动形式	教师讲授、实地观看	合作探究、实践体验相结合	自主学习、合作探究、创新实践相结合
	必修课程十	名称	重构“108”坊	城墙遗址迭代分层	探索皮影制作过程
		活动目的	通过重新建构108坊，传承古代建筑技艺，促进学生文化知识的学习	通过聆听城墙迭代分层介绍，树立民族自豪感	通过学习皮影制作的全部过程，帮助学生树立“大国工匠”意识
		活动形式	教师讲授、实地探访、实践体验相结合	合作探究、自主学习、实践体验相结合	自主学习、合作探究、创新实践相结合
	选修课程		1. 入营安全教育及纪律教育 2. 陶艺制作 3. 救生知识学习 4. 生命安全教育	1. 入营安全教育及纪律教育 2. 陶艺制作 3. 救生知识学习 4. 生命安全教育	1. 入营安全教育及纪律教育 2. 陶艺制作 3. 救生知识学习 4. 生命安全教育

维度或要素		小学高年级段	初中段	高中段
研学线路	代表性线路（时长五日）	第一天：西安营地—白鹿原影视城—西安营地；第二天：西安营地—西安关中民俗艺术博物院—西安营地；第三天：西安营地—雅森体验基地—陕西泾阳绿优农业基地—西安营地；第四天：西安营地—华州皮影园—大地飞歌劳动基地—西安营地；第五天：西安营地—西安市唐少阳文化研究院—西安半坡博物馆—西安营地	第一天：西安营地—白鹿原影视城—西安营地；第二天：西安营地—西安关中民俗艺术博物院—眉县横渠书院—张载祠—西安营地；第三天：西安营地—陕西泾阳绿优农业基地—崇文塔景区—西安营地；第四天：西安营地—中华饮食传统技艺与文化研学基地华州皮影园—西安营地；第五天：西安营地—大地飞歌劳动基地—西安城墙—西安营地	第一天：西安营地—白鹿原影视城—西安营地；第二天：西安营地—西安关中民俗艺术博物院—西安营地；第三天：西安营地—雅森体验基地—眉县横渠书院—张载祠—西安营地；第四天：西安营地—杨凌现代农业创新园—西安易俗社—西安营地；第五天：西安营地—张裕瑞纳实践基地—华州皮影园—西安营地
	可选择线路（按天设计，菜单式选择）	1. 西安营地—陕西历史博物馆—西安营地；2. 西安营地—富平县爱国主义教育基地—中华郡研学基地—西安营地；3. 西安营地—西安永兴坊劳动教育实践基地—西安营地；4. 西安营地—华清宫—西安营地；5. 西安营地—西安汉城湖景区—西安营地；6. 西安营地—西安半坡博物馆—西安营地	1. 西安营地—安吴青年训练班纪念馆—西安营地；2. 西安营地—延安革命纪念馆—陕西延安中央社会部旧址—西安营地；3. 西安营地—大明宫遗址—西安营地；4. 西安营地—渭华起义纪念馆—西安营地；5. 西安营地—陕西桑桑农庄劳动教育实践基地—西安营地；6. 西安营地—中国航空城飞翔梦航空体验劳动教育实践基地—西安营地；7. 西安营地—陕西番茄研究所劳动教育实践基地—西安营地	1. 西安营地—未来营地中小学研学实践基地—西安营地；2. 西安营地—西北农林科技大学周至猕猴桃劳动教育实践基地—西安营地；3. 西安营地—延安枣园圣地大剧院—延安枣园文化广场—西安营地；4. 西安营地—补浪河女子民兵治沙连—西安营地；5. 西安营地—陕西陕旅东方嘉禾劳动教育实践基地—西安营地；6. 西安营地—秦岭国家植物园劳动实践基地—西安营地；7. 西安营地—北川三秒应急安全体验中心—西安营地
	规划线路（按天设计）	1. 西安营地—爱菊文化体验园—西安永兴坊劳动教育实践基地—西安营地；2. 西安营地—秦岭国际青少年儿童基地—西安营地；3. 西安营地—西安碑林博物馆—西安营地	1. 西安营地—西安汉城湖景区—西安博物院—西安营地；2. 西安营地—袁家村研学基地—西安营地；3. 西安营地—陕西海蒂农业风情园劳动教育实践基地—西安营地	1. 西安营地—司马迁文史基地—西安营地；2. 西安营地—汉中尤曼吉青少年科技展览馆研学基地—西安营地；3. 西安营地—西安曲江农博园劳动实践基地—西安营地

维度或要素		小学高年级段	初中段	高中段
教学重点难点（以代表性线路教学设计为例，下同）	教学重点	1.体验雕版印刷技艺，体会古代人民卓越的发明创造能力；2.通过学习和诵读，感受关中人的豪迈和激情；3.了解皮影制作过程，养成严谨细致的学习生活习惯；4.传承秦人精神，热爱美丽家乡；5.通过亲历现场，了解关中地区农业器械的分类及作用	1.探索秦人秦风，培养正确的人生观；2.体验农业劳作，养成热爱劳动、珍惜粮食的习惯；3.了解唐代建筑，开拓思维解决现实问题；4.走近唐文化，感受大唐诗人博大的胸怀；5.学习陕菜制作工艺，传承中华优秀传统文化	1.关中地区地形地貌及其地域文化；2.思考中国航空农业发展对生活的影响；3.学会以发展的眼光看待历史和自然；4.重构唐代城墙内建筑，树立民族自豪感；5.结合自身知识，提高创新能力
	教学难点	1.接受中国优秀传统文化教育，学习先民启蒙教育思想；2.体悟自然与人文在中国传统建筑中的完美结合；3.接受劳动教育，理解“农业”在促进国家发展、保障人民安居乐业中的重要作用；4.通过劳动体验，在锻炼身体的同时，理解“日出而作，日落而息”的生活状态；5.结合亲身实践，理解启蒙教育在塑造个人人格方面的优势	1.提高自己对艺术的欣赏和鉴别能力；2.创新性思考在现实条件下如何实现独立自主；3.接受传统文化教育，体会中华悠久而灿烂的文明发展历程；4.在我国大力推行素质教育的关键时期，如何才能培养学生的劳动意识和劳动精神；5.体会启蒙教育在促进中小学生德智体美劳全面发展中的作用	1.传承关中地区人民所具有的伟大精神；2.培养横向和纵向思维，以更博大的胸怀思考自己和世界；3.学会劳动技能，提前思考自己的职业规划，体现自我价值；4.体会在个人发展的过程中，启蒙教育的重要性

维度或要素	小学高年级段	初中段	高中段
教学策略	针对小学高年级学生活泼好动、好奇心强、记忆能力突出的特点，通过带领学生了解传统礼仪文化，让学生在实践活动中认识自己，初步形成集体主义观念，切实感受不同历史时期关中人的生产生活场景，提高学生对传统文化的认同感；通过与历史事件和历史人物的零距离接触，了解历史发展脉络，逐步将促进自身发展的外力因素内化为自己的内在动力，形成独立自主的人格，实现自我发展；遵守大家约定俗成的交往秩序，在自我保护的同时自觉维护集体利益，对个人与集体有正确的认识；引导学生发散思维，结合自己所学到的知识，思考解决问题的有效办法，多途径、多角度地看待身边的人和事；在接受启蒙教育的基础上，通过创意作品、参与集体研讨活动等形式，表达自己对传统文化的认知；以学生为主体，通过实验、调研、实习等方式学习知识和技能，培养学生的实践能力和创新能力，提高学生的学习兴趣和主动性；教法采用讲授式教学、启发教学、实践教学	针对初中阶段学生接受能力强、精力旺盛、个性张扬而心智尚未成熟的特点，通过走进博物馆，让学生在历史文物中感受中华先民高超的技艺及别具特色的审美风格，在历史与现实的碰撞中理解“大国工匠”精神的代代相传，激发学生努力学习，建设自强美丽中国的信心；通过讲解引导及独立探索，发掘传统文化中的优秀基因和优良传统，逐步将传统文化与自己的学习和生活相结合，在巩固对传统文化的情感认同的基础上，强调独立思考和创新发展；学习收集资料、筛选整合及总结反思的知识学习方式，构建完整的自主学习模式；提高学生劳动能力，对农业发展的现状和未来前景进行自我设计，并寻求实现设计的有效途径；提升自我文化品位，能够主动地承担家庭劳动义务，积极参与社区义务活动；通过参与劳动、收集整理优秀历史人物生平等方式，继承伟大先辈精益求精的实践精神，物化为自己的学习成果；以项目为驱动，学生通过完成实际的项目任务，学习知识和技能，培养实践能力和创新思维，提高学生的学习兴趣和参与度	针对高中阶段学生理解能力强、具有一定的分析问题和创新实践能力的特点，通过对不同时代关中民俗文化及建筑风格的研究，横向联系同时期我国其他地区的情况，深刻理解传承历史文化、抵御文化入侵的重要意义；通过了解革命文化，树立为社会主义现代化建设贡献力量的信念；通过了解革命文化，树立为社会主义现代化建设贡献力量的信念；通过成果展示、交流辩论等方式，完整正确地进行总结性反思；通过撰写研究报告，关注我国农业和农村问题，思考农业发展的新模式；培养全球意识，能够认识到我们国家在全球大家庭中的重要地位，为把我国建设成为社会主义现代化强国贡献力量；通过创新设计，培养学生的创新精神和创新能力，能够在纷繁复杂的物象中拨繁取简，提高创意实现能力；通过开展寓教于乐的体验活动，引导学生初步了解启蒙教育的意义，培养学生热爱家乡、热爱学校、热爱家庭的观念；通过整合不同学科的知识和资源，实现学科间的交叉和融合，培养学生的综合素质和创新能力，促进学科间的交流和融合

维度或要素				小学高年级段	初中段	高中段
实施方案	入营教育	安全	引导	进行入营安全主题教育，签订研学安全协议	进行入营安全主题教育，熟悉安全环境	进行入营安全主题教育，熟读安全教育读本
			实训	学习安全手册，绘制营地疏散图	学习安全手册，绘制营地疏散图，进行疏散安全演练	学习安全手册，绘制营地疏散图，强化安全意识，进行疏散安全演练
		应急	引导	通过视频学习，掌握应急事件处理方法和技巧	学习急救常识，通过视频学习，掌握应急事件中自救和呼救原则	学习急救常识，通过视频学习，掌握应急事件处理方法和技巧
			实训	熟练使用灭火器，会报警	熟练使用灭火器，会报警，懂得火灾、地震应急处理方法，进行疏散演练	熟练使用灭火器，会报警，懂得火灾、地震应急处理方法，进行简单防护和救护训练
		救助	引导	模拟真实环境，进行救助主题如触电、晕倒、磕碰伤等主题培训	进行如触电、晕倒、磕碰伤等救助主题培训，培养应对措施和应变能力	进行如触电、晕倒、磕碰伤等救助主题培训，懂得救助别人的正确方法
			实训	进行特殊情况下自救的技能培训	进行心肺复苏、包扎等应急技能培训，帮助学生熟悉和掌握求助的方法和技巧	进行心肺复苏、包扎等应急技能培训，培训学生正确制作担架
		自我管理	引导	通过团建课程、建设团队，培养主动适应环境和他人的能力	帮助学生缓解恐惧感，培养坚强的心理承受能力	让学生明白在面临生命危险的紧要关头，如何做出正确的选择
			实训	进行“摩天大楼”“队伍建设”“勇往直前”等项目团建	进行“低空五连环”“罗汉塔”“低空跨越”等项目团建	进行“高空五连环”“高空跨越”“塔罗牌”等项目团建
		团队协作	引导	通过案例培训、团建活动等方式，学会表达自己的观点	通过案例培训、团建活动等方式，有效处理团队冲突和分歧	通过案例培训、团建活动等方式，学会团队合作
			实训	进行“信任背摔”“模拟障碍物”“穿越火墙”等项目团建	进行“低空五连环”“携手并进”“接力传递”等项目团建	进行“团队击鼓”“蒙眼传递”“齐头并进”等项目团建

维度或要素		小学高年级段	初中段	高中段
实施方案	导入教学环节	1.视频导入：播放《白鹿原》电影中乡约馆授课片段；2.情境导入：讲授关中地区丰富人情及关中人性格特点，激发学生了解关中民俗文化的兴趣，提高活动参与度；3.情境导入：观看电影电视作品对唐朝繁荣时期场景的演绎，初步了解唐朝的历史地位；4.游戏导入：通过猜字、识物等游戏，引发学生学习兴趣；5.问题导入：布置诸如“唐代诗人知多少”等问题，将学生注意力引进课堂	1.视频导入：播放《白鹿原》中经典片段，初步接触关中地区风土人情；2.情境导入：辅导员介绍大唐王朝的繁荣富强及其兼容并蓄的文化特点，激发学生民族自信心和自豪感；3.兴趣导入：辅导员讲授关中八景、关中八怪等，引导学生学习兴趣；4.问题导入：设置诸如“大唐盛世知多少”等题目，引发学生思考；5.前设导入：引导学生将自己想象成唐代士子，以第一视觉引入活动	1.视频导入：播放《白鹿原》中经典片段，初步接触关中地区风土人情；2.任务导入：以“关中地区独特的地理特点及风俗习惯”为主题，布置自主查找资料任务，引导学生自主探索；3.情境导入：辅导员介绍中国文化发展史，鼓励学生通过合作探究，认识中国历史发展对世界的贡献；4.探索导入：给学生设置需要探索的问题，让学生带着问题开展活动；5.任务导入：将学生分成不同小组，以小组为单位开展活动并完成研学任务
	授课教学环节	第一天：入营教育、必修课程一“诵读《乡约》”、必修课程二“参观陈忠实故居”；第二天：必修课程三“学唱华阴老腔”、必修课程四“雕版印刷体验”；第三天：必修课程五“农作物农耕器具辨识”、必修课程六“拜师礼开笔礼”；第四天：必修课程七“皮影制作”、必修课程八“中医之艾条制作”；第五天：必修课程九“体验大唐入城仪式”、必修课程十“重构108坊”	第一天：入营教育、必修课程一“参观白鹿村”、必修课程二“参演《黑娃演绎》”；第二天：必修课程三“拴马桩雕刻”、必修课程四“体验传承六艺”；第三天：必修课程五“体验农业种植”、必修课程六“三秦非遗体验”；第四天：必修课程七“陕菜制作学习”、必修课程八“学习皮影制作”；第五天：必修课程九“艺术之插花技艺”、必修课程十“城墙遗址迭代分层”	第一天：入营教育、必修课程一“探究关中地理特点”、必修课程二“体验电影特效”；第二天：必修课程三“赏古建悟人生”、必修课程四“赏器物体民俗”；第三天：必修课程五“赏秦砖汉瓦”、必修课程六“识张载，看世界”；第四天：必修课程七“航空农作物的意义”、必修课程八“学秦腔做秦人”；第五天：必修课程九“艰难的民族工业发展史”、必修课程十“探索皮影制作过程”

维度或要素		小学高年级段	初中段	高中段
实施方案	进级教学环节	体认：了解我国文字发展历史以及印刷术对世界文化发展的贡献；思考：自己与别人交往中存在的不足，并提出改进方法；实践：利用现有材料，在家人陪伴下制作雕版印刷模板；思考：现代农业器具的发展对农业种植的促进作用；表达：召开唐诗朗诵大会，让学生声情并茂地背诵唐诗，感受唐诗中的韵律	体认：了解清末民国初年关中地区及全国人民的生产生活情况；实践：了解“三秦大地”“八百里秦川”相关知识，制作介绍陕西的文化宣传画；探究：陕西非遗文化如何才能更好地继承和发扬，分享给身边的同学；表达：通过朗诵等形式，向同学们展示唐诗的魅力；复述：准确地表达自己在研学过程中的收获，提高总结和提升能力	体认：搜集唐朝建筑特点，通过演讲形式和大家分享；思索：现代农业高科技发展之路；体认：查找资料，了解我国民族工业发展史，探究民族工业发展的模式；实践：制作文化宣传册，宣传陕西著名景点；延伸：将唐朝时期我国发展状况放在全世界的大环境下，培养民族自豪感
	巩固教学环节	总结：自己在活动中的收获，通过编排情景剧或话剧的方式展现出来；回顾：将自己所学到的知识和大家分享，完成《研学任务单》，撰写心得体会；展示：制作一期和本次活动相关的黑板报；表达：个人通过多种形式，表达自己对民族文化的认识	回顾：活动过程中自己的所见所闻及所思所想，完成《研学任务单》，撰写心得体会；总结：通过参加研究讨论，加深对本土文化的理解和认知；总结：自己活动中的收获，制作一期宣传展板在校内展示	体认：通过独立思考、合作探究，加深自己对关中文化的认识，多种途径展示研学成果，将自己在活动中所学到的知识应用到生活和学习中；应用：创新思维方式，开始关注自己的职业方向和未来发展；探究：中国传统启蒙教育在青少年发展中的重要作用

维度或要素			小学高年级段	初中段	高中段
实施方案	总结教学环节	教学创新	1.通过研学辅导员的引导，积极创设有利于激发学生学习兴趣的情境，吸引学生关注；2.将研学内容和教学实际紧密结合，让学生带着“课堂”去参与活动；3.针对小学高年级学生活动参与度高的特点，充分调动学生学习兴趣	1.通过多途径、多角度、多方向的启蒙教育，层层推进地贯彻以人为本思想，促进学生个性化成长，帮助学生树立正确的人生观和价值观；2.研学活动过程中，学生能够亲自动手触摸历史、感悟人生	1.在区别于课堂教学单调的知识传授的基础上，将问题预设在活动开始前，实现校内校外联动育人；2.每个问题都创设不同的思考方向，充分发挥学生的主观能动性，激发探索兴趣；3.采用小组互动法，以小组为单位协同完成学习和研究，增加知识获取途径
		教学总结	1.组织研学辅导人员总结活动效果，提出改进措施；2.通过调查问卷、研讨交流等形式，收集参加活动人员的反馈意见	1.回顾研学活动过程，小组讨论总结；2.梳理《研学任务书》中的内容和项目，对研学环节进行完善和提升；3.合理分配问题难易度和规划问题模块，提升总结提升环节的针对性	1.组织研学辅导人员总结活动效果，提出改进措施；2.通过调查问卷、研讨交流等形式，收集参加活动人员的反馈意见，对研学环节进行完善和提升；3.梳理《研学任务书》中的内容和项目，合理分配问题难易度和规划问题模块，提升总结提升环节的针对性
		教学反思	采用分层递进的方式，研究提高研学活动效果的新途径、新方法，以学生的个性化成长促进课堂效果的实现，以教学效果的提升促进学生创新思维能力的培养	采用分层递进的方式，研究提高研学活动效果的新途径、新方法，以学生的个性化成长促进课堂效果的实现，以教学效果的提升促进学生创新思维能力的培养	采用分层递进的方式，研究提高研学活动效果的新途径、新方法，以学生的个性化成长促进课堂效果的实现，以教学效果的提升促进学生创新思维能力的培养

维度或要素				小学高年级段	初中段	高中段
实施方案	评价教学环节	教学水平评价	自我评价	通过学生活动过程及结果的反馈，反思线路设计及课程设计的适切性，是否完成了线路及课程预设的目标	通过提问学生等方式，了解学生对活动的参与度，反思如何才能将学生的关注点和研学基地的课程相结合	通过观察、记录和反馈学生研学过程中的学习情况，对他们在活动中的表现给予评价
			学生评价	学生的关注点和体验点聚焦在真正的研学内容和主题上，而不是“有趣”或“好玩”上	通过填写“研学任务单”，对研学活动中的课程进行评价，并对活动过程的组织管理程序进行评价	通过“满意度调查表”，对研学过程管理、研学辅导员业务能力、研学安全员履职能力及研学基地课程合理性进行评价
			同行评价	研学基地导师、营地教师、学校学科教师、其他营地教师等对于线路及课程的多维度评价，用于及时反馈初设目标	研学基地导师、营地教师、学校学科教师、其他营地教师等对于线路及课程的多维度评价，建立合理评价体系	研学基地导师、营地教师、学校学科教师、其他营地教师等对于线路及课程的多维度评价，提高活动参与人员的积极性和业务能力
			培训和考核	建立研学实践活动参与人员培训制度；通过政治素养、教学水平、教学态度、教学成果等多维度对教师进行综合考核与评价，鼓励辅导员等人员进行个人综合能力的提升	完善研学实践活动参与人员培训体系；通过政治素养、教学水平、教学态度、教学成果等多维度对教师进行综合考核与评价，建立合理评价体系，提高活动效果	形成研学实践参与人员定期培训模式；通过政治素养、教学水平、教学态度、教学成果等多维度对教师进行综合考核与评价，并根据考核结果对教师进行分类管理，实行个性化的培训方案，全方位保障教学效果
			教学成果展示	通过故事大会、制作手抄报等形式，展示自己的研学成果	通过召开主题班会、黑板报、召开集体研讨会、制作美篇等形式展示研学成果	通过制作宣传视频、召开主题辩论会、制作宣传画报等形式展示研学成果

维度或要素				小学高年级段	初中段	高中段
实施方案	评价教学环节	学业评价	形成性评价	通过学生自述、团队契约、学生自评、小组互评、导师评价等多元评价方式，形成过程性跟踪评价资料，帮助学生检测学习效果，反思学习过程	通过学生自评、小组互评、导师评价等多元评价方式，形成过程性跟踪评价资料，探究更适合学生的课程实施项目	通过学生自评、小组互评、导师评价等多元评价方式，形成过程性跟踪评价资料，对活动过程中学生参与度进行评价，完善活动项目的实施
			总结性评价	通过学生的研究报告、汇报交流、团队契约呈现等形式，直观了解学生在研学实践活动中的学习效果，形成科学的总结性评价结果	研学实践活动结束后，通过对活动过程的探索，对学生活动参与度进行分析，对学生是否完成课程内容、有没有达到预期目标进行评价，为今后的活动组织提供依据	研学实践活动结束后，通过成果展示、撰写活动评价报告等形式，对活动进行过程性评价的基础上，进行归纳总结，提高活动效果
			教师评价	教师根据学生在研学实践活动中的过程性跟踪反馈资料以及研学成果展示等内容，对学生进行智力和非智力两个方面的综合性评价	教师根据学生在研学实践活动中的过程性跟踪反馈资料以及研学成果展示等内容，对学生进行智力和非智力两个方面的综合性评价	教师根据学生在研学实践活动中的过程性跟踪反馈资料以及研学成果展示等内容，对学生进行智力和非智力两个方面的综合性评价
		项目评价		呼吁学校学科教师、家长、学生以及相关社会群体等多主体对项目涉及的线路、课程、安全等实施效果进行协同评价，确保项目的实施效果	呼吁学校学科教师、家长、学生以及相关社会群体等多主体对项目涉及的线路、课程、安全等实施效果进行协同评价，并及时反馈于项目评价报告	呼吁学校学科教师、家长、学生以及相关社会群体等多主体对项目涉及的线路、课程、安全等实施效果进行协同评价，形成评价报告并应用于后续的活动中

4.18 教学计划与策略列表：职业“心”体验 筑梦新未来

<table>
<tr><td colspan="3">营地名称</td><td>兰州市中小学生综合实践教育学校（简称“兰州营地”）</td><td>命名机构</td><td>教育部</td><td>识别码</td><td>Y145620001</td></tr>
<tr><td colspan="3">从业资质（摘要）</td><td>中小学生综合实践活动组织和管理</td><td>单位属性</td><td>公益二类</td><td>法定代表人</td><td>刘文斌</td></tr>
<tr><td colspan="3">研学主题</td><td>职业“心”体验 筑梦新未来</td><td colspan="2">主要目的指向</td><td colspan="2">启蒙教育</td></tr>
<tr><td rowspan="7">营地（枢纽）及周边主要优质研学资源</td><td colspan="2">基地层级</td><td colspan="5">研学站点（基地）名称</td></tr>
<tr><td rowspan="2">教育部命名基地</td><td>已列入教学计划</td><td colspan="5">一、与本主题相关的列入教学计划的基地7个
1. 白银市中小学生综合实践基地；2. 张掖市综合实践学校；3. 甘肃科技馆；4. 刘家峡水电站；5. 兰州市地震博物馆；6. 甘肃简牍博物馆；7. 兰州市消防科普教育基地
二、与本主题关联不大但列入本营地教学计划的基地0个</td></tr>
<tr><td>待列入教学计划</td><td colspan="5">1. 固原市青少年示范性综合实践基地管理中心；2. 会宁红军长征胜利纪念馆；3. 张掖湿地博物馆；4. 民勤县防沙治沙纪念馆；5. 天水市博物馆；6. 临夏市青少年校外活动中心；7. 永昌县青少年活动中心；8. 甘肃省博物馆；9. 和政县大中小学劳动教育综合实践基地服务中心</td></tr>
<tr><td colspan="2">其他部委命名基地</td><td colspan="5">无</td></tr>
<tr><td colspan="2">地方命名基地</td><td colspan="5">1. 兰州牛肉拉面创业孵化园研学实践教育基地；2. 读者出版集团文化研学实践教育基地；3. 田园智慧研学实践教育点（兰州迈绿达农产品有限公司）；4. 兰州太平鼓艺术实践教育基地；5. 兰州城市规划馆；6. 兰州水车博览园；7. 酒泉卫星发射基地；8. 吐鲁沟国家森林公园；9. 青城古镇；10. 兰州植物园；11. 兰州水墨丹霞；12. 兰州佛慈制药股份有限公司（简称“兰州新区佛慈制药科技工业园”）</td></tr>
<tr><td colspan="2">本营地资源</td><td colspan="5">1. 甘肃彩陶室；2. 室内装潢馆；3. 无土栽培实验室；4. 创客工坊；5. 兰州刻葫芦工作坊；6. 兰州牛肉面工作坊；7. 匠艺工坊；8. 打靶射击场；9. 劳动教育实践场；10.3D打印工作坊</td></tr>
<tr><td colspan="2">其他资源</td><td colspan="5">1. 兰州现代职业技术学院；2. 甘肃省职业技能公司实训中心；3. 什川梨园；4. 沃德爱礼烘焙实践基地；5. 兰州新区长城影视基地；6. 兰州新区农投花卉产业基地；7. 西部明珠气象塔；8. 刘家峡滑翔基地；9. 兰州新区社会福利院；10. 兰州中川国际机场；11. 兰州铁路局；12. 兰州野生动物园；13. 兰州新区规划展览馆</td></tr>
</table>

维度或要素	小学高年级段	初中段	高中段
校内教育基础（与校内教育的衔接）	义务教育课程方案明确指出，要注重培养学生适应未来发展的正确价值观、必备品格和关键能力，要帮助学生初步掌握适应现代化社会所需要的知识与技能，具有学会学习的能力，具有探究能力和创新精神；引导学生明确人生发展方向，成长为德智体美劳全面发展的社会主义建设者和接班人。本研学主题必修课程与校内教育的主要衔接内容如下：1.统编版二年级语文下册第三单元第7课“中国美食”；2.湘教版一年级科学下册第四单元第1课“常见的植物”；3.人教版五年级道德与法治下册第6课“我参与我贡献”；4.鄂教版六年级科学上册第五章第17课“设计与建造‘植物工厂’”；5.人教版三年级美术上册第19课“美术小记者”；6.人教版六年级科学上册第五单元第16课“走进植物工厂”；7.人教版六年级科学上册第五单元第17课“设计与建造‘植物工厂’”；8.人教版三年级美术下册第10课“我设计的一本书”；9.人教版六年级美术下册第5课“我设计的服装”；10.人教版六年级科学下册第四单元第12课“认识飞行器”	义务教育课程方案明确指出，要依据学生终身发展和社会发展需要，明确育人主线，加强正确价值观引导，重视必备品格和关键能力培育；精选课程内容，注重培养学生的爱国情怀、社会责任感、创新精神和实践能力。本研学主题必修课程与校内教育的主要衔接内容如下：1.人教版八年级下册第六章第1课“自然特征与农业”；2.人教版七年级生物上册第一单元第1课“生物与环境的关系”；3.人教版三年级语文下册第三单元第10课“纸的发明”；4.人教版七年级生物上册第三单元第六章“爱护植被，绿化祖国”；5.人教版八年级地理上册第四章第1课“交通运输”；6.人教版九年级道德与法治下册第三单元第6课第二框“多彩的职业”；7.人教版八年级道德与法治上册第三单元第6课“责任与角色同在”；8.人教版八年级道德与法治下册第二单元第3课“社会生活离不开规则”；9.人教版七年级生物上册第三单元第一章第2课“种子植物”；10.苏科版八年级生物上册第十九章第2节“植物的生殖和发育”	衔接义务教育性质及课程定位，从有理想、有本领、有担当三个方面，明确义务教育阶段时代新人培养的具体要求。青少年与国家发展、民族复兴有着密切关系，青少年必须具备一定的素养，才能够成为国家发展和民族进步的建设性力量，才能成为社会主义事业的建设者和接班人。本研学主题必修课程与校内教育的主要衔接内容如下：1.人教版高中物理必修二第六章第5课“宇宙航行”；2.人教版高中语文必修一第四单元第11课“飞向太空的航程”；3.人教版高中历史必修三第8课“古代中国的发明和发现”；4.人教版高中历史选修四第六单元第1课“杰出的中医药学家李时珍”；5.人教版高中地理选修四第二章第1课“城市空间形态及变化”；6.人教版高中地理必修二第四章第1课“区域发展对交通运输布局的影响”；7.人教版高中历史选修二第五章第13课“现代交通运输的新变化”；8.人教版高中地理必修二第三章第3课“服务业区位因素及其变化”；9.人教版高中生物选修二第四章第1课“人类活动对生态环境的影响”；10.人教版高中生物选修1第五章“植物生命活动的调节”

维度或要素			小学高年级段	初中段	高中段
研学课程	必修课程一	名称	发现职业之旅	生涯追梦	“新新”少年
		活动目的	通过实践活动和案例分析，帮助学生了解并亲身体验不同职业的工作内容和环境	培养学生对职业的真实感受和理解，在进行职业体验的同时，感悟工匠精神	通过在职业学院的航空体验，了解飞机的功能，感受翱翔在蓝天的快乐
		活动形式	教师讲授、实地探访	小组合作、设计制作	多元探究、职业体验
	必修课程二	名称	小小种植员	职指未来	“飞”向蓝天
		活动目的	引导学生体验职业特色，树立正确的职业目标，进行简单的职业规划	体验职业特色、启迪职业理想，在学习职业生涯规划的同时，树立正确的职业观	动手制作航模，让梦想飞向蓝天；了解现代航空科学技术，感受航空航天精神
		活动形式	教师讲授、任务驱动	合作交流、分享探讨	教师点拨、合作分享
	必修课程三	名称	快乐农耕	我是自然绘画师	我是环境监测员
		活动目的	学习并掌握农耕技能，如播种、收割、施肥等，了解农耕历史，体会劳动的快乐	学习敲拓染工艺，掌握基本的敲拓染方法，培育学生的构图技巧，培养美学素养	分析蔬菜样品种植的环境条件，统计监测数据，体验环境监测员的工作
		活动形式	自主探究、合作学习	实践操作、分享交流	任务驱动、多元探究
	必修课程四	名称	走访梨园人家——小小销售员	体验“梨园百艺”——采摘员	探秘百年梨园——做养护专家
		活动目的	自主开展体验探究活动，了解软儿梨的储存方式，为什川梨销售做策划	掌握古梨树种植技艺的科技原理和采摘操作要领，对梨进行采摘分装	以安全可靠、操作简便为前提，设计出适合古梨树的种植管理技艺和保护措施
		活动形式	教师讲授、任务驱动	实践体验、实地探究	实景教学、职业体验

维度或要素			小学高年级段	初中段	高中段
研学课程	必修课程五	名称	我做拉面小师傅	外卖员的一天	我的牛肉面小店
		活动目的	了解牛肉面大宽、韭叶、细和毛细的拉制方法和技巧，了解拉面师傅的工作日常	掌握外卖员一天的工作内容，理解外卖员的辛苦不易和工作价值	探究牛肉面店的选址装修、品牌文化、经营理念和管理方式，传承民间饮食文化
		活动形式	情境模拟、实践操作	社会服务、分享交流	创新设计、实践探究
	必修课程六	名称	西式糕点课程——美味的黄油饼干	传统民俗食物课程——小小汤圆庆元宵	“焙”感幸福——戚风蛋糕
		活动目的	了解黄油饼干的制作过程以及模具、烤箱的使用方法，感受西式烘焙的魅力	掌握汤圆制作所需要的材料和工具，理解汤圆所象征的阖家团圆的中国传统文化	掌握戚风蛋糕的制作过程和操作方法，感受烘焙带给人的成就感和幸福感
		活动形式	教师点拨、实操体验	品尝交流、学生自评	品尝交流、学生自评
	必修课程七	名称	我和我的城市——交通系统规划	我和我的城市——兰州新区规划	我和我的城市——未来城市规划
		活动目的	了解城市规划和交通系统的联系，了解兰州交通系统的优化方式	掌握兰州新区的地理风貌、物产资源，探究区域规划发展方向和前景	理解未来城市的发展愿景，探索兰州未来城市规划设计
		活动形式	自主探究、问题解决	创意制作、分享交流	任务驱动、文献查阅
	必修课程八	名称	一本书是怎样炼成的	探秘印刷厂	书店店长体验官
		活动目的	了解一本书的选题、策划、编辑、设计等工作环节，感受文字的巨大魅力	理解印刷技术和印刷流程，掌握一本书从电子稿到纸质版的批量制造过程	掌握图书相关知识，掌握书店工作技能，提升独立自主、人际交往、语言表达能力
		活动形式	小组合作、合作学习	总结概括、教师点拨	职业体验、报告撰写

维度或要素			小学高年级段	初中段	高中段
研学课程	必修课程九	名称	药用植物辨识	中药的炮制	中药制剂技术
		活动目的	了解药用植物的外观、特征和药效，掌握药用植物的识别方法和技巧	理解中药炮制的基本原理和方法，掌握中药炮制的关键环节，如药材的研磨和配比	掌握不同中药炮制加工的原理和技术，掌握中药制剂的生产工艺和质量标准
		活动形式	社会服务、技能学习	技能学习、分享交流	实践探究、文献查阅
	必修课程十	名称	探秘智能仓库	探究智慧物流黑科技	探究智慧物流黑科技
		活动目的	了解货物的收纳、存储、分拣和出库等环节，增强对智能技术在仓储领域的了解和认识	掌握智慧物流的最新技术和应用，探索智慧物流黑科技对传统物流业务模式的影响	掌握智慧物流黑科技的应用和发展趋势，探索科技发展对未来职业选择的影响
		活动形式	资料搜集、分档归类	教师点拨、合作学习	职业规划、职业体验
	选修课程		1. 我做收纳师 2. 指纹探秘 3. 绘声绘影 4. 制作水火箭	1. 生态家居 2. 探究室内装潢 3. 绿野仙踪——庭院规划设计 4. 编程 100 分	1. 杏林中人 2. 土壤检测 3. 水质检测 4. 我的兰桥

维度或要素		小学高年级段	初中段	高中段
研学线路	代表性线路（时长五日）	第一天：兰州营地—兰州现代职业技术学院—兰州营地；第二天：兰州营地—兰州迈绿达农产品有限公司—什川梨园—兰州营地；第三天：兰州营地—兰州牛肉拉面创业孵化园研学实践教育基地—沃德爱礼烘焙实践基地—兰州营地；第四天：兰州营地—兰州城市规划馆—读者出版集团文化研学实践教育基地—兰州营地；第五天：兰州营地—兰州新区佛慈制药科技工业园—甘肃省职业技能公司实训中心—兰州营地	第一天：兰州营地—兰州现代职业技术学院—兰州营地；第二天：兰州营地—兰州迈绿达农产品有限公司—什川梨园—兰州营地；第三天：兰州营地—兰州牛肉拉面创业孵化园研学实践教育基地—沃德爱礼烘焙实践基地—兰州营地；第四天：兰州营地—兰州城市规划馆—读者出版集团文化研学实践教育基地—兰州营地；第五天：兰州营地—兰州新区佛慈制药科技工业园—甘肃省职业技能公司实训中心—兰州营地	第一天：兰州营地—兰州现代职业技术学院—兰州营地；第二天：兰州营地—兰州迈绿达农产品有限公司—什川梨园—兰州营地；第三天：兰州营地—兰州牛肉拉面创业孵化园研学实践教育基地—沃德爱礼烘焙实践基地—兰州营地；第四天：兰州营地—兰州城市规划馆—读者出版集团文化研学实践教育基地—兰州营地；第五天：兰州营地—兰州新区佛慈制药科技工业园—甘肃省职业技能公司实训中心—兰州营地
	可选择线路（按天设计，菜单式选择）	1. 兰州营地—兰州水车博览园—兰州营地；2. 兰州营地—匠艺工坊—兰州营地；3. 兰州营地—兰州牛肉面工作坊—兰州营地；4. 兰州营地—兰州市消防科普教育基地—兰州营地；5. 兰州营地—兰州新区长城影视基地—兰州营地；6. 兰州营地—创客工坊—兰州营地；7. 兰州营地—兰州刻葫芦工作坊—兰州营地；8. 兰州营地—劳动教育实践场—兰州营地	1. 兰州营地—白银市中小学生综合实践基地—兰州营地；2. 兰州营地—兰州新区农投花卉产业基地—兰州营地；3. 兰州营地—兰州太平鼓艺术实践教育基地—兰州营地；4. 兰州营地—甘肃彩陶室—兰州营地；5. 兰州营地—兰州新区规划展览馆—兰州营地；6. 兰州营地—甘肃科技馆—兰州营地；7. 兰州营地—无土栽培实验室—兰州营地；8. 兰州营地—兰州植物园—兰州营地	1. 兰州营地—张掖市综合实践学校—兰州营地；2. 兰州营地—打靶射击场—兰州营地；3. 兰州营地—3D打印工作坊—兰州营地；4. 兰州营地—室内装潢馆—兰州营地；5. 兰州营地—兰州市地震博物馆—兰州营地；6. 兰州营地—兰州野生动物园—兰州营地；7. 兰州营地—甘肃简牍博物馆—兰州营地；8. 兰州营地—刘家峡水电站—兰州营地
	规划线路（按天设计）	1. 兰州营地—兰州水墨丹霞—兰州营地；2. 兰州营地—青城古镇—兰州营地；3. 兰州营地—吐鲁沟国家森林公园—兰州营地	1. 兰州营地—兰州铁路局—兰州营地；2. 兰州营地—兰州中川国际机场—兰州营地；3. 兰州营地—兰州新区社会福利院—兰州基地	1. 兰州营地—酒泉卫星发射基地—兰州营地；2. 兰州营地—西部明珠气象塔—兰州营地；3. 兰州营地—刘家峡滑翔基地—兰州基地

维度或要素		小学高年级段	初中段	高中段
教学重点难点（以代表性线路教学设计为例，下同）	教学重点	1.通过快乐农耕、走访梨园人家等体验探究活动，引发学生对职业的真实感受和思考；2.了解不同面食的拉制方法和技巧；3.了解黄油饼干的制作过程，掌握模具、烤箱的使用方法；4.了解兰州市的交通情况，探究兰州交通系统的优化方式；5.了解一本书是怎样形成的，掌握文字编辑的基本规范和要求；6.了解常见的药用植物，培养学生对药用植物的认识和辨识能力；7.体验物联网、人工智能技术，了解货物的收纳、存储、分拣和出库等环节是如何自动化进行的	1.通过学习敲拓染工艺，会用各种植物材料在布上大胆地作画；2.掌握古梨树种植技艺的科技原理和采摘操作要领；3.了解各类餐品的特点、包装方法及保温措施，体验各种职业的工作内容；4.了解汤圆制作所需要的材料和工具，掌握汤圆的制作方法；5.引导学生对兰州新区城市空间结构、功能布局进行分析，增强学生的创新思维和问题解决能力；6.了解物联网、人工智能等技术在物流管理中的应用的工作日常，学习和掌握印刷的工艺流程	1.了解现代航空科学技术，学会制作航模；2.体验环境监测员的工作，分析蔬菜样品种植的土壤条件与环境条件；3.探究牛肉面店的选址装修、品牌文化、经营理念和管理方式；4.体验图书店长的日常工作，掌握图书分类和管理、销售技巧；5.深入了解智慧物流黑科技的应用和发展趋势，感受人工智能为现代生活带来的便利
	教学难点	1.理解不同职业的基本要求和工作内容，初步发展学生的生涯规划意识和能力；2.初步掌握面团揉搓、延展和挥舞技巧，感受兰州牛肉面、西式烘焙的饮食文化魅力，增强爱祖国、爱家乡的情感；3.引导学生能根据兰州市的交通情况选择适合的出行方式，培养学生分析问题、解决问题的能力；4.了解药用植物的药理作用和应用，掌握药用植物的识别方法和技巧；5.了解智能仓库的运作、管理，培养学生分析问题、解决问题的能力，适应未来物流和仓储行业的发展需求	1.提高学生的创新精神和实践能力，引导学生规划自己的未来职业方向；2.感受外卖员的辛苦不易和工作价值，增强学生的时间管理能力、沟通交往能力；3.探索智慧物流黑科技对传统物流业务模式的影响；4.掌握制作汤圆的技巧，感受汤圆所象征的阖家团圆的中国传统文化；5.分析兰州新区城市发展中遇到的问题，探究区域规划发展方向和前景；6.了解印刷的原理和技术知识，在岗位体验中培养学生的沟通能力和团队合作能力	1.通过实际的操作体验，感受航空航天精神；2.检测、分析数据，形成皋兰县迈绿达现代农业示范园的环境检测报告；3.探究牛肉面店的管理方式，掌握戚风蛋糕制作的基本原理和方法，感受饮食文化的魅力；4.引导学生分析兰州市城市发展中的挑战和问题，提出合理的解决方案，培养学生参与城市规划的实践能力；5.体验图书店长的工作，掌握书店工作技能，提升独立自主、人际交往、语言表达能力，培养学生的综合能力；6.探索科技发展对未来职业选择的影响，培养学生的职业素养

维度或要素	小学高年级段	初中段	高中段
教学策略	针对小学高年级段学生已具有一定的个体意识和社会经验，个体正处于人格和意识形成的重要阶段，对社会及社会群体有一定的认识，但缺乏对不同职业的深刻认知和理解的学情；基于生涯发展等理论指导，选取形成职业认知、培养职业理想、养成劳动习惯等内容，帮助学生自我观察主题，探索自我特征，积极对自己的体能、智力、性格、兴趣、爱好、特长等方面进行探索，并对自己在班级、学校中的位置和作用以及自己的举止表现进行判断，形成热爱劳动、尊重每一种职业的理念。教学方法包括讲授法、演示法、参观法、讨论法等；学习方法包括观察法、合作学习法、体验式学习法、探究式学习法等；同时，借助相关研学基地与启蒙教育相关的教学资源和数字化技术，结合游戏化、体验式、跨学科等活动方式，在教师、家长、相关从业人员的引导下进行准确的自我判断，培养一定的职业兴趣，树立正确的职业观	针对初中段学生已具有一定的认知能力和独立学习能力，正处于职业生涯成长阶段和探索阶段，开始了解和关注不同的社会群体，基本上能分清各种不同的社会职业，但认知偏于自我，易受外界影响，缺乏一定的独立思考能力和判断能力的学情；基于生涯发展等理论指导，选取职业特征、职业类型、职业道德、职业技能和职业规划等方面内容，借助相关研学基地与启蒙教育相关的教学资源和数字化技术，采取讲授法、谈话法、现场教学法、演示法、提问法等教学方法，旨在帮助学生进行体验式学习、情境式学习、合作学习和探究式学习；通过实践活动和案例分析，以实际体验与动手操作、合作探究为主要方式，以榜样为目标进行职业探索，能在总结自身兴趣、专长、能力等综合性条件基础上建立职业认知，发现自己的职业方向和职业潜能，初步具备进行职业规划的意识和能力，培养积极的择业观、职业观	针对高中段学生已具有一定的自主性和自我价值感，正处于职业认知、锻炼能力、形成自己的职业倾向的关键时期，自我意识明显增强、独立思考和处事能力急速发展，但认知事物较片面，个人毅力还有待增强的学情；基于生涯发展等理论指导，选取理解和掌握职业基本知识，运用相关知识提高个体职业综合素养和职业发展能力等方面内容；采取演示法、讲授法、案例教学法、头脑风暴法、参观学习法、现场教学法等教学方法，协同学生进行体验式学习、情境式学习、跨学科探究式学习和合作学习；同时，借助相关研学基地与启蒙教育相关的教学资源和数字化技术，在引导学生进行职业认知、自我认知和职业探索的基础上，对未来职业发展做出清晰定位并初步提出实现路径，帮助学生健全认知结构、综合能力和思维方法，树立正确的职业观和价值观，为未来职业生涯发展和服务国家发展奠定基础

维度或要素				小学高年级段	初中段	高中段
实施方案	入营教育	安全	引导	通过营地安全通道、安全标识学习以及进行入营安全教育	通过案例警示教育和紧急疏散演练，进行入营安全教育	通过入营安全教育，重视研学基地周边以及活动安全注意事项
			实训	学习“安全指导手册”，了解安全隐患，加强安全意识	学习基本逃生技能，了解安全隐患，提升自我保护意识	了解周围环境安全状况，列出可能存在的风险、预防措施和应急处理方法
		应急	引导	通过应急视频学习，掌握应急事件处理方法和技巧	通过应急技能训练，掌握应急事件处理方法和技巧，培养冷静思考的能力	强化应急能力培养，掌握应急事件处理方法和技巧，培养冷静思考和随机应变的能力
			实训	观看典型视频，学习急救常识，学会快速报警，培训疏散和逃生技巧	组织学生完成消防馆与本次研学配套应急教育课程，学生分享个人体会	学校联合应急救援大队开展学生应急教育知识与技能培训
		救助	引导	案例分析，培养学生遇到困境时的求助意识和能力	通过情境模拟，培养学生遇到困难需要求助时，主动寻找和利用各种资源的能力	通过案例情境，培养学生主动寻找和利用各种资源的能力，提升学生的信息获取和资源整合能力
			实训	采用角色扮演、案例分析等活动，帮助学生掌握求助的方法和技巧	模拟实施案例分析、团队合作等活动，帮助学生熟悉和掌握求助教育的方法和技巧	邀请专业人士进行案例讲解，帮助学生熟悉和掌握求助教育的方法和技巧
		自我管理	引导	教师引导学生对自我管理形成初步认识	教师引导学生对自我管理形成初步认识，能自我规范、自我约束、自我提高	在教师的带领下，通过情绪管理的培训和指导，帮助学生掌握应对压力和困难的方法
			实训	通过角色扮演、团队心理游戏等心理建设项目，初步学会自我管理方法	学生进行自我管理，扮演管理者角色，实现认知能力、合作能力的培养	实施角色扮演、案例分析、团队合作等活动，帮助学生掌握自我管理的方法和技巧
		团队协作	引导	分小组协作，鼓励学生在小组内分工合作，引导学生认识团队协作的重要性	组内协同，引导学生认识团队协作发挥的作用，提升团队协作能力，激发团队荣誉感	分小组协作，鼓励学生在小组内分工合作，完成制订计划、分配任务、协调进度等工作
			实训	学生通过游戏、绘本故事、看视频等活动感受团队协作的重要性	学生通过团辅活动，寻找潜能，帮助学生建立自信，体会团队合作的重要性	学生自主设计小组活动，鼓励学生自主规划活动内容、时间安排、资源调配等

维度或要素		小学高年级段	初中段	高中段
实施方案	导入教学环节	1. 案例导入法，以情感共鸣的方式告诉学生三百六十行，行行出状元，让学生充分感受到每个行业所需的知识与技能，怀着好奇开启研学之旅；2. 学生提前分组，选定组长及做好组内分工，向学生介绍活动的目的、流程、安全注意事项等，并告知学生所需物品和注意事项；3. 情境导入：带领学生进入不同的职业场所，了解不同职业职责和工作流程，引导学生思考不同职业前景和意义	1. 问题导入：通过讨论不同职业所需要的个人特质和工作能力，激发学生探索精神，引发学生思考个人与不同职业的匹配程度；2. 班会讲解：班主任向学生和家长介绍研学活动的目的、流程、安全注意事项等，并告知学生所需装备和注意事项；3. 分工合作：学生提前分组，选定组长及做好组内分工，提前对任务卡内容进行了解；4. 视频导入：观看物联网、人工智能等技术在物流管理中的应用视频，让学生感受新型物流行业的魅力	1. 资料收集：在研学活动前，对兰州现代职业技术学院、兰州迈绿达农产品有限公司、什川梨园、兰州牛肉拉面创业孵化园研学实践教育基地、沃德爱礼烘焙实践基地等资料进行收集，并由班主任组织班会进行交流分享；2. 情境导入：带领学生了解不同职业的职责和工作流程，探索自身与职业志向相关的准备状态，思考实现职业志向可能的路径与策略等；3. 实例导入：从学生真实生活中选取相关案例，带领学生剖析案例背后的职业因素，增进职业认知；4. 任务引入：发布研学任务单，通过项目式任务，调动学生积极性和主观能动性，帮助学生获得职业"体悟"，增进职业认知
	授课教学环节	第一天：入营教育、必修课程一"发现职业之旅"、必修课程二"小小种植员"；第二天：必修课程三"快乐农耕"、必修课程四"走访梨园人家——小小销售员"、选修课程1"我做收纳师"；第三天：必修课程五"我做拉面小师傅"、必修课程六"西式糕点课程——美味的黄油饼干"、选修课程2"指纹探秘"；第四天：必修课程七"我和我的城市"、必修课程八"一本书是怎么炼成的"、选修课程3"绘声绘影"；第五天：必修课程九"药用植物辨识"、必修课程十"探秘智能仓库"、选修课程4"创意木艺"	第一天：入营教育、必修课程一"生涯追梦"、必修课程二"职指未来"；第二天：必修课程三"我是自然绘画师"、必修课程四"体验'梨园百艺'"、选修课程1"生态家居"；第三天：必修课程五"外卖员的一天"、必修课程六"传统民俗食物课程"、选修课程2"探究室内装潢"；第四天：必修课程七"我和我的城市——兰州新区规划"、必修课程八"探秘印刷厂"、选修课程3"绿野仙踪"；第五天：必修课程九"中药的炮制"、必修课程十"探究智慧物流黑科技"、选修课程4"编程100分"	第一天：入营教育、必修课程一"'新新'少年、必修课程二"'飞'向蓝天"；第二天：必修课程三"我是环境监测员"、必修课程四"探秘百年梨园——做养护专家"、选修课程1"杏林中人"；第三天：必修课程五"我的牛肉面小店"、必修课程六"焙感幸福戚风蛋糕"、选修课程2"土壤检测"；第四天：必修课程七"我和我的城市"、必修课程八"书店店长体验官"、选修课程3"水质检测"；第五天：必修课程九"中药制剂技术"、必修课程十"探究智慧物流黑科技"、选修课程4"我的兰桥"

维度或要素		小学高年级段	初中段	高中段
实施方案	进级教学环节	1. 小组讨论：农作物种植需要经历哪些环节，不同农作物生长特点如何；2. 实地探究：实地考察什川古梨园，探究古梨树种植技艺和采摘要领；3. 组内交流：一本书从电子稿到纸质版的批量制作过程是怎样的；4. 艺术欣赏："读者"杂志中的插图对文章叙述有什么样的烘托作用	1. 调查研究：走进印刷厂，调查研究印刷技术和印刷流程；2. 实习作业：在专业人员指导下小组合作在印刷厂进行实际操作，深度体验印刷工作；3. 小组讨论：快递从打包、分拣到配送要经历哪些程序，快递员的工作有哪些职责；4. 实地探究：实地观察和探究兰州城市规划和交通系统的特点	1. 访谈研究：实地访谈中医药工作人员，研究中药炮制的基本原理、方式方法和关键环节；2. 小组讨论：货物的收纳、存储、分拣和出库等环节是如何自动化进行的；3. 知识竞赛：物联网、智慧物流、人工智能相关知识；4. 专题讨论：合作讨论智慧物流黑科技对传统物流业务模式的影响
	巩固教学环节	利用情境教学法，教师结合实地参观的图片和视频进行教学，学生在已有的职业认知上，认识其他职业的特点、所需要的技能、所需要储备的知识，将自己抽象的认知具象化，将职业意识内化于心、外化于行，并对周围的同学起到示范引领作用，同时对自己的职业生涯进行初步的认识与规划	利用新旧知识对比法，以小组为单位，归纳研学实践过程中的收获，帮助学生进一步认识到各种行业的工作内容，掌握基本技能，并初步建立职业素养，增加对该岗位的职业觉知，并思考如果将来你作为这个行业的佼佼者，你会对这个行业做出哪些改变，从而提升学生的实践能力、解决问题的能力以及创新创造能力	实践体验、现场教学、自主学习与任务驱动相结合，采取"学训同步"的教学模式，变学习内容为工作内容，通过模拟工作来实现学习，探索自身与职业志向相关的准备状态，思考实现职业志向可能的路径与策略，引导学生从真实生活中剖析案例背后的职业因素，增进职业认知，增强学生的职业认同感与自我定位能力

维度或要素			小学高年级段	初中段	高中段
实施方案	总结教学环节	教学创新	依据学生学情动态调整课程内容，以游戏化和体验式的学习方式，激发学生学习兴趣，根据学生年龄特点，充分发挥学生主体性和主动性，培养学生的创新意识	在研学课程实施中，基于学情实际，通过小组合作探究的方式，强化学生自主实践的意识和能力，引导学生在实践中大胆探索勇于创新，树立合作精神，提升创新能力	注重因材施教，课程内容设计根据学段划分层层递进，教师在研学活动中主动尝试新的教学方法和策略，培养学生的创新精神和实践能力
		教学总结	整理研学活动的教学资料，通过学生反馈、教师反馈和家长反馈来总结不足，建立研学档案	复盘研学活动实施过程中存在的问题和不足，收集学生、家长和其他相关人员的反馈意见，建立研学档案，提炼相关经验	整理研学活动的教学资料，通过问卷调查了解学生、家长和其他相关人员的反馈，在整体总结的基础上强调学生自我认知与责任能力的形成，建立研学记录袋
		教学反思	反思研学实践过程中安全保障工作是否到位，还存在哪些安全隐患；活动创设是否有趣，是否有效吸引学生积极参与；是否将责任与担当意识融合到研学实践中	反思活动准备是否充足，是否引导学生将研学课程与自己的兴趣和职业生涯规划联系起来，是否能为提升学生的责任担当意识发挥积极的促进作用	梳理教学环节的设计、实施和效果，根据教学反馈和评估结果，对教学环节进行调整和优化，提炼经验教训，为下一次研学活动提供参考

维度或要素				小学高年级段	初中段	高中段
实施方案	评价教学环节	教学水平评价	自我评价	通过填写自我评价单，对研学过程中的教师职责和教学设计的完成情况等方面进行自我反思和评价	通过学生活动过程及结果的反馈，反思线路设计及课程设计的适切性，是否完成了线路及课程预设的目标	对研学过程中教学设计的完成情况、是否有效进行师生互动和是否科学制定研学旅行活动目标等方面进行自我反思和评价
			学生评价	对研学内容是否感兴趣，是否主动、积极体验研学旅行活动；是否认真观察、调查，主动发现问题，积极提出问题，参与问题的分析与解决	对研学课程任务的完成情况进行自我评 价，反思是否积极参与实践活动，是否主动发现问题，在分析问题中思考解决问题的方法是否具有可行性	对是否引导学生树立正确的价值观进行评价，反思学生是否积极参与到了各项活动中，是否实现了“研”和“学”的有机统一
			同行评价	依据教师在真实情境中完成研学任务时所表现出来的理念、态度、能力、知识等方面进行评价	通过听课、跟队观摩等方式，对课程设计、课程开展流程、开展方式、教学机制和活动课程总结等方面进行评价	收集研学基地导师、营地教师、学校学科教师等对于线路及课程的多维度评价
			培训和考核	定期对研学教师线路、课程开发和实施情况培训并进行考核；进行研学安全培训	制订个性化的培训方案，对研学开展情况进行考核；把学生满意度、家长和社会认可度作为考核重要标准	制订个性化的培训方案，通过政治素养、业务能力等对教师进行综合考核与评价，并根据考核结果对教师进行分类管理，全方位保障教学效果
			教学成果展示	以学生的研学心得、主题演讲以及教师的实践课程案例作为教学成果进行展示	以学生的创意影像、研究笔记以及教师的课题、论文作为教学成果进行展示	以学生的创意作品、研究成果以及教师的课题、论文、案例等作为教学成果进行展示

维度或要素				小学高年级段	初中段	高中段
实施方案	评价教学环节	学业评价	形成性评价	通过学生自评、小组互评、教师评价等多种方式，记录和反馈学生研学过程中的学习情况，形成过程性追踪评价	采取持续观察、记录、反思的方式，围绕学生的活动体验状态、参与程度、是否提出有价值的问题等方面进行评价	通过对学生的作品、交流表达、参与程度等方面进行观察、记录和总结反馈，对学生的阶段性成长、阶段知识获取程度和阶段目标完成情况进行评价
			总结性评价	在研学活动结束后评价学生的任务完成情况，通过学生的学习手册、研究报告、汇报交流等，全面了解学生在研学活动中的学习成果和进步	通过对学生研学态度、习惯和纪律性、安全意识、自理自立等进行整体性评价，全面了解学生创新精神和实践能力的发展与进步	通过学生的学习手册、研究报告、汇报交流等，全面了解学生从发现和提出问题、分析问题到解决问题的全过程中所显示的探究精神和能力
			教师评价	对学生研学前、研学中和研学后的研学准备、研学实践、研学参与度、任务完成情况进行评价；结合学生的纪律性和合作精神等对学生进行评价	对学生研学前、研学中和研学后的研学准备、研学实践、研学参与度、任务完成情况进行评价；结合学生的协作能力和创新能力等对学生进行评价	教师根据学生在研学实践活动中的过程性跟踪反馈资料以及研学成果展示等内容，对学生进行多维度评价
		项目评价		学校带队教师、学生对研学项目的课程、线路选择的合理性和课程难度设计的阶梯性等方面进行综合性评价，营地及教师针对评价的结果进行反思，及时发现问题并加以改进	参与学校、学生及家长通过问卷、访谈等形式，对安全管理、研学资源、课程衔接、活动组织、多方协同、教学策略、课程深度、教学策略、学生成长、项目规范等进行评价，以便持续完善研学实践教育	行政主管部门、参与学校、学生、家长及社会各界通过问卷、访谈等形式，对安全管理、研学资源、课程衔接、活动组织、多方协同、教学策略、课程深度、教学策略、学生成长、项目规范等进行评价，以便持续完善研学实践教育

4.19 教学计划与策略列表：开蒙启智 筑梦润心

<table>
<tr><td colspan="3">营地名称</td><td>乌鲁木齐市青少年综合实践教育中心（简称“乌鲁木齐营地”）</td><td>命名机构</td><td>教育部</td><td>识别码</td><td>Y14565001</td></tr>
<tr><td colspan="3">从业资质（摘要）</td><td>贯彻执行党和国家的教育方针，依据相关教育政策法规和标准，指导和组织开展中小学综合实践教育活动</td><td>单位属性</td><td>公益一类</td><td>法定代表人</td><td>帕尔哈提·努尔买买提</td></tr>
<tr><td colspan="3">研学主题</td><td>开蒙启智　筑梦润心</td><td>主要目的指向</td><td colspan="3">启蒙教育</td></tr>
<tr><td rowspan="7">营地（枢纽）及周边主要优质研学资源</td><td colspan="2">基地层级</td><td colspan="5">研学站点（基地）名称</td></tr>
<tr><td rowspan="2">教育部命名基地</td><td>已列入教学计划</td><td colspan="5">一、与本主题相关的列入教学计划的基地3个
1.乌鲁木齐市青少年综合实践教育中心（简称“乌鲁木齐营地”）；2.新疆维吾尔自治区科技馆（简称“自治区科技馆”）；3.新疆古生态园（野马国际）
二、与本主题关联不大但列入本营地教学计划的基地2个
1.新疆儿童发展中心；2.吐鲁番博物馆</td></tr>
<tr><td>待列入教学计划</td><td colspan="5">1.新疆维吾尔自治区儿童发展中心（简称“自治区儿童发展中心”）；2.吐鲁番博物馆；3.新疆生产建设兵团第十师一八五团；4.新疆维吾尔自治区经济和信息化委员会；5.温泉县气象局；6.哈密市伊州区红军西路军进疆纪念园；7.北庭故城遗址（吉木萨尔县北庭学研究院）；8.阿克苏地区博物馆；9.新疆文化出版社；10.博州温泉县“五馆一中心”（温泉县灵泉旅游开发经营有限公司）</td></tr>
<tr><td colspan="2">其他部委命名基地</td><td colspan="5">1.新疆消防救援总队培训基地（乌鲁木齐县）；2.新疆农业博览园——华兴悠游谷（简称“华兴悠游谷”）</td></tr>
<tr><td colspan="2">地方命名基地</td><td colspan="5">1.新疆农业博览园；2.新疆国际大巴扎；3.新疆“馕文化”基地</td></tr>
<tr><td colspan="2">本营地资源</td><td colspan="5">1.禁毒安全教育场馆；2.防灾减灾体验场馆；3.国防教育场地；4.沙画场馆；5.法治大讲堂；6.非遗场馆；7.音乐教室；8.速叠杯场馆；9.多米诺场地；10.生活体验馆；11.劳动教育体验场地；12.中草药体验场地；13.素质拓展场地；14.交通安全教育场馆；15.3D打印场馆；16.金工木工体验场馆；17.机器人馆</td></tr>
<tr><td colspan="2">其他资源</td><td colspan="5">1.新疆维吾尔自治区蜂业实训基地（简称“自治区蜂业实践基地”）；2.新疆天润丝路云端牧场（简称“丝路牧场”）；3.飞揽天下新疆会客厅（简称“飞揽天下”）</td></tr>
</table>

维度或要素	小学高年级段	初中段	高中段
校内教育基础（与校内教育的衔接）	这一阶段的启蒙教育不仅关注知识的传授，更在于引导学生形成良好的学习习惯、独立思考能力和创新精神。对照“道德与法治课标”，在启蒙教育中融入法治和德育元素，能够帮助学生建立正确的人生观、价值观，塑造良好的道德品质和社会责任感，为成为懂法、讲法、有担当的公民提供精神支撑。对照“艺术课标”，本阶段在启蒙教育方面重视学生实践操作，提供学生能够亲身体验的多种课程，锻炼动手能力，培养他们的创新思维。本研学主题必修课与校内教育的衔接内容如下：1.小学六年级上册（法治专册）第一单元“我们的守护者”第一节课“感受生活中的法律”“宪法是根本法”、第二单元“我们是公民”第三节课“公民意味着什么”“公民的基本权利和义务”、第四单元“法律保护我们健康成长”第九节课“知法守法，依法维权”；2.人教版五年级上册第一单元第二课时“主动拒绝烟酒与毒品”；3.六年级下册综合实践活动课程“筷子的学问”；4.人教版六年级数学下册“数字密码锁”	本阶段的学生启蒙教育需要融入创新意识和实践能力的培养。注重道德品质教育，培养学生的爱国情怀和社会责任感，加强综合素质教育。通过对照初中“道德与法治”课程，引导青少年系统学习法治知识，形成正确的法治观念，扎实、科学、有效地将法治教育要求落到实处。本研学主题必修课与校内教育的衔接内容如下：1.“道德与法治”八年级第5课第二课时“预防犯罪”，帮助学生树立法治观念，增强防范意识，杜绝不良行为，自觉遵纪守法；2.通过对照“艺术课标”开展沙画等综合实践课程，提高学生表现力和创造力，培养学生艺术鉴赏能力及其艺术素质；3.结合“语文课标”能够把学过的古诗词中的场景用沙画变成一幅画作，根据诗意进行创作；4.初中人教版九年级全册第二十一章第三节“广播、电视和移动通信”一课衔接开展无线电测向综合实践活动课程，有助于学生初步了解电磁波的应用及其对人类生活和社会发展的影响；5.对标初中“数学”，初步了解经典密码学在代数领域的应用	本阶段的学生开始形成自己的价值观和世界观，他们的独立思考能力逐渐增强，高中毕业后，大多数学生会步入大学或走向社会。在这个人生的十字路口，许多高中生对自己的未来充满了憧憬和迷茫。他们希望了解更多关于职业规划、人生选择等方面的信息，以帮助他们形成稳定的自我认知和价值观，要给予他们足够的支持和引导，帮助他们顺利度过这一关键时期。本研学主题必修课与校内教育的衔接内容如下：1.对照人教版“思想政治课标”选修五“生活中的法律常识”，引导学生学习法律知识，锻炼学生法律知识的归纳和运用能力、逻辑思维和判断能力；2.结合高二“思想政治”课中“正确认识中华传统文化”内容，了解中华文化的当代价值，体悟中华文化的魅力；3.联系人教版高一语文必修一学习任务群“家乡文化生活，参与家乡文化建设”一课，制作“‘甜蜜产业’助力乡村振兴”的视频，推广家乡特产；4.高中“信息技术教科版”选修二第四章第三节“图形图像素材的制作之微电影的设计与制作”；5.人教版高中物理必修二“无线电波的发射和接收”

维度或要素			小学高年级段	初中段	高中段
研学课程	必修课程一	名称	法制大讲堂之法律知识我宣传	法制大讲堂之法律知识我实践	法制大讲堂之法律知识我研讨
		活动目的	通过学生的学习和交流，使学生初步掌握相关法律知识，树立法律意识，做合格公民	通过模拟法庭的表演体验，使学生进一步明确法律与我们每个人的生活息息相关	通过对生活中典型案例的重现，引导学生从法律的角度分析案情
		活动形式	教师讲解、实践体验	模拟法庭体验	模拟法庭开庭演示
	必修课程二	名称	给诗词配画——沙画创作	“我们的新时代”——沙画创作	用沙画串联你的故事——动态沙画
		活动目的	学习沙画的基础技法，了解沙画“沙书改画”典故	学习沙画基础技法，在拓展沙画创作形式的基础上传递正能量	进行沙画创作，鼓励学生在构思设计、主题凝练、故事讲述等方面进行创新突破
		活动形式	教师讲授、教师示范、实践体验	教师讲授、教师示范、实践体验	教师讲授、教师示范、实践体验
	必修课程三	名称	“蜂”狂探“蜜”——自制蜂蜡唇膏	“蜂”狂探“蜜”——蜂产品初体验	“蜂”狂探“蜜”——新疆优质蜂蜜推介
		活动目的	了解蜂蜡的提取全过程，通过自制蜂蜡唇膏，学习蜂蜡的作用与功效	通过实地考察，体验取出巢蜜、动手割蜜、手工摇蜜等过程	通过制作“‘甜蜜产业’助力乡村振兴”的宣传海报助力家乡蜂产品推广
		活动形式	教师讲授、实地探访、学生活动、实践体验、分享与交流	教师讲授、实地探访、学生活动、实践体验、分享与交流	教师讲授、实地探访、学生活动、实践体验、分享与交流
	必修课程四	名称	筷子——中华优秀传统文化小课堂	筷子——中华优秀传统文化小课堂	筷子——中华优秀传统文化小课堂
		活动目的	了解中华优秀传统文化背景及基本知识，体验筷子礼仪过程	了解中华优秀传统文化的历史与发展，掌握正确使用筷子的方法，增强文化自信	了解中华文化的当代价值，体悟中华文化的魅力
		活动形式	教师讲授、实践体验、互相指导等形式	自主探究、小组探究、展示、微情景剧表演等	研究、调查、访问、查找资料等

维度或要素			小学高年级段	初中段	高中段
研学课程	必修课程五	名称	有趣的音乐——模仿歌曲《萱草花》	有趣的身体打击乐——四声部的合作	音乐中的动次打次——我的节奏我创编
		活动目的	了解身体打击乐的基本概念，观看视频模仿动作	了解音乐的基本知识，通过小组合作完成四声部的身体打击乐游戏	了解音乐的基本要素，通过小组合作完成节奏的四声部创编，并用乐器演奏出来
		活动形式	教师讲授、视频展示	教师讲授、实践体验	交流分享、实践体验
	必修课程六	名称	无线电测向初体验	无线电测向之夺宝奇兵	隐秘的守护者
		活动目的	学生初步体验无线电的魅力，初步认识在战争年代信息传递的过程	学生体验无线电测向和经典密码学的魅力，认识到在战争年代信息传递保密工作的重要性	学生体验无线电测向和近代密码学的魅力，认识到国家安全及保密的重要性
		活动形式	教师讲授、实践探究	教师讲授、实地探访、实践体验	教师讲授、实地探访、情境模拟
	必修课程七	名称	有趣的速叠杯	竞技速叠杯	团队速叠杯
		活动目的	引导学生认识速叠杯，了解基本玩法和规则，体验常规玩法	了解基本玩法和规则，体验常规玩法，可以利用计时器进行竞技	了解基本玩法和规则，体验常规玩法，可以利用计时器进行小组接力比赛
		活动形式	教师讲授、多媒体演示	教师讲授、多媒体演示、自主学习、任务驱动	教师讲授、多媒体演示、自主学习、任务驱动、团队合作
	必修课程八	名称	有趣的多米诺骨牌	玩转多米诺骨牌	团队多米诺骨牌
		活动目的	让学生认识多米诺骨牌，了解多米诺骨牌的基本原理和规则，锻炼学生的耐心和细心	通过合作摆放多米诺骨牌，锻炼学生的团队合作能力，锻炼学生的耐心和细心，增强学生的自信心和受挫能力	通过合作摆放多米诺骨牌，锻炼学生的团队合作能力，通过大规模设计和布局，锻炼学生的规划和组织能力
		活动形式	自主学习、任务驱动	视频展示、实践体验	教师讲授、自主学习、任务驱动、视频展示、实践体验

维度或要素			小学高年级段	初中段	高中段
研学课程	必修课程九	名称	《科学微电影》创作——神奇的科学现象	《科学微电影》创作——这就是物理	《科学微电影》创作——这就是物理
		活动目的	了解科技馆里看到的一些奇特的现象，联想周围环境中还有哪些相似现象，每人列举5个	整理科技馆里看到的一些奇特的现象，结合科学课及物理课上学到的知识，小组合作探讨这些现象形成的原因	整合科技馆里看到的一些奇特现象，结合物理课上学到的知识，小组合作探讨这些现象形成的原因，并定量说明
		活动形式	教师指导、实地参观、实践体验	教师讲授、实地考察、实践体验	教师点拨、实地考察、实践体验
	必修课程十	名称	了解毒品	毒品危害	向毒品说不
		活动目的	通过图文并茂、通俗易懂的图片，教育和引导学生远离毒品，增强拒毒防毒意识	通过教学活动的开展，使学生了解有关毒品的知识	了解毒品的现实危害，拟定可行的探究方案，以方案为主轴，通过网络查询、搜集、摘录相关材料
		活动形式	教师讲授、图片展示	教师讲授、图片展示、实地考察	教师讲授、图片展示、实地考察、实践体验
	选修课程		1. 开营第一课 2. 整理与收纳之我的小床 3. 丰收的喜悦 4. 防灾减灾馆体验 5. 闭营总结	1. 开营第一课 2. 整理与收纳之我的行李箱 3. 丰收的喜悦 4. 防灾减灾馆体验 5. 闭营总结	1. 开营第一课 2. 整理与收纳之我的宿舍 3. 丰收的喜悦 4. 防灾减灾馆体验 5. 闭营总结

维度或要素		小学高年级段	初中段	高中段
研学线路	代表性线路（时长五日）	第一天：法治大讲堂—禁毒安全教育场馆—乌鲁木齐营地；第二天：沙画场馆—非遗场馆—乌鲁木齐营地；第三天：音乐教室—自治区蜂业实训基地—乌鲁木齐营地；第四天：国防教育场地—自治区科技馆—乌鲁木齐营地；第五天：速叠杯场馆—多米诺场地—乌鲁木齐营地	第一天：法治大讲堂—禁毒安全教育场馆—乌鲁木齐营地；第二天：沙画场馆—非遗场馆—乌鲁木齐营地；第三天：音乐教室—自治区蜂业实训基地—乌鲁木齐营地；第四天：国防教育场地—自治区科技馆—乌鲁木齐营地；第五天：速叠杯场馆—多米诺场地—乌鲁木齐营地	第一天：法治大讲堂—禁毒安全教育场馆—乌鲁木齐营地；第二天：沙画场馆—非遗场馆—乌鲁木齐营地；第三天：音乐教室—自治区蜂业实训基地—乌鲁木齐营地；第四天：国防教育场地—自治区科技馆—乌鲁木齐营地；第五天：速叠杯场馆—多米诺场地—乌鲁木齐营地
	可选择线路（按天设计，菜单式选择）	1.乌鲁木齐营地—防灾减灾体验场馆—乌鲁木齐营地；2.乌鲁木齐营地—生活体验馆—乌鲁木齐营地；3.乌鲁木齐营地—劳动教育体验场地—乌鲁木齐营地；4.乌鲁木齐营地—中草药体验场地—乌鲁木齐营地；5.乌鲁木齐营地—素质拓展场地—乌鲁木齐营地；6.乌鲁木齐营地—交通安全教育场馆—乌鲁木齐营地；7.乌鲁木齐营地—3D打印场馆—乌鲁木齐营地；8.乌鲁木齐营地—丝路牧场—乌鲁木齐营地	1.乌鲁木齐营地—劳动教育体验场地—乌鲁木齐营地；2.乌鲁木齐营地—生活体验馆—乌鲁木齐营地；3.乌鲁木齐营地—防灾减灾体验场馆—乌鲁木齐营地；4.乌鲁木齐营地—新疆国际大巴扎—乌鲁木齐营地；5.乌鲁木齐营地—素质拓展场地—乌鲁木齐营地；6.乌鲁木齐营地—交通安全教育场馆—乌鲁木齐营地；7.乌鲁木齐营地—金工木工体验场馆—乌鲁木齐营地；8.乌鲁木齐营地—新疆农业博览园—华兴悠游谷—乌鲁木齐营地	1.乌鲁木齐营地—生活体验馆—乌鲁木齐营地；2.乌鲁木齐营地—新疆国际大巴扎—乌鲁木齐营地；3.乌鲁木齐营地—新疆农业博览园—乌鲁木齐营地；4.乌鲁木齐营地—劳动教育体验场地—乌鲁木齐营地；5.乌鲁木齐营地—新疆国际大巴扎—乌鲁木齐营地；6.乌鲁木齐营地—素质拓展场地—乌鲁木齐营地；7.乌鲁木齐营地—新疆农业博览园—乌鲁木齐营地；8.乌鲁木齐营地—机器人馆—乌鲁木齐营地
	规划线路（按天设计）	1.乌鲁木齐营地—自治区儿童发展中心—乌鲁木齐营地；2.乌鲁木齐营地—野马国际—乌鲁木齐营地；3.乌鲁木齐营地—飞揽天下—乌鲁木齐营地	1.乌鲁木齐营地—野马国际—乌鲁木齐营地；2.乌鲁木齐营地—新疆“馕文化”基地—乌鲁木齐营地；3.乌鲁木齐营地—乌鲁木齐市博物馆—乌鲁木齐营地	1.乌鲁木齐营地—新疆“馕文化”基地—乌鲁木齐营地；2.乌鲁木齐营地—乌鲁木齐市博物馆—乌鲁木齐营地；3.乌鲁木齐营地—吐鲁番博物馆—乌鲁木齐营地

维度或要素		小学高年级段	初中段	高中段
教学重点难点（以代表性线路教学设计为例，下同）	教学重点	1.青少年要自觉学法守法，并积极宣传法律，通过图片、实物展示，让学生对毒品形态、危害有直观认识；2.创作画面与诗歌相协调，在创作过程中感受美、欣赏美；3.学习使用筷子的礼仪以及其中蕴含的历史、文化；4.模仿较为复杂的身体打击乐视频；5.了解蜂蜡的提取全过程，学习蜂蜡的作用与功效；6.学会无线电测向机的使用方法；7.小组合作探讨奇特现象的形成原因；8.了解速叠杯的玩法，使用计时器，挑战速度、时间、自我；9.了解多米诺骨牌的基本原理和规则	1.法庭审理的流程，违法和犯罪的关系；2.教师讲授毒品危害，带领学生参观实践中心禁毒馆中各类毒品；3.紧扣主题，展现创意，传递正能量；4.以筷子为载体，传承和弘扬中华优秀传统文化；5.小组合作完成四声部身体打击乐并展示；6.了解蜂蜜的生产过程；7.学会通过无线电测向机去寻找电台，学会一些简单的密码学的使用；8.了解速叠杯的玩法，两人合作完成比赛；9.学生需要与他人合作完成任务，提升学生的团队合作能力	1.辩护词、公诉词的编写；2.教师讲授毒品危害，明确中学生在禁毒宣传教育中的作用，珍惜生命，不沾染毒品，向周围的人宣传毒品危害；3.几个沙画场景的构思，故事性的体现；4.中华优秀传统文化的当代价值；5.小组合作并用乐器演奏；6.深入了解蜂蜜、王浆、花粉、蜂胶等蜂产品；7.学会使用交叉定点、跟踪和比较音量的方法去寻找电台；8.学会使用密码字母集加密及编写密码；9.小组接力进行比赛；10.学生需要与他人合作完成任务，提升学生的团队合作能力
	教学难点	1.学习结果的汇总和汇报；2.如何用通俗易懂的语言向学生讲授毒品的危害；3.强化活动体验，激发学生自主探究的兴趣，挖掘创新能力；4.简要理解以筷子文化为载体的中华优秀传统文化；5.根据音乐创编身体打击乐动作；6.学会自制蜂蜡唇膏；7.如何快速调节和判断信号源；8.细心观察馆内的科学现象，激发对相关科学知识的兴趣；9.挑战手速，锻炼学生的耐心和细心	1.案例的选择；2.教师带领学生参观实践中心禁毒馆中各类毒品时的组织教学；3.熟练掌握沙画技法，完成创作；4.在实操中感悟中华优秀传统文化；5.对节奏的准确把握；6.体验取出巢蜜、动手割蜜、手工摇蜜等过程；7.如何快速准确地寻找到电台；8.熟练掌握几种密码学的解密和加密方法；9.探讨看到的科学现象，依据学科知识进行解释；10.挑战手速，以及两人的合作能力；11.增强学生的自信心和受挫能力	1.辩护词、公诉词的编写；2.拟定可行的探究方案，小组合作完成探究方案；3.技法熟练，与音乐配合最终呈现流畅、完整的沙画视频；4.自主创编节奏；5.制作突出重点、耐人寻味的宣传海报；6.如何熟练使用交叉定点、跟踪和比较音量等方法去寻找电台；7.熟练掌握和使用密码字母集加密及编写密码；8.小组合作完成接力，并以最快速度最稳定地完成接力；9.对大规模的多米诺骨牌进行布局时，设计和实施会变得复杂，需要学生具备规划和组织能力

维度或要素	小学高年级段	初中段	高中段
教学策略	小学高年级段学生正处于身心发展的关键期，他们开始逐渐形成独立思考的能力，对周围的事物充满好奇。这个阶段的学生，一方面在习惯养成方面有很大的可塑性，另一方面也开始对未来的职业规划产生初步的兴趣。基于建构主义学习理论，我们选取生活中的题材为主要活动内容，依托营地丰富多元的教学资源，如营地场馆课、劳动教育课、研学实践课等，同时借助智能教学平台进行辅助教学。采取情境模拟、体验式学习和小组合作探究式学习等多种方式，鼓励学生在实践活动中发现问题、提出问题，并通过实践、研学等多种形式解决问题，培养其独立思考能力和团队协作精神。在学法上注重引导学生自主学习，合作学习，形成观察、记录、总结、反思的学习习惯，充分调动学生的主观能动性。设计一系列具有趣味性、挑战性和创新性的综合实践活动和研学活动，让学生在亲身体验中深化对知识的理解和应用。通过这些实践活动的学习，使小学高年级段的学生能够将所学知识与现实生活紧密联系起来，提升他们的实践能力、创新能力和社会责任感，为他们全面发展打下坚实的基础。同时提前做好相关的物料准备，确保活动的顺利进行	初中段学生正处于青春期，身体和心理都在发生着巨大的变化。他们的思维活跃、好奇心强，喜欢探索新事物，同时又有着强烈的求知欲，渴望了解更多关于世界的知识。他们渴望得到他人的关注和认可，但又常常因为自己的不成熟而犯错。他们在学习和生活中都面临着各种挑战和困难，他们更加注重眼前的事情，而不是未来的长远规划。他们更倾向于解决当前的问题，对于长期的任务或目标往往缺乏耐心和毅力。基于建构主义和多元智力理论，我们的教育目标是通过各种综合实践活动教育，鼓励他们培养良好的学习习惯和方法，树立正确的价值观。为此，我们运用多元化的教学方法，包括讲授法、互动法、讨论法，演示实验法，同时倡导自主学习、探究式学习和合作学习模式。借助营地丰富资源，确保相关教学资源和物资的充足，将实践学习与多种教学资源相结合，使实践研学活动融入学生的亲身体验生活中，在教学过程中，密切关注学生的体验感受和学习反馈，及时调整教学策略方案，精心设计课程，采取贴近学生学习和生活的有效措施来提高学生在研学实践活动中的学习效率。为了让学生更好地理解研学主题，掌握生活中能够应用到的相关知识和技能，最终实现本学段设定的研学目标	高中段学生面临着日益繁重的学业压力和对未来道路选择的迷茫。升学竞争的压力犹如一座无形的大山，不仅可能影响学生的身心健康，更可能会导致他们在探索自我价值、理解生活真谛以及对职业世界的认知上产生困扰。他们同时也渴望探索课外活动、参与社团、研学、追求个人爱好等，以寻求学习之外的兴趣满足。因此，如何科学引导他们在关键时期发现自身优势，并将之与个人学习规划相结合，形成积极的生涯发展规划尤为重要。本研究立足多元智力理论，旨在帮助学生深入理解自己的性格特点、价值观以及生涯发展需求，从而增强他们在升学及就业选择中的主动性和科学性态度。在具体的教育实践中，采取多种教学方法，结合多元化学法，充分利用实践基地及相关资源，确保物料准备充分。通过对高中段学生知识积累、生活体验和学习特性的深度挖掘与分析，借助丰富多样的教学手段与资源，致力于打造一个既关注个体成长又服务社会发展的生涯规划教育体系，使学生能够主动地进行生涯规划，引导学生树立正确的人生观和价值观，能够更加从容地认识自我、洞见未来，深刻理解生活与职业的价值，最终成长为具有独立思考能力和广阔视野的社会栋梁，进而实现本阶段研学活动课程的目标

维度或要素				小学高年级段	初中段	高中段
实施方案	入营教育	安全	引导	通过安全教育讲座和交通安全标识的学习，使学生的安全意识提高，并具备一定防范化解危险的能力	通过安全教育讲座和交通安全标识的学习，提醒学生行程中可能出现的安全隐患，并引导学生寻找安全隐患并进行汇报	通过安全教育讲座和交通安全标识的学习，提醒学生行程中可能出现的安全隐患，并引导学生探究营地可能发生的安全事故
			实训	开设安全教育讲座，进行交通安全标识学习，发放安全手册	开设安全教育讲座，进行交通安全标识学习，发放安全手册，组织学生分组讨论、制订疏散方案并组织疏散演练	开设安全教育讲座，进行交通安全标识学习，发放安全手册，组织学生分组绘制疏散图、制订疏散方案，开展疏散演练
		应急	引导	通过视频案例和演示，认识营内危险点和危险行为带来的危害	通过视频了解地震、火灾等案例，认识掌握应急事件处理方法和技巧的重要性	探究地震和人为不当行为引起的火灾灾难程度，激发学生学习应急技巧的意愿
			实训	体验防震减灾馆内自然灾害5D体验馆，进行灭火体验、地震体验及初步学习安全绳的使用	体验防震减灾馆内自然灾害5D体验馆，进行灭火知识讲解及训练、地震知识讲解及学习安全绳的使用	体验防震减灾馆内自然灾害5D体验馆，进行灭火训练及烟雾逃生训练，开展地震演习并能够熟练使用安全绳
		救助	引导	通过校医示范与动作指导，了解急救与包扎基础知识	通过校医示范与动作指导，了解急救与包扎基础知识	掌握急救与包扎基础知识，进行自救与救助他人的体验
			实训	开展校医培训大讲堂，举办急救知识竞赛	开展校医培训，进行简单的自救与救助他人的体验，举办急救知识竞赛	开展校医培训，进行情境模拟实操实训，举办急救知识竞赛
		自我管理	引导	通过学习食堂就餐、内务整理、课程学习等相关要求，规范行为举止	通过视频学习食堂就餐、内务整理、课程学习等相关要求，树立自我管理意识	通过学习相关要求，树立自我管理意识，学生参与内务评分，进行自评、互评
			实训	发放研学行为规范手册，进行内务整理活动	发放研学行为规范手册，进行内务整理大比拼	发放研学行为规范手册，进行内务整理大比拼，学生参与内务评分，进行自评互评
		团队协作	引导	通过素质拓展课进行破冰，培养团队意识，建立团队情谊	通过素质拓展课进行破冰，确定组内成员分工，画队旗、制定口号	通过素质拓展课进行破冰，在初步了解后分小组选组长，确定组内成员分工
			实训	组织学生分组建立团队，开设素质拓展团建课	组织学生分组建立团队，开设素质拓展团建课，并说明其意义	组织学生分组建立团队，开设素质拓展团建课，说明其意义并进行自我宣传

维度或要素		小学高年级段	初中段	高中段
实施方案	导入教学环节	1.视频导入：吸毒案例；2.视频导入：山水沙画创作视频；3.视频导入：《你真的懂筷子吗？》传承片段；4.视频导入：观看身体打击乐视频《少年》和蜂蜡的提取过程；5.任务导入：发布研学手册；6.视频导入：播放速叠杯精彩视频和播放精彩的多米诺骨牌视频	1.模拟法庭表演的准备；2.视频导入：吸毒案例；3.视频导入：沙画视频《我们的新时代》；4.任务导入：世界各国就餐习惯、中国餐具为什么首选筷子；5.视频导入：观看身体打击乐视频《少年》；6.直观导入：介绍摇蜜机；7.任务导入；8.视频导入：相关科学现象系列视频；9.视频导入：播放速叠杯精彩视频，以及双人合作的视频；10.视频导入：播放精彩的多米诺骨牌视频	1.案情重现；2.视频导入：吸毒案例；3.任务导入：在纸上写下你成长过程中几个难忘的片段；4.问题导入：随着各国交流的加深，其他国家的餐饮文化也进入中国，餐具也多种多样，我们是否还应坚持使用筷子？说明理由；5.视频导入：观看身体打击乐视频《少年》；6.直观导入：介绍摇蜜机；7.任务导入；8.视频导入：相关科学现象系列视频；9.视频导入：播放速叠杯小组合作竞赛视频；10.视频导入：播放吉尼斯世界纪录多米诺骨牌视频
	授课教学环节	第一天：入营教育、必修课程一“法制大讲堂之法律知识我宣传”、必修课程十“了解毒品”；第二天：必修课程二“给诗词配画”、必修课程四“筷子——中华传统文化小课堂”、选修课程2“整理与收纳之我的小床”；第三天：必修课程三“‘蜂’狂探‘蜜’——自制蜂蜡唇膏”、必修课程五“有趣的音乐——模仿歌曲《萱草花》”、选修课程3“丰收的喜悦”；第四天：必修课程六“无线电测向初体验”、必修课程九“《科学微电影》创作——神奇的科学现象”、选修课程4“防灾减灾馆体验”；第五天：必修课程七“有趣的速叠杯”、必修课程八“有趣的多米诺骨牌”、选修课程5“闭营总结”	第一天：入营教育、必修课程一“法制大讲堂之法律知识我实践”、必修课程十“毒品危害”；第二天：必修课程二“‘我们的新时代’——沙画创作”、必修课程四“筷子——中华优秀传统文化小课堂”、选修课程2“整理与收纳之我的行李箱”；第三天：必修课程三“‘蜂’狂探‘蜜’——蜂产品初体验”、必修课程五“有趣的身体打击乐——四声部的合作”、选修课程3“丰收的喜悦”；第四天：必修课程六“无线电测向之夺宝奇兵”、必修课程九“《科学微电影》创作——这就是物理”、选修课程4“防灾减灾馆体验”；第五天：必修课程七“竞技速叠杯”、必修课程八“玩转多米诺骨牌”、选修课程5“闭营总结”	第一天：入营教育、必修课程一“法制大讲堂之法律知识我研讨”、必修课程十“向毒品说不”；第二天：必修课程二“‘我们的新时代’——沙画创作”、必修课程四“筷子——中华优秀传统文化小课堂”、选修课程2“整理与收纳之我的宿舍”；第三天：必修课程三“‘蜂’狂探‘蜜’——新疆优质蜂蜜推介人”、必修课程五“音乐中的动次打次——我的节奏我创编”、选修课程3“丰收的喜悦”；第四天：必修课程六“隐秘的守护者”、必修课程九“《科学微电影》创作——这就是物理”、选修课程4“防灾减灾馆体验”；第五天：必修课程七“团队速叠杯”、必修课程八“团队多米诺骨牌”、选修课程5“闭营总结”

维度或要素		小学高年级段	初中段	高中段
实施方案	进级教学环节	1.学习后交流，知晓毒品危害并拒绝毒品；2.互相交流，强化对筷子文化的认知，从中了解筷子的起源及发展；3.模仿：模仿身体打击乐视频《萱草花》；4.制作：自制蜂蜡唇膏；5.知识竞赛：无线电测向相关知识，开展无线电测向初体验活动，初步认识在战争过程中信息传递的过程；6.引导学生认识速叠杯，了解基本玩法和规则，体验常规玩法，利用计时器，进行竞技，挑战自我；7.通过讲解让学生了解多米诺骨牌的基本原理和规则，通过小组合作的方式完成一个任务	1.交流表演后的角色感受；2.组织与毒品危害相关的演讲、讨论；3.学生通过自主探究，在对比各国餐具缘何不同的过程中，了解中国使用筷子的传统是受经济发展、地理环境、风俗习惯等因素影响；4.实践：初步体验身体打击乐，学习视频《少年》中的动作；5.体验：手工灌蜜过程；6.自主学习：自主学习经典密码学知识，教师辅助讲解；7.知识竞赛：无线电测向相关知识；8.小组活动：开展无线电测向之夺宝奇兵活动；9.引导学生认识速叠杯，了解基本玩法和规则，体验常规玩法，利用计时器，进行竞技，挑战自我	1.公诉词、辩护词撰写的方法和技巧；2.辩论会，面对丰富多彩的餐饮文化、多种多样的餐具，有无必要坚持使用筷子？在辩论中使学生认识中华优秀传统文化的当代价值；3.创编：通过学习，小组合作创编四声部节奏；4.制作：结合收集到的资料，制作能够突出新疆蜂蜜特色的宣传海报；5.自主学习：自主学习近代密码学知识，教师辅助讲解；6.知识竞赛：无线电测向相关知识；7.小组活动：开展隐秘的守护者活动；8.通过模型，模拟相关科学现象，进一步改进并实验，测出相关数据；9.全班学生合作完成一个大规模的多米诺骨牌的设计与实施
	巩固教学环节	1.设计法制宣传语；2.小记者采访：以问答方式加深学生对毒品危害的认识；3.展示三种沙画技法融合创作，激发学生创造力，继续完善画面；4.拓展：与家人分享筷子的起源、发展及用筷礼仪；5.拓展：观看另一版本《萱草花》视频，并让学生自主创编动作呈现属于自己的《萱草花》；6.拓展：探索蜂蜡的其他用途；7.小组分享体验，教师总结活动及升华主题；8.组内描述、汇报看到的科学现象，观看相关优秀的《科学微电影》；9.进行速叠杯基本叠法的竞技比赛，小组分享体验，教师总结活动及升华主题	1.观众给角色的一句话；2.组织与毒品危害相关的演讲、讨论；3.展示部分学生创作作品，引导学生讲解使用技法、立意；4.拓展：除了筷子文化，你知道还有哪些优秀传统文化？我们该如何对待它；5.拓展：观看四声部节奏视频，小组合作完成四声部身体打击乐；6.拓展：让同学们结合生活探讨蜂蜜功效与作用；7.小组分工合作，完成视频采集、剪辑、制作微电影，记录探究过程；8.进行双人项目的竞技比赛，小组分享体验，教师总结活动及升华主题	1.探究公诉人、辩护人等不同角色的职业操守；2.明确中学生在禁毒宣传教育中的作用；3.拓展：播放视频《成长的青春》，再次感受动态沙画的瞬间美、变化性和整体性；4.拓展：教师发放三角铁、手鼓、沙锤等小乐器，小组用乐器演奏创编的四声部节奏；5.拓展：探讨新疆蜂产品面临的困境，探索发展之路；6.小组分工合作，完成视频采集、剪辑、制作微电影，记录探究过程；7.进行小组接力赛，小组分享体验，教师总结活动及升华主题

维度或要素			小学高年级段	初中段	高中段
实施方案	总结教学环节	教学创新	通过模拟社会情境、角色扮演、动手实践、探究式学习等活动形式，让学生在实践中理解和尊重公共秩序和社会规范，充分利用营地资源组织学生参与模拟法庭、实地考察，使他们在实际操作中深化对法律法规、道德伦理的认知，从而达到规矩启蒙的目的。积极运用多元化、实践性、互动式的教学创新手段，有效提升学生的综合素质与核心素养	打破传统的课堂教学模式，积极引入多元化的教学创新手段，以激发学生主动学习的热情，提升综合素养。将理论知识与实践活动紧密结合，实现从“课堂中学”到“实践中悟”的转变。通过引入生活中的实例和情境，使学生更好地理解和应用所学知识。重视学生的反馈和评价，通过及时了解学生的学习情况和需求，不断调整教学内容和方法，提高教学效果	通过对教学方法、教学内容和教学环境等方面的深度挖掘与创新设计，逐步构建一种生动活泼、富有启发性和实践性的学习模式。鼓励学生围绕研学主题进行探究，通过团队合作、资料收集、问题解决等环节，使学生在实践中掌握知识，提升创新能力和思维能力。引导学生在扮演角色、实地考察、动手实践等过程中深化对校内学科知识的理解，实现知识与生活紧密连接。教学创新体现在多元化、实践化、情境化等多个维度
		教学总结	研学实践课程中纳入社会公德、入营教育、法律法规等内容，通过案例分析、情境模拟等形式，帮助学生理解并内化规则意识。课程引入职业生涯规划理论，结合实地考察、动手实践、模拟职场等多种方式，让学生了解不同职业的特点和发展前景	设计一系列实践活动，让学生亲身体验并理解遵循规则的重要性，通过系统化的管理与训练，帮助学生建立起有益于个人发展的良好习惯体系。组织参观学习，使学生对不同职业领域有初步认识，致力于培养学生成为具备社会责任感、良好习惯素养和清晰职业规划的新时代青少年	通过梳理教学活动、学生反馈、教学成果等多元数据，对课程设计的合理性、教学方法的有效性以及对学生全面发展的影响进行深度总结与反思。以引导高中生形成良好的行为规范、生活习惯和初步的职业规划意识为核心目标，采用理论教学与实践活动相结合的方式，增强他们的社会责任感，也激发对未来人生的积极向往与规划
		教学反思	在教学中，我们更加注重以生活实例为切入点，引导学生体会规矩背后的公平公正原则，从而实现规矩意识的内化。大多数学生能在教师引导下积极参与各项活动，但在独立执行和长期坚持上仍有待提高	通过教学实践，学生的社会责任感明显增强，自主学习能力和团队协作精神得到有效提升，对未来的生涯规划有了更为清晰的认识和思考。如何更好地将理论知识与实践活动相结合，如何更加精准地满足不同学生个体的需求差异等，这将是我们在下一阶段教学改革中需要重点攻关的问题	教师对教学目标达成情况、重难点突破、教学内容设计、环节实施流畅度等方面进行教学反思。需优化课程内容设置，增加个性化指导环节，并引入更多实战型职业体验项目，以期更好地服务于学生成长成才的需求，真正实现寓教于乐、知行合一的素质教育目标

维度或要素				小学高年级段	初中段	高中段
实施方案	评价教学环节	教学水平评价	自我评价	针对小学高年级段学生的个性特点与认知规律，教师应进一步调整教学策略，强化教育教学理论研究，优化教学方案，提高教学质量	针对初中段教学，教师在某些高难度知识点的教学上，还需要进一步探索更有效的教学策略，教师应对自己的教学效果进行持续跟踪与评估，及时调整优化教学设计	高中段研学教学过程中，教师需要持续深化教育教学理论学习，优化教学过程，细化学生个性化培养方案，强化课堂管理与情感沟通能力
			学生评价	向每个研学的学生发放满意度问卷，评选最喜欢的课程和不太喜欢的课程并进行评价	教师采用的互动式教学、小组合作学习等环节设置有助于学生理解和掌握知识，同时增强了学生的团队协作能力与自主学习能力	教师设定的研学目标明确具体，既符合学科要求，又能激发学生的学习兴趣，教师在研学中注重与学生的交流并及时给予有效反馈
			同行评价	研学课程设计紧密围绕国家教育方针和核心素养要求，能够针对性地培养学生的问题解决能力、创新能力以及社会责任感	需关注细节优化、强化安全保障、建立健全评价机制等建设性意见，为今后初中段研学课程的持续改进和完善提供了宝贵的方向与参考	应建立健全完善的评价体系，使研学成果得以客观公正地反映在学生的学业评价中
			培训和考核	培训：研学课程理念解读与政策法规学习；研学课程设计原则与实施策略研讨；实地考察与案例分析，模拟研学过程中的问题解决；安全防范意识与应急处理能力训练	培训：结合线上线下的混合式培训，包括专题讲座、实操演练、小组研讨、现场观摩等多种形式。考核：结合定性与定量相结合的评价方式，包括笔试、课程设计方案评审、同行评议、学生满意度调查以及成果展示等方式	培训内容：研学课程理念解读与政策法规学习；研学课程设计原则与实施策略研讨；安全防范意识与应急处理能力训练。考核：检验教师对研学课程的理解程度、策划执行能力和实际教学效果，推动教师持续优化课程质量
			教学成果展示	鼓励学生发挥创意，探索更多的展示方式。例如：可以制作研学主题的手抄报、明信片、纪念册等；可以将研学过程中的精彩瞬间制作成微电影或短视频；可以举办主题演讲、辩论赛等语言类活动，让学生通过口头表达的方式展示研学成果	1.研学报告：学生可以通过撰写研学报告来总结和展示他们在研学活动中的所学所得；2.展览：通过展览来展示学生的研学成果；3.视频：通过视频的形式来展示学生的研学成果；4.课堂分享：在课堂教学中安排一定的时间，让学生分享自己的研学成果	1.设计作品展示：鼓励学生将所学知识转化为具有创新性和实用性的设计作品；2.研学分享与报告撰写：在研学结束后，倡导学生进行心得分享，通过口头或书面形式汇报他们在研学过程中的观察、体验和收获

维度或要素				小学高年级段	初中段	高中段
实施方案	评价教学环节	学业评价	形成性评价	教师观察记录学生课堂参与度、兴趣表现，反馈评价结果	在研学执行过程中，及时关注学生活动表现和完成任务效果，注重对学生过程性表现进行评价，鼓励学生在研学手册中完成相应部分的填写	在研学执行过程中使用形成性评价量表，以学生发展能力为导向，制定含参与度和注意力表现、创新精神和实践能力、学习方法和研究方法以及沟通和团队合作4个维度分5个等级的量表。鼓励学生进行自我评价和同伴互评，在研学手册中完成相应部分的填写
			总结性评价	遵循综合性评价原则，结合配套研学课程中的学生作品展示、研学心得感悟、研学手册填写进行综合评定，评选优秀学员	根据学生现实活动表现、动手情况以及研学手册等给出综合评价，运用自评、互评、他评方式，以正向评价为主，遵循导向性评价原则，提出合理化建议，使学生进一步提升认知能力、思维能力、想象力	主要依据活动目标，结合配套研学课程中的学生作品展示、研学心得感悟、研学手册填写进行综合评定，评选优秀学员
			教师评价	教师对学生参与度、注意力表现、创新精神、实践能力、方法运用等进行观察和记录，进行综合性评价，在研学手册上盖章	教师结合学生在研学活动中的收获，对学生现实活动表现、动手情况以及研学手册填写情况等给予激励性评价	教师根据学生课堂表现，以成果展示形式进行评价
		项目评价		成立由学校领导、教师代表、学生代表、学生家长代表组成的学校、家长、学生评价小组，以调查问卷及访谈的方式，对项目进行终结性评价	成立由学校领导、教师代表、学生代表、学生家长代表组成的学校、家长、学生评价小组，以调查问卷及访谈的方式，对项目进行终结性评价	成立由学校领导、教师代表、学生代表、学生家长代表组成的学校、家长、学生评价小组，以调查问卷及访谈的方式，对项目进行终结性评价

4.20　教学计划与策略列表：涵养劳动精神 · 锻造时代新人

<table>
<tr><td colspan="3">营地名称</td><td>库尔勒市青少年示范性综合实践基地
（简称“库尔勒营地”）</td><td>命名机构</td><td>教育部</td><td>识别码</td><td>Y145652003</td></tr>
<tr><td colspan="3">从业资质（摘要）</td><td>组织开展综合实践活动、研学实践活动及夏（冬）令营活动</td><td>单位属性</td><td>公益一类</td><td>法定代表人</td><td>郭景梅</td></tr>
<tr><td colspan="3">研学主题</td><td>涵养劳动精神 · 锻造时代新人</td><td colspan="2">主要目的指向</td><td colspan="2">启蒙教育</td></tr>
<tr><td rowspan="6">营地（枢纽）及周边主要优质研学资源</td><td colspan="2">基地层级</td><td colspan="5">研学站点（基地）名称</td></tr>
<tr><td rowspan="2">教育部命名基地</td><td>已列入教学计划</td><td colspan="5">一、与本主题相关的列入教学计划的基地18个
1.库尔勒市青少年示范性综合实践基地（简称“库尔勒营地”）；2.乌鲁木齐市青少年综合实践教育中心（简称“乌鲁木齐营地”）；3.新疆儿童发展中心；4.吐鲁番博物馆；5.新疆文化出版社；6.新疆维吾尔自治区博物馆（简称“新疆博物馆”）；7.乌鲁木齐市博物馆——毛泽民故居（简称“乌鲁木齐博物馆”）；8.新疆维吾尔自治区科学技术馆（简称“新疆科技馆”）；9.八路军驻新疆办事处纪念馆（简称“八路军纪念馆”）；10.新疆古生态园；11.中国科学院新疆生态与地理研究所（简称“新疆生地所”）；12.新疆维吾尔自治区经济和信息化委员会（简称“新疆经信委”）；13.北庭故城遗址；14.阿克苏地区博物馆（简称“阿克苏博物馆”）；15.哈密市伊州区红军西路军进疆纪念园（简称“哈密市纪念园”）；16.阿勒泰地区福海县青少年活动中心（简称“福海营地”）；17.新疆生产建设兵团第十师一八五团（简称“十师一八五团”）；18.博州温泉县“五馆一中心”（简称“温泉‘五馆一中心’”）
二、与本主题关联不大但列入本营地教学计划的基地1个
温泉县气象局</td></tr>
<tr><td>待列入教学计划</td><td colspan="5">无</td></tr>
<tr><td colspan="2">其他部委命名基地</td><td colspan="5">1.新疆日报报史馆；2.吐鲁番市高昌区交河驿 · 坎儿井源景区（简称“坎儿井”）；3.吐鲁番葡萄沟（简称“葡萄沟”）；4.吐鲁番交河故城（简称“交河故城”）；5.乌鲁木齐市科学技术馆（简称“乌鲁木齐科技馆”）；6.巴州博物馆；7.喀什古城</td></tr>
<tr><td colspan="2">地方命名基地</td><td colspan="5">1.西尼尔镇（简称“工业小镇”）；2.农二师铁门关市革命纪念馆；3.库尔勒市龙山公园（简称“库尔勒公园”）；4.喀什青少年实践基地（简称“喀什营地”）；5.吐鲁番火焰山景区（简称“火焰山”）</td></tr>
<tr><td colspan="2">本营地资源</td><td colspan="5">1.生命安全体验馆；2.木工坊；3.“成帮柳”育苗林；4.无土栽培实验室；5.激光雕刻；6.3D打印技术；7.库尔勒市“三馆一中心”（简称“三馆一中心”）；8.能动中国 · 活力新疆；9.棉延天山 · 缤纷新疆馆；10.劳动种植区</td></tr>
<tr><td></td><td colspan="2">其他资源</td><td colspan="5">1.库尔勒市家具厂；2.库尔勒市英下乡（简称“智慧大棚”）；3.库尔勒市沙依东园艺场（简称“香梨种植基地”）；4.尉犁县达西村（简称“棉花种植基地”）；5.库尔勒市塔里木油田（简称“塔指”）；6.库尔勒市养殖场</td></tr>
</table>

维度或要素	小学高年级段	初中段	高中段
校内教育基础（与校内教育的衔接）	对标课标，小学高年级段劳动教育注重培养学生掌握家庭生活基本技能，体验种植、养殖、手工制作等生产劳动，让学生懂得并积累生活实践经验，对劳动产生浓厚兴趣，树立劳动最光荣、劳动最美丽的观念，形成不怕辛苦、积极探索的精神。本课程衔接人教鄂教版科学相关课程，具体如下：1.四年级上册科学第二单元“动植物的繁殖”第5课“用种子繁殖”；2.四年级上册科学第六单元“制作乐器”第16课“认识与设计乐器”、第17课“制作与演奏”；3.五年级上册科学第五单元“太阳能热水器”第16课“制作简易太阳能热水器”；4.五年级下册科学第五单元“制作省力装置”第15课“设计与制作”；5.六年级上册科学第五单元“建造‘植物工厂’”第16课“走进植物工厂”、第17课“设计与建造‘植物工厂’”；6.六年级下册科学第四单元“‘飞向’太空”第12课认识飞行器”、第13课“制作火箭”；7.四年级上册道德与法治第二单元“为父母分担”第5课“这些事我来做”、第6课“我的家庭贡献与责任”；8.第四单元“让生活多一些绿色”第11课“变废为宝有妙招”；9.四年级下册道德与法治第四单元“感受家乡文化，关心家乡发展”第11课“多姿多彩的民间艺术”；10.二年级上册语文第11课“葡萄沟”	对标课标，初中段劳动教育注重培养学生主动承担日常生活劳动的意识；加强家政知识技能学习与实践能力提升，体验木工、陶艺、布艺等项目的劳动过程，尝试简单修理，参与种植养殖生产劳动，运用所学知识分析和解决实际问题，获得初步职业体验，形成职业意识。本课程衔接人教版生物学、道法、美术、化学相关课程，具体如下：1.七年级上册生物学第三单元“生物圈中的绿色植物”第二章“被子植物的一生”第一节“种子的萌发——与生物学有关的职业——农业技术员”第二节“植株的生长——科学·技术·社会——无土栽培”第三节“开花和结果——与生物有关的职业——大地的美容师——园艺师”；2.七年级下册生物学第二章“人体的营养”第三节“合理营养与食品安全”；3.八年级下册道德与法治第三单元“勇担社会责任”第7课“积极奉献社会”、九年级上册道德与法治第三单元“文明与家园”第6课“建设美丽中国”；4.八年级下册美术第三单元“为生活增添情趣”第1课“插花”、第3课“漂亮的手工灯饰”；八年级下册美术第四单元“美好宜人的居住环境”第2课“装点居室”；5.九年级上册美术第二单元“情趣浓郁能工巧匠”第1课“剪纸”；6.九年级上册化学第四单元“自然界的水”课题2“水的净化”	对标《大中小学劳动教育指导纲要》，高中段劳动教育注重围绕职业体验，开展服务性劳动生产，接受锻炼、磨炼意志，有自立意识和主动服务社会的情怀。固化良好劳动习惯；选择服务性岗位，经历真实的岗位工作，获得职业体验，培养职业兴趣；融合通用技术课程相关内容，从工、农、服务业选择生产劳动，经历完整实践过程，鼓励学生在学习借鉴他人技艺的基础上，尝试新方法、探索新技术，打破僵化思维方式。提高创意物化能力，养成精益求精的品质，增强规划意识。本课程衔接人教版语文、历史、通用技术相关课程，具体如下：1.通用技术必修技术与设计1第二章“技术设计及表达”第1节“技术设计的一般过程1.4制作原型或模型”、第三章“工艺及方案实现”第2节“工艺技术基础2.2木工技术”；2.第四章“控制及其设计”第1节“控制和控制系统的认识1.3控制的应用”；3.语文必修上册第二单元第5课“以工匠精神雕琢时代品质”、第四单元“家乡文化生活”学习活动三“参与家乡文化建设”；4.语文必修下册第三单元第8课“中国建筑的特征”；5.历史选择性必修二经济与社会生活第二单元“生产工具与劳作方式”第4课“古代的生产工具与劳作”

维度或要素			小学高年级段	初中段	高中段
研学课程	必修课程一	名称	植此春色·与你同行	植此春色·与你同行	植此春色·与你同行
		活动目的	在劳动过程中懂得吃苦耐劳，养成安全劳动、规范操作、坚持不懈的劳动习惯和品质	体悟劳动的性质、特征与独特的社会价值。增强公共服务意识，提升以自己的劳动创造美好生活的社会责任感	具有劳动自立意识和主动服务他人、服务社会的情怀，养成吃苦耐劳、精益求精的品质，增强生涯规划的意识和能力
		活动形式	教师讲授、实地探访、实践体验相结合	教师讲授、实地探访、任务驱动相结合	教师讲授、实地探访、课题立项相结合
	必修课程二	名称	净水清源·浊污变清	水质守护者	科技引领·智能管理
		活动目的	水质取样、检测，了解污水处理工艺及处理设备；培养学生对水处理领域的兴趣和认知	通过实地考察和亲身实践，深入地了解净化装置工艺原理、性能等知识	动手操作智控设备，了解净化整装流程，了解职业多样性
		活动形式	教师讲授、实地探访、实践体验相结合	教师讲授、实地探访、实践体验相结合	实地探访、技工辅助、实践体验相结合
	必修课程三	名称	走进智慧农业·感受科技魅力	走进智慧农业·感受科技魅力（初中版）	走进智慧农业·感受科技魅力（高中版）
		活动目的	通过温室大棚技术观察，感知劳动实践改变物种发展变化	通过亲身实践方式，了解传统农业到设施农业、智慧化农业的发展历程	了解棚内植物生长的关键因素，将培植技术与所学知识关联，辩证理论与实践统一性
		活动形式	教师讲授、实地探访、实践体验相结合	教师讲授、任务驱动、实践体验相结合	教师讲授、实践体验、课题研究相结合
	必修课程四	名称	与梨相遇	田间铸铁魂实践出真知	寻四海之宝·探行业知识
		活动目的	体验采摘香梨；掌握梨膏加工制法，通过模具动手实操，了解梨膏功效	了解达西村史，体悟劳动人民智慧改变生活的历程，体验农村、农民、农业生活	实地调查家具制作过程，了解产品创新过程，参与设计及体验制作
		活动形式	教师讲授、实地探访、实践体验相结合	教师讲授、实地探访、实践体验相结合	教师讲授、任务驱动、实践体验相结合

维度或要素			小学高年级段	初中段	高中段
研学课程	必修课程五	名称	棉情暖心意·劳动励心智	烹然心动	能动中国·活力新疆
		活动目的	动手采摘棉花观察其自身特性，了解棉业加工流程	学会食物分类，了解各种食材；学习辅料基础烹饪技能，学会饮食健康知识	动手拼装采油机模型及制作肥皂实验等课程内容，从中感知职业的奋斗与艰辛
		活动形式	实地探访、实践体验	教师讲授、实践体验	教师讲授、任务驱动、实践探究
	必修课程六	名称	筷乐生活	体验科技魅力·创新点燃梦想	3D打印技术
		活动目的	能够熟练使用制作筷子的基础工具，初步具备从事简单生产的能力	小组合作拼接航天器模型，具有科学观察能力，建立组件思维逻辑	掌握基础逻辑算法及编程思路，自主创作延伸性作品，培养学生的创新素养
		活动形式	教师讲授、小组合作	教师讲授、交流分享	教师讲授、任务驱动、实践体验
	必修课程七	名称	博物馆奇妙夜	生命之源——坎儿井	楼兰小皮匠
		活动目的	了解文物创作背后的故事，对自己感兴趣的文物进行模型创作，体悟先民劳动智慧	走进掏捞队手艺人的对话，通过认识各种坎儿井的凿井工具，了解当时工作情景	制作草图，掌握皮雕技艺；建立实用与审美融合思维，培养精雕细琢精神与品质
		活动形式	合作交流、教师点拨	多元探究、任务驱动	教师讲授、实践体验
	必修课程八	名称	水里的绿植	指尖上的手工	职业的魅力
		活动目的	了解无土栽培基础知识，对比无土栽培与土壤栽培差异性，初步感知新型技术成果	实践体验手工创作，感受艺术来源于实践劳动成果，激发大国小匠的职业启蒙情怀	通过对出版社日常工作的了解，建立职业价值认同，培养严谨、科学与探索的精神
		活动形式	小组合作、参观讲解	考察探究、资料收集	分享交流、职业体验

维度或要素			小学高年级段	初中段	高中段
研学课程	必修课程九	名称	指尖上的手工	生土建筑·交河故城	重走戍边路
		活动目的	学会简单制作简易装置，了解其原理，激发劳动成就感，对劳动实践产生浓厚兴趣	了解世界文化遗产交河故城在丝绸之路上的建设沿革，体悟劳动智慧结晶	了解新疆兵团及第二师屯垦戍边史，走进兵团人生活，继承扎根奉献精神
		活动形式	小组合作、设计制作	自主探究、文献查阅	实践体验、多元探究
	必修课程十	名称	火洲桃花源	雕琢匠心	匠心筑梦·匠艺强国
		活动目的	了解高温炎热的戈壁栽培技术及果脯传统加工技艺，体验采摘、加工的艰辛与乐趣	通过掌握激光雕刻基本技能，延伸出文创，感受思维创新与现代科技手段的融合	通过程序编写与掌控板融合，组建模型，感知学习运用与实践运用贯通
		活动形式	分享交流、多元评价	教师点拨、实践探索	资料收集、实践操作
	选修课程		1. 乐享生活 2. 科技小制作 3. 领略方寸之美（篆刻） 4. 绣意满满（刺绣） 5. 陶你喜欢（迷你缤纷鲜花世界）	1. 花卉世界 2. 点亮生活 3. 剪纸物语 4. 解码生命之源	1. 桑皮纸的秘密 2. 汉服襦裙 3. 火笔生花·书签烙画 4. 疯狂的挖机 5. 我的飞行梦

维度或要素		小学高年级段	初中段	高中段
研学线路	代表性线路（时长五日）	第一天：库尔勒营地—生命安全体验馆—“成帮柳”育苗林—库尔勒营地；第二天：库尔勒营地—工业小镇—库尔勒营地；第三天：库尔勒营地—智慧大棚—香梨种植基地—库尔勒营地；第四天：库尔勒营地—棉花种植基地—库尔勒营地；第五天：库尔勒营地—吐鲁番博物馆—葡萄沟—库尔勒营地	第一天：库尔勒营地—生命安全体验馆—“成帮柳”育苗林—库尔勒营地；第二天：库尔勒营地—工业小镇—库尔勒营地；第三天：库尔勒营地—智慧大棚—库尔勒营地；第四天：库尔勒营地—棉花种植基地—库尔勒营地；第五天：库尔勒营地—坎儿井—交河故城—库尔勒营地	第一天：库尔勒营地—生命安全体验馆—“成帮柳”育苗林—库尔勒营地；第二天：库尔勒营地—工业小镇—库尔勒营地；第三天：库尔勒营地—智慧大棚—库尔勒市家具厂—库尔勒营地；第四天：库尔勒营地—新疆文化出版社—乌鲁木齐博物馆—乌鲁木齐营地—库尔勒营地；第五天：库尔勒营地—农二师铁门关市革命纪念馆—库尔勒营地
	可选择线路（按天设计，菜单式选择）	1.库尔勒营地—新疆文化出版社—八路军纪念馆—乌鲁木齐营地；2.库尔勒营地—新疆博物馆—新疆科技馆—乌鲁木齐营地；3.库尔勒营地—三馆一中心—巴州博物馆—库尔勒营地；4.库尔勒营地—交河故城—坎儿井—库尔勒营地；5.库尔勒营地—新疆儿童发展中心—八路军纪念馆—乌鲁木齐营地—库尔勒营地；6.库尔勒营地—生命安全体验馆—库尔勒公园；7.库尔勒营地—新疆古生态园—新疆生地所—乌鲁木齐营地—库尔勒营地；8.库尔勒营地—吐鲁番博物馆—火焰山—库尔勒营地	1.库尔勒营地—无土栽培实验室—棉延天山·缤纷新疆馆—库尔勒营地；2.库尔勒营地—交河故城—坎儿井—哈密市纪念园—库尔勒营地；3.库尔勒营地—库尔勒市养殖场—劳动种植区—库尔勒营地；4.库尔勒营地—木工坊—库尔勒市家具厂—库尔勒营地；5.库尔勒营地—能动中国·活力新疆—塔指—库尔勒营地；6.库尔勒营地—吐鲁番博物馆—火焰山—库尔勒营地；7.库尔勒营地—八路军纪念馆—乌鲁木齐营地；8.库尔勒营地—新疆博物馆—新疆经信委—乌鲁木齐营地—库尔勒营地	1.库尔勒营地—新疆文化出版社—八路军纪念馆—乌鲁木齐营地；2.库尔勒营地—新疆博物馆—新疆科技馆—新疆经信委—乌鲁木齐营地；3.库尔勒营地—乌鲁木齐科技馆—塔指—库尔勒营地；4.库尔勒营地—交河故城—坎儿井—库尔勒营地；5.库尔勒营地—新疆日报报史馆—新疆文化出版社—乌鲁木齐营地；6.库尔勒营地—吐鲁番博物馆—葡萄沟—库尔勒营地；7.库尔勒营地—阿克苏博物馆—喀什古城—喀什营地—库尔勒营地；8.库尔勒营地—十师一八五团—温泉“五馆一中心”—温泉县气象局—福海营地—库尔勒营地
	规划线路（按天设计）	1.库尔勒营地—无土栽培实验室—棉延天山·缤纷新疆馆—库尔勒营地；2.库尔勒营地—劳动种植区—库尔勒营地；3.库尔勒营地—智慧大棚—库尔勒市养殖场—库尔勒营地	1.库尔勒营地—劳动种植区—生命安全体验馆—库尔勒营地；2.库尔勒营地—三馆一中心—巴州博物馆—库尔勒营地；3.库尔勒营地—劳动种植区—库尔勒公园—库尔勒营地	1.库尔勒营地—劳动种植区—库尔勒营地；2.库尔勒营地—巴州博物馆—农二师铁门关市革命纪念馆—库尔勒营地；3.库尔勒营地—智慧大棚—棉花种植基地—库尔勒营地

维度或要素		小学高年级段	初中段	高中段
教学重点难点（以代表性线路教学设计为例，下同）	教学重点	1.走进劳模生活，体悟育苗的艰辛与乐趣；2.了解水净化基本原理，认识水源对人类发展的重要性；3.了解大棚技术对城市发展的重要性，感知智慧大棚农业与科技融合；4.了解农业种植技术，体验务农实践；5.掌握植物生长周期规律及其变化，根据植物生长特性做出科学合理的栽培	1.认识劳动实践也是对生命的敬畏，观察苗圃植物特性；2.学习掌握流水生产线构造及其原理；3.掌握大棚种植技术，观察农业技术员如何培育植物；4.体验原始劳动过程，对比科学技术劳动，学会使用工具，掌握相关技术，感受劳动创造价值；5.了解吐鲁番人民在戈壁荒滩中通过智慧如何战胜自然历史蜕变，由此得出人类改变自然的实践经验	1.正视对待职业情怀在劳动创造中的价值体现；2.掌握资源加工与社会发展的联系，对工业发展如何构建人工转向数控化体系；3.分析智慧大棚数控体系构建；4.阅览行走的历史足迹，感悟职业坚守与传承；5.体悟兵团人屯垦戍边历史必然因素，对城市发展有哪些影响
	教学难点	1.劳动实践遵循事物本身自然规律，运用科学的方法对待事物发展及变化；2.掌握基础性技能和自身发展的重要性；3.掌握植物生长周期规律及其变化，根据植物生长特性做出科学合理的栽培；4.合作完成对采摘棉花绒长质量检测，科学地掌握人类现代种植与加工技术；5.掌握人类在恶劣自然环境中如何通过引流技术工程改善生活环境	1.掌握种子培育与嫁接基础技能；2.利用所学知识，结合工业生产实情，分析如何提高废水利用率；3.手脑并用掌握大棚基本知识与技能，动手实践栽培育苗；4.了解人工采棉与机器采棉区别，分别对棉花质量进行检测，并分析数据，得出结论；5.学会分析地形地貌，绘制图形，分析交河故城及坎儿井形成必然条件	1.掌握不同植被繁殖需具备哪些条件，如何创造培育条件；2.工业发展对人类社会环境限制因素有哪些，通过课题研究得出结论；3.探究数控构建与实践运用融合；4.掌握活字印刷技术制作报纸；5.掌握兵团精神是什么

维度或要素	小学高年级段	初中段	高中段
教学策略	小学高年级段学生中出现了不珍惜劳动成果、不想劳动、不会劳动的现象，劳动的独特育人价值在一定程度上被忽视，劳动教育被淡化、弱化，学生应该树立正确的劳动观念，养成良好的劳动习惯。本学段学生对劳动创造本应有足够的好奇心和兴趣，接受新鲜事物能力很强，对自己的尝试和实践很容易形成成就感，并有能力探索事物的内在联系。以生活教育理论思想为指导，选取本学段科学课程与研学关联性课程内容，依托课程资源与本地实践教育融合资源，以学生对造物认知能力培养为目标，让学生通过亲身实践与体验，提升思考力和创造力。采取讲授法、演示法、探究法教法和小组合作学习学法，借助研学手册及线上课程资源等教学资源和数字化技术，使用体验式、跨学科等教学策略来进行总体设计，根据不同学情制定符合学生本体的教学方法，达到小学高年级段学生爱劳动并养成良好的劳动习惯的目标	针对初中段学生在文化课综合吸收能力方面有较强的理解能力和认知能力，以生活教育理论思想为指导，选取生物学、道法、美术、化学可塑造性课程，依托工、农、服务产业资源，学习生产劳动知识、技术原理，培养学生的创造意识，在了解学习相关技术基础上初步获得职业成就感，形成初步发展规划意识，给他们提供更多思考、探究的发挥空间，以学生严谨态度与责任能力培养为目标，采用讲授法、讨论法、实践法等教法和合作学习、探究学习等学法，借助体验教学资源和数字化技术，使用体验式、情境式、合作学习、跨学科等教学策略来进行总体设计，开展交流分享等活动，达到课程与实践相辅相成，产教融合实践教育	高中段学生已具备较成熟的构造事物能力，抽象思维与实体事物分析能力强，能够辨析事物客观发展规律。以生活教育理论思想为指导，选取语文、历史、通用技术相关课程构建创意物化体系，依托基地资源+产业资源形成物品创作到运用的过程。在活动过程中，采取讲授法、讨论法、实践法、实验法等教法和合作学习、探究学习、验证法等学法，借助体验教学资源和数字化技术，使用体验式、情境式、合作学习、跨学科、项目式、任务驱动、探究学习、问题解决等教学策略来实施，建立“课题小组”，通过测绘、统计、数据分析等方法发现和获取结论，并且制订可优化方案，通过自身实践得出优化方案再次实施形成有效对比，达到探索—实践—探索的研究性学习思维意识

维度或要素				小学高年级段	初中段	高中段
实施方案	入营教育	安全	引导	利用研学安全指导手册，结合生命体验馆进行火灾、求救、医疗等资源安全培训	通过播放安全警示教育，引起安全研学重视，发放研学安全指导手册	建立研学安全课题，小组讨论制定安全预案及措施
			实训	针对研学点位食宿、交通进行安全疏散应急演练	组织学生开展研学安全思维导图绘制（分组制定并交流）	整合各小组安全预案，并按预案执行疏散演练
		应急	引导	借助多媒体教育，使学生知晓有关研学可能出现的危害，指导使用《应急教育手册》	借助多媒体教育对学生进行基本救护培训	通过设置前置作业，学生自主梳理应急救护基本技能并交流
			实训	在生命体验馆运用《应急教育手册》开展安全课程教育	组织学生开展心肺复苏、简单包扎等实操	学生自行组织各类应急救护演练，教师点评
		救助	引导	借助多媒体教育，让学生掌握救助原则及方法，指导使用《救助技能手册》	通过案例警示教育，强调研学点位可能出现各类危险，发放《救助技能手册》	以专题教育形式辅助学生梳理研学点位救助方案，认识救助及时性与有效性
			实训	在生命体验馆运用《应急教育手册》开展安全课程教育	组织学生开展正确的救护操作流程	与救援大队共同开展救助实操演练
		自我管理	引导	通过开展学生自我管理教育培训，让学生掌握自我管理方法	通过共同制定班级公约，互相管理互相约束，增强集体意识	通过破冰活动提高团队凝聚力，提高团队合作认知，养成自我管理意识
			实训	通过制定时间安排表、任务完成进度条强化学生自我管理意识	共同探讨制定班级公约	通过实际综合素养表现，对学生进行综合评价
		团队协作	引导	通过培训及管理要求，强调团队协作的重要性	构建团队体系，对团队协作进行相关教育引导培训	通过团建活动，进行团队组织建设
			实训	借助已有研学团队先进案例，引导学生认识到教育团队协作的重要性	通过情境式、游戏式方法检验团队协作能力	在行前构建团队协作评价体系，研学过程中运用

维度或要素		小学高年级段	初中段	高中段
实施方案	导入教学环节	1.运用情境再现式导入，让学生直观了解“成帮柳”由何而来，引发学生对课程的学习兴趣；2.根据情境直接导入，通过技术员讲授实景教学激发学生对工业生产的兴趣；3.采用情境导入，让学生了解果园种植与采摘技术；4.采用体验教学导入，让学生感受劳动人民用汗水奋斗出的幸福生活是多么的来之不易；5.运用情境导入，让学生对“火洲”形成重新认知，体悟人类在敬畏大自然的同时也在尊重自然发展规律	1.用身边榜样故事导入及情境导入方式，了解梨城人文历史，熟知主题研学实践活动，激发探究人与自然和谐共生共存的兴趣；2.情境导入：走进废物再生处理厂，了解废物再利用对社会产生的影响；3.体验导入：了解大棚植物培育全过程，并动手实践参与其中；4.情境导入：走进达西村，动手采摘棉花，制作美食，掌握生活生存技能；5.情境导入：探究交河故城地理位置形成的原因	1.用身边榜样故事导入及情境导入方式，走近劳模，探究劳动成果技术形成；2.情境导入：走进废物再生处理厂，了解废物再利用对社会产生的影响；3.体验导入：走进家具厂及智慧大棚，体验职业技能与社会紧密联系；4.情境导入：走进出版社日常生产中，体验职业在社会发展进程中的重要作用；5.情境导入：通过讲解员教授与实地探访探究屯垦戍边对边疆发展的深远意义
	授课教学环节	第一天：入营教育、必修课程一“植此春色·与你同行”、选修课程1“乐享生活”；第二天：必修课程二“净水清源·浊污变清”、选修课程2“科技小制作”；第三天：必修课程三“走进智慧农业·感受科技魅力”、必修课程四“与梨相遇”、选修课程3“领略方寸之美”；第四天：必修课程五“棉情暖心意·劳动励心智”、必修课程六“筷乐生活”、选修课程4“绣意满满”、选修课程5“陶你喜欢（迷你缤纷鲜花世界）”；第五天：必修课程七“博物馆奇妙夜”、必修课程八“水里的绿植”、必修课程九“指尖上的手工”、必修课程十“火洲桃花源”	第一天：入营教育、必修课程一“植此春色·与你同行”；第二天：必修课程二“水质守护者”；第三天：必修课程三“走进智慧农业·感受科技魅力”、选修课程1“花卉世界”；第四天：必修课程四“田间铸铁魂实践出真知”、必修课程五“烹然心动”、必修课程六“体验科技魅力·创新点燃梦想”、选修课程3“剪纸物语”；第五天：必修课程七“生命之源——坎儿井”、必修课程八“指尖上的手工”、必修课程九“生土建筑·交河故城”、必修课程十“雕琢匠心”、选修课程2“点亮生活”、选修课程4“解码生命之源”	第一天：入营教育、必修课程一“植此春色·与你同行”、选修课程3“火笔生花书签落花”、选修课程2“汉服襦裙”；第二天：必修课程二“科技引领·智能管理”；第三天：必修课程三“走进智慧农业·感受科技魅力”、必修课程四“寻四海之宝·探行业知识”、必修课程五“能动中国·活力新疆”、必修课程六“3D打印技术”、选修课程4“疯狂的挖机”、必修课程七“楼兰小皮匠”；第四天：必修课程八“职业的魅力”；第五天：必修课程九“重走戍边路”、必修课程十“匠心筑梦·匠艺强国”、选修课程5“我的飞行梦”

维度或要素		小学高年级段	初中段	高中段
实施方案	进级教学环节	1.探究成帮柳树与其他柳树有何不同，分布在不同景观地带有何不同作用；2.实地探究污水再处理后可用于哪些领域，并探访再生水去往何处；3.了解智慧大棚里的农作物与应季作物生长有何不同；4.采摘香梨需注意哪些事项？了解采摘后的香梨如何保存；5.了解棉花特性，思考棉花可用于哪些领域，农作物在社会经济和人文环境中如何做到平衡发展	1.实地探究掌握育苗嫁接技术，拓展迁移其他植被育种方法；2.掌握纺纱原理，在技术员辅助下实践操作纺纱工序；3.用相关工具检测智慧大棚土壤，分析大棚植物与自然生长植物生长周期有何不同；4.实地探究不同棉种结出的棉花有什么区别，掌握检测棉花质量技术；5.小组合作实践操作掌握烹饪技术要点，分享交流同一种食物有哪些不同做法	1.实地探究：与劳模一起培育树苗，掌握育苗嫁接技术及园林管理技能；2.掌握纺织厂智能生产原理，在技术员辅助下尝试操控数控设备；3.实地探究：了解智慧大棚控温、浇灌技术与工作人员探究其原理并优化管理方案；4.小组讨论：现代人工智能家居智造存在哪些安全隐患，掌握家具制造流程，小组合作完成1件家具用品制作；5.实地探究：了解能源提炼、加工技术，原材料—半成品—成品工艺全过程
	巩固教学环节	每个研学环节模块结束前，研学导师带领学生进行活动内容回顾与小结，采用与学科衔接融合式问答、启发、情境教学等教学方法，使学生通过实践感悟、组内合作、作品展示进行知识巩固	研学结束前，研学导师组织学生以班队会形式进行本课程内容总结交流，与生物学、道法、美术、化学等学科内容融合，找出共性课题进行探讨交流，学生通过实践感悟、组内合作、作品展示进行知识巩固，对感兴趣或重点内容可通过课题探究形式进行持续巩固，围绕课标进行学科知识融合，提升学生综合学科能力	研学结束前组织学生通过汇报课题成果展示交流，采用启发、互动及探究的教学方法，使学生通过组内合作、成果分享等方式进行知识巩固，引导学生针对共性成果与个性成果，研学成果与语文、历史、通用技术等学科的关联性

维度或要素			小学高年级段	初中段	高中段
实施方案	总结教学环节	教学创新	以学生为主体通过心智发展与动手实践获得劳动成果，解决基本生存技能，形成科学探究能力，培养学生的综合实践能力，使学生在感兴和探究过程中发展劳动教育素养，提升学生综合能力水平	教师围绕小组合作探究激发学生主动研究学习兴趣，构建环环相扣的教学环节由浅入深吸引学生专注度，通过实际操作体验引发学生主动实践，积极发散思维，借助劳动成果展示交流持续升华劳动实践主观性	教师通过多方位劳动实践教育课程体系，激发学生钻研课题兴趣，围绕《劳动指导纲要》构建职业规划、社会责任等课程，将课程资源与研学实践资源紧密联系起来，加深学生对学科的认知，培养理论与实践、创新与发展的劳动综合实践能力，形成价值体认
		教学总结	根据教学设计，结合研学实施内容及时收集、整理研学过程中遇到的问题，找出具体实施与教学设计、教学环节、教学内容的时效性与可行性，通过问卷调查、参与教师反馈形式对已实施方案进行总结梳理，建立优化调整机制	针对当日研学情况，利用主体班队会形式进行梳理与总结，根据不同学情对教学设计、教学环节、教学内容进行及时调整，研学结束后通过问卷调查、家长会反馈、教学反思形式收集意见与建议，建立研学档案，对已实施方案进行改进与优化	根据教学设计，结合研学实际情况及时收集、整理研学各环节反馈，针对研究性模块，组织学生进行课题研讨成果展示环节，收集汇总成果并形成总结性材料，通过问卷调查、家长会反馈形式收集家长、学生反馈，建立研学评价机制，对已实施方案进行总结梳理，建立课程框架体系
		教学反思	小学高年级段学生在研学过程中对课题探究和思考不成熟，研学导师在设置教学目标时应根据学情设定难易适中的目标，通过让学生认为目标达成实现度高，对课程的参与度及时调整优化课程内容，不断完善课程体系化	学生是实施课程的主体参与者，每日研学应组织学生以分享交流形式对教学目标、课程设计、线路设计、组织实施、教学评价等内容进行反思，梳理实施过程中出现的问题，思考解决问题路径与策略，形成解决方案，调整和优化教学设计，拓宽教学思路	课程是学生拓展学科延伸的有效手段，通过探究性学习整合学习资源，以课题立项形式不断形成教学成果，让学生在研究性学习中提炼总结，在学生成果构建过程中对教学环节进行调整和优化，梳理教学环节的设计、实施和效果，为今后研学奠定基础

维度或要素				小学高年级段	初中段	高中段
实施方案	评价教学环节	教学水平评价	自我评价	教师通过前置作业、行中参与度、行后交流成效进行反思与评价	教师对照设置教学目标与学生完成度，成果展示进行评价与总结	教师对学生参与课题研究研讨程度及完成质量情况进行评价与总结
			学生评价	学生针对研学导师在课程实施过程中的互动程度及学生积极参与表现、课程实施成效进行评价	学生在课程实施过程中参与表达，通过解决问题受到启发进行评价	学生针对教师在构建课程内容方面的学科融合度、匹配程度及学科整合，通过课程实施研究性成果进行评价
			同行评价	将研学实施方案、研学手册等课程性材料发至参研学校管理者与参研教师队伍，针对不同年龄段学生，采取交流、共同探讨等方法研究制定研学方案，及时收集合理化建议并做出调整	以说课、集体备课等教研方式对课程设计进行评价，由参研教师对教学设置环节实施进行过程性监督与评价	根据研学主题内容协同与研学主题相匹配的学科教师共同参与，对研学过程中内容设置及学科关联性进行评价
			培训和考核	建立培训和考核制度，定期进行对营地教师进行研学实践课程资源的开发与实施的培训和考核；对学生、家长、社会公众满意度进行调查测评	定期组织教师进行专业能力提升培训，对研学负责路线进行教学规划，通过学生参研教学质量、家长评价考核结果等方式评价教师教学水平	通过学生研究性学习成果，学生学习质量及对教师教育教学能力进行评价，家长、学生全程监督进行考核
			教学成果展示	通过研学总结报告会，教师分享自己在教学实践中的不足，改进措施，并从其同行队伍或专家的反馈中汲取并积累经验，对教学内容进行改进优化	通过微电影、多媒体课件等形式向同行队伍、家长、学生汇报教学成果，及时汲取建议与意见	通过小课题结论形式呈现教学成果，邀请专家或相关专业教师进行研讨，将研讨性材料及时收集整理，运用于今后教学过程中

维度或要素				小学高年级段	初中段	高中段
实施方案	评价教学环节	学业评价	形成性评价	教师通过观察、活动记录、学生自评、学生互评等形式对学生的学习行为、学习能力、学习态度和合作精神等进行持续性评价	教师通过观察学生在合作探究、整理研究性资料等方面的表现，对其知识获取和技能掌握程度、行为习惯培养、价值观培养等方面进行评价，根据评价结果，对标教学目标实现度	根据课题与学科导向关联及课程目标完成整体情况，运用小组交流、汇报等方式，遵循个性评价与共性评价相结合的原则，对参与研学实践活动学生的知识分析、探究能力进行评价
			总结性评价	对学生完成课程目标、研学手册及研学过程中集体意识、团队协作能力、服从管理等方面的表现给予学生正向评价，从自我管理角度评价学生研学实践能力	在实施课程过程中善于积累研究经验，对活动过程进行记录分析，在研究性实践活动中参与研究全过程从而评价学生实践综合能力	在实施课程过程中有较强的研究探索能力，善于积累研究经验，对活动过程进行记录分析，积极地完成所分配的任务，在研究性实践活动中参与研究全过程从而评价学生实践综合能力
			教师评价	教师根据学生在研学活动中的表现和成果，根据学生的参与度、研学质量、每日总结、互评等，对学生的学业进行评价	教师根据学生在研学活动中的参与度、研学质量、每日总结，教师点评等，对学生的综合表现进行评价	教师根据学生在研学活动中的自我探究与团队探究的参与度、团队成果汇报交流、互评等，建立对探究性评价
		项目评价		教育主管部门及校内教育工作者、学生家长、社会各界以问卷调查、集体研讨交流、意见收集等形式，分析教学目标与课标衔接度及实现度有效性，及时优化课程方案	教育主管部门及校内匹配课程学科教师、学生家长以问卷调查、研讨交流等形式，分析课程设置与课标衔接度及关联性，及时优化课程内容	教育主管部门及专家团队、学生家长、社会各界以问卷调查、研讨交流教学策略与课标衔接度等形式，优化课程内容课题立项方向与引导，紧紧围绕学科与研学共性内容立项，不断探索劳动实践教育目的指向性

后 记

开发实景体验、角色扮演、劳动实践等主题活动，通过美育启蒙、劳动启蒙、科技启蒙和职业生涯启蒙，为中小学生提供认识自我、了解社会、探索世界、拓宽视野的平台，为指引中小学生全面发展、培养社会主义建设者和接班人点亮灯塔。

本书围绕中小学生校外研学实践教育中启蒙教育这一主题，从全国72个营地的教学实践中遴选出20个案例，生动地反映了校外研学实践教育工作者们对启蒙教育的深邃思考与主动衔接学校教育的艰辛探索。期冀此书能为青少年逐步认识美、发现美、创造美，了解科学、相信科学、研究科学，以及认识不同的职业与劳动价值观提供范式与路径，能为校外研学实践教育中启蒙教育的开展提供帮助和指导。

本书由中国教育会计学会组织编写，属于中国教育会计学会确定的重点研究课题研究成果之一。本书由课题负责人、教育部经费监管事务中心田书源，中国教育学会学生发展指导分会副理事长杨昕主审，由晋中营地郭强、侯月媛，东方绿舟营地黄一鸣，陕西国防工业职业技术学院李成平编著。参加本书撰写的主要人员有：皇城相府研学实践教育基地原敏团，晋中营地张燕丽、董慈红、石景融、菅文浩、郭晓蓉、曹晓霞，盘锦营地张小婕、吴超，潍坊营地徐佳、倪艳君，广元营地付丽霞、孙溦娜，库尔勒营地牛宣喻、马海娇，陕西国防工业职业技术学院张晨亮、史成君。参与本书撰写和整理资料的还有：北京营地阎寰宇、胡定军，石家庄营地石丽娜、于敬茹，大同营地王亚坤、申华，包头营地刘爱霞、吴慧，东方绿舟营地杜欣、倪安，铜陵营地马亮、施萍，晋江营地许志达、吴良才，三明营地陈岗、王鸿伟，乳山营地郑阿芳、王晓燕，长沙营地夏科、陈嘉迪，铜梁营地古欣娅、李双江，红河营地周子鸣，西安营地尚建鹏，兰州营地吴云、丁小娟，乌鲁木齐营地古丽夏提·沙尔合提汗。

在本书编撰过程中，国家督学、中国教育会计学会副秘书长茹家团教授和一些校外研学实践教育专家以及中国财政经济出版社给予了悉心指导，一些全国中小学生研学实践教育营地、基地的领导、老师为本研究提供素材、收集数据、整理资料，在此一并表示感谢并致以崇高的敬意。

本书编写是一次尝试，也是一次创新，我们在探索中反复修改，在实践中日益完善，因此，书中难免有疏漏之处，敬请读者朋友批评指正。

编者

2024年5月